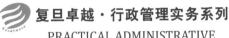

复旦卓越·行政管理实务系列

PRACTICAL ADMINISTRATIVE
MANAGEMENT SERIES

现代办公室管理

孙 荣　杨蓓蕾　徐 红　王瑞根 等著

复旦大学出版社

主要作者介绍

孙荣,同济大学经济与管理学院公共管理系教授、博士生导师。曾任上海大学行政管理学系主任、文学院副院长(主持工作),《秘书》杂志主编。2003年任同济大学文法学院政治学与行政学系主任。现兼任中国政治学会理事、中国行政管理学教学研究会常务理事、上海市政治学会副会长、上海市行政管理学会副秘书长、上海市公共行政管理教学研究会副理事长、上海市秘书学会会长。出版专著、教材、工具书20余种,发表论文70余篇。2009年11月在美国出版的国际顶尖杂志《Public Administration Review》(SSCI/SCI收录)上发表学术论文,是首批有论文进入该杂志的我国大陆学者之一。近年来承接的科研课题项目有国家社会科学基金项目、省部级科研项目以及其他委托课题10多项。曾获上海市科学技术进步奖、上海市行政管理学科研成果奖、上海市育才奖、上海市优秀教材奖,被评为"上海市国家行政机关工作人员岗位培训优秀教师"。1993年起享受国务院特殊津贴。

杨蓓蕾,管理学博士。现为同济大学经济与管理学院副教授、硕士生导师,兼任上海市秘书学会副秘书长。主要研究城乡社区治理、办公室管理。已出版教材《现代秘书工作导引》、《现代行政管理:工艺与实务》、《秘书工作案例》等,专著《发展质量视角下的城市社区建设模式研究》、《社团价值重构》等。在中文核心期刊发表论文数十篇。主持和参与上海市哲学社会科学规划课题、科技部及各级政府城乡社区研究课题十多项。

徐红,法学博士。现为同济大学经济与管理学院副教授、硕士生导师,主要从事政治学、比较政治制度和公共管理学的教学和研究工作。出版《比较政治制度》、《行政学原理》、《城市治理:中国的理解与实践》等专著和教材,在人文社科核心期刊上发表论文10余篇,其中多篇被《中国社会科学文摘》和《人大复印资料》全文刊载。主持省部级课题1项、学校985二期课题1项,参与国家哲学社会科学基金项目和同济大学985哲学社会科学创新基地项目的研究工作。

王瑞根,毕业于日本大东文化大学研究生院文学研究科,获中国哲学博士学位。现为同济大学经济与管理学院讲师。主要从事宋明理学、中国传统管理思想、中国政治思想史以及当代中国政治制度的教学与研究工作。在中文和日文报刊发表多篇论文或译作。

前言
<<< Foreword

党政军群机关、企事业单位和民间组织,无论规模、级别大小,性质、职能如何,办公室这一机构不可或缺。办公室是各类领导班子的辅助部门,既办文、办事、办会,又当咨询参谋,提供信息支撑。只要是有组织的地方,谁也离不开办公室的服务。即便小到不能设立办公室,也都必须有专人从事或分管着办公室事务性工作。

有效的办公室管理能使组织运行顺利,以最小的物质与精神消耗和尽可能低的成本获取最大的收益,为有关人员带来最大的利益。按照传统的说法,办公室管理职能仅限于基本的文书工作和办公室的人员。然而,随着时间的流逝和信息技术的发展,管理的科学化和现代化要求以更快的速度处理更多的信息,并进行更多的辅助决策和执行目标活动。由于包括计算机和通讯设备在内的信息技术获得广泛运用,促使办公室人员具有更大的信息处理能力,组织机构的管理者就更加依靠办公室人员了。

虽然办公室管理的变化速度快得惊人,但"万变不离其宗",尽管办公室管理这一特殊领域的重要性和复杂性日益增强,但它在许多方面仍旧保持着原有的特点。为此,本书依然强调办公室的基本职责,即收集、处理、存贮以及使用信息等等。

本书的前身是复旦大学出版社1999年出版的《办公室管理》,10余年来承蒙读者的抬爱,受到大家的欢迎。为回报大家的厚爱,在该书基础上,我们进行了幅度较大的调整,重新编写,增加了办公室管理理论基础、办公室人员职业生涯规划、办公室行政预测、办公室行政运筹、办公室机构的内部管理、办公经验积累等内容,合并、删减或增加了有关章节。以我们目前的认知水准,按照文理融通、社会科学与自然科学交叉渗透的要求,尽力呈现给大家一本体例、结构、内容较新颖的教材,故定名为《现代办公室管理》。当然,增加的与自然科学较紧密的部分内容,在使用时教师可针对教学对象的情况斟酌取舍而定。

本书每章开篇的"本章提要",提示本章应掌握的要点、了解的内容,尽量有助于读者将注意力集中在主要问题上。与此对应的每章结尾的"基本知识点小结"旨在提醒读者从本章中学到了什么,它是围绕学习目标的一个简短总结。采用这种结构形式,一前一后,我们力图将每一章的重点勾勒得较为清晰。与此同时,我们在每一章的结尾都安排阅读参考、案例分析和思考题等内容，以求增加信息量，帮助读者进一步理解本章的重点内容。

本书是集中了前人出版的几十种国内外的有关著作和近人最新技术观点的成果的产物，也是作者将教学、研究和实际咨询经验相结合的结果。它既可作为学校的教科书或培训的参考教材，也可作为相关人士日常工作中的案头资料。

本书的体例思路、总体框架和撰写要求由我提出和确定，在大纲初稿的基础上，由杨蓓蕾、徐红、王瑞根三位修改、补充和完善，他们发挥了不可取代的作用。编写1999年版《办公室管理》时，我刚自上海大学调到同济大学数月，写作出版时间紧迫，人员情况不熟，作者队伍由两校人员组成。这次重新编写出版，考虑到写作联系沟通的方便，作者队伍就由平时的科研团队成员组成。各章具体分工如下：孙荣（引言及第一、二、三、七章），杨蓓蕾（第十三、十五、十六、二十一章），徐红（第四、六、十二、十四章），邹珊珊（第五、十七、十九章），许洁（第八、九、十、十一章），赵文琦（第十八、二十二章），王瑞根（第二十章）。全书最后由我修改、通稿、润色。我的研究生张晨爽、王文章、吴静协助做了大量的基础性工作，作出很大的贡献。

在本书编写过程中，我们参考了大量的文献资料，广泛吸收和借鉴（包括适当引用）了已有的科研成果，并将其尽量在注释和书后列出，但仍然难免有所遗漏。在此，谨向上述所有向我们提供其劳动成果中"营养成分"的作者，表示诚挚的敬意和谢忱！

多年来有劳复旦大学出版社邬红伟先生的催促和鼓励，使得本书得以重新编写后出版，他也为本书的编辑出版作出了极大的努力，其他各位参与本书稿审读、编辑、校对的人士也共同付出了辛勤劳动，在此一并致以衷心的感谢！

鉴于作者水平有限，书中不尽如人意之处肯定存在，诚望广大读者多提宝贵意见，也特别希望能将与本书内容有关的理论难点和现实热点反映给我们，以便在今后再次修改本书时更贴近实际，更具有针对性。谢谢诸位！

也许是偶然的巧合，抑或是冥冥之中的安排，刚去世2年的先父在20世纪30—40年代曾任颐中烟草公司（即英美烟草公司）文书部主任，而我在职业生涯中也与办公室管理、秘书工作与秘书学结下了不解之缘，谨以此书以志纪念。

孙 荣

辛卯年正月于同济大学经济与管理学院

目录
<<< Contents

引　言　无处不在的办公室 ·· 1
　第一节　办公室的含义及分类 ··· 1
　第二节　办公室工作发展历史简介 ····································· 2
　第三节　办公室管理的概念 ··· 3
　第四节　办公室管理的必要性与可行性 ································· 4
　第五节　办公室管理研究的意义 ······································· 5
　【阅读参考】 ··· 7
　【案例分析】 ··· 7
　【基本知识点小结】 ··· 8
　思考题 ·· 8

第一章　办公室管理理论基础 ·· 9
　第一节　管理科学 ··· 9
　第二节　行为科学 ·· 15
　第三节　科学社会学 ·· 24
　第四节　系统论、控制论、信息论 ···································· 27
　第五节　相关的自然科学技术 ·· 31
　【阅读参考】 ·· 33
　【案例分析】 ·· 34
　【基本知识点小结】 ·· 35
　思考题 ··· 36

第二章　现代管理中的办公室工作定位 ······························· 37
　第一节　现代管理运行模式 ·· 37

· 1 ·

第二节　办公室管理工作的绩效价值 ·················· 41
　　第三节　办公室人员的素质特点 ······················ 44
　　第四节　办公室管理制度的框架结构 ·················· 51
　【阅读参考】·· 54
　【案例分析】·· 55
　【基本知识点小结】······································ 55
　　思考题·· 56

第三章　办公室主管的自我管理·························· 57
　　第一节　职业规范要点与评估标准 ···················· 57
　　第二节　工作处理的准则与该注意的陷阱 ·············· 61
　　第三节　职业优势保持的要点 ························ 65
　【阅读参考】·· 70
　【案例分析】·· 71
　【基本知识点小结】······································ 71
　　思考题·· 72

第四章　办公室人员职业生涯规划························ 73
　　第一节　职业生涯概述 ······························ 73
　　第二节　办公室个人职业生涯规划 ···················· 76
　　第三节　办公室组织职业生涯管理 ···················· 79
　　第四节　办公室人员的职场阶梯与实用发展策略 ········ 81
　【阅读参考】·· 85
　【案例分析】·· 86
　【基本知识点小结】······································ 87
　　思考题·· 88

第五章　办公室人际关系································ 89
　　第一节　办公室人际关系概述 ························ 89
　　第二节　办公室人际关系处理原则 ···················· 93
　　第三节　办公室人际交往技巧 ························ 98
　【阅读参考】·· 102

【案例分析】·· 103
　　【基本知识点小结】··· 104
　　思考题·· 105

第六章　办公室工作计划 ·· 106
　　第一节　办公室工作计划的类型和制定原理················· 106
　　第二节　办公室工作计划程序和方法··························· 109
　　第三节　办公室工作计划修正······································· 112
　　第四节　办公室工作目标管理······································· 114
　　【阅读参考】·· 117
　　【案例分析】·· 118
　　【基本知识点小结】··· 119
　　思考题·· 120

第七章　办公室工作量化管理 ······································· 121
　　第一节　办公室工作量化管理的基本概念···················· 121
　　第二节　办公室工作量化管理的基本原理···················· 124
　　第三节　办公室人员职业能力测评······························· 130
　　第四节　办公室工作量化管理模式······························· 138
　　第五节　办公室工作程序··· 141
　　【阅读参考】·· 146
　　【案例分析】·· 147
　　【基本知识点小结】··· 149
　　思考题·· 150

第八章　办公室行政预测 ·· 151
　　第一节　办公室行政预测概述······································· 151
　　第二节　定性预测·· 153
　　第三节　定量预测·· 155
　　第四节　办公室行政预测的综合分析···························· 159
　　【阅读参考】·· 164
　　【案例分析】·· 166

【基本知识点小结】·· 167
　　思考题 ··· 168

第九章　办公室行政运筹 ··· 169
　　第一节　办公室行政运筹概述 ··· 169
　　第二节　线性规划法 ··· 173
　　第三节　决策树法 ··· 175
　　第四节　库存模型 ··· 177
　　第五节　网络计划技术法 ··· 179
　　【阅读参考】··· 182
　　【案例分析】··· 184
　　【基本知识点小结】·· 186
　　思考题 ··· 187

第十章　办公室时间运筹 ··· 188
　　第一节　办公室时间运筹的基本概念 ··································· 188
　　第二节　办公室时间运筹策略和方法 ··································· 191
　　第三节　办公室时间运筹效率 ··· 193
　　【阅读参考】··· 198
　　【案例分析】··· 200
　　【基本知识点小结】·· 202
　　思考题 ··· 202

第十一章　办公室调研统计与分析 ·· 203
　　第一节　办公室调研 ··· 203
　　第二节　常用的办公室调研方法 ······································· 206
　　第三节　办公室统计整理与图示 ······································· 211
　　第四节　统计指标的计算 ··· 218
　　【阅读参考】··· 223
　　【案例分析】··· 224
　　【基本知识点小结】·· 226
　　思考题 ··· 227

第十二章　办公室机构的内部管理 ································ 228
第一节　办公室内部的管理方式 ································· 228
第二节　办公室内部的考勤与绩效考核 ···················· 231
第三节　办公室人员配备 ··· 233
第四节　办公室内部各类主要人员的岗位职责 ········· 235
【阅读参考】 ··· 242
【案例分析】 ··· 242
【基本知识点小结】 ·· 243
思考题 ·· 243

第十三章　办公经验积累 ·· 244
第一节　办公室邮件收发 ··· 244
第二节　领导活动安排 ··· 246
第三节　常用办公技能 ··· 248
【阅读参考】 ··· 257
【案例分析】 ··· 258
【基本知识点小结】 ·· 259
思考题 ·· 259

第十四章　办公室沟通技巧 ·· 260
第一节　沟通概述 ··· 261
第二节　有效沟通 ··· 263
第三节　办公室沟通技巧 ··· 269
【阅读参考】 ··· 273
【案例分析】 ··· 276
【基本知识点小结】 ·· 277
思考题 ·· 277

第十五章　办公室接待工作与职业礼仪 ···························· 278
第一节　办公室接待工作概述 ····································· 278
第二节　接待工作中的有关禁忌 ································· 282
第三节　办公室人员的仪表、着装和语言 ················· 284

第四节　使用电话、手机、E-MAIL 的礼仪规范 …………… 287
　　第五节　宴请、参观游览的礼仪规范 ……………………… 290
　　【阅读参考】 …………………………………………………… 292
　　【案例分析】 …………………………………………………… 293
　　【基本知识点小结】 …………………………………………… 294
　　思考题 ………………………………………………………… 295

第十六章　办公环境管理 …………………………………………… 296
　　第一节　办公环境管理的意义和内容 ……………………… 296
　　第二节　办公环境的布局与布置 …………………………… 299
　　第三节　各种办公环境因素的控制 ………………………… 306
　　第四节　办公物材的管理 …………………………………… 311
　　【阅读参考】 …………………………………………………… 313
　　【案例分析】 …………………………………………………… 314
　　【基本知识点小结】 …………………………………………… 315
　　思考题 ………………………………………………………… 316

第十七章　办公室外事 ……………………………………………… 317
　　第一节　外事工作和外事礼仪的原则 ……………………… 317
　　第二节　外事邀请 …………………………………………… 319
　　第三节　办公室外事接待 …………………………………… 322
　　第四节　外事洽谈 …………………………………………… 326
　　【阅读参考】 …………………………………………………… 330
　　【案例分析】 …………………………………………………… 330
　　【基本知识点小结】 …………………………………………… 332
　　思考题 ………………………………………………………… 332

第十八章　办公室文献检索与文档管理 …………………………… 333
　　第一节　文献检索与文档管理的重要性 …………………… 333
　　第二节　文献收集与分类 …………………………………… 335
　　第三节　文献储存与使用 …………………………………… 335
　　第四节　档案管理实务 ……………………………………… 336

第五节　文档一体化 ································· 339
　　【阅读参考】 ····································· 345
　　【案例分析】 ····································· 346
　　【基本知识点小结】 ································ 347
　　思考题 ·· 348

第十九章　办公室公共关系 ································ 349
　　第一节　公共关系社交技巧与艺术 ······················· 349
　　第二节　公共关系演讲的技巧与艺术 ······················ 352
　　第三节　公关谈判 ·································· 355
　　第四节　公共关系危机管理 ···························· 359
　　【阅读参考】 ····································· 362
　　【案例分析】 ····································· 363
　　【基本知识点小结】 ································ 365
　　思考题 ·· 365

第二十章　旅行安排 ···································· 366
　　第一节　公(商)务旅行的安排 ·························· 366
　　第二节　员工集体旅游的安排 ·························· 371
　　【阅读参考】 ····································· 380
　　【案例分析】 ····································· 381
　　【基本知识点小结】 ································ 382
　　思考题 ·· 382

第二十一章　办公室安全工作 ······························· 383
　　第一节　办公室安全工作的意义 ························· 383
　　第二节　泄密的防范和查处 ···························· 389
　　第三节　保卫工作 ·································· 393
　　【阅读参考】 ····································· 396
　　【案例分析】 ····································· 397
　　【基本知识点小结】 ································ 398
　　思考题 ·· 399

第二十二章　办公室常用公文写作 ·· 400
　　第一节　公文的特点和作用 ·· 400
　　第二节　公文的行文规则 ·· 402
　　第三节　公文的种类与格式 ·· 404
　　第四节　常用公文的写作 ·· 405
　　【阅读参考】 ··· 414
　　【案例分析】 ··· 416
　　【基本知识点小结】 ··· 417
　　思考题 ·· 418

参考文献 ··· 419

引言

无处不在的办公室

在现代社会生活中,为了更好地实现管理目标,一个组织的管理体系一般由四种机构组成(见图引-1):一是领导决策部门,通常又称为"领导班子",它是单位的决策指挥中心;二是执行部门,包括组织的各种职能机构,共同组成贯彻领导决策的执行系统;三是监督部门,其主要作用是检查、监督执行部门贯彻实施领导决策的活动;四是反馈部门,其主要作用是收集各种信息并加以分析处理,向领导提供决策参考资料。中国目前的管理系统基本体现了这种现代管理形式。中国各级党政机关及各类企事业单位一般都设有办公室(厅),如政府机关的某某局办公室、企业的厂长办公室、学校的校长办公室、医院的院长办公室等。办公室相对决策指挥中心,是综合办事机构;相对执行部门,是协调平衡的枢纽;相对上、下级单位及本系统外的其他单位,是信息网络的中心;在没有专门设立监督机构和反馈机构的单位,办公室兼有监督和反馈的作用。因而,办公室是单位的综合管理部门,具有多功能的性质,既要掌管行政事务,又要参与政务活动,明显地有别于其他各类部门,具有其自身的特殊性。

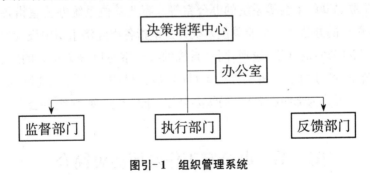

图引-1 组织管理系统

第一节 办公室的含义及分类

对"办公室"一词,人们的理解往往不一致,如某人"正在去办公室",可以理解为去他"办公(或工作)的地方";也可以理解为只是去他所在单位的一个机构,指直属于该单

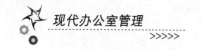

位行政领导的"办公室",其和其他机构一样,都是该单位的一个建制。打字员认为他的办公室是放着写字台和打字机的房间,记者则可以认为其办公室就是新闻编辑室,每个人对自己的办公室都可能有自己的解释。

因此,办公室这个词的概念,有两种含义:一为办公的屋子,是工作人员完成任务、执行其职务时的工作地点,是党政机关或企事业单位为完成管理目标而进行工作的工作场所;二为工作机构,是党政机关、社会团体和企事业单位内设立的办理行政性事务的办事机构,是设在领导身边、直接为领导服务的综合部门,是沟通上下、联系左右的枢纽和桥梁,是领导工作的辅助性机构。

本书描述的办公室,就是指后者。

办公室的规模、名称,因级别、地方及单位不同而不尽一致,在中国大的一般称办公厅,小的一般叫办公室。办公(厅)室内相应地设置秘书、综合、行政等一些机构,或按经济、文教、政法等工作性质分别设一处(科)、二处(科)、三处(科)等。无论设多大规模,叫什么名称,办公室是协助领导办理专门事项、起辅助和协调整个日常工作作用的部门。中国办公厅(室)的类型大体有以下几种分法:

首先,按照办公室的性质,可分为党政机关系统办公室、群众团体系统办公室、事业单位系统办公室、企业单位系统办公室等。党政机关系统办公室又可分为党务系统办公室、立法机关办公室、司法机关办公室、行政机关办公室。党务系统办公室指具体管理党的工作机构的办公室,它的最高层次是中国共产党中央委员会办公厅,依次有省委、市委、县委办公厅(室)等。立法机构办公室(厅)指各级人民代表大会办公室(厅),司法机构办公室(厅)指法院、检察院的办公室(厅)等,行政机构办公室(厅)指各级政府及其职能机构的办公室(厅)。群众团体系统办公室指各群众团体组织工作机构的办公室,如青联、学联、妇联、工会等系统的办公室等。事业单位系统办公室指各类学校、医院、科研所等单位的办公室。企业单位系统办公室指各类经济组织中设置的办公室。

其次,按照办公室的规格、级别,同一系统的办公室可以分为不同的层次。如同是党务系统办公室,可分为中央机构办公室(厅)、地方机构办公室(厅)和基层机构办公室;同是办公室,可分为部级办公厅、局级办公厅、处级办公室、科级办公室等。

第二节 办公室工作发展历史简介

提到办公室工作,人们很容易会联想到秘书工作,两者之间存在密不可分的联系。在中国历史上,虽然"办公室"这样的词汇出现得比较晚,但与其性质相近的工作却古已有之。原始社会末期,"巫"、"祝"、"贞人"帮助酋长开展祭祀,进行占卜,负责记录和处理文书,这些活动在古代社会生活中占有重要地位,需要专门人员辅助工作。商周时期,有了确切记载的史官,负责为君王起草文件,商末出现了太史寮这样的带有辅助性质的机构。到了西周,史官的工作与商朝又有不同,包括起草公文、掌管文书、协助处理政务及记录时事。在秦朝中央机构中,开始设置御史大夫,其主要职责为代皇帝接受百官的奏章、起草文书等,具有办公室工作的性质。汉朝设有尚书官职,负责在殿中主管收发文书并保管图籍。东汉后期设立秘书监,到南北朝升为秘书省,此后地位、职责历经变动,一直沿用到宋朝。清朝康熙帝时设立南书房,参与国家政务的处理。雍正帝时设立军机处,处理紧急军务,辅佐皇帝处理朝政。总之,封建社会各个朝代,都有负责类似办公室工作的人员或机构。

1911年,孙中山领导的辛亥革命推翻了清王朝的统治,建立中华民国,总统府设立秘书处,办公室建制正式推行,此前的封建王朝中虽也有"秘书监"、"秘书令"这样的称谓,但国民政府的秘书处是第一个以"秘书"命名的真正的秘书机构。新中国成立后,政务院成立了秘书厅,秘书长"协助政府主席执行政务",后来秘书厅逐渐改为办公厅。同时,各级政府、社会团体、企事业单位等也都设有与办公室(厅)同类性质的机构。

在国外,办公室机构同样普遍存在,以美国为例,在艾森豪威尔出任总统期间,设立了白宫办公厅,目的是为提高白宫的办事效率,使总统摆脱繁重日常事务,从而专注于国家大事。这一机构自此沿用至今,并体现了巨大的价值。白宫办公厅在辅助总统处理国事方面所发挥的作用是巨大的,有人甚至说白宫办公厅主任是整个白宫里除美国总统外最有权力的人,小到照顾总统的饮食起居,大到针对某一问题在总统、民众、国会、内阁中间协调和斡旋,事无巨细,都需要白宫办公厅出面解决,其工作表现直接关系到总统事务的处理结果。白宫办公厅恐怕是世界上权力最大、责任最重,同时也是最为劳心费神的办公室机构之一。

综上所述,古今中外,杰出的领导、高效的管理,离不开为之服务的办公机构。一个明智的领导者必然任用能干的办公室主任。办公室工作是普遍存在的,办公室管理业已成为各类组织管理活动中不可缺少的一部分,为组织的高效运转作出了很大的贡献。同时,办公室管理在理论和实践的基础上也逐步走向科学化、规范化,不断取得进步和完善。在办公室管理发展过程中总结出来的很多方法、原则,都具有普遍意义,其指导作用在办公室工作中日益得到体现。

第三节 办公室管理的概念

研究办公室管理,首先要了解管理的概念。什么是管理,随着时代与环境的变化,人们所持的看法也不尽相同,这源于人们分析问题时所选取的角度的不同。然而,人们对于管理的基本理解还是一致的,管理就是通过计划、组织、领导、控制,运用组织人力、物力、财力等各种资源,协调组织成员的行为,有效地完成组织目标的过程。随着管理学的发展与完善,管理学理论在社会管理的各个方面都发挥了巨大的作用,同时也形成

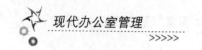

了很多与管理学相关的交叉学科,办公室管理就是管理学理论应用于办公室工作的具体体现,通过对管理概念的认知,我们不难总结出办公室管理的定义:办公室管理是指通过计划、组织、领导、控制,有效整合办公室的各种资源,实现既定目标,充分发挥办公室的辅助、服务作用的过程。办公室管理的概念包含以下几种含义:

(1)办公室管理是一个过程;(2)办公室管理的核心是实现协助领导或组织完成任务这一目标;(3)办公室管理的对象为办公室拥有的各种资源,包括人、财、物、信息、时间等;(4)办公室管理的本质是协调办公室机构中个人和群体的行为。

一方面,办公室管理与秘书学在研究对象、理论方法等方面有着紧密的联系;另一方面,办公室管理又是行政管理学研究的一个组成部分。然而,办公室管理在发展过程中除借鉴秘书学与行政管理学相关知识外,仍具有自身的学科特点,这是我们在研究和应用办公室管理的过程中应该遵循的方向。

第四节 办公室管理的必要性与可行性

自科学管理理论诞生以来,各种管理理论层出不穷,在实践过程中,通过科学有效的管理,大幅度地提高生产力,增加产出,提高效率,人们已充分认识到管理的重要性。管理不仅在工商企业中发挥了巨大的作用,事实上,小到每个人的衣食住行,大到政府治理、全球事务,想要做到低成本、高效率,都有赖于管理理论的科学应用。作为一种广泛存在于党政机关、社会团体、企事业单位中的辅助机构,办公室同样如此。

一方面,个人能力毕竟是有限的,即便是多面手式的人物也受到时间、精力因素的限制,所以,当今社会强调的是协同作战,集体观念、团队精神已深入人心。在办公室工作中,需要不同类型人才的互补、协作、配合,才能共同完成任务。另一方面,我们处于一个多变的时代,组织的内外环境都具有极大的未知性,今天通用的法则明天可能就已经过时。这愈发凸显出管理的必不可少。面对紧密的日程安排、浩大的任务量、跨部门的协调配合、未知的突发情况等任务特点,办公室工作人员已深刻意识到,日常工作科学化、规范化、程序化是工作开展的基础;唯有通过授权、分工、协作才能发挥每个人的优势,保质保量完成任务;工作中需要不断的沟通,科学的绩效评估、充分而有效的激励是员工努力工作的动力;适时对各种进行之中的工作进行监督和反馈,对例外情况进行认真处理,上述种种问题都要通过办公室管理工作来解决。

始于 20 世纪四五十年代的新技术革命,对世界的方方面面都产生了巨大的影响,促进了生产力的大幅提高。信息技术的广泛应用为办公室管理也带来了深刻的变化,迎来"办公自动化"的时代。办公自动化是一种新型的办公方式,它将计算机网络功能与现代化办公结合起来,大量应用信息技术的成果。在办公室业务中,需要对大量的文件进行处理、起草、发布、存档等,工作细致、程序复杂,依靠人工劳动,经常会出现失误。

相对于传统的管理手段,办公自动化产生的效果是颠覆性的。信息的收集、存储、检索、处理、分析更为迅速、精确,发布、反馈更为及时,有助于减少数据运算过程中的误差。为决策的科学制定提供了条件,提高了管理效率,成效显著。

在宏观上,信息技术的应用使得办公室管理的效率大幅改进,此外,在一些具体的管理活动中还采用了不同的技术方法,如计划工作中的运筹学方法、规划-计划-预算系统、PERT技术(Project Evaluation and Review Technique,项目计划评审技术)、关键路线法、绩效管理过程中书面描述法、绩效追踪方法、绩效指标的建立,环境管理中采用的5s管理(整理、整顿、清扫、清洁、自律)方法等,这些技术方法解决了办公室工作中的很多问题,推动了办公室管理理论的发展。

办公室管理是基于管理学理论、融汇其他多种学科知识而形成的一门新学科,在理论研究过程中借鉴了其他很多学科的相关知识及研究成果,博采众家之长,不断发展和完善。作为现代行政管理学的一部分,办公室管理广泛地运用了行政管理中的基本原理、方法。同时办公室工作与秘书工作密不可分,秘书学在办公室管理理论中占据非常重要的位置。近年来,秘书学在中国兴起并逐步发展,为办公室管理理论的进步提供了强大的推动力量。此外,领导科学、公共关系学、社会学、文书学、档案学、统计学等学科的理论成果也为办公室管理所借鉴和采纳,是办公室管理这门学科的理论支撑。这些学科在研究对象、研究方法等方面都与办公室管理有着很强的相关性,很多原理、规律在这些学科之间是相通的,学科之间的交流与沟通有利于拓展研究的视角,取得新的进展与收获,这是办公室管理发展的外部推动力量。

中国的办公室管理理论研究起始于20世纪80年代,此后出现了大量的这方面的论文及学术著作,1985年到1994年召开的三次全国秘书长、办公厅主任会议促进了中国办公室管理理论的形成和确立。1985年中央办公厅提出了"三个服务"和"四个转变",其中"三个服务"是指为中央服务,为各省、自治区、直辖市服务,为人民服务;"四个转变"是指在业务工作上要从侧重办文、办事转变为既办文、办事又出谋划策,从收发传递信息转变为综合处理信息,从单凭经验办事转变为科学管理,从被动服务转变为主动服务。1990年中央强调办公厅要担负起加强信息调研和督促检查的责任。1994年,中央提出实行"两个结合",即"一般和个别相结合,领导和群众相结合";突出"三项重点工作",即抓好信息调研、督促检查和保证日常工作正常运转;搞好"四项建设",即搞好办公厅(室)队伍的思想建设、组织建设、业务建设和作风建设。时至今日,办公室管理理论的发展可谓是方兴未艾,未来的办公室管理将进一步强调科学化,以及与不同文化背景下的管理理论的有机结合。

第五节　办公室管理研究的意义

首先,对办公室管理进行研究有助于推动办公室管理理论的逐步完善。办公室管理是以管理学为基础,结合多种学科知识而建立起来的一门学科,目前国内对于办公室管理理论研究的历史相对很短,主要涉及两个领域,一是作为行政管理学的分支进行研究;二是结合秘书学理论进行研究①。在研究过程中,借鉴了很多西方的相关理论,取得了丰硕的研究成果,在实践中得以运用,对办公室管理活动进行了很好的指导。然而,并不是任何理论都是放之四海而皆准的,东西方由于历史传统、文化基础、内外环境等因素的不同,导致东西方在管理风格上各具特色、迥然不同。办公室管理的研究同样要面对这样的问题,中国的办公室管理,其研究范围、研究对象与国外相比都存在差别,这些是办公室管理研究过程中遇到的问题,同时预示着这一理论广阔的研究空间。立足本国国情、借鉴国外的研究成果,不断发展和创新,对于办公室管理理论的完善至关重要。

其次,对办公室管理进行研究,有利于解决办公室工作实践中的问题。办公室管理是一门应用性很强的学科,对理论进行发展和完善只是手段,广泛地应用于实践过程中,对办公室工作进行指导才是目的。目前的办公室工作当中还存在很多的问题,如绝大多数的办公室只停留在简单的办文办事工作上,没有做到真正地为领导及决策机构出谋划策;只是简单地收发信息,缺乏有效地处理信息、分析数据的能力;办公室管理过程中还没有做到科学化、规范化,人为性、随意性的现象很普遍;管理理念比较被动、落后,未能发挥主动精神、创新精神等。这些问题的解决有赖于办公室管理理论的创新与发展,更为重要的是理论基础与实践操作的匹配性。

再次,研究办公室管理,有利于办公室的职能获得更好的发挥。通过对办公室管理的研究,对办公室在组织结构中的准确定位,使办公室工作人员充分认识到办公室应发挥何种职能。一般认为,办公室管理具有以下几种职能:(1)指导职能。对任务的分配、政策的下达进行传递,并在需要时作出解释。这种职能可在纵向及横向两个方面实施。(2)参谋职能。办公室负责为领导的决策收集信息,并对信息进行加工处理,根据所掌握的信息及其他现实因素对决策提出建议,起到参谋、协助的作用。(3)服务职能。办公室要负责公文的起草、文件的收发,此外还有大量事务性的活动,如安排会议、接待来宾、环境管理等。(4)协调职能。在执行组织任务的过程中,由于各个部门业务的不同,彼此难免产生冲突或不一致,需要办公室工作人员从中协调,事先作周密的工作安排,化解部门之间产生的矛盾。(5)监督职能。办公室需要对下属机构、工作人员的工作情况进行考核、监督,保证其按时完成组织目标。办公室管理职能的发挥,不能仅仅建立在总结过去管理经验的基础之上,还需要办公室管理理论进行指导。

总的来说,办公室管理在中国发展的时间还很短,在今后的研究过程中,有待于不断地学习和探索,形成适合中国现状的办公室管理理论。在这其中,中国传统的管理思想发挥着很大的作用,需要我们继承和发扬,做到与现代管理的有机结合。实践因素的

---

① 戈秀萍:《办公室管理实务》,辽宁大学出版社 2006 年版,第 11 页。

影响也是研究办公室管理理论时不能绕开的话题，尤其是办公室管理与行政管理有着紧密的学科联系，而行政管理无疑涉及社会基本制度的各个方面，因此办公室管理需要针对具体环境，作出科学的定位。此外，办公室管理的研究范围要突破其局限性，要放眼于与办公活动相联系的各个方面，而非把目光仅仅集中在办公室机构之上。解决办公室管理研究过程中出现的问题，完成理论研究的目标使之逐步走向成熟，以及通过这些理论来指导实践，这是我们研究办公室管理的意义所在。

办公室依据其开放程度可以分为四种类型[①]：

1. 蜂巢型(hive)，属于典型的开放式办公空间，配置一律制式化，这会使个性化极低，只适合例行性工作，因而彼此互动较少，工作人员的自主性也较低，如资料输入和一般行政作业的布局采用这种类型。

2. 密室型(cell)，这是密闭式工作空间的典型，工作属性为高度自主，而且不需要同时进行很多互动，例如大部分会计师、律师等专业人士的办公室属于这种类型。

3. 鸡窝型(den)，这种类型指一个团队在开放式空间共同工作，互动性高，但不一定属于高自主性工作，例如设计师、保险工作的办公室属于该类型。

4. 俱乐部型(club)，这类办公室适合必须独立但也需要和同事频繁互动的工作。同事之间可以共享办公桌的方式分享空间，没有一致的上下班时间，办公地点可能在顾客的办公室，可能在家里，也可能在出差的地点。广告公司、媒体、资讯公司和一部分管理顾问公司都已经使用这种办公室。

俱乐部型的办公室空间设计最引人注目，部分原因是这类办公室促使充满创意的建筑的诞生，但是设计师领先时代的创意也在考验上班族的适应度。这类办公地没有单独的办公室，各个办公室都以用途为目标进行设计，例如设有沙发的"起居室"、咖啡屋等。除此之外，这类设计也可以节省金钱，例如安达信顾问公司把法国总部从占地10 000平方米的办公场所迁到占地7 000平方米的新总部，这样下来，一年可以节省100万美元。

办公室装修

某公司因业务扩张，需要扩大办公室规模并进行装修，由行政部人员负责安排有关

[①] 胡鸿杰：《办公室事务管理案例与实务》，中国人民大学出版社2004年版，第2—3页。

事宜。行政部工作人员设计出装修方案后就直接通过电子邮件将时间安排告知各部门。可是到了要打包物品为装修腾出空间的那天,销售部门却表示他们有重要活动,没有办法安排人手打包。

案例思考题

1. 为什么行政部的工作得不到公司其他部门的支持与协助?
2. 你认为办公室工作有哪些特点?在与其他部门协调工作时应注意什么?

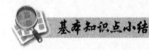

1. 办公室有两种含义:一为办公的屋子,是工作人员完成任务、执行其职务时的工作地点,是党政机关或企事业单位为完成管理目标而进行工作的工作场所;二为工作机构,是党政机关、社会团体和企事业单位内设立的办理行政性事务的办事机构,是设在领导身边、直接为领导服务的综合部门,是沟通上下、联系左右的枢纽和桥梁,是领导工作的辅助性机构。

2. 办公室管理是指通过计划、组织、领导、控制,有效整合办公室的各种资源,实现既定目标,充分发挥办公室的辅助、服务作用的过程。

3. 研究办公室管理,有助于推动办公室管理理论的逐步完善,有利于解决办公室工作实践中的问题,有利于更好地发挥办公室职能。

1. 办公室及办公室管理的概念是什么?
2. 办公室管理的研究意义是什么?

第一章

办公室管理理论基础

本 章 提 要

理论指导实践。办公室管理是一门综合性的新兴的应用学科,是管理科学的一门分支学科。为了更系统地、深入地了解办公室管理的知识体系,掌握办公室管理的知识技能,本章以理论为出发点,主要介绍了几门重要的基础科学:管理科学、行为科学、科学社会学,系统论、控制论、信息论和相关的自然科学技术。管理科学的发展分为三个阶段:古典管理理论阶段,行为管理理论阶段和现代管理理论阶段。行为科学是管理科学发展到第二阶段时出现的。系统论、控制论、信息论是现代管理的理论基础,且三个理论紧密联系。科学社会学主要是研究科学本身与社会学、心理学、经济学等学科的互动关系。

任何事物的发展演变过程都有其客观规律,办公室管理作为管理科学的一门分支学科,当然也不例外。作为一门学科,其有假设、理论、原理、方法和应用等内容,而且同其他许多学科一样,办公室管理也建立在其他学科的理论基础之上。

第一节 管理科学

一、什么是管理科学

办公室管理就是指导管理办公室工作的科学。办公室管理首先是一门管理的科学,所以它的理论基础是管理科学。

什么是管理。从字义上理解就是管辖和处理,亦即管人与理事。学术界对管理没有一个统一的定义。有的说管理就是对人的管理,即对人的行为进行控制;有的说管理就是通过他人的工作达到自己(组织)的目标;有的说管理就是通过计划工作、组织工作、指挥及控制工作的诸过程来协调所有资源,以便实现既定的目标;有的说管理即指要达到资源利用的高效率和组织目标实现的高效益的统一境界;还有的学者认为管理就是决策。

其实管理就是把人力和资源,通过运用计划、组织和控制等方法来完成一定的组织目标的过程。或者说,通过计划、组织、指挥、协调、控制等基本管理功能,有效地利用人力、物力、财力诸要素,促进它们相互密切配合,发挥它们的最高效率,以达到预期的目标。作为社会劳动过程中的"特殊职能",管理既是一门科学,也是一门艺术。

管理科学从广义上讲是研究管理理论、方法和管理实践活动的一般规律的科学,其内容主要包括:古典管理理论、行为管理理论和现代管理理论;从狭义上理解是管理科学学派,又称作管理中的数量学派,也称之为运筹学。其特点是以系统论、信息论、控制论为其理论基础,应用数学模型和电子计算机手段来研究解决各种管理问题。而本书指的是前者。①

任何一门学科的发展都不是孤立的,管理科学也不例外。管理科学是多学科、多领域的交叉学科。管理科学的基础主要包括数学、经济学、心理学、社会学。②

数学是管理科学中数量分析方法的基础,最常使用的是统计学、组合数学、数学规划、随机过程、离散数学和模糊数学等。

经济学是管理科学中各类决策的出发点和依归,最常使用的是理论经济学、应用经济学和计量经济学等。

心理学是研究人的心理活动和行为表现的科学,它研究管理科学中人与人之间的关系和情感,人的认知过程,人的主动性、积极性等问题。最常使用的是工业心理学、社会心理学及认知心理学等。

社会学是从社会整体出发,通过社会关系和社会行为来研究社会的结构、功能、发生、发展规律的综合性学科。社会学研究的对象不是个体,而是作为一个社会组织、群体或机构的成员存在。其研究内容从过去主要研究人类社会的起源、组织、风俗习惯的人类学,演变为研究现代社会的发展和社会中的组织性或者团体性行为。

管理科学是人类长期进行社会生产实践,对社会生产过程的活动进行组织、指挥、监督和协调的理论总结。它作为一门综合研究性知识体系,根据社会组织结构内在的规律,考虑到人在管理活动中的活跃地位,揭示了管理在社会生产过程中的重要功能,得出了现代管理的最优理论和方法。管理学的研究不仅包括生产关系和上层建筑,还包括生产力的合理组织利用和开发。

二、管理科学的发展

管理有悠久的历史。从人类生产劳动出现协作和分工开始,就有人们的组织和指挥这类管理活动。所以,管理自从有文字记载历史起就出现了,它可以追溯到远古。历

---

① 尤建新、雷星晖、彭正龙:《管理学概论》(第二版),同济大学出版社 2002 年版,第 70 页。
② 成思危:《管理科学的现状与展望》,载《管理科学学报》,1998 年第 1 期,第 8 页。

史上许多卓越的工程,像埃及的金字塔、中国的万里长城,就是人类生产管理和组织才能的明证。但是,管理作为一门科学是从相应的层次从简单到复杂、由低级向高级发展的,是随着近代工业生产技术的进步,社会化生产程度的提高而不断发展形成的。管理理论的发展,大致经历了三个阶段。

第一,以美国泰罗为代表的着重生产过程和行政控制的古典管理理论。19世纪下半期,即资本主义发展最初阶段。在世界工业革命的发源地英国,生产的组织结构发生了重大变革,产生了工厂制度。英国古典政治经济学家亚当·斯密在1776年所写的《国富论》里,第一个提出了生产经济学的概念,开创了工业管理的先河,因而这部著作在当时轰动一时。在这本书中他指出了劳动分工所带来的经济效益,提出了生产合理化的概念,并通过观察得出由于劳动分工而产生的三个基本的经济上的优点。

美国经济学家埃伯法称亚当·斯密的《国富论》是"生产经济学发展中的一个里程碑"。其后,英国剑桥大学教授、曾设计了世界上第一台巴贝奇计算机的数学家查尔斯·巴贝奇进一步发展了斯密的论点,发表了《机器与制造业的经济学》一书,影响极广。美国的弗雷德里克·泰罗1911年发表了《科学管理原理》一书,提出了"全面的智力革命"的问题,他认为他的管理原理适用于一切管理问题,"一切管理问题都可以而且应当通过科学的办法加以解决"。他的理论推动了资本主义生产的发展,为资本主义生产管理作出了重大的贡献,因此泰罗被称为"科学管理之父"。

古典理论研究的另一个内容,就是管理的行政方面。它的主要代表人物是提出了一般行政管理的亨利·法约尔。亨利·法约尔在1908年提出了一般行政管理的原则,首创经营管理理论。在组织管理方面,德国社会学家韦伯提出了行政组织体系论。韦伯认为行政机构的各种职责都要遵循分级原则,为实现一个组织目标,要划分职责。授予成员的各种公职和职位是按照职权的等级原则组织起来的。对每一个职位用明文规定权力和义务,形成一个指挥体系和阶层体系。韦伯还在其行政机构的特性和概念里提出通过正式考试和教育训练来任用人员,并指出,管理者须严格遵守组织中规定的纪律和规则。韦伯认为,这种理想的行政组织体系能提高工作效率。在精确性、稳定性、纪律性和可靠性方面大大地超过其他组织体系。这些理论都集中体现在他的代表作《社会组织与经济组织理论》一书中。

第二,以梅奥为代表的着重于人际关系和行为科学的管理理论。1828年,英国空想社会主义者罗伯特·欧文第一个在他发表的有关管理的著作里,把生产率的提高归结为人的因素,主张更多关心工人。他说,花在改善工人待遇和劳动条件上的投资,它给你的报偿,有时不是以百分之几或几十,而是以百分之几百来计算的。这些思想为后来人际关系和行为科学理论提供了基础。20世纪20年代,原籍澳大利亚后移居美国的哈佛大学教授梅奥和他的哈佛研究小组继续欧文的研究,并在西方电气公司的霍桑工厂先后两次进行著名的"霍桑实验"。

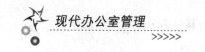

梅奥等人认为生产不仅受物理的、生理的因素影响,而且受到社会学、社会心理学的影响。梅奥写了《工业文明的人性问题》和《工业文明的社会问题》等著作,建立了"人际关系"学说。1936年梅奥在哈佛大学开设"人际关系"课。1946年,"人际关系"被列为必修课。从此,"人际关系"一说逐渐闻名于世。但是"人际关系"在实际应用上并不理想,加之"人际关系"的提法易引起误解,因此,1949年左右,芝加哥大学的一群教授将"人际关系"研究改称为行为科学研究。从此,行为科学就成了现代管理理论中一个重要的组成部分。

第三,以西蒙为代表的着重于管理科学和系统分析的现代管理理论。第二次世界大战以后,管理理论发生了很大变化。由于管理理论的应用和发展,加之战争中为英国防空需要而产生了"运筹学",新的数学分析和计算技术应运而生。像统计决策、线性规划、排队论、统筹法和模拟分析等,在企业被广泛应用。美国成立了运筹学协会和管理科学研究所,使管理理论和实践都进入了一个崭新的阶段。但是,现代工业的迅速发展,国际资本对世界市场的激烈争夺,使生产管理越来越需要把注意力集中于经济前景的预测,并据此作出正确的决策。决策对了,管理效率就高,经营水平就提高。决策错了,管理效率越高,经营就越是糟糕,其结果呈现负数。因此,决策就成为管理的核心。这包括决策程序,或称管理决策科学。这样"现代管理"理论就出现了。

此外,现代管理的研究,还把信息科学技术与管理结合起来。这也是现代管理的重要发展。信息技术作为现代通信的一种手段,对管理现代化有着十分重要的作用。它是企业计划决策的依据,是对生产过程进行有效控制的工具,是保证企业管理诸内容井然有序的组织手段。所以,有人把企业管理的决策机构比作企业的大脑,把信息流比作企业这个大系统中的神经系统,如果神经系统错乱,就会导致整个企业的混乱,甚至产生瘫痪。

三、管理科学重要理论

管理科学理论的发展经历了三个阶段:古典管理理论、行为管理理论和现代管理理论。

(一)古典管理理论

在20世纪初,由泰罗发起的科学管理革命导致了古典管理理论的产生。古典管理理论由科学管理理论、管理过程理论和行政组织理论构成。

泰罗与科学管理原理。弗雷德里克·温斯洛·泰罗是美国古典管理学家,科学管理的创始人,被管理界誉为科学管理之父。泰罗的科学管理的核心是提高效率。他认为,提高劳动生产率对工人来说意味着工资的提高。所以,工人和雇主应相互合作,共同为提高劳动生产率而努力。提高生产率的根本途径是管理的科学化,而不是增加劳动量。为提高效率,泰罗提出实施7项管理制度:(1)工作定额原理;(2)选择、培训和提高工人的劳动技艺;(3)实行"职能工长制";(4)把计划职能同执行职能分开;(5)实行刺激性的计件工资制;(6)劳资双方为提高效率而合作;(7)实行组织控制的例外原则。

管理过程理论。泰罗之后的管理理论所研究的中心问题是组织结构和管理原则的合理化,主要是由法国的法约尔加以研究的。法约尔于1916年出版了《工业管理和一般管理》一书。他以大企业的整体为研究对象,认为该理论不仅适用于企业,也适用于军政机关和宗教组织等。法约尔提出了经营六职能、管理五要素和十四条原则的学说[①]。

经营六职能。法约尔认为,管理不同于经营,只是经营的六种职能活动之一。这六种职能活动是:技术活动、商业活动、财务活动、安全活动、会计活动和管理活动。它们是企业组织中各级人员都要进行的,只不过由于其职务高低和企业大小的不同而各有侧重。

管理五要素。法约尔把计划、组织、指挥、协调、控制称之为管理五要素。法约尔认为,要管理,就需要依据一定的原则,即依据一些被接受、被论证过的管理理论;原则能使人们辨明方向,能为那些知道通往自己目的地道路的人所利用。

十四条管理原则。法约尔的十四条管理原则是:

(1)分工,减少浪费、增加产出和便于人员培训;(2)权力与责任,有权力的地方,就有责任;(3)纪律;(4)统一指挥;(5)统一领导;(6)个人利益服从整体利益;(7)个人报酬;(8)集权;(9)等级链;(10)秩序;(11)公平;(12)保持人员的稳定;(13)首创精神;(14)团队精神。

行政组织理论。行政组织理论的奠基人是马克斯·韦伯,韦伯是一位兴趣广泛的典型的知识分子,其研究领域涉及政治学、行政学、法学等。他提出了所谓理想的行政组织体系理论,其核心是组织活动要通过职务或职位而不是通过个人或世袭地位来管理。他的理论是对泰罗和法约尔理论的一种补充,对后世的管理学家,尤其是组织理论学家有重大影响,因而在管理思想发展史上被人们称之为"组织理论之父"。

马克斯·韦伯的理论分为3个部分:理想的行政组织体系,权力的分类,理想的行政组织的管理制度。

理想的行政组织体系。行政组织体系又被称为官僚政治或官僚主义。韦伯认为要使行政组织发挥作用,管理应以知识为依据进行控制,管理者应有胜任工作的能力,应该依据客观事实而不是凭主观意志来领导,因而这是一个有关集体活动理性化的社会学概念。

权力的分类。韦伯指出,任何一种组织都必须以某种形式的权力为基础,才能实

[①] 〔美〕丹尼尔·A·雷恩:《管理思想的演变》,中国社会科学出版社1986年版,第239—243页。

现其目标,只有权力才能变混乱为有序。韦伯在《社会组织和经济组织理论》一书中把这种权力划分为3种类型:第一种是传统权力,是世袭的,它来自对传统文化的信仰和个人明确而特殊的尊严;第二种是超人权力,是个人奋斗得来的,它来自领导者的意志和强制性权威;第三种是法定权力,是选举产生的,它来自法律和社会契约。

理想的行政组织的管理制度。韦伯指出:最纯粹的应用法定权力的形态是应用于一个行政组织管理机构的。只有这个组织的最高领导由于占有、被选或被指定而接任权力职位,其才能真正发挥领导作用,每一个官员都应按一定的准则被任命和行使职能。

(二) 行为科学理论

行为科学作为一种管理理论,开始于20世纪20年代末30年代初的霍桑实验,而真正发展却在20世纪50年代。行为科学的含义有广义和狭义两种。广义的行为科学是指包括类似运用自然科学的实验和观察方法,研究在自然和社会环境中人的行为的科学。已经公认属于行为科学的学科有心理学、社会学、社会人类学等。狭义的行为科学是指有关对工作环境中个人和群体的行为进行研究的一门综合性学科。进入60年代,为了避免同广义的行为科学相混淆,出现了组织行为学这一名称,专指管理学中的行为科学。目前组织行为学从它研究的对象和涉及的范围来看,可分成三个层次,即个体行为、团体行为和组织行为。

个体行为理论体系结构如图1-1所示:

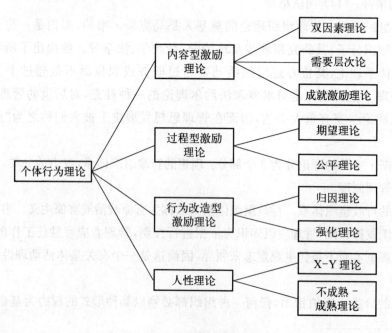

图1-1 个体行为理论结构

团体行为理论中的团体分为正式团体、非正式团体、松散团体、合作团体和集体团体等，其主要研究团体发展动向的各种因素以及这些因素的相互作用和相互依存的关系。如：团体的目标、团体的结构、团体的规模、团体的规范、信息沟通和团体意见冲突理论等。

组织行为理论主要包括领导理论和组织变革、组织发展理论。领导理论又包括三大类，即领导品质理论、领导行为理论和领导权变理论。

(三) 现代管理理论

现代管理理论以"系统理论"、"决策理论"、"管理科学理论"等学派为代表，其特点是以系统论、信息论、控制论为其理论基础，应用数学模型和电子计算机手段来研究解决各种管理问题。

系统理论。系统理论是19世纪70年代，弗里蒙·特卡斯特、罗森茨威克和约翰逊等美国管理学家在一般系统论的基础上建立起来的。系统的特征主要有：目的性、整体性和层次性。系统原理研究的对象是组织，通过对组织的研究来分析管理行为。其相应的原则有整分合原则和相对封闭原则。

决策理论。决策理论形成于20世纪30—40年代。决策理论的种类较多，不同学者阐述问题的角度也不相同，其中具有代表性的理论包括：完全理性决策论、连续有限比较决策论、理性组织决策论、现实渐进决策论、非理性决策论。

管理科学理论。该理论的正式形成源于1939年由美国曼彻斯特大学教授布莱克特领导的运筹学小组。管理科学理论认为，解决复杂系统的管理决策问题，可以用电子计算机作为工具，寻求最佳计划方案，以达到企业的目标。管理科学其实就是管理中的一种数量分析方法。它主要用于解决能以数量表现的管理问题，其作用在于通过管理科学的方法，减少决策中的风险，提高决策的质量，保证投入的资源发挥最大的经济效益。

第二节 行为科学

一、什么是行为科学

办公室在一个机关中，是沟通上下、协调左右，联系各方，保证机关工作正常运转的枢纽。办公室管理不仅要处理办公室内部工作人员的工作和良好的沟通，更重要的是作为决策辅助层如何更好地传达和执行上级的指令，协调各部门的工作和人员的矛盾，从而提高工作效率，保质保量地完成上级的工作。在这些活动中，了解人的行为特征，从而推断行为背后的动机和心理特征是办公室管理人员必须具备的能力。

行为科学就是一门研究人的行为，调节人际关系，从而提高劳动生产效率的科学。

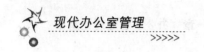

行为科学又称组织行为学。它所研究的主要内容是：人的本性和需要，行为之动机，尤其是生产中的人际关系（包括领导和下属的关系）。行为科学认为，人由于受到内部或外部因素的刺激，受到精神和肉体的刺激，都会作出某种反应，这种反应都会对人从事工作的效率产生影响。因此，行为科学主要从社会学、社会心理学、心理学的基础方面来研究管理，重视社会环境和人群关系对提高工作效率的影响。由于行为科学研究生产和工作环境中人的行为，旨在提高生产和工作效率，其已成为现代管理科学的支柱之一。

二、行为科学的形成和发展

行为科学的产生是生产力和社会矛盾发展到一定阶段的必然结果，也是管理思想发展的必然结果。泰罗科学管理理论建立以后，社会经济、政治、文化的发展状况导致了行为科学的兴起。

行为科学的研究，基本上可以分为两个时期。前期从20世纪20年代梅奥的霍桑实验开始，到1953年正式定名行为科学为止，是为行为科学研究时期；后期为人际关系学说研究阶段。

霍桑实验是心理学教授梅奥在美国芝加哥西部电气公司所属的霍桑工厂主持进行的心理学研究实验[①]。霍桑工厂是一个制造电话交换机的工厂，具有较完善的娱乐设施、医疗制度和养老金制度，但工人们仍愤愤不平，生产业绩很不理想。为找出原因，美国国家研究委员会组织研究小组开展实验研究。起初，1924年西方电气公司在伊利诺伊州的霍桑工厂做了一个实验，这个实验的目的在于找出是否有除"疲劳"之外会降低生产力的因素。工人被分成两组：一组为控制组，所有工人都在环境不变的情况下持续工作；一组为实验组，实验本身是为了观察工作环境经过各种改变时工人的反应情形，并比较两组之生产力。

霍桑实验的工作环境改变是通过改变照明亮度来观察的，结果是，亮度增加，生产效率提高，但亮度逐渐下降，生产效率仍然继续提高。更奇异的是，控制组的照明其实一点都没改变，但生产效率仍会提高。甚至，实验人员延长工时或减少休息时间，生产效率也会提高。许多工人比实验前更满意自己的工作。

1927年梅奥应邀去解释这些不合常理的实验结果，也被请求进一步做些相关实验来验证。例如休息时间自定，或实验组加薪、控制组不加薪来相比。很有趣的是，实验组与控制组的产能都提升了。

经过几年的研究，梅奥与同僚终于发现金钱激励并不影响产能，因为在实验中加薪或不加薪产能都提升了。进一步了解后才知道，这些工人被选出参与实验时，本身即感到是一种个人的光荣，这种心态又形成整个团队的荣誉感，而导致"情绪性的连锁反

---

① 亓名杰：《管理思想史》，机械工业出版社2008年版。

应"。换言之,这个实验结果并未如原先所预期,看来是近乎失败的实验。

但梅奥同僚由霍桑实验中领悟到,团队归属感也能满足个人的心理需求。此外,赋予员工个人或团队对某项任务决策的责任,能使个人或该团队更愿意将该任务视为己任而全力以赴。其次,负责该任务之经理人对于整个事件的肯定与关怀,会使员工明白他们对组织有独特而重要的贡献。

霍桑实验对管理理论有相当的贡献:使人们认识到人不仅仅是工作的机器;它引发产业界与学术界进行了一系列的相关研究;它替管理学开了一扇通往社会科学领域的门。

人际关系学说。霍桑实验的研究结果否定了传统管理理论对于人的假设,表明了工人不是被动的、孤立的个体,而是"社会人"。影响生产效率的最重要因素不是待遇和工作条件,而是工作中的人际关系。据此,梅奥提出了三个重要的观点:(1)工人是"社会人"而不是"经济人";(2)企业中存在着非正式组织;(3)新的领导能力在于提高工人的满意度。

三、行为科学理论介绍

整个社会组织系统的管理效果,实质上就是对人的管理效果的综合体现。由于人的复杂性,对人性研究的各个层面、各个角度进行透视就会形成不同的特点。行为科学研究有许多流派,各个流派研究的侧重点也不相同。其基本内容有:

个体行为研究。是行为科学分析研究企业组织中人们行为的基本单元。在个体行为这个层次中,行为科学主要是用心理学的理论和方法研究两大类问题,一类是影响个体行为的各种心理因素;另一类是关于个性的人性假说。

群体行为研究。群体行为在组织行为学中是一个重要的研究领域,它主要探讨群体中的非正式组织、群体的特征、群体的内聚力等。

领导行为研究。领导行为理论是研究领导有效性的理论。影响领导有效性的因素以及如何提高领导的有效性是领导理论研究的核心。

组织行为研究。行为科学家认为,一个人的一生大部分时间是在组织环境中度过的。人们在组织中的行为即称为组织行为,它建立在个体行为和群体行为的基础上。通过研究人的本性和需要、行为动机及在生产组织中人与人之间的关系,可以总结出人类在生产中行为的规律。

行为科学理论有下列几种。

(一)马斯洛的需求层次理论

在马斯洛看来,人都潜藏着五种不同层次的需要:生理需要、安全需要、感情和归属需要、尊重需要、实现自我需要,在不同的时期表现出来的各种需要其迫切程度是不同的。人的最迫切的需要才是激励人行动的主要原因和动力。人的需要体现了从外部得来的满足逐渐向内在得到的满足转化(见图1-2)。

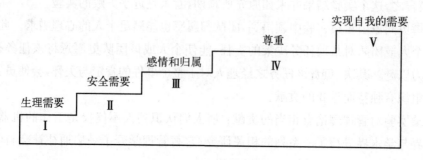

图1-2 马斯洛需求理论

生理上的需要。这是人类维持自身生存的最基本要求,包括饥、渴、衣、住、性方面的要求。如果这些需要得不到满足,人类的生存就成了问题。在这个意义上说,生理需要是推动人们行动的最强大的动力。马斯洛认为,只有这些最基本的需要满足到维持生存所必需的程度后,其他的需要才能成为新的激励因素,而到了此时,这些已相对满足的需要也就不再成为激励因素了。

安全上的需要。这是人类要求保障自身安全、摆脱事业和丧失财产威胁、避免职业病的侵袭等方面的需要。

感情上的需要。这一层次的需要包括两个方面的内容。一是友爱的需要,即人人都需要伙伴之间、同事之间的关系融洽或保持友谊和忠诚;人人都希望得到爱情,希望爱别人,也渴望接受别人的爱。二是归属的需要,即人都有一种归属于一个群体的感情,希望成为群体中的一员,并相互关心和照顾。感情上的需要比生理上的需要更细致,它和一个人的生理特性、经历、教育、宗教信仰都有关系。

尊重的需要。人人都希望自己有稳定的社会地位,要求个人的能力和成就得到社会的承认。这种尊重又可分为内部尊重和外部尊重。内部尊重是指一个人希望在各种不同情境中有实力、能胜任、充满信心、能独立自主。总之,内部尊重就是人的自尊。外部尊重是指一个人希望有地位、有威信,受到别人的尊重、信赖和高度评价。

自我实现的需要。这是最高层次的需要,它是指实现个人理想、抱负,发挥个人的能力到最大程度,完成与自己的能力相称的一切任务的需要。也就是说,人必须干称职的工作,这样才会使他们感到最大的快乐。

马斯洛认为五种需要像阶梯一样从低到高,按层次逐级递升,但这样的次序不是完全固定的,可以变化,也有种种例外情况。

一般来说,某一层次的需要相对满足了,人的需求就会向高一层次发展,追求更高层次的需要就成为驱使行动的动力。相应的,获得基本满足的需要就不再是一股激励力量。

(二)赫茨伯格双因素理论

赫茨伯格的双因素理论和马斯洛的需要层次理论、麦克利兰的成就激励理论一样,重点在于试图说服员工重视某些与工作绩效有关的原因。他认为,一些工作因素能导致满意感,而另外一些则只能防止产生不满意感;其次,对工作的满意感和不满意感并非存在于单一的连续体中。他并提出了激励因素和保健因素两个概念:激励因素,包括工作本身、认可、成就和责任,这些因素涉及对工作的积极的感情,又和工作本身的内容有关。这些积极的感情与个人过去的成就、被人认可以及担负过的责任有关,它们的基础在于工作环境中持久的而不是短暂的成就。保健因素,包括公司政策和管理、技术监督、薪水、工作条件以及人际关系等。这些因素涉及工作的消极的感情,也与工作的氛围和环境有关。也就是说,对工作本身而言,这些因素是外在的,而激励因素是内在的,或者说是与工作相联系的内在因素。

(三)期望理论

期望理论(Expectancy Theory)又被称作"效价-手段-期望理论",是北美著名心理学家和行为科学家维克托·弗鲁姆于1964年在《工作与激励》一书中提出来的激励理论。其认为激励(motivation)取决于行动结果的价值评价(即"效价",valence)和其对应的期望值(expectancy)的乘积:

$$M = V * E$$

这个公式说明:假如一个人把某种目标的价值看得很大,估计能实现的概率也很高,那么这个目标激发动机的力量越强烈。

(四)成就需要理论

这是美国心理学家麦克里兰经过长期研究提出的。他认为在生存需要基本得到满足的前提下,人的最主要的需要有权力需要、社交需要和成就需要三种,其中成就需要的高低对人的成长和发展起到特别重要的作用。权力需要指促使别人顺从自己意志的欲望。权力需要较高的人喜欢支配、影响别人,喜欢对人"发号施令",十分重视争取地位与影响力。这些人喜欢具有竞争性和能体现较高地位的场合或情境。社交需要指积极社交的人常从友爱中得到快乐,并因被某个社会团体拒绝而痛苦,他们关心保持融合的社会关系,人与人间亲密无间、互相谅解、助人为乐。成就需要指追求优越感的驱动力,或者参照某种标准去追求成就感,寻求成功的欲望。

(五)麦格雷戈的X理论-Y理论

该理论阐述了人性假设与管理理论的内在关系,即人性假设是管理理论的哲学基础,提出了"管理理论都是以人性假设为前提的"重要观点,这表明麦格雷戈已揭示了"人本管理原理"的实质。X理论的人性假设:员工天生不喜欢工作,只要可能,他们就会逃避工作。由于员工不喜欢工作,因此必须采取强制措施或惩罚办法,迫使他们实现组织目标。员工只要有可能就会逃避责任,安于现状。大多数员工喜欢安逸,没有雄心壮志。Y理论的基本观点：一般人本性不厌恶工作，如果给予适当机会，人们喜欢工作，并渴望发挥其才能；多数人愿意对工作负责，寻求发挥能力的机会；强制措施和惩罚不是使人去为组织目标而努力的唯一办法；激励在需要的各个层次上都起作用；想象力和创造力是人类广泛具有的。

（六）群体动力学

其理论奠基人是库尔特·勒温，德裔美国心理学家。群体动力学认为在群体中，只要有别人在场，一个人的思想行为就同他单独一个人时有所不同，会受到其他人的影响。勒温采用格式塔心理学观点，将个体行为变化视为在某一时间与空间内，受内外两种因素交互作用的结果。勒温称个人在某时间所处的空间为场，场这一词借用了物理学上力场的概念，其基本要义是：在同一场内的各部分元素彼此影响；当某部分元素变动，所有其他部分的元素都会受到影响。此即勒温的场论（field theory）。他用场论来解释人的心理与行为，并用以下公式表示个人与其环境的交互关系：

$$B = f(P, E)$$

B：Behavior 行为；P：Person 个人；E：Environment 环境；f：function 函数

此公式的含义是，个人的一切行为（包括心理活动）是随其本身与所处环境条件的变化而改变的。

（七）领导品质理论

美国行为科学家亨利1949年在调查研究的基础上提出一个成功领导者应具备12种品质：第一，成就需要强烈，把工作成就看成是最大的乐趣，置于金钱报酬和职位晋升之上，因此愿意完成艰巨的任务；第二，干劲大，工作积极努力，希望承担富有挑战性的新工作；第三，用积极的态度对待上级，认为上级水平高，经验多，能帮助自己上进和提高，因而尊重上级，与上级关系较好；第四，组织能力强，能把混乱的事物组织得很有条理，能从资讯中预料事物发展的动向；第五，决断力强，能在较短的时间内对各种备择的方案加以权衡并作出选择；第六，自信心强，对自己的能力充满了信心，对自己的目标坚信不疑，不受外界干扰；第七，思维敏捷，富于进取；第八，竭力避免失败，并且不断接受新的任务，树立新的奋斗目标，驱使自己前进；第九，讲求实际，重视现实，不去关心不肯定的未来；第十，不能只对上级亲近，而对下级疏远；第十一，对父母没有情感上的牵挂，而且一般不同父母在一起；第十二，忠于组织，忠于职守。

（八）领导行为理论

领导行为理论研究的是领导者在领导过程中的具体行为以及不同的领导行为对职工的影响，以期寻求最佳的领导行为。具有代表性的领导行为理论主要是四分图理论。1945年美国俄亥俄州立大学领导行为研究组综合概括了1 000多种刻画领导行为的因素,最后归纳为"关心人"(体贴)和"抓组织"(主动结构)两大类,并用这两种行为双高双低、一高一低和一低一高的四种不同的组合形式分析领导的效果。按照四分图理论,一般认为,高组织高关心人的领导者领导效果最好(见图1-3)。

(九) 管理方格图

1964年,美国管理学家布莱克和莫顿在四分图理论的基础上,在一个九九八十一个方格的正方形的图形中,按照"关心

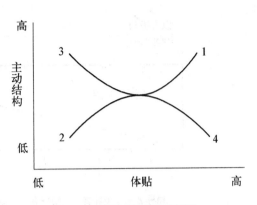

图1-3 四分图理论示意图

人"和"关心生产"两种基本的领导行为的不同组合划分出81种领导类型,并分别于图的四角和正中将这两种领导行为的不同组合划分出五种典型类型,即1.1型(贫乏的管理,即双低);1.9型(乡村俱乐部管理,前高后低);9.1型(权威与服从,亦叫任务第一型,前低后高);5.5型(组织人管理或中间型管理,两种行为均为中等程度)和9.9型(协作管理,双高),并分析其行为表现和管理效果(见图1-4)。

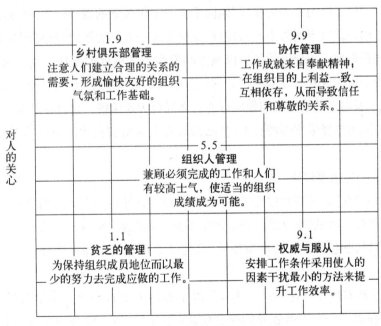

图1-4 管理方格图

(十) 连续统一体理论

行为科学家罗伯特·坦南鲍姆和沃伦·施米特于1958年通过决策过程的行为表现提出了领导行为的连续统一体理论(如图1-5所示)。该理论提出了七种领导决策

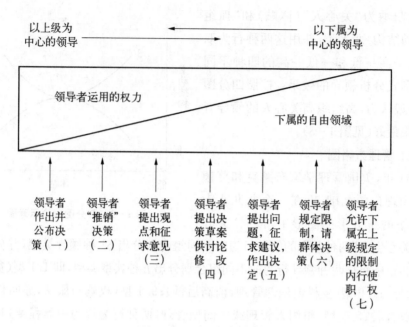

图1-5 连续统一体理论

行为。图中,"以上级为中心的领导"倾向于关心工作关系的领导行为,重视的是领导者的权力和作用,而"以下属为中心的领导"倾向于关心人际关系的领导行为,重视的是下属的参与和积极性。领导者的两个极端之间发生不同程度的变化。其中第一、第二种行为属于指令型的或专制的领导行为,第三(参与的最低限度)至第七种行为(参与的最高限度)属于参与型的或民主的领导行为。领导行为连续统一体理论认为,领导者可根据其下属的能力选择采用哪种行为,其已经具有下面所要介绍的领导情景理论的某些特点。

(十一) 领导情境理论

领导情境理论又称领导权变理论,主要研究与领导行为有关的情境因素对领导效力的潜在影响。"情境"本身是一种心理学的概念,它指一种有社会心理因素影响的特定环境或情景,既包括客观的物质环境,又包括心理环境。领导情境理论主要有下列几种:

1. 菲德勒的权变理论。1967年,美国华盛顿大学教授F·菲德勒经过15年的调查研究,提出了一个有效领导的权变模式(见图1-6)。他将领导行为分为任务定向和关系定向两种类型,将与领导有关的情境因素分为三种:领导-成员关系、任务结构和职权。每一种因素都有好坏、有无、强弱两个不同方面。他根据这三种因素六个方面的不同组合构成包括八种情境的权变模式,提出在最有利和最不利的四种情境中任务定向的领导行为效果最好,而在四种较一般的情境中关系定向的领导行为效果最好。

第一章　办公室管理理论基础

促进作用	高						低	
领导-成员关系	好				坏			
任务结构	有结构的		无结构的		有结构的		无结构的	
职权	强	弱	强	弱	强	弱	强	弱
	Ⅰ	Ⅱ	Ⅲ	Ⅳ	Ⅴ	Ⅵ	Ⅶ	Ⅷ
最有效的领导人	任务				关系		任务	

图 1-6　菲德勒的领导权变模式

2. 通路-目标理论。这一理论最早由加拿大多伦多大学教授 M·G·埃文斯于 1968 年提出,其同事 R·J·豪斯于 1971 年作了扩充和发展。通路-目标的意思在于,领导人最重要的活动是指明有利于下属通向不同目标的道路,这些目标包括晋升、成就感或令人心情舒畅的工作气氛等。豪斯提出了指令型、支持型、成就定向型、参与型四种领导行为和工作满足、对领导者的认可、努力三种下属表现或结果(见图 1-7)。他认为哪一种领导行为可导致最好的下属表现或结果,取决于下属特性和环境因素这两种情境因素,也就是说,领导者应根据不同情境因素确定激励或促进下属工作的最有效的领导行为。

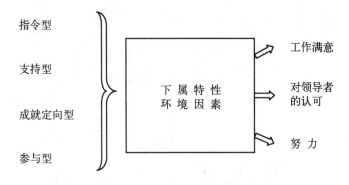

图 1-7　通路-目标理论模式

3. 弗隆和耶顿的领导参与模式。1973 年美国行为科学家 V·弗隆和 P·耶顿运用决策树的形式试图说明在何种情境中、在什么程序上采用让下属参与决策的领导行为。他们在领导者单独决策和接受集体意见决策之间按征求和接受下属意见的程序划分出五种不同的领导方式,并以提问的形式按照信息来源、下属接受和执行决策的不同情况划分出八种情境因素,让领导人利用肯定否定式的决策树选择方法,依次从这八种情境因素的判断中找出最佳的领导方式。

4. 领导生命周期理论。该理论首先由美国俄亥俄州立大学的卡曼于 1966 年提出,其后由赫西和布兰查德作了进一步发展。该理论的主要内容如图1-8所示,可以看作是领导行为四分图理论和美国哈佛大学克里斯·阿吉里斯提出的不成熟-成熟理论的有机结合。图的上半部分是典型的两维模式,由关系行为和工作行为两种领导行为构成四种不同的组合类型,分别称为第一象限(Ⅰ,高工作、低关系,属于命令型的领导方式)、第二象限(Ⅱ,高工作、高关系,属于说服型的领导方式)、第三象限(Ⅲ,高关系、低工作,属于参与型的领导方式)、第四象限(Ⅳ,低关系、低工作,属于授权型的领导方式)。图的下半部分增加了一个变量,即下属的成熟度,依次分为M1(成熟度高)、M2(成熟度次之)、M3(成熟度再次之)、M4(成熟度低或不成熟)。由于增加了下属成熟度的变量,领导生命周期理论关于何种领导行为最佳的观点与其他两维理论截然不同。该理论认为,选择何种领导行为取决于下属的成熟度,当下属不成熟(M4)或较成熟(M2)时,应分别采用命令型的领导方式和参与型的领导方式(两种行为的组合为"双高");而其他两维理论认为效果最差的领导方式(两种行为的组合为"双低")适合于下属成熟度高的情境,这种分析充分体现了领导情境理论的思想风格(见图1-8)。

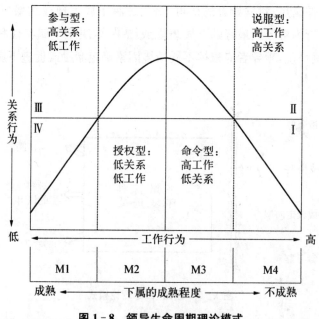

图1-8 领导生命周期理论模式

第三节 科学社会学

一、科学社会学含义

采用科学的管理方法是办公室管理的重要发展趋势。近年来,电话传真设备、计算机开始进入办公室,一些先进的办公手段还会不断被采用,办公室自动化趋势向数字化、智能化、无纸化和综合化发展,这将导致办公方式发生改变,也将促使传统的思想观念、工作程序发生一系列的变革。

办公室管理作为一门新兴的管理科学,就应该用科学的方法来研究。另外办公室管理是对社会中的活动和人的管理,所以办公室管理的科学研究必须建立在社会学的基础之上。其实现代科学研究已经打破了原有的科学本身的研究范畴,"科学史和现代科学研究管理经验证明,科学是与社会经济、政治因素有很大关系的",①美国资源委员会对什么叫科学研究下过一个定义:"科学研究工作是科学领域中的探索和(成果)运用,包括已经产生的知识的整理、统计、图表及其数据的搜集,编辑和分析研究工作。"②从这个定义我们知道,科学的研究离不开与社会的联系。

什么是科学社会学?要理解科学社会学,我们首先要清楚社会学和科学学两个概念。社会学是从社会整体出发,通过社会关系和社会行为来研究社会的结构、功能、发生、发展规律的综合性学科。社会学研究的对象不是个体,而是作为一个社会组织、群体或机构的成员存在,其研究内容从过去主要研究人类社会的起源、组织、风俗习惯的人类学,演变为研究现代社会的发展和社会中的组织性或者团体性行为。

科学学是一门研究科学本身的科学,因此也叫做"科学的科学"。其研究目的在于认识科学的性质特点、关系结构、运动规律和社会功能。科学学的研究包括内部和外部两个方面:科学体系学和科学社会学。科学体系学主要研究科学自身的内在有机结构及其运动变化的规律。科学社会学则研究科学与整个社会即经济、社会、技术等方面的相互关系。③

二、科学社会学的历史发展

科学社会学是探讨科学的社会性质及科学与社会相互关系的学科。科学社会学是一门相当年轻的学科。它诞生于20世纪20年代初。当时,第一次世界大战以及随后出现的经济危机,从根本上改变了人们对科学的看法。人们意识到:第一,在社会的发展中,科学的地位是非常重要的;第二,科学不仅对人类有利,造福于人类,而且会给人类带来负面的影响。在这种认识下,社会学家改变了对科学的认识,开始了对科学的社会学研究。

19世纪后期,英国社会学家、哲学家H·斯宾塞在其《社会学原理》一书中就将科学列为社会学研究的内容。1935年,美国社会学家R·K·默顿在《十七世纪英国的科学、技术和社会》的博士论文中,第一次提出科学为一个社会系统,并对科学系统进行了

---

① 林福长:《基础科学学》,机械工业出版社1986年版。
② 杨沛霆:《科学研究及其分类》(大学生(3)),新时代出版社1988年版,第29页。
③ 陆近春:《科学体系学和科学社会学》,载《科学学与科学技术管理》,1993年第14期,第5页。

功能分析。1939年,英国科学家、科学社会学的创始人J·D·贝尔纳发表了《科学的社会功能》一书,全面阐述了科学的外部关系与内部问题。慢慢地,科学社会学形成了以美国社会学家默顿为代表的科学社会学的一大流派——"科学体制社会学"。另一批学者则专门开展对科学负面功能以及科学社会功能如何正确实现的研究,使科学既能趋利避害又能高速度发展,这一流派即指以英国物理学家和社会活动家贝尔纳为代表的"对科学的社会研究"。①

科学技术在20世纪中叶以后得到了巨大的发展,在对社会、经济、政治、军事、思想意识等方面产生日益重要的影响的同时,也给人类带来了许多严重的社会问题。人们开始从体制的角度或从社会功能的角度研究科学与社会的互动关系,转向对科学知识与社会的深层互动关系的研究,尤其重视探讨在科学知识的形成、传播和评价过程中社会因素究竟是怎样起作用的。

1962年,美国科学史家和科学哲学家T·S·库恩在《科学革命的结构》一书中,论述了科学发展的规律及科学进步与社会发展的关系,提出了一系列概念,并将科学革命与科学共同体的动态过程联系起来,建立了一个影响很大的科学社会学模式。基于科学社会学的内在发展逻辑以及后实证主义、非理性主义、解构主义和反科学主义等思潮的推动,20世纪70年代,科学社会学出现了一个新的流派——科学知识社会学,它以英国的爱丁堡学派、法国的巴黎学派等为代表。80年代以来,这一学派已取代默顿学派成为科学社会学的主流。

三、科学社会学的基本理论

(一) 默顿学派

默顿(R·K Robert King Merton,1910—)是美国社会学家,结构功能主义的代表人物之一。他早期研究的重点是外部社会环境对科学的影响。他考察了17世纪英国的情况,得出了两个假说:(1)新教(尤其是清教)伦理精神的潜功能,即不加掩饰的功利主义、对世俗的兴趣、有条不紊且坚持不懈的行动、彻底的经验论、倡导自由研究的权利乃至责任,以及反传统主义,促进了科学的兴起;(2)经济、军事和技术的需要促进了科学的发展。后期他的研究改变了方向,开始对科学内部的社会现象进行研究,阐述了科学精神气质的概念:"用以约束科学家的有感情色彩的一套规则、规定、惯例、信念、价值观和基本假定的综合体。"默顿认为科学共同体有自己的组织结构。他以科学发现优先权之争为逻辑起点,以科学奖励系统作为科学共同体社会运行的动力源,揭示了科学共同体与成员间的互动关系,研究了科学共同体的社会分层及科学中的马太效应。②

---

① 马来平:《科学社会学诞生的历史回顾》,河北师范大学学报,2003年第26期,第41页。
② 马来平:《科学社会学流派》,载于《东岳论丛》,2004年第25期,第111页。

(二) 贝尔纳学派

贝尔纳学派正式形成于20世纪40年代中期。最初是以一个名为"英国科学著作家协会"的组织形式出现的,主要成员是一批有影响的科学家和少量的人文社会科学家。当时,苏联的社会组织模式让陷于世界大战、经济危机的资本主义国家十分羡慕,于是贝尔纳等科学家加入了共产党,开始了对马克思主义的研究。

贝尔纳学派的一批科学家,为了弄清科学对人类的作用,对科学及其与社会的关系进行了多侧面、多层次的研究。他们广泛涉及了科学技术本身和科学与其他各学科的互动关系方面的课题,被人们称为"对科学的社会研究"学派。就科学负面作用的根源问题,贝尔纳得出了下面的结论:对科学的不正当运用应由资本主义制度负主要责任。贝尔纳认为是资本主义制度"追求利润的生产使科学成果的应用研究走上了极其错误的道路"。科学应用的本身是"利用科学为人类谋幸福的"。贝尔纳认为只有通过对科学工作的规划,才能将"科学组织工作中的自由和效率结合起来",让科学工作得以发展。

(三) 科学知识社会学

科学知识社会学不仅注重分析人文社会科学与社会因素的关系,而且还进一步分析了数学和自然科学与社会因素的关系。

科学知识社会学的创新观点得益于其创造性的研究方法。他们成功地应用阶级分析方法解释了这样一个问题:一个科学理论为什么出现和以什么面貌出现,会受到许多社会因素的制约。其中,特别重要的社会因素之一,是当事人的利益。这些利益可以是经济方面、阶级方面、宗教方面,也可以是职业方面、认识方面的等。当然,阶级利益是最重要的利益之一。为了证明这一点,爱丁堡学派进行了大量科学史的案例研究。爱丁堡学派的中心思想就是强调包括阶级利益在内的各种利益,乃是科学家从事科学活动、选择和坚持某种科学观点的基本动因。

第四节 系统论、控制论、信息论

一、系统论、控制论、信息论

办公室是一个独立的系统,有其特殊的系统结构和系统功能。办公室又是组织中的子系统,它与其母系统和其他各系统间有着千丝万缕的联系。任何系统都离不开信息,信息就是资源,信息就是财富。所以研究办公室系统,必须研究反映系统与环境、系统与子系统之间的联系的不可缺少的重要因素——信息。在办公室管理的每个过程中都渗透着控制,人员的控制、资金的控制、活动进度的控制等。"系统的控制离不开信息,控制主要依赖信息才能达到目的。"①所以系统论控制论信息论是研究办公室管理的重要理论依据。

系统论控制论信息论又称"三论"。什么是系统论？系统论应当称为"一般系统论",其创始人贝塔朗菲是这样描述这一理论的："一般系统论是一个逻辑——数学领域,它的任务是表述和推导适用于'系统'的一般原理,不论其组成要素以及其相互关系或'力'的种类如何。"②一般系统论这一术语包括极广泛的研究领域,其中有五个主要的方面：(1) 关于系统的科学,又称数学系统论。这是指用精确的数学语言来描述系统,研究适用于一切系统的根本学说。(2) 系统技术,又称系统工程。这是指用系统思想和系统方法来研究工程系统、生命系统、经济系统和社会系统等复杂系统。(3) 系统哲学,其主要从认识论和逻辑综合角度,研究世界整体的科学理论形态,包括人和系统的关系,人在系统中的地位、作用等。(4) 系统论和马克思主义认识论、唯物辩证法的关系。(5) 系统论在社会和经济发展中的地位和作用。

什么是控制论？控制论是研究各种系统的控制和调节的一般规律的科学,是自动控制、电子技术、无线电通信、生物学、数理逻辑、统计力学等多种学科和技术相互渗透的一门综合性学科。控制论的基本思想是通过把一个系统或系统的一部分量化,找出系统中主要要素之间的关系,然后用适当的模型来模拟它,进而对系统的未来或未知状态进行预测、估计和控制。

什么是信息论？"信息论是利用、研究信息的本质,并用数学的方法,研究信息的计量、传递、变换和存贮的一门学科。"信息论的研究范围极为广阔。一般把信息论分成三种不同类型：(1) 狭义信息论是一门应用数理统计方法来研究信息处理和信息传递的科学。它研究通讯和控制系统中普遍存在着的信息传递的共同规律,以及如何提高各信息传输系统的有效性和可靠性。(2) 一般信息论主要是研究通讯问题,但还包括噪声理论、信号滤波与预测、调制与信息处理等问题。(3) 广义信息论不仅包括狭义信息论和一般信息论所研究的问题,而且还包括所有与信息有关的领域,如心理学、语言学、神经心理学、语义学等内容。

二、系统论、控制论、信息论的发展

(一) 系统论的发展

一般认为,美籍奥地利理论生物学家和哲学家贝塔朗菲是系统论的创始人。在1925—1926年,他提出了机体论概念,强调要把有机体当作一个整体或系统来观察。1928年,他撰文阐述了生物学的系统发展思想。1934年发表了《现代学发展理论》一书,提出了"机体系统论"概念。他认为,一切有机体都是一个系统；一切生命都处于活

---

① 高振荣、陈以新：《信息论系统论控制论120题》,解放军出版社1987年版,第14页。
② 贝塔朗菲：《现代发展理论》,1934年。

动之中,应把生命看成一个开放系统;一切有机体都是按照严格的等级和层次组织起来的。1947—1948年,他提出了一般系统论。1968年,他发表了《普通系统论的基础、发展和应用》一书,进一步把生物体系统论引申到心理、社会和文化等领域,勾画出他全部系统理论的轮廓。70年代以来,系统论在各个国家成为热门学科,它在管理实践中的普遍应用逐渐形成了目标决策系统、经营管理系统、生产管理系统和网络系统等。

(二) 信息论的发展

信息论的创始人是美国贝尔电话研究所的数学家申农,1948年他发表了《通信的数学理论》一文,从理论上阐述了信源、信宿、信道和编码等有关通信方面的一些基本问题。信息论诞生后,其发展经历了三个阶段:(1) 20世纪50年代,信息论的基础建设阶段。在这一阶段,人们尽可能从广泛的意义上来解释信息论。例如:解剖学、动物保健学、人类学、计算机、经济学、电子学、语言学、数学、神经生理学、神经精神学、哲学、语音学、物理学、政治理论学、心理学和统计学。当时该理论的影响不大。(2) 60年代,信息论的发展阶段[①]。此时期的研究重点是信息和信源编码问题。美国控制论学者、神经生物学家艾什比从系统的角度来研究信息的本质,为信息论的研究开辟了重要的方向。这一时期,人们把信息论分成了狭义信息论、一般信息论和广义信息论。(3) 70年代以来,信息论向信息科学发展阶段。这一时期人们开始认识到信息可以像人、财、物一样作为资源加以充分利用和共享,并认为信息比物质和能量更为基本。

(三) 控制论的发展

美国数学家维纳是该学科的创始人,他把该学科的形成分成三个阶段:(1) 准备阶段。20世纪30年代时人们弄清了人脑活动的本质:人脑是一个神经网络。维纳在创立控制论这门科学时从人脑神经网络模型及其功能的研究中获得了启示。1937年英国科学家图林发表了理想计算机的设想,首次明确提出把机器的逻辑思维功能作为一种智力实验的工具。战争时期,维纳参加了火炮自动控制的研制工作,他把火炮自动打飞机的动作与人狩猎的行为作了类比,发现了重要的反馈概念,这表明机器能完成类似人或动物的有目的的行为,这个发现为控制论的产生确立了基础。(2) 确立阶段。一系列的学术研究和军事科学技术的新突破为控制论提供了新的理论根据和实验装置。1947年,维纳参加了在法国南锡举行的调和分析的数学会议。就在这次会议上,维纳接受了赫曼书店费里曼的要求,在1948年出版了《控制论》一书,这代表了这门学科的正式确立。(3) 发展阶段。1954年,钱学森在美国发表了专著:《工程控制论》,把控制论推广于科技领域,受到各国科学家的重视。接着控制论被应用到神经生理学、生物学

---

① 高振荣、陈以新:《信息论系统论控制论120题》,解放军出版社1987年版,第38页。

和社会经济领域,相继诞生了神经控制论、生物控制论和社会控制论等新的分支学科。①目前,还出现了经济控制论,其主要运用控制论的原理和方法对经济活动和经济管理实行控制。

三、系统论、控制论、信息论在管理中的应用

系统论、控制论、信息论三门学科密切相关,它们的关系可以这样表述:系统论提出系统概念并揭示其一般规律,控制论研究系统演变过程中的规律性,信息论则研究控制的实现过程。因此,信息论是控制论的基础,两者共同成为系统论的研究方法,三论的综合形成了一种最新的系统综合方法论。

三论是现代科学最先进的方法论,其在办公室管理的许多管理决策和实践中都得到很好的应用,特别是在大规模的组织系统中。三论在管理实践中的具体应用分为以下几个步骤:

1. 系统分析。对组织系统的内部和外部环境进行具体的分析,确立系统的目的和要求,了解系统的要素,分析系统是由什么组成的?它的要素是什么?可以分为怎样的一些子系统。分析系统的结构,弄清系统的内部组织结构是怎样的?系统与子系统、子系统与子系统之间是如何联系的?组成系统的各要素相互作用的方式是什么?研究系统的联系,研究此系统同其他系统在纵、横各方面的联系怎样?该系统在更大系统中的地位、作用如何?从而把握系统的功能和目的。

2. 建立模型。模型是用于描述现象和过程的某一方面本质属性的,它是对客观世界的抽象描述。要运用"三论"的理论和方法,建立系统模型。模型表达式为:以管理系统战略为主导,以强化管理系统职能为核心,以管理系统标准化为基础,以管理系统经济责任制为保证,把管理现代化的五项内容系统地纳入系统管理职能中进行整合,强调动态协调和多维控制,进而提高系统整体功能,实现最佳经济效益。

3. 系统最优化。最优化分析是指根据模型来分解,以得出系统目标的最优解答。"最优"的含义是根据一些具体的标准来确定的。有关判断标准的数量、程度不同,会得到不同的最优解答。

4. 实施控制手段。为保证对管理系统目标的有效控制,对管理系统实施状态、功能两个方面的重点调控。系统控制是保证系统目标得到有效执行的强有力的手段。

5. 效果评价。系统的效果评价就是利用模型和各种资料,对系统的成本和效益进行对比和评价,根据经济效益原则综合分析,得出最后的定性和定量性的结果。

---

① 何微:《系统论控制论信息论》,内蒙古社会科学杂志社1984年版,第50页。

第五节 相关的自然科学技术

一、规划论

规划论是研究如何以最合理的方式有效地利用或调配有限的人力、物力、财力和时间，以期更好地达到预期目标的数学方法。

规划论又称"数学规划"，是运筹学的一个分支。其研究在所给定的条件下，如何按某一衡量指标来寻求计划管理工作中的最优方案。一般程序是：

1. 建立问题的数学模型。根据研究目的对问题的范围进行界定，确定描述问题的主要变量和问题的约束条件，然后根据问题的性质确定采用哪一类运筹学方法，并按此方法将问题描述为一定的数学模型。为了使问题简化和突出主要的影响因素，需要作各种必要的假定。

2. 规定一个目标函数，作为对各种可能的行动方案进行比较的尺度。

3. 确定模型中各参量的具体数值。

4. 求解模型，找出使目标函数达到最大值（或最小值）的最优解。

规划论的研究对象是计划管理工作中有关安排和估值的问题，它可以表示成求函数在满足约束条件下的极大极小值问题。

规划论的主要方法包括线性规划、非线性规划、整数规划、动态规划、组合规划、随机规划、多目标规划等。最简单的一种方法是线性规划法。如果约束条件和目标函数都是呈线性关系的就叫线性规划。要解决线性规划问题，从理论上讲都要解线性方程组，因此解线性方程组的方法，以及关于行列式、矩阵的知识，就是线性规划中非常必要的工具。

线性规划及其解法——单纯形法的出现，对规划论的发展起了重大的推动作用。许多实际问题都可以化成线性规划来解决，而单纯形法又是一个行之有效的算法，加上计算机的出现，其使一些大型复杂的实际问题的解决成为现实。

非线性规划是线性规划的进一步发展和继续。许多实际问题如设计问题、经济平衡问题都属于非线性规划的范畴。非线性规划扩大了数学规划的应用范围，同时也给数学工作者提出了许多基本理论问题，使数学中的凸分析、数值分析等也得到了发展。还有一种规划问题和时间有关，叫做"动态规划"。近年来在工程控制、技术物理和通讯中的最佳控制问题中，已经成为经常使用的重要工具。

二、网络计划

用网络分析的方法编制的计划称为网络计划。网络计划法又称统筹法，它是以网络图反映、表达计划安排，据以选择最优工作方案，组织协调和控制生产（项目）的进度(时间)和费用(成本),使其达到预定目标,获得更佳经济效益的一种优化决策方法。1957年,美国杜邦化学公司的 M. R. Walker 与 Rand 通用电子计算机公司的 J. E. Kelly 为了协调公司内部不同业务部门的工作,共同研究出关键路线方法(简记作 CPM)。他们用这个方法提前两个月完成了一家化工厂的筹建,随后又用这一方法提前 47 小时完成了工厂的维修,并节约资金百万美元。1958 年,美国海军武器规划局特别规划室研制含约 3 000 项工作任务的北极星导弹潜艇计划,参与的厂商达 11 000 多家,规划室领导人 W. Fazar 在这个项目中积极支持与推广由专门小组创建的计划评审技术(简记作 PERT)。整个项目提前两个月按质按量成功完成。

网络计划的基本范畴有:

网络图。网络图是用箭线和节点将某项工作的流程表示出来的图形。网络图的形式如图 1-9 所示,其组成元素为箭线、节点和线路。

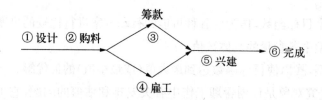

图 1-9 网络计划图

关键路线。总时差为零的工序称为关键工序,由关键工序组成的路线就是网络中的关键路线。编制网络计划的基本思想就是在一个庞大的网络图中找出关键路线,对各关键工序优先安排资源采取相应的措施,尽量压缩所需的时间。

网络优化。经过绘制网络图、计算网络时间和确定关键路线,我们得到一个初始的计划方案。但通常还要根据计划的要求,综合考虑进度、资源利用和降低费用等目标,即进行网络优化,确定最优的计划方案。

三、计量经济模型

计量经济学一词是 1926 年由挪威的弗里希等人提出的。计量经济模型包括一个或一个以上的随机方程式,它简洁有效地描述、概括某个真实经济系统的数量特征,更深刻地揭示出该经济系统的数量变化规律。其由系统或方程组成,方程由变量和系数组成。系统也由方程组成。

计量经济模型揭示经济活动中各个因素之间的定量关系,对其用随机性的数学方程加以描述。广义地说,计量经济模型指一切包括经济、数学、统计三者的模型;狭义地说,其仅指用参数估计和假设检验的数理统计方法研究经验数据的模型。

计量经济模型的大致框图如下：①

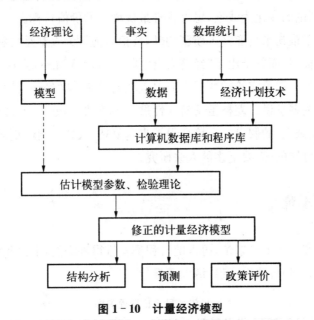

图 1-10　计量经济模型

计量经济模型在政治和经济领域主要在下面两个方面发挥作用：

经济预测。计量经济模型是从短期预测发展起来的。从 20 世纪 50 年代开始，人们应用计量经济模型成功预测了许多经济问题，解决了许多现实中的经济危机问题。计量经济模型与其他经济数学模型相结合是一个发展方向。

政策评价。政策评价是指从许多不同的经济政策中选择较好的政策予以实行，或者说是研究不同的经济政策对经济目标所产生的影响的差异。计量经济模型与计算机技术相结合，可以建立"经济政策实验室"。计量经济模型用于政策评价，主要有三种方法：目标法，政策模拟，最优控制方法。

深刻理解和掌握西方管理学说史是进入管理学殿堂的必经之路。从西方管理史中，我们可以深刻地了解到：管理科学的出现，一方面提高了人们组织行为的效率，使经济得到了飞速的发展；另一方面，这种"物化"的思维方式忽略了人的需求和自我发展，在为经济目标的过程中逐渐失去自我，从而未能充分开发人的潜能，致使人成为技术和金钱的奴隶。中国传统文化中相对缺少分析性的思维，即管理科学中的定量分析思想，更多的是凭感觉和经验，但是中华传统文化中有着"天人合一"思想的精华和智慧，所以，中国管理要学会融合中方思想和西方思想，做到"西方管理的中国化"。

---

① 孙荣：《办公室管理》，复旦大学出版社 1999 年版，第 155 页。

在了解西方管理历程的过程中,要以时间为轴,了解西方管理理论的历史演变过程,重点以人性理论的深化为线索,思考管理最优境界的价值目标。

对人性的探索最初来自亚当·斯密的《国富论》,他认为人都是自私的,以追求个人利益最大化为目标,从而总结出了"经济人"假设。"经济人"的观点应用到管理中便建立了古典管理理论。霍桑实验转变了人们对人性的看法,从"经济人"变为了"社会人",从而兴起了人际关系学说。麦格雷戈对人性进行了总结,得出了"X理论"和"Y理论",而后又出现了"复杂人"的假设。环境变得越来越复杂,人性呈现出更多未知的领域,人的未来本性是不可知的,需要更多的人去研究。①

某公司总经理工作十分繁忙,每天的日程都安排得满满的,下面我们将吴秘书为总经理安排的日程表,随机选出一份,请大家看看。

××年×月×日日程安排

时 间	内 容	备 注
8:00 8:30	公司高层会议	地点:总经理办公室
9:00 9:30	主持新产品新闻发布会	地点:本公司礼堂,所有部门经理参加
10:00 10:30	接待有合作意向的美国B公司高层代表团参观考察	地点:公司接待室,部门经理作陪
11:00 11:30	宴请B公司代表团	地点:贵都宾馆,公司派车,主要部门经理作陪
12:00 12:30	视察联营工厂	联营厂地点:松江,部门经理同行,公司派车
13:00 13:30	出席合作项目的剪彩仪式	
14:00 14:30	出席员工婚礼	地点:浦东新区,公司派车
15:00 15:30	约法律顾问谈话	地点:和平饭店

---

① 参见郭咸纲著:《西方管理思想史》,经济管理出版社,1999年版。

续　表

时　间	内　容	备　注
16：00		
16：30		
17：00		
17：30		
18：00		地点：总经理办公室
18：30		
19：00		
19：30		
20：00		
20：30		
21：00		

案例思考题

1. 用科学原理分析，如果领导每天的日程安排都如此，会出现什么问题？
2. 这个日程表制作得是否合理，为什么？

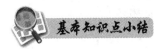

基本知识点小结

　　管理科学从广义上讲是研究管理理论、方法和管理实践活动的一般规律的科学，其发展主要包括三个方面内容：古典管理理论、行为管理理论和现代管理理论。从狭义上理解，它是指在科学管理、统计质量管理、运筹学、管理决策的长期研究实践基础上，于20世纪70年代在管理学界形成的管理科学学派，其特点是以系统论、信息论、控制论为理论基础，应用数学模型和电子计算机手段来研究解决各种管理问题。

　　行为科学指的是在人际关系学说的基础上形成的管理科学的一门分支学科，又称组织行为学；它着眼于一定组织中的人的行为研究，重视人际关系、人的需要、人的作用和人力资源的开发利用。

　　管理方格图。1964年美国管理学家布莱克和莫顿在四分图理论的基础上，在一个九九八十一个方格的正方形的图形中，按照"关心人"和"关心生产"两种基本的领导行为的不同组合划分出81种领导类型，并分别于图的四角和正中将这两种领导行为的不同组合划分为五种典型类型，即1.1型（贫乏的管理，即双低）、1.9型（乡村俱乐部管理，前高后低）、9.1型（权威与服从，亦叫任务第一型，前低后高）、5.5型（组织人管理或中间型管理，两种行为均为中等程度）和9.9型（协作管理，双高），并分析其行为表现和管理效果。

科学社会学研究科学与整个社会即经济、政治、技术等各方面的互动关系,它既属于社会科学也属于自然科学范畴,是社会科学和自然科学的交叉学科。它有三个基本理论学派:默顿学派、贝尔纳学派和科学知识社会学派。

系统论又称一般系统论,其主要研究内容是系统思想、系统同构、开放系统和系统哲学等内容。控制论主要研究系统的各个部分如何进行组织以实现系统(开放系统)的稳定性和环境适应性。信息论主要是研究通讯和控制系统中普遍存在着的信息传递的共同规律,以及研究以最佳方法解决信息的获限、度量、变换、储存和传递等问题的基础理论。三门学科密切相关:系统论提出系统概念并揭示其一般规律,控制论研究系统演变过程中的规律性,信息论则研究控制的实现过程。因此,信息论是控制论的基础,两者共同成为系统论的研究方法。

1. 管理科学有哪几个发展阶段?
2. 试述行为科学领导情景理论的主要内容。
3. 科学社会学的三个理论派别的主要观点是什么?
4. 试述系统论、控制论、信息论三论间的关系。
5. 有关办公室的相关技术科学,除本书介绍的外,你还知道哪些?

第二章

现代管理中的办公室工作定位

> **本章提要**
>
> 在管理理论及实践发展过程中,组织结构形式不断发生变化,办公室扮演什么样的角色,要根据它在组织结构中的地位来进行确定,从中总结办公室发挥的作用。在管理活动中,办公室工作的绩效价值越来越得到体现。办公室这一机构的特点也对办公室工作人员的素质提出了具体的要求。办公室工作中也逐渐形成了一系列的管理制度。

在现代管理活动中,办公室工作时间长、范围广、跨度大,办公室工作质量的优劣对整个组织任务的完成影响深远,在组织系统中,扮演着极为重要的角色。

第一节 现代管理运行模式

一、办公室在现代组织结构中的地位

在现代管理过程中,了解了办公室在组织结构中所处的位置,可以使我们更好地认识办公室的性质、地位及作用,从而更有效地开展办公室管理工作。下面先对组织结构进行大致的介绍。

关于组织结构,主要涉及分工导致的部门化、管理幅度以及组织结构形式等问题,其中组织结构形式因环境、技术的复杂程度而有不同。具体来讲,在组织结构发展过程中,先后出现过直线制组织、职能制组织、直线职能制组织、事业部制组织、矩阵组织、多维立体结构、网络结构等组织结构形式。

在上述各种组织结构中,直线职能制在中国应用最为广泛。这种组织结构又称U型组织。它将直线制与职能制特点结合在一起,在直线制的基础上设立相应的职能部门。直线部门对下属有指挥和命令的权力,而职能部门对其进行辅助,发挥参谋作用,

对下属没有指挥和命令的权力。直线职能制吸取了直线制与职能制的优点,既不违背统一指挥原则,又能发挥职能部门的参谋作用。同时这种组织结构也存在一些问题,组织内的信息不能做到充分的横向交流,直线部门与职能部门的协调与配合出现问题时将很难解决,直线职能制的优点也会随之丧失,此外,直线职能制缺乏足够的灵活性,对内外部变化适应能力不强。

下面以直线职能制组织为例,介绍办公室在这种组织结构中的地位,见图2-1。

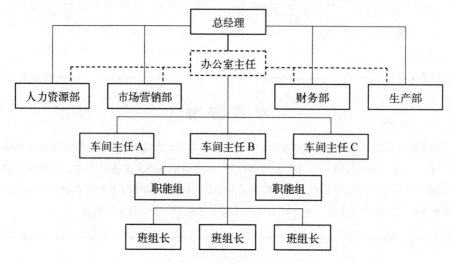

图2-1　办公室直线职能制组织

图中虚线方框表示办公室在直线职能制组织中所处的地位,在直线职能制组织中,各职能部门对下级没有命令、指挥的权力,只发挥参谋作用,而直线部门拥有命令、指挥的权力。在组织结构当中,办公室扮演决策指挥中心辅佐机构的角色,为领导者有效地管理提供服务。办公室与职能机构地位基本同等,但在功能上存在很大的区别,职能部门负责专业化的工作,而办公室的工作则具有综合性。在任务执行过程中,办公室可以在各职能部门之间相互协调,加强各职能部门工作的相互联系,避免各自为政,从而保证任务的有效下达、执行与反馈。

二、办公室的性质

办公室有多种类型,不同类型的办公室在权限、管理范围、工作特点等方面也存在着差别,即便如此,从总体上讲,办公室仍然具备一些具有普遍性的特征。

(一) 从属性

纵观整个组织系统,办公室是处于从属地位的,接受领导者的命令并予以执行,是组织大系统的一个子系统。但从属性并不意味着办公室不重要,事实上,在一个组织中,办公室这样的从属机构是必不可少的。只有办公室这样的子系统发挥应有的功能作用,组织大系统才会运转正常,组织的整体目标才会实现。

(二) 补充性

组织内的各项事务大部分情况下不是由一个部门单独完成的,需要其他部门提供必要的帮助。办公室的各种工作,如收集信息、公文处理、人员接待、档案保存等,对于组织内其他部门的工作进行了很好的补充,办公室的工作支持是组织任务完成的必要条件。

(三) 综合性

一方面,由于工作任务涉及范围很广,在工作过程中要接触不同的部门,办公室工作人员需要具备多方面的知识背景,虽然在某些专业方面不要求其做到精通,但也要有总体和全局上的理解和把握,这是办公室工作的特点所决定的,也是办公室工作得以顺利开展的基础。另一方面,办公室工作需要从组织整体的角度考虑问题,协调方方面面,在不同的利益群体之间协调,同时办公室内部事务错综复杂,事无巨细都需要花费大量的精力去处理,所以说办公室的管理也是具有综合性的。

(四) 服务性

办公室是组织各部门之间的桥梁,面临着广泛的服务对象,包括决策机构、领导、各职能部门、职工、外来人员等。时代的发展对办公室的管理提出了更高的要求,传统意义上的服务只是一些简单、重复的劳动,技术含量相对较低,除此之外,更为重要的是办公室要为领导者的决策给出参考建议,提供重要的反馈信息,协助领导顺利推行地工作等。服务性是办公室工作的一个合理定位,也是办公室工作的价值所在,因此在办公室管理过程中,无论是在理念上,还是在行动过程中,服务性都需要得到充分的体现。

三、办公室的地位和作用

在各种组织中,办公室处于中枢和要害部位,其地位和作用具体说来主要有以下几点。

(一) 中心的地位和作用

领导者的任务在于进行决策,制定方针政策。然而领导班子里的成员往往一人分管多项工作,难以对每个方面作详尽细致的了解。何况领导干部本身也受到其经验、专业知识、实践范围等多方面的局限,不可能事事了如指掌,"洞察一切"、"料事如神";由于他们精力有限,也不可能事必躬亲。尤其是在改革、开放的今天,社会经济和科技的发展日新月异,面临飞速发展的客观形势,要及时对重大问题作出正确、科学的决策,就不仅要求领导班子有合理的群体知识结构,善于精心规划决策,而且需要一批政策水平高、熟悉情况、头脑清醒、思想敏锐、精于谋划的人组成一个班子来协助领导工作,这个班子就是办公室。

办公室虽然不是一级政府、一个单位的法定领导,而是从属于领导层之下的辅助层,然而它却又要代表领导处理全局性的问题,起着辅助领导作用,是指挥、控制整个机关工作的中心部门。例如一个市有不少区、县、委、局,不能只依靠几个市领导直接去管理,而要靠市政府办公室(厅)。市长办公会议的决议,要通过办公室传达下去;各委、局、区、县发生的情况也要通过办公室反映上来。尽管办公室与各委、局,在行政职级上是平级关系,各委、局间由于工作需要而产生的协调,是一种平级间的协调,不存在谁领导谁的问题。但是,当市政府办公室(厅)参与(或牵头)协调时,就或多或少地代表着市长,具有一定的指挥和决定权威。这种指挥或决定权威,或者是市长临时授权的,或者是办公室对市政府总的指导思想的贯彻。所以,办公室在横向关系的协调中,往往带有领导性质,体现一定社会组织系统的领导意图。

办公室又是一个单位的信息网络中心,是各种信息的交汇点和集散地。党和国家的方针、政策,上级机关的指示、指令,本单位的总体规划、目标管理、领导决策以及各种重大事件、重大活动过程中所形成的文件资料,下属各个部门贯彻实施领导决策的情况和反映,各方面的动态、情报资料等等,上下左右、四面八方的信息,都在办公室汇集和综合,并且发挥出信息中心的综合效应。

办公室的中心地位还体现在办公室工作的多向性上。办公室的工作是多方面基础工作的综合。办公室的各项专业管理都通过纵横交叉的网络,与上下、左右、内外各种渠道发生相应的联系。例如就信访工作而言,既要接受上级信访部门的指导,又要了解兄弟单位信访情况,还要与本单位各部门信访中心、档案中心、文书管理中心、综合统计中心、会议管理中心等加强联系。整个办公室在多向性、多渠道的立体交叉的管理网络中居于中心的位置。

因此,办公室不同于具体的业务部门。例如政府所属的经委、计委、科委以及各局等,这些职能部门是政府的执行机构,它们负责具体贯彻执行政府的决议,处理业务工作。而办公室则一般不直接参与各项具体业务工作,它是综合管理部门,看上去游离于各种管理之外,实际上又存在于各种管理之中。

(二) 枢纽的地位和作用

办公室在一个机关中,是沟通上下、协调左右、联系各方,保证机关工作正常运转的枢纽。如果把一级政府、一个单位比作一个人的话,那么,领导层、决策机构是大脑;业务部门、执行机构是四肢;办公室则是中枢神经系统。是办公室把大脑的指令传递给四肢,又把四肢的信息反馈给大脑,以便让大脑及时调整决策,推动整个肌体正常运行。

办公室虽然与其他职能部门同属一个序列,但是,其他职能机构是管理层、执行层,办公室则是中介层。办公室直接辅助领导工作。例如一个省、市政府或县政府,都设置若干分掌某一业务的管理部门(或称业务部门),如厅、局、委、处等。这类业务部门有明确的职掌和工作范围,形成自己的工作系统,如财经系统、商业系统、教育系统等。作为一级政府领导机关,有许多工作不可能由这些业务部门来承担。比如上级指示的接纳、承办、处理;本级领导机关的报告、指示、请示的办理;与众多上下内外机关单位的联系、应对等,就都需要办公室综合承办。一个机关,首长是领导者(通常是决策者),但秉承首长意图在起指挥和组织作用的则是办公室。领导者要依靠办公室指挥全局,推动各职能机构运转这些承上启下、上呈下达、左右联系、内外应对、综合处理、照应疏通、协调平衡的活动,大多要靠办公室来承担。所以,办公室在综合承办中,实际上犹如铁道系统中的枢纽站,水陆联运的交会点,处于整个单位管理系统中总控制、总调度的地位。

(三)窗口的地位和作用

办公室是一个单位领导机关的总进出口。对于上下级和其他兄弟单位来说,是信息网络中心,处于联络站的地位,是联络上下左右、沟通四面八方的"窗口"。办公室负责接收处理上级和兄弟单位的来文来函,接待上级领导的视察、检查和兄弟单位负责人的参观访问,处理各种公务往来,接待人民群众来访等。一般与外界的联系,都首先要经过办公室,外界对一个单位的第一印象也常常是看办公室的精神面貌、思想作风、管理水平与工作效率等。本单位领导得到外界的各种信息,也首先是靠办公室这个"窗口"。

总之,办公室是沟通上下的咽喉,是联系左右的纽带,是传递信息的中枢,又是协助领导决策的"外脑"和处理日常事务的手足。各级党政以及各企事业单位的办公室(厅)工作,固然有不同层次、不同类型的具体要求,但其地位却是大致相似的。因此,办公室工作做得好坏直接关系到党和国家的路线、方针政策能否在本地区、本单位的贯彻落实,直接关系到本地区、本单位行政机关的形象和声誉。

第二节 办公室管理工作的绩效价值

一、绩效及绩效管理的定义

管理学中的绩效包括组织绩效与个人绩效两个方面,组织绩效是指组织为实现目标,投入各种资源后最终形成的有效产出。个人绩效有两个含义,一是指员工的工作结果及为组织目标的实现所作出的贡献,二是指影响员工工作结果的表现及素质等。绩效的优劣受到多方面因素的影响,绩效的表现也是多方面的,并且随着时间的推移、员工的努力程度而改变。

随着管理理论的不断发展,通过对过去绩效评估经验的总结,管理学家于20世纪80年代提出了绩效管理的概念。绩效管理指以持续提高组织和个人绩效为目的,对绩效进行计划制定、辅导实施、考核评估、反馈改进的持续循环的过程。

二、办公室管理工作的绩效价值

(一)树立正确的观念

首先,要树立绩效观念。不可否认,在办公室管理中,有时候人们做了无用功。表面上投入了大量资源,花费了大量精力,却往往收效甚微,或者没有达到与投入相应的产出,造成资源的浪费、管理的低效,这很大程度上是错误的管理观念导致的。办公室管理存在大量繁杂的工作,管理对象从人、财、物到时间、技术、信息等,范围很大,如何进行科学的计划安排、有力的协调组织、富有成效的领导指挥、及时准确的控制反馈,不但关系到办公室任务能否完成,而且涉及以多大的成本来完成的问题。评估办公室工作中的个人及组织绩效,有助于对办公室管理活动产生全新的认识,形成绩效观念。在办公室管理过程中,工作的结果是人们关注的主要对象,但这并不意味着可以忽视工作的过程。要保证任务的高质量完成,同时也要控制成本,提高管理效率,这种情况下的工作成果才更有意义。

其次,要牢固服务理念。办公室是组织中一个辅助性的机构,服务性是办公室工作的一个重要特征。广泛接触纵向、横向以及组织内外各种部门,为决策机构、领导、各职能部门、广大员工及外来人员提供服务,这是办公室工作的价值所在。这样的机构定位及工作特点决定了办公室要强化自身的服务理念。办公室工作成果的优劣、绩效的高低,不仅仅是办公室机构自身的问题,同时也关系到各个服务对象后续工作的开展。因此,关注办公室工作的绩效,其价值在于牢固服务理念,服务理念深入人心,可以避免在工作过程中,办公室工作人员对一些岗位或工作产生偏见,对纷繁复杂的任务产生怨言。而缺失服务理念会直接影响员工的心理状态和工作情绪,进而影响到任务完成的质量。

再次,要增强责任观念。当今的管理强调授权、分工与协作,身处不同位置的人各司其职、各负其责,尤其是办公室工作具有服务性、综合性等特点,面临的事务复杂、繁琐,时间跨度长、任务量大,需要工作人员合作完成,任何一个细小环节的失误都会影响整体目标的实现。要使员工意识到自我之于团队的意义,并在实际工作过程中有效地控制员工向组织目标的方向靠近,这一点十分重要。考评办公室工作绩效,可以在一定程度上解决这一问题,促使员工正确认识自己应该承担的工作、履行的义务,做到忠于职守,敢于承担责任,努力钻研业务,不断自我改进,有效遏制互相推诿现象的产生。办公室工作的绩效,反映了每个人完成任务的质量、对组织作出贡献的多少,这对员工有很强的督促作用,有利于办公室管理工作的落实,使每一位工作人员对自己承担的任务更具有责任感,从而保证每一项工作的高效完成,更好地发挥办公室的作用。

(二) 推进办公室管理改革

评估办公室工作的绩效,对于推进办公室管理改革有着深远的意义。这里的办公室管理改革主要指三个方面:

首先是办公室制度改革。对于工作任务的完成,过去可能依靠规章制度的硬性规定,根据任务完成的效果采取奖惩措施,具有一定的强制性,这是从外在的角度通过制度来约束员工的行为。而通过绩效管理,会产生不同于以往的效果,以绩效管理产生的激励作用为例,这时候员工已经产生内在的驱动力量,主动寻求完成任务的途径,不需要以往过多的制度层面的约束。这个时候,严厉、苛刻的制度规定可能已经不适合办公室管理的需要,至少是多余的,这就促成了对当前办公室制度的改革,要求新的制度中体现人本管理的思想。再比如,确立绩效的中心地位,以工作结果为导向,员工可以发挥创造能力,自己选择完成任务的方法和途径,只要在相应的时间内达成目标即可,这将改变办公室制度中有关员工工作时间和空间的强制规定,使管理制度更加柔性化。

其次是办公室机构改革。绝大多数的改革都是源自当前问题的存在,在组织运行良好、绩效令人满意的情况下,支持改革的人是很少的。绩效评估就是检查、发现组织是否存在问题的方法之一。在绩效管理过程中,员工、岗位到整个组织机构的工作成果都得到体现,从中可以发现办公室机构运行的效率如何。如果绩效评估表明办公室工作效率低下,经常完不成任务,或者在任务完成过程中资源投入过量,那么就有必要对办公室机构进行调整和变革,适当地增加、合并或裁撤一些岗位,使职务的设置、人员的搭配相较于办公室工作更加合理。从中我们可以看出,绩效管理可以激发办公室机构改革,同时也指明了办公室机构改革的目标和方向。

再次是办公室人员调整。办公室绩效管理同时也导致了办公室人员的不断调整。在组织运行过程中,要强调人才与岗位的匹配性,只有才岗相适才能发挥岗位的作用,体现人力资源的价值。那么如何判定人才与岗位是否匹配呢?事前的岗位分析、员工素质评价当然是一个方面,但这里面存在着一定程度的主观色彩,认识往往与事实产生偏离。比较而言,事后的绩效考评则是一种真正的检验,以此来证明人与岗适合与否无疑更有说服力。通过绩效考评,为办公室寻找合适的人才提供了判断标准和依据,促使办公室对工作人员进行相应的培训,对人力资源进行更新,以适应岗位的要求,实现人力资源不断调整的过程。

(三) 提供压力和动力,进行有效激励

在办公室工作当中,很多工作是集体劳动的成果,每个人都是不可或缺的一个组成部分,但这并不意味着每个人的付出对组织的贡献都是一致的。在这种情况下,如果没有科学的绩效考核,则会出现集体劳动成果掩盖了个人付出多寡不一的现象,进而在薪酬福利等的设计上造成不公平的产生,即通常所说的"干多干少一个样,干与不干一个样"。长此以往,对员工的工作积极性、创新能力等会造成巨大的打击,反映到日后的工作中则是消极、不满与抗拒,个人效率低下,进一步则影响整个组织今后的发展。这里就涉及激励的问题。考核办公室人员的绩效,是对其进行激励的根据。而且绩效考核活动本身也是一种激励的形式,工作努力、成绩突出的人希望引起考评者的注意,得到领导及周围同事的认可。

办公室工作绩效的评估对工作人员也是施加压力的一种形式。通过绩效评估,各项指标体系的量化,员工的工作绩效一目了然,优良中差定位清晰,人们的自尊心促使人们内心产生巨大的压力,不甘居于人后。把压力控制在合理的范围内,这样的压力对个人的发展是有利的,它在一定程度上避免了员工好逸恶劳习惯的养成,督促员工完成自己相应的任务,以免拖累组织整体,成为众人责备和嘲笑的对象。

人们常说要将压力转化为动力,有了压力只是初始阶段,进一步发展下去,人们会尝试摆脱这种压力,形成各种行为产生的动力之源。在办公室管理过程中,绩效的评估使人们看到自己工作的成果,尤其是在与同事对比的时候,不落后于他人成为人们最基本的要求,将绩效优异的人树立为榜样,确定相应的方向和目标并为之努力奋斗是人们更深一层的追求。从这个意义上讲,办公室管理中的绩效评估是促使工作人员向着优秀迈进的强大动力。

第三节 办公室人员的素质特点

一、办公室人员的个体素质结构

（一）知识结构

办公室工作头绪繁多,涉及面广,要求工作人员有尽可能广博的知识,做一个"通才"和"杂家"。但是现代社会科学技术突飞猛进,知识更新速度加快,一个人终其毕生,所学也极为有限,因此,怎样的知识结构,或者说怎样的知识层次和内容的构成,才能适应办公室实际工作的需要,就成为重要的问题。

基础知识。这是办公室人员知识结构中最基本的,内容也最广泛。具体可以分为三大部分。

1. 科学文化基础知识。包括语文、数学、物理、化学、历史、地理、生物及外语等各方面的常识,办公室工作自身的工作特点要求工作人员具有很宽的知识面,涉猎多方面的知识,而只有具备良好的知识基础,才谈得上学习和掌握其他的知识,同时在学习专业知识的过程当中,上述基础知识有助于增强办公室工作人员的理解能力和接受能力。

2. 基本政治理论知识。主要有马克思主义哲学和政治学、政治经济学、中共党史、党的建设理论、毛泽东思想、邓小平理论以及有关的国际国内时事政治方面的知识。这部分知识,要求办公室人员不仅是通常的学习和了解,而且必须系统地把握和理解,力求精通,从而树立正确的世界观和方法论,才能在工作中表现出坚定正确的政治方向和较高的理论水平。

3. 政策法规基础知识。主要指中国共产党十一届三中全会以来现行的路线、方针、政策,国家的宪法和法律,各种行政法规和部门的规章制度等。作为辅助机构,办公室有义务为领导及决策人员提供建议,而对政策法规的精通则成为办公室工作人员发挥参谋作用的前提,只有熟练掌握这些知识,办公室工作人员才能在工作中有章可循,而不至于在庞杂的事务堆中迷失方向,提出的建议才更具有合理性和可操作性。

专业知识。这是办公室人员知识结构的核心内容,也是有别于其他人才知识结构的主要方面。其中又具体分为两个部分:

1. 秘书专业知识。办公室管理与秘书工作是分不开的,因此在办公室人员素质当中,秘书专业知识占有重要地位。其内容包括秘书学、文书学、逻辑学、应用写作、档案管理、行政管理学、领导学、信息学、信访学、调研学、速记学等,只有掌握了这些知识,才能胜任办公室为领导服务、承办行政事务的工作。

2. 办公专门知识。主要是指除秘书工作外的针对不同的行业和部门的其他机关事务管理知识和技能,以政府工作部门为例,有计划学、运筹学、统计学、财务管理、物业管理、办公物品管理等,还要求掌握计算机知识、演讲与口才方面的一些技能,以适应无纸化办公和推广普通话的要求。此外,针对不同的行业和部门,又有些具体的知识要求,例如在企业中,办公室人员应当掌握一些生产、经营方面的经济知识;在军事部门工作,就应当具有军事科学方面的知识;在学校和文化团体工作,则要注重教育学、文化艺术等方面的学习。

相关知识。这是指与专业知识密切相关而又有区别的知识,学习这些知识对于提高办公室人员的工作效率和水平,具有重要的意义。主要有:

1. 方法论知识。包括系统论、信息论、控制论、科学哲学等。这些方法论知识有助于办公室管理者从崭新的视角来分析和解决问题,从而达到更好的管理效果。

2. 心理学知识。在管理学发展过程中,很多理论都涉及心理学的范畴。在办公室管理当中,人是管理的主体,人力资源也是管理的对象,如何管好人是办公室管理面对的重要课题,因此,掌握相应的心理学知识无疑是十分必要的,包括普通心理学、领导心理学、管理心理学、社会心理学、秘书心理学等。

3. 社交知识。如人际关系学、公共关系学、礼仪学等。人是具有社会属性的,生活在一定的群体当中,如何使自己的言谈举止恰当、得体,同周围的人建立和谐的关系,这直接影响着人们工作和生活的质量,办公室工作更是如此。为领导服务,协调不同的组织部门,接待外界来宾,办公室工作人员需要接触形形色色的人,掌握足够的社交知识对办公室工作而言意义重大。

4. 其他科学知识。有行为学、预测学、咨询学、伦理学、新闻学、编辑学、传播学、人才学、文学艺术及书法等。只有具备了丰富的知识,才能使办公室人员头脑充实,视野开阔,工作有效。而且我们可以发现,随着知识结构的不断完善,反映出办公室人员学识层次的不断提高,这就表明对办公室人员的学历要求也在逐步提高,更要求办公室人员自觉地在实际工作中努力学习,更新知识。

(二) 能力要求

能力,对于办公室人员而言,是指完成其承担工作的本领。基本上可分为基础能力、一般技巧和特殊技能三个层次。这是办公室人员知识结构和良好素质在工作中的综合体现。

1. 基础能力。办公室人员作为领导的助手和为领导提供服务,应具有基本的写作和办事能力。对日常会议和领导指示的记录,要能领会精神,把握实质;起草文件应突出重点,观点鲜明,逻辑、层次清晰;公文处理要言简意赅,快速及时。如果会议记录挂一漏万,甚至错误百出,起草文件事无巨细,轻重不分,词不达意,这样的办公室人员则

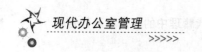

缺乏基本的工作能力,应当考虑提高其能力或调离。同时,办公室人员还要办事干练,具备基本的办事能力,包括办文要及时、简洁,办会要有序、有效,对于领导交办的其他事务要准确、踏实地去完成。反应迟钝,办事拖拉,遇到困难一筹莫展的人,即便忠诚老实,也因缺乏基本能力,而决不会成为一个称职的办公室人员。

2. 一般技巧。办公室人员除了必须具备基础能力,要提高工作水平和自身素质,还要掌握许多工作的技巧,包括发挥参谋作用,学会调查研究,掌握协调技巧等。首先,发挥参谋作用,就是为领导出谋献策。在领导决策民主化、科学化的今天,尤其要求办公室人员改变以往办事即是称职的旧观念,而要提高参谋意识和能力,明确不能出谋献策者就不是好的办公人员的新观念。发挥参谋作用,首先要讲求胆略,敢于直陈己见,据理力谏。其次要讲求技巧,看问题,想办法,要多方面,多角度,收集信息,深思熟虑。再次要讲求艺术,选择最佳的时机场合、方式,向领导提出建议,便于其采纳,提高参谋效率。其次,学会调查研究。当好参谋助手,办好行政事务,离不开对情况的熟悉掌握,而认识事物最有效的办法就是调查研究。做好这项工作的诀窍在于,一要做有心人,以敏锐的观察力去发现他人不易发现和忽视的小问题;二要深入实际,同群众交朋友,谈真心话;三要方法得当,民意测验、抽样调查、个别谈心、开会讨论等,根据具体情况选择一种,或者综合运用;四要综合分析,对调查获取的大量信息和材料,能够去粗存精,去伪存真,由此及彼,由表及里,从中概括总结出事物的内在联系和规律。再次,掌握协调技巧。办公室处于各个职能部门的中枢,要发挥其上下内外左右联系沟通的作用,办公室人员要学会良好的组织协调技巧。明白对什么事情应当运用有关政策、法令和规章制度强制执行;对什么事情必须使矛盾各方彼此了解情况,从而消除误解,团结协作;对有的事情则要着眼全局,又为各方面着想,使全局和局部利益有机统一;对另一些事情则要求说服教育矛盾各方顾全大局,发扬风格,互谅互让,达到步调一致的目的。这些都对办公室人员提出了较高的要求。

3. 特殊技能。办公室人员除了日常的工作之外,还要根据自身分工的不同和形势发展的需要,掌握一些特殊的技能。如电脑应用、复印缩微技术、录音录像和摄影技术、速记和书法艺术、打字和编辑技能、驾驶技术、维修和保养设备的简单技能等。这部分技能主要是根据办公室人员分工的不同而提出的要求,并且主要是随着形势发展和工作需要,在实践中学习、提高。

(三) 道德素质

这是指与办公室人员自身工作和职业活动密切相关的行为规范,主要是服从领导、埋头苦干、公道正派、严守机密等。

服从领导。这是由办公室人员职业性质所决定的,作为领导工作的助手和参谋,要求所作所为,举手投足,应当严格按照领导的指示和意图办事,离开领导自行其是,别出心裁胡乱发挥,都是职业道德所不允许的。个人的积极性、创造性也只能在服从领导的前提下发挥,而且更多地限于建议献策等方面。其中要注意,不能将个人不成熟的想法甚至情绪化的意见,去影响和干扰领导的工作及决策。

埋头苦干。办公室工作的性质决定其人员的工作主要是实干,而不是夸夸其谈。要围绕领导的工作来开展活动,要求招之即来,来之能干。不听召唤,或阳奉阴违,也是职业的大忌。期望通过跟随领导而沽名钓誉、仗势欺人和出人头地,都是办公室人员的工作纪律所不允许的。相反,只有抱定在具体而又繁忙的工作中,任劳任怨,脚踏实地,密切联系实际和群众的态度,有着吃苦耐劳甚至委曲求全的精神,才能成为合格和优秀的办公人员。

公道正派。办公室人员在工作中经常接触领导,与领导同志相对熟悉,关系密切。这就尤其要注意自重自强,不能将为领导服务理解为主仆关系而献媚领导,阿谀奉承,溜须拍马,这种做法是把工作中的服务关系庸俗化。同时,也不应利用接近领导的机会,进谗言,泄私愤。上下左右内外各方面的沟通工作中,要注意化解矛盾,消除分歧,促进团结,而不应制造矛盾,扩大分歧,以图从中渔利。对待上级领导,不论资历职务,接待来宾及基层群众,都要一视同仁,平等相待。切忌因人而异,亲疏有别,更不能看来头办事情,政治上随风乱转。只有公道正派的办公室人员,才能做到胸襟宽阔,在工作中充满朝气和活力。

严守机密。办公室工作人员还有一个显著特点,是掌握和知道机密较多,并容易成为打探消息的渠道和获取情况的对象。因此,要求办公室人员必须具备严守机密的职业道德,自觉加强保密观念。以往泄密、窃密现象的发生,许多是由于办公室人员的过失造成的。有意泄密、窃密是个人品格问题,姑且不论。即便是无意的泄密,也大都因为吹嘘、炫耀,嘴巴不牢所致,这是职业道德问题。要求办公室人员具备这一道德素质,首先要克服爱慕虚荣的心态,才能真正做到不把机密作为"吹牛"的材料和资本。

(四) 心理条件

了解和掌握必要的心理知识,培养良好的心理品质,对于做好办公室工作也具有重要意义。我们这里主要介绍记忆、思维、兴趣、性格等方面的心理知识,以便于办公室人员了解和学习。

记忆,是人头脑对以往事物的反映。办公室人员工作头绪繁多,需要各方面的知识,又要了解各种具体情况,应当具备良好的记忆能力。其中又要求记得快,对领导的指示、交代的任务、听取汇报的数字、接听电话的内容等等,没有较长的时间可供反复消化,必须迅速记住。要记得准,仅有快而不准的记忆是没有意义的,对人、事、物及相关的数据、材料、观点要力求记得准确无误,不能出错。记得多,办公室工作内容较多,记东忘西不行,丢三落四也不称职,要求头脑储量大,多记各种知识、资料、情况等,如果临时四处查找,就影响工作效率。培养记忆力的方法有多种,但根本一条是工作中的认真、细心、踏实,记忆才能准确而量大。相反,见到领导想着拍马,接待来宾心中发虚,听取汇报心猿意马,其记忆能力就会出问题。

思维,是人脑对所经历的事物和知识信息进行分析、概括的过程。办公室工作人员承办政务和处理问题,首先要经过自己的头脑思考,有了指向,然后动手实干。问题解决的过程,也就是思维完成的过程,这是思维的问题性。思维的理解性是指通过事物之间的联系而认识新事物的过程,面对各种材料和文件,进行阅读并力求理解,这是思维的又一特性。思维又有概括性,能将各种不同事物的共性归并起来,或者找出内在的联系。思维还有间接性,就是对不能把握和不是亲历的事物,借助已有的知识经验和某种中介来认识。提高思维能力的途径也有很多种,但主要是努力学习新知识,积极地独立思考,而不能唯领导之言是从,更不可人云亦云。迷信盲从及随声附和,不仅是心理素质有缺陷的表现,也是提高思维能力的大敌。

兴趣,是指在认识活动中积极探索某种特定事物的主观倾向,也可称之为爱好。兴趣对人的活动具有指向性。兴趣具有中心性,一个人的爱好可能非常广泛,但真正热衷爱好的只应是其中一个或几个方面。兴趣的效能性,指的是对人的活动能够产生不同的效果,短暂的兴奋,在这里我们排除在兴趣之外,有效的兴趣和爱好,应当能持续较长时间。办公室人员要自觉对与工作有关的知识和技能加强学习,努力培养许多的爱好,以适应自身工作点多面广的实际需要。

品格,是指人对现实的稳固态度及其习惯化的行为方式。主要表现为:

1. 对现实的态度。如爱集体、爱劳动、敬业爱岗,或者自私、孤僻、好逸恶劳、妄自尊大等,这是一个人的基本道德品质,是个人品格中的核心内容。

2. 情绪特征,主要指情感方面的强弱、持续时间长短等。在情绪特征方面,人与人之间存在差异,因此在办公室管理中,需要对此加以重视,控制消极情绪,合理利用积极情绪。

3. 意志特征,如行为目标是否明确坚定,行为的自控水平,遇事镇定果断与否等,这一特征在不同个体之间也存在明显的区别。办公室工作中常面临大量的事务,尤其是一些突发情况,工作人员的意志特征会在工作结果中得到充分的体现,培养良好的意志品格是办公室工作人员不断完善自我、提高工作绩效的基本保证。

4. 理智特征,如在想象事物的过程中,表现为理想主义还是现实主义,在感知事物的过程中是主动观察还是被动感知,这在个体之间也是存在差异的。由于一个人的品格对工作和生活影响很大,要求办公室人员具备良好的品格,主要是严格要求自己,克服不良习惯。

二、办公室人员群体素质结构

(一) 群体素质结构含义

群体是组织起来的个体,为着共同的目标,群体成员分别担任不同的角色,彼此相互影响,并遵循特定的行为规范。

素质,原本是心理学中的概念,指人的心理状态的生理条件,后来泛指为一个人的品质、知识、才能、体格等状态。

结构,在这里指的是群体中个体的排列组合方式。

这样,我们再来看办公室人员群体素质结构的含义就可以比较明确,办公室群体就是指若干个人按照不同的分工需要以及相关的品质、知识、才能、身体条件进行合理的组合,形成一个相互配合协作,共同为完成领导工作而服务的组织。

(二) 办公室群体的功能

一个有效的办公室群体,应具备以下几项功能:

1. 办公室群体必须充分了解自己的任务,对任务的充分了解是有效完成任务的前提。办公室群体中的个体很可能对工作任务有不同的理解和思考,如果这些不同的看法和思考无法协调,办公室群体就无法齐心协力去工作。

2. 办公室群体内部应有健全的意见沟通,每个个体都可能从自己的渠道获得一定的材料和信息,这些信息有些涉及自己的工作,有些涉及他人的工作,为了制定计划或修订计划,办公室群体中的个体应克服心理上的障碍,充分了解能够收集的信息。意见沟通应尽量公开、彻底、全面。

3. 办公室群体中的个体之间应保持高度的相互信任和相互忠诚,这可以说源自意见沟通。坦诚相见的意见沟通需要以信任为基础,否则不可能有充分的意见沟通。反之,高度的相互信任又以充分的意见沟通为前提。然而在工作实践中,要保持办公室群体中个体之间的长期相互信任往往比较困难。

4. 办公室群体中各个体之间应当相互协调和支持。作为一个有系统性的办公室群体,它的各个个体在活动中形成了扬长避短的"互补性",即每个个体活动是整体活动的一部分,整体活动也是个体活动实现的先决条件。一个健全的办公室群体,个体之间应当毫无顾虑地相互出谋划策、磋商讨论,彼此支持。

5. 办公室群体应当实行差别协调。办公室群体的各个个体在智力、才能、技术和性格上往往各具特点,因此,一个办公室群体的个体之间存在这样那样的差别,这种差别是造成分歧和冲突的潜在因素。办公室群体的一项重要功能就是差别协调,容忍差异,自动协调,减少分歧和冲突。

6. 办公室群体应具备应变性。所谓应变性即指能积极促进办公室群体各个体充分发挥能量。在办公室群体中,领导应特别关心个体,鼓励个体奋发努力。在健全的办公室群体形式中,工作效率的提高不在于某个个体,而在于整个办公室集体。

(三) 群体的结构因素

办公室工作人员一般总是在一个办公室群体中进行活动,其中个体影响群体,也受这一群体的制约。而办公室群体能否正常活动则在很大程度上取决于办公室群体的结构是否合理。

当代办公室工作人员在某种程度上都是专才,这是科学技术日益专门化和办公室工作的分工决定的,专才的优点在于精通某一领域,缺点在于对于其他领域涉猎不深。不过,专才的集合在某种程度上能产生一种全才。办公室群体就担负着这一互补专才和偏才的功能。与个体比较而言,其本质和意义也在这里。办公室群体应是一种综合个体专才的全才,它应当发挥出远远大于个体的能量。当然,这一能量发挥得如何,还有赖于以下一些因素的结合状况。

1. 年龄因素。年龄代表着一个人的成熟程度。老中青结合的办公室群体结构是一种常见的结构。不同年龄区域的人有不同的长处和短处,他们之间在年龄上的互补,有助于发挥领导集体的能量。例如,一般来说,年轻人有活力,精力充沛,对新事物敏感,富有创新精神,但易偏激;老年人稳重,富有经验,深谋远虑,善于处理、应付复杂局面,但易保守;中年人年富力强,兼有青、老年的长处,但缺乏激情,易守成。老、中、青三者的结合是一个变量,理想的状态是取长补短。

2. 知识因素。可以把"知"看成是学问,把"识"看成是见识,学问和见识一般成正比,但并非绝对一致。在当代社会,知识一般是专门化的,学历越高,专门化的程度就越深。由于不同的专门知识在办公室管理过程中有其限制,因此,这些知识的互相补充和合理搭配是构筑办公室群体知识结构需要考虑的一个因素。

3. 个体因素。办公室工作人员是由人组成的,因而也具有人的个性。有的人直率热情,情绪变化激烈;有的人活泼好动,善交际,兴趣广泛;有的人持重而沉稳,情绪内含;有的人谨小慎微,善控制感情,如此等。正是办公室工作人员丰富的个性,使得他们在处理同一事件上所采取的方式方法呈现出不同的特点。尽管对办公室群体个性因素的互补见仁见智,但个性因素对办公室群体的影响则是确定无疑的。

4. 集体的文化因素。通常的情况是工作人员被不断地充实到一个既存的办公室群体中去(也有新建立的情况),因此,这一既存的办公室群体存在着它固有的文化特征。这一文化特征是该群体的历史、传统、习惯、风气、承担的任务特点等因素的综合结果。所有工作人员都在不同程度上受到这一文化特征的影响。当然,也不排除工作人员可以逐渐地、以致最终改变这一办公室群体的文化特征。

(四) 群体的优化

办公室群体结构是一个多系列、多层次的动态综合体,为实现群体组织的优化,应遵循如下一些原则:

1. 个人要素有效的原则。应当保证进入办公室群体的工作人员个体具有良好素质和能力,这是保证群体优化的一个条件。为此,在挑选工作人员时,首先要注意坚持德才兼备的标准,挑选的对象不能有才无德或有德无才。其次要善于扬长避短,"金无足赤,人无完人",要对工作人员作全面的分析,只要扬长避短,就能各得其所。再者要适才适用,即让适当的人干适当的事,实现人与事的最佳配合。为此,要了解每个被选者的专长、经历、性格等,以选出理想的人选。

2. 群体互补原则。群体互补是指科学地搭配办公室群体的各结构因素,使之产生良好的总体效应。合理的结构主要包括:第一,梯形的年龄结构。这一结构应以中年人为主,呈梯形状态,使群体始终处于新陈代谢的动态平衡之中,保证工作的稳定性和连续性。老、中、青成员的具体比例,应视具体情况而定。第二,合理的知识专业结构。群体成员的知识结构在内容上要能互相补充,如文理搭配、精通理论与实践见长互补等;对不同成员的知识水平应有不同的要求。第三,群体中多类型的智能结构。理想的结构中,应该既要有善于交际的鼓动家,又有脚踏实地的实干家。第四,协调的气质性格结构。根据心理学原理,人的气质可分胆汁质、多血质、黏液质和抑郁质四种类型,它们对外界事物的反应各不相同,而性格则有内向与外向、独立型与顺应型、情绪型与理智型等区别。气质性格结构会对办公室工作产生影响。如一个群体内的成员都属独立型性格,那么彼此的合作就不那么容易,反过来,如都属顺应型,那么这一群体很难担当起管理的职能。

3. 经常调整流动原则。办公室群体的结构必须随着客观情况的发展变化不断调整,如更新工作人员的专业结构和知识结构,搞好新老工作人员的合作交替,及时调整工作人员的素质结构等。此外,办公室群体的人员结构不应当是静止的,应该鼓励人员积极流动,使他们开阔视野,增长见识,充分发挥自己的才干。

第四节 办公室管理制度的框架结构

一、办公室管理制度

办公室所拥有的资源,是办公室管理的对象,包括人、财、物、信息、时间等。对这些资源的管理,形成了一系列的办公室管理制度,见图2-2。

所谓办公室管理制度,是指在办公室管理过程中,为提高管理效率、实现组织目标,要求办公室工作人员共同遵守的办事规程或行动准则。

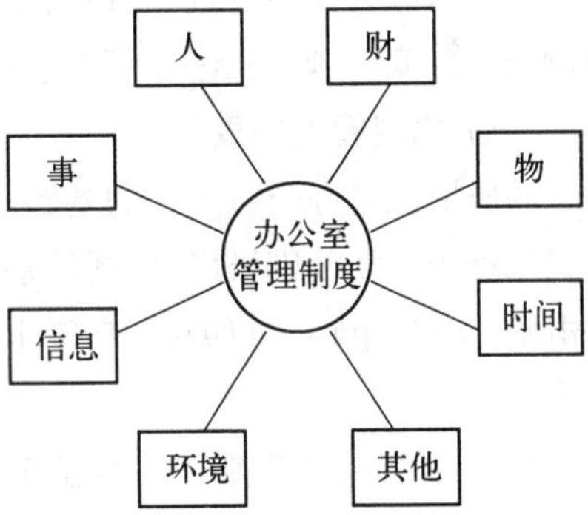

图2-2 办公室管理制度框架

二、办公室管理制度框架

(一)人员管理制度

人力资源是组织中最重要的资源之一,尤其是随着知识经济的兴起,人力资源已上升到第一资源的重要位置。人力资源具有能动性、创造性,同时又兼具社会性、复杂性,这使得与人力资源相对应的管理制度显得十分重要,科学的管理制度会最大限度地发挥人力资源的价值,挖掘员工的潜力,反之则会限制员工能力的发挥,同时也制约组织的发展。在办公室管理中,人居于主体的地位,涉及办公室主管、前台文员、秘书(领导秘书)、行政工作人员、司机、保安、保洁工等的管理制度,以及各类工作人员在交往过程

中形成的人际关系方面的相关制度。

办公室工作人员的管理制度主要涉及以下几个方面：

1. 办公室工作人员岗位职责。主要规定办公室主任、副主任、行政主管、秘书、前台文员、司机、保安等在办公室工作中各自承担的工作职责。

2. 办公纪律。主要规定员工在工作期间应该做什么、怎样做，不能做什么，以及违反纪律后受到惩罚的措施。

3. 考勤制度。主要列出员工的作息时间、考勤方法、休假规定、加班加点管理、违纪处分等相关规定。

4. 办公室主任权责界定。阐释办公室主任在办公室工作中拥有的权力，以及与此相对应须承担的责任。

5. 秘书工作条例。对秘书的任务、工作内容等进行规定。

6. 员工守则。对员工的形态仪表、言谈举止、待人接物等方面进行制度性的规范。

（二）财务管理制度

毫无疑问，无论哪一个时代，无论环境发生什么样的变化，资金对于组织来讲都是生存、发展、壮大的必备条件。尤其在组织发展初期，资金的短缺很可能直接影响到组织的命运。外部环境发生剧烈变化的时候，组织面临巨大的冲击，资金也在很大程度上决定了一个组织抗风险的能力。在办公室工作中，资金的地位同样重要，它是维持办公室正常运转、开展各项工作时不可或缺的资源。

为了对办公室财务进行有效管理，办公室财务管理制度对资金的筹集、预算、使用、控制、核算、安全、监督、纪律等作出具体规定。

（三）物资管理制度

物质资源是办公室工作的基础，是开展办公室工作所依赖的最基本条件。办公室的物质资源涉及范围极广，包括最基本的物质资产，如房屋、家具，此外包括办公物品，如电脑、文具、电话、打印机、印章，以及文书档案、车辆、后勤用具等。其管理制度主要有：

1. 办公用品管理制度。该制度普遍存在于办公室管理过程中，主要包括各类办公用品的购买、使用、保管、维修、报废处理等具体规定。

2. 档案管理制度。主要涉及档案的分类、编号、存储、保管、统计、查阅等的详细规定。

3. 文书管理制度。包括对文印室、资料室的管理，文书的收发与制作、文件处理标准、文件立卷与归档等方面的规定。

4. 印章管理制度。主要针对印章的制作、改刻、保管、使用方法、废止等加以规定。

（四）信息管理制度

当今社会正处于一个巨变的时代，组织的内部因素与外部环境都在以前所未有的速度发生变化，鉴于这一客观现实，信息的重要性就显得尤为突出。办公室的工作特点决定了它对信息的依赖程度,以其服务性为例,如何为领导出谋划策,发挥参谋作用,对信息的准确把握是正确进行决策的前提条件。信息的重要性引起了人们的注意,一些与信息相关的管理制度也随之产生:

1. 信息管理制度。指信息的收集、加工处理、修改、发布、共享、反馈等的具体条例。

2. 机要保密制度。主要涉及办公室机要文件与信息的保管、处理、保密措施等方面的规定。

(五) 时间管理制度

随着时代的变化,时间同样被视为组织内的一项资源,而且时间所体现出的价值也变得越来越大。目前,时间管理也成为管理学理论研究的热点。如何在有限的时间里完成办公室的工作任务,如何保证对时间高效率的利用,这些都成为办公室工作成功与否的重要影响因素。

办公室时间管理制度规定了如何对时间的消耗进行计划、组织、实施、检查和评价,面对繁杂的工作任务,要对时间进行合理分配,保证对有限的时间进行高效利用,从而提高办公室工作的效率。

(六) 环境管理制度

在办公室各项资源中,环境质量虽不能对工作绩效产生决定性的影响,但其重要性已引起人们越来越多的关注。良好的工作环境能够激发员工的工作热情,相反,环境不佳会导致工作无法顺利进行。办公室环境可以分为硬环境和软环境两类,硬环境主要指办公室布局、办公设施、办公室卫生等物质层面的环境;软环境主要指以办公室内人际关系、治安消防等为代表的人文环境。主要管理制度如下:

1. 日常办公环境管理制度。涉及办公室的自然环境,如空气、光线、绿化,办公室如何布局,办公物品的摆放,办公环境的清洁等。

2. 办公室安全管理制度。指为保证办公室财产、人员生命安全而制定的防火、防盗、办公设备安全使用等方面的条例。

(七) 事务管理制度

办公室工作中涉及大量的日常事务,如公文处理、通信、涉外接待、对外交流、出差、会议安排等,这些日常事务渗透办公室工作的方方面面,对这些事务的管理进行制度上的规定,有利于办公室管理的科学化、规范化,提高管理效率。

1. 会议管理制度。该制度规定了如何对会议进行组织、安排、准备,会场的布置,例会制度的确立,会议成果的整理与保存等相关细则。

2. 通信工作管理制度。办公室主要通过电话机、传真机、互联网等形式进行通信,通信工作管理制度主要涉及通信设备使用过程中的方法、时间、费用、禁忌等具体问题。

3. 提案管理制度。这一管理制度旨在鼓励员工对办公室管理工作提出建议,并具体规定了提案的流程、处理、采纳、奖励等事宜。

4. 涉外事务管理制度。办公室是一个具有很强的开放性的机构，在工作中常常要与外界组织或人员打交道。涉外事务管理制度针对外事接待、电话接待服务、参观接待等作详细规定。

5. 出差管理制度。这一制度主要涉及出差的审批、出差日程安排、出差费用核算、差旅费的支付、出差手续的办理等具体问题。

（八）其他管理制度

管理学是一门发展的学科，技术的发展、环境的变化、实践的需要推动了新的管理理论的产生，办公室管理也紧跟时代的步伐。除了上述几个方面的管理制度之外，新的管理理论的应用也促使人们制定新的管理制度，如针对知识管理、危机管理、突发事件处理所设计的制度。

如何处理办公室事务

办公室工作人员必须适应现代企业严格的规章制度，特别是时间观念要强。许多办公室工作人员开始很难适应这种分秒必争、刻板严格的要求，许多人对领导为其耽误了几分钟而大发雷霆感到不解，认为纯属小题大做。

办公室工作人员不论职位高低、职权范围大小，都要处理大大小小的问题，能不能妥善处理事情，会不会有效解决问题，反映了员工的工作能力和知识水平。

办公室工作还有一个特征，就是经常有各种事务汇集到一起，因此必须同时处理。例如，你在草拟答谢辞时，领导又派你到大门口迎接来客，回来未坐定，电话铃又响了……因此，秘书常感到忙忙碌碌事情仍做不完，总感到时间不够用。

办公室工作人员要学会合理地安排和利用时间，学会"分身有术"，有效地组织各类事务，提高单位时间内的工作效益。具体方法有：

一是加强纵横两方面的密切联系。纵向联系就是指一般工作人员与领导的联系。工作人员必须养成确定命令和指示，以及提出执行报告的习惯，较常用的是做备忘录。横向联系是指工作人员与同事之间的联系。为了工作的迅捷有效，工作人员应当与办公室里的成员或公司内其他部门的人员建立友好的协作关系，因为许多业务需要同仁的协作方可顺利完成。同时办公室工作人员应有较牢固的社会联系网络，这样方可做到业务需要时能有所呼应，有所辅助。

二是把握事务处理的先后次序。工作人员可把要处理的事务大致分类，并寻找出相互间的内在联系，把握其规律性。对于延续性的事务应有计划、有条理地进行，每日或每周进行一个方面，对于单件事务，则及时布置、及时完成，不拖、不推、不等。

三是妥善管理工作时间。办公室工作人员首先要确立时间的资源规划与效率；其次要学会时间诊断和制作计划,区别有效时间和无效时间,逐步提高时间效率;再次是不要忽略营造良好的办公环境。因为良好的办公环境也是提高时间发挥潜力的重要因素。

王姐的处事艺术

年近五十的王迎是某进出口公司的办公室工作人员,平时亲切和蔼、工作细致,同事们都亲切地称她王姐。该进出口公司每年夏天都会组织全体员工外出作短暂的休假,历次这样的准备活动都是由王姐负责的,而且在活动过程中,她更是事无巨细负责到底,说实话,那几天说是休息,也是别人的休假,其实王姐比平时还要忙。这样连续都有好几年了。这一年,恰逢王姐的儿子高考。在中国,高考对于一个孩子、一个家庭的重要性不言而喻。高考那几天,王姐当然要全程地陪着孩子,安排孩子的饮食起居。但高考时间正好和公司休假的时间冲突,怎么办?

王姐提前一个月向领导说明了情况,告诉领导:公司要组织职工休假了,这一次由于孩子要高考,实在是走不开,我只能提前安排一些事项,比如订火车票、订宾馆。到了旅游地点的工作我就没法做了,但是我会做好安排的,希望领导谅解,愿大家届时玩得高兴,明年我再好好地替大家服务。

王姐做好了所有准备工作,并安排另一位办公室工作人员负责旅游点的组织和服务工作。大家旅游结束后,王姐把后续工作也做得妥妥帖帖,领导对此也相当满意。

案例思考题

1. 为什么王姐没有参加公司旅游活动的现场组织安排工作,领导对她还是很满意?
2. 王姐在公事和私事的处理上,有哪些值得我们学习和借鉴的地方?

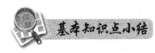

1. 办公室的性质:从属性、补充性、综合性、服务性。
2. 办公室的地位和作用:中心的地位和作用、枢纽的地位和作用、窗口的地位和作用。
3. 办公室工作的绩效价值:有助于树立正确的观念、有利于办公室改革、提供压力和动力并有效进行激励。
4. 办公室人员个体素质:知识结构、能力要求、道德素质、心理条件。
5. 办公室人员群体优化原则:个人要素有效原则、群体互补原则、经常调整流动原则。

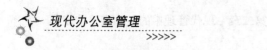

6. 办公室管理制度框架：

（1）人员管理制度；（2）财务管理制度；（3）物资管理制度；（4）信息管理制度；（5）时间管理制度；（6）环境管理制度；（7）事务管理制度；（8）其他管理制度。

1. 办公室具有怎样的地位和作用？
2. 一个有效的办公室群体，应具备哪几项功能？
3. 办公室管理制度主要包括哪几个方面？

第三章

办公室主管的自我管理

> **本章提要**
>
> 办公室主管作为办公室的管理者,其自身的管理也是非常重要的。本章主要对办公室主管的职业规范要点作出解释,并提出对办公室主管的绩效评估的标准,同时揭示办公室主管工作处理的准则与日常管理过程中应该注意的陷阱有哪些,最后指出办公室主管必须具备基本的六大领导能力,应该具备这些能力以保持自己的职业优势,从而成为一名成功的管理者。

办公室中发挥最重要作用的是办公室主管,因为办公室一切职能的运转和组织领导,一切命令的执行,都离不开办公室主管对其下属的管理和指挥。这就对办公室主管的职业规范提出了相应的要求。

第一节 职业规范要点与评估标准

一、办公室主管的职业规范要点

办公室主管,是指党政机关、社会团体和企事业单位内设立的办理行政性事务的办事机构的总负责人,是设在领导身边、直接为领导服务的综合部门的行政首长。虽然办公室主管作为办公室的一员,和办公室其他职员一样服务于组织和领导,但在办公室内部,办公室主管是作为管理者而存在的。

管理者的类型大致有以下几种。

高层管理者:对组织负全责,主要侧重于沟通组织与外部的联系和决定组织的大政方针,注重良好环境的创造和重大决策的正确性。

中层管理者:承上启下,主要职责是正确领会高层的指示精神,创造性地结合本部门的工作实际,有效指挥各基层管理者开展工作,注重的是日常管理事务。

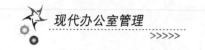

基层管理者：主要职责是直接指挥和监督现场作业人员，保证完成上级下达的各项计划和指令。他们主要关心的是具体任务的完成。

办公室是一种辅助性的服务机构，因而一般多数办公室主管的地位大致相当于基层管理者，主要是协助领导工作，贯彻执行领导的指示和政策。

办公室主管处于办公室的核心地位，它赋予办公室生命力，没有管理者的领导，生产资料、资金等都是"死"的，不会创造出新的财富来。著名的管理学家彼得·杜拉克指出管理有三项任务，这三项任务虽各不相同，但其重要性不相上下：实现机构的特定宗旨和使命；使机构内的各项工作具有生产性，使其员工能有所成就；掌握机构带来的社会冲击，并履行其社会责任。将这三点扩展开来并用于办公室主管：首先，任何一个机构都服务于某一宗旨，就办公室而言，就是追求围绕领导展开工作。办公室主管的第一项任务就是组织人、财、物使之协调发挥作用，实现组织目标。办公室主管的第二项任务就是管理办公室员工，使员工能充分发挥自己的潜能，完成任务。通过激励、参与、满足等手段，使得员工热爱本职工作，并在工作中有所成就。其第三项任务是由于机构都肩负着一定的社会责任，所以办公室主管的任务之一也包含履行对社会的责任，尤其在今天的社会中，办公室作为一个机构具有重大的责任，那就是对员工生活品质的关切和对人类的自然生存环境的关注，营造宽松的人文环境，提高员工的生活品质，努力改善和保护自然环境，是每一个有良知有抱负的办公室主管的神圣使命。而只考虑附和领导，不惜破坏环境、奴役员工的行为是不道德的行为。

要想真正成为一名出类拔萃的办公室主管，必须在工作、生活各个方面具备过硬的素质。从某种意义上说，办公室主管作为领导必须成为所有办公室员工的理想楷模。这不仅指通常所理解的"德"，而且也指同样重要的"智"。办公室主管的基本素质直接决定了员工的基本素质，正所谓："愚"将手下无强兵，"智"将手下无弱兵。这个问题至关重要，但却常常被我们忽视。

对办公室主管的要求有下列几项。

（一）"领导者"的标准

一般认为，一名成功的办公室主管必须完全具备"领导者"的十大标准：

1. 善造氛围。要以自己的岗位为荣，满腔热忱地对待自己的工作，并以自己的热情带动员工，引导他们各施其才。要善于引发内部竞争机制，激发员工的活力。一个热忱的人会很快乐地工作，他能辐射出一种健康的心态，散射到周围的人身上，使他们也变成更有效率的工作者。

2. 预见未来。对组织的发展与领导的需求必须具有一定的预见性，切实把握未来的发展方向。要想在战略上占据优势，就必须对环境具有深刻的洞察力。

3. 注重实践。工作必须雷厉风行，想好的事要立即付诸实践。不要过分地思前顾后，否则往往得不偿失。没有实际的行动，就不会有杰出的成就。行动就是黄金。

4. 追求卓越。对每一件事都要精益求精，力争做到百分之百好。要不断地完善自己,不断地发展企业,不断地更新观念,不断地提升部属。对"不是最好"的计划,甚至不要去读它。总之,要追求卓越。

5. 信守诺言。作为一个决策者,绝不能对任何人承诺你办不到的事情。同时,要言行一致,对自己所采取的每一个行动、所做出的每一个决定都负责到底。要以自己的实践带动下属,培养他们的责任感。将下属必须达到的目标清楚地告诉他们,同时引导他们客观评估自己的表现。

6. 调控员工。对新员工,要耐心地教给他们如何思考、如何工作的方法。在管理员工方面,最初比较强硬,继而稍微放松。初期的强硬控制可表现你的控制力,继而的稍微放松会使部属感激你。对员工应不分亲疏远近,以免挫伤其自尊心。

7. 鼓励批评。能接受批评,听取不同意见。大错往往由小错累积而成,千万马虎不得。要鼓励员工直言,鼓励他们对组织内部的不当做法直言不讳。如果员工在工作中出现了错误或过失,就要向本人明确指出。对所发生的任何问题,都应及时进行检讨、研究,并切实加以解决。

8. 避免独裁。不能把个人的利益摆在组织的利益之上,这一点尤为关键。

9. 分享荣誉。不炫耀自己,不贪功归己。要和你的同事分享荣誉,这是十分明智的做法。如果过分炫耀自己,其结果往往事与愿违。要心甘情愿地做那些所得报酬不多的事情,要晋升下属而非自己。

10. 加强沟通。要善于与下属沟通,因为不沟通往往会造成谣言和误解。

(二)"领头羊"的角色

只要管理方式正确、工作氛围良好,员工就会全力以赴地工作。优秀的办公室需要优秀的办公室主管。要在办公室内部培养和灌输一种清晰的目标,创造一种激动人心的工作氛围。

办公室主管必须与员工打成一片,决不能搞个人崇拜。这是因为,许多员工对组织内一手遮天的管理者非常反感。办公室主管首先必须关注并倾情于业务工作,必须投入从向上级汇报情况到传达领导指示和意图的工作任务中,必须不断开发下属及本人的能力。同时,办公室主管也必须着力培育和塑造良好的团队气氛,以提高组织的有效性。可以通过员工能力评估系统选拔出管理者的候选队伍,并有组织地进行培训与开发,对确认合格的人员大胆加以任命,使其在管理工作中得到足够的锻炼与培养。

在更多的时候,领导的作用还在于启发下属。在通常情况下,为了避免因考虑不周或技巧不够而造成一些缺憾,上级往往习惯于指示部属应该如何做。但如果指示太过详尽,就可能使部属养成不动脑筋的依赖心理。一个命令一个动作地机械工作,不但谈不上提升效率,更谈不上培养人才。在训练人才方面,最重要的是引导被训练者反复思考、亲自制定计划策略并付诸实行。只有独立自主,才能独当一面。对领导者而言,最重要的工作就是开发部属的自主能力,使每一个人都能独立作业,而不是成为唯命是从的傀儡。

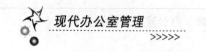

毫无疑问,埋头苦干应该是办公室主管良好的品质。但作为管理者,仅仅如此还远远不够。成功的管理者应当是一个"领头羊"的角色,他们的价值就是把一群人带动起来。

(三) 人格的魅力

榜样可以起到明显的激励作用,从而推动各项工作的开展。什么是榜样激励的核心问题呢?就是办公室主管要以身作则。事实证明,管理者的一举一动往往影响着员工的积极性,会给员工留下深刻的印象。在不少组织内,都开展评先进、树典型活动,为员工树立了榜样,使组织形成了一种积极向上的文化氛围。

关于人格魅力,以下几点也往往被认为是至关重要的:

1. 做遵守制度的典范是身教的重要内容。作为一个领导者,办公室主管决不能凌驾于制度之上。如果办公室主管能自觉地遵守制度,员工就不会轻易地违反制度。如果办公室主管自己不遵守制度,下级就会步步效法。

2. 口是心非是管理的大忌。作为领导者,言行一致、直言不讳更能得到员工的尊敬与信赖。很多时候,办公室主管言行不一会严重影响你的管理成效。如果一个人犯了错误,你却拐弯抹角地说些不着边际的话,甚至毫无原则地表扬他,就会使犯错误的人摸不着头脑。言行不一的人在任何场合都会受到鄙视,这个道理是不言而喻的。

3. 优秀的办公室主管应该尽量赞赏下属的才干与成就,要尽可能地把荣誉让给下级,把自己摆在后面,这样下级就会为你尽心竭力。如果自己的虚荣心太强,处处压抑下级,就必然引起下级的普遍反感。一个人只要工作就不可能不犯错误,关键在于能否承认错误和改正错误。如果办公室主管勇于承认错误,知错就改,那他就是非常了不起的人。事实上,敢于承认错误、改正错误的人一定会受到人们的尊敬。

(四) 信任的威力

信任可以产生一种力量,这个道理谁都知道。然而,在许多组织内,信任危机已经是一个非常普遍的问题。因此,反复强调信任的作用对办公室管理大有裨益。作为一个办公室主管,应该大胆地相信信任所产生的巨大威力。在一个组织内,如果员工时时受到怀疑、处处受到监视,那么,他们是根本不可能为组织尽心竭力的。

道格拉斯·麦格雷戈曾经说过:"一旦知道对方不会精心地或偶然地、有意识地或无意识地不公正利用我,我就可以完全放心地将我的处境、我的地位与我的尊严置于这个小组中,我就可以把我的关系、我的工作、我的职业、我的生活置于对方的手中。这就是良性循环的开始。"

研究人力资源管理的专家指出,假如你有什么事,要通过各级负责人,而不能越权布置工作。如果你叫某人负责某项工作,千万不要在与他商量之前就作出决定,或直接对他的下属下命令。如果你必须否定他的意见,你也要首先征求他的意见。不然,你就会使他有职无权,把本应属于他分内的工作完全落在自己肩上了。不要花太多的时间帮助下面的部门负责人办事,你这样做并不是在帮助他,反而会妨害和干预他们的工作。因此，不干涉下属的工作，让下属自己做，这是最好的方法。越权往往会使整个企业逐步涣散起来。

在这个问题上，有些人甚至主张领导者应当适当"懒惰"、"简单"些。他们所说的"懒惰"是指：领导者遇事不必事必躬亲，该谁干的事情就让谁去干，各司其职，给下属一定的自主权。领导太勤快，下属有依赖。他们所说的"简单"是指：领导者要注意发挥下属的积极性与创造性，在部署工作时只需要告诉他们做什么即可，给下属发挥创造才能的机会。

二、办公室主管的评估标准

（一）效率

对办公室主管工作进行评估首先就是考察他们如何在可供利用的资源条件下提供更多更好的服务。办公室主管的工作要追求效率，这是一把主要的衡量标尺。办公室主管不仅要准确快速地为领导提供各种信息和服务，还必须对自身所在的部门进行管理。承办事务时必须考虑到资源的利用效率，考虑到经济效益和社会效益，避免资源的浪费。

（二）效果

效果是衡量办公室主管提供服务的另一个重要标准。办公室主管带领整个办公室为全组织及领导服务，必须具有一定的工作成果。一方面准确传达领导的指示，提出本部门的要求，另一方面必须及时解决本部门的员工协调问题、汇报问题。

（三）公平

坚持公平这一标准对办公室主管无疑具有重要价值。办公室主管在工作中必须树立公平的信念，提供服务时讲求公平，其服务的对象是领导集体，而不是某个领导或是组织内某一部分员工。在管理下属是也必须秉承公平的原则，对下属一视同仁，处理问题对事不对人，一碗水端平。

（四）责任

办公室主管在获得上级领导直接或间接授权的同时，也就承担了相应的责任。在工作中要注意保守组织的机密，发挥办公室主管应有的参谋、助手、协调的作用。

第二节 工作处理的准则与该注意的陷阱

一、工作处理的准则

办公室工作直接服务于组织领导，服务于全体员工，工作千头万绪。如何提高办公室管理水平和服务质量，特别对办公室主管来说，要体现什么样的精神状态和精神面貌，遵循哪些工作处理准则呢？

（一）主动性

所谓主动就是不等外力推动的行动，主动性是上升到思想领域里的一种自觉的意识。在工作中有没有主动性那是大不一样的，有主动性的办公室主管就会根据职责任务自觉主动地开展工作、进行工作，完不成任务，做不好工作，就会吃不好、睡不着；没有主动性，办公室主管就没有职责和任务意识，就不会去自觉地、主动地开展工作，就会推一推动一动，把职责和任务放在一边，整天无所事事。缺乏主动性的原因一是职责意识差，自己是干什么的，职责是什么，基本不清楚，因而也就不能按照职责主动地开展工作；二是任务意识差。任务虽然明确，不能按照任务的要求主动地开展工作，不能积极地开展工作，当然不会百分之百地努力去做。

因此，我们这里强调办公室主管对于职责范围内的事情，任务目标已经明确了的事情，要积极主动地去做，自觉主动地去开展工作；不要被动地，或者说叫领导找到了，或者叫别的部门找到了，才不得不去做。这种作风绝不是办公室主管应有的作风。

（二）合作性

这里强调的是工作的合作性。有不少专家学者讲到21世纪对人才素质的基本要求，就是要有合作精神，这个观点非常正确。没有合作意识，就不会有合作精神；没有合作精神，就不会有成就。因为随着社会的发展，分工越来越细，互相依存性、依赖性越来越大。在当今社会，想一人包打天下是绝对不可能的。按照哲学的观点讲，任何事物都是相互依存、相互依赖、相互发展的。合作精神之所以重要，就是它体现了事物的相互依存性。当今社会合作出效率，合作能成事。因此在办公室主管的工作过程中，都要有自觉的合作精神，才能出成绩。办公室主管没有合作精神，便不能和下属一起同心协力完成工作任务。

合作精神对于办公室主管的实际工作具有很强的指导意义。目前，有些单位办公室主管就缺乏这种合作意识、合作精神。其他员工或部门有些事需要他配合合作的，他推三阻四，强调这强调那，不予合作，给人家造成工作的协调难度。反过来说，任何单位都不是独立存在的，办公室主管需要其他部门配合协作的时候，由于你先前不愿与他人合作，人家自然不会非常愉快地与你配合，这个时候如果采取领导协调，这是行政命令的方式，但是这就缺乏了工作配合合作的默契，也绝对影响工作，没有了效率。因此，办公室主管想问题、办事情要从整个管理系统出发，不要只考虑小范围的事情，不要把自己部门从整个系统中分割出去。这样我们的整个管理效能、效率就提高了。

（三）责任性

这里强调的是办公室主管的责任性。责任意识是一个办公室主管责任感的思想基础，责任感又是做好一切工作的基础。一个办公室主管工作的好坏，除了他的能力水平以外，关键是看他有没有责任感。有了责任感，他的工作就能干好；有了责任感，他的能力水平才能提高。责任感问题体现在时时处处，体现在每件工作或事情上，只要是责任意识树立牢固了，在思想上扎根了，责任感就会时时处处表现出来。

(四)创新性

是否具有改革和创新精神,事关组织的发展与壮大,办公室的发展也只有经过不断的改革和创新,才会更加美好。关于创新的重要意义,"十六大"报告中指出,创新是一个民族进步的灵魂,是一个国家兴旺发达的不竭动力,也是一个政党永葆生机活力的源泉。这句话讲得非常透彻,非常到位。以大比小,一个单位、一个部门也是一样。没有创新就没有生命力,没有创新就不会有发展,更不会有前途。资料表明,世界五百强企业,每隔三四十年就被淘汰一半,原因就是缺乏创新,缺乏自觉的创新。任何事物都在不断地发展和变化,我们的实践活动也要适应这个发展和变化的规律。只有这样,办公室主管才能有所作为、有所成就。任何的一成不变、墨守成规、因循守旧,都不会有所创新。改革创新并不神秘,只要把它放到工作和实践中去,就不难理解。所谓创新,就是比过去的东西有创造、有新意,并且是进步意义的,这就是创新。比如,过去一项工作效率低,经过改革,效率提高;过去的工作程序复杂,工作节奏缓慢,经过改革,简化了程序,工作节奏加快了;原来有些事情不方便管理,经过改革,现在便于管理了;原来有些员工有意见,经过调整现在没意见了,这都是改革,都是创新。改革创新的目的就是更加接近实践活动需要,说的直一点就是更加接近于组织员工对办公室的要求和企盼。

二、该注意的陷阱

一旦走上领导岗位,权力势能往往使得办公室主管不小心掉入自我满足的漩涡中,从而影响领导能力,最终对组织的目标产生负面影响。权力是柄双刃剑,运用得好对组织受用无穷;倘错误用权,则极易导引组织进入一个不和谐的状态运营。办公室主管作为管理者容易跌入的陷阱大致可归为如下几类。

(一)地位甚于结果

有时候,人们会很容易满足于现状,而不着眼于将来。做领导时间长了,往往会自然而然地产生出一些优越感来。面对属下一片歌舞升平,或是附随的阿谀奉承,作为管理者,应该保持清醒的头脑。要做到看淡名利,办公室主管在处理事情时,要考虑到面子或地位问题可能会是组织获益的削减变量。预料到可能会错,而碍于面子"偏向虎山行",往往是许多领导"不得已而为之"的做法。最终受损的,却是包括其自身利益在内的整个集体。

破解方法:求诸目标管理法,强化目标的重要性。要减少对事件本身后果的注意,而代之以客观实在的指标描述。身为办公室主管一定要明确自己的业务目标,一旦具体、准确的目标或任务能被清晰地理解与执行,主观或表面上的理由只会显得苍白与无力。这样身处高位的领导就不会寻觅理由来搪塞自己和别人。组织内就会被灌输进实干、客观的工作作风。不耻下问、平易近人的领导亲和力强,工作自然容易开展。

(二)关系网甚于责任感

在许多组织部门里,员工多为领导的"情谊之交"。这些员工是领导在组织内交往

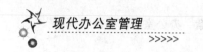

的首要渠道——"只有雇用自己喜欢与信任的人,组织的控制才不会失偏!"这种被恪守多年的管理哲学的确需要一次崭新的革命,只有雇用认真、负责的人,组织才会在既定轨道上航行。

破解方法:管理者必须认识到组织管理体制上的欠缺,不拘一格选人才。修订中的《公司法》拟引入独立董事,即是避免大股东或公司的实际控制者编织绵密的个人关系网,以掌控公司从而对组织整体(尤其是中小股东)有不利影响。自然辩证法告诉我们,只有敢于说"不",才会让缺陷的事物完美,让完美的事物更完美!引入专业人士,以职业标准来约束,才是明智的选择。不要急于发展自己的关系网络,要着眼于公司责任体系的构建,使管理者不要太依赖于超工作的友情。这对公司和个人来讲都是有益的。

(三)研究甚于决策

分析型的管理者每次作一个选择时,常常会说:"看看还有其他的调查结果没有。"在瞬息万变的市场竞争中,这样往往丧失了宝贵的决策机会而致追悔莫及。缜密细致的调查研究固不可少,但果断及时的决策更不可缺。

破解方法:管理者总是陷于观望、研究之中的最大原因,就是先期规划不周与时间观念不强。要使自己不犯这个错误,在制订周密计划的同时,一定要给定每一步明确的最后时间界限,并且将此传承至组织的中下层,以强迫自己在最后期限前作出决定。否则,优柔寡断,犹豫不决,只会拖了组织的后腿。

(四)求同甚于求异

人们多喜好平静、和平而排斥冲突,办公室主管也多如此。殊不知没有了"异己",缺少了适度的冲突,组织就将趋于平庸。有的组织在讨论议案时,规定如果一致通过则此议案被视为未获通过,原因就在于它的缺点没有被充分发掘出来。为避免日后的捉襟见肘,必须鼓励负面观点的提出,以最大限度地完善既有方案。有许多办公室主管不喜欢看到手下的人为某件事争执,其实没有恶意的争执对产生建设性的结果非常重要。适度冲突对组织的发展就犹如鲶鱼效应一样,能使组织保持一种活力,不断取得进步。

破解方法:现在要说哪个人思想不解放,谁都不会承认,但遇到排斥、冲突发生的时候,一些人就会犹豫、担心从而想办法压制、规避冲突。办公室主管要求得组织的精益求精,必须真正解放思想、求同存异,甚至求同寻异。全方位地论证,正、反面论点的交锋,在丰富参与人员思想的同时,肯定能带给组织更为稳健的作风与从容不迫的应对方略。

(五)掩饰甚于真实

有些办公室主管经常会认为,如果员工胜于自己,那自己就会失去拥戴。于是刻意的掩饰往往成为尴尬的遮羞布。其实,人无完人,要在每一方面都凌驾于员工之上,是绝无可能的。调查显示,最成功的领导之所以受人拥戴,原因就是人们曾看到过他最虚弱的时刻。真实与虚伪的较量,人们无疑会选择前者。

破解方法:办公室主管要展示真诚,即便是弱项,也不要羞于示人。要敢于参加不擅长的活动,在那些场合,办公室主管可能不再是专家或权威人士,但这丝毫不会减少下属的信任感。此外,办公室主管还要有意识地多参加一些自己不是主角的聚会或组织,这一方面会增进与各层次员工的沟通,另一方面也可以让下属全面地认识、了解和理解他们的上级。

第三节 职业优势保持的要点

美国著名管理大师迈克尔·波特曾说:"一个管理者的能力表现并不在于指挥别人,而是在指挥自己跳出最美的舞蹈。"意即新一代的管理者,除了指挥他人为组织缔造业绩,以及充实自身的专业技能外,还必须具备基本的六大领导能力,如此才能成为一名成功的管理者。办公室主管作为管理者,也应该具备这些能力以保持自己的职业优势。

一、沟通能力

为了了解部门员工互动的状况,倾听职员心声,一个办公室主管需要具备良好的沟通能力,其中又以"善于倾听"最为重要。唯有如此,才不至于让下属离心离德,或者不敢提出建设性的提议与需求,而办公室主管也可借由下属的认同感、理解程度及共鸣,得知自己的沟通技巧是否成功。

所谓的沟通(communication)即是指将自己的资讯、情感信息传达给他人,并且希望借此得到对方反应的一种言语行为。以下罗列的六大重点,就是办公室主管与下属沟通时,所必须注意的重要事项。

1. 当你有事情必须求助下属的帮助时,最好能明确告知下属你的用意,如你希望他如何进行,又为何会挑选他执行这项任务,以及其他相关的具体事项。若是抱着"既然是上级所指派的工作,下属无须知道太多,只要听命行事即可"的态度,那么,办公室主管作为负责协调的中间管理者就没有存在的必要性,而这往往也是最为笨拙的沟通方式。

2. 办公室主管与下属沟通时,最好避免抱持"高度主管立场"的自我意识;事成之后,不要忘了任务或工作的成功,也是源于下属辛苦的执行,故应当给予部属适当的奖赏与鼓励。

3. 身为中间管理职位者,除了要消化上级的命令外,也要以自己的方式将讯息传递给下属,让其明确得知。然而,包含动机因素的建设性谈话容易为一般人所忽略,所以,千万不要让自己成为上级发布命令然后将其再传达给下属的传声筒,也应避免人云亦云的说话方式。

4. 办公室主管与下属沟通时,不妨在进入谈话主题之前,先询问下属的意见,这样

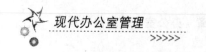

才能充分掌握下属对接下来的谈话内容所抱持的关心度、兴趣,以及理解的程度。

5. 遇到迫不得已的状况导致计划变更时,办公室主管必须对下属坦诚相告,让其明了情况,并且尽可能告知其下一步可能会采取的应变措施,以便让下属有时间做好准备。

6. 当发现下属在你下达命令时,脸上总是"按照你说的去做,不就得了"的不耐烦表情,或是让你感觉到他有一种"人在屋檐下,不得不低头"的受辱感时,你就必须开始反省自己平常的言论是否过于独断专行,是否因而忽略了下属的想法与感受,造成下属对你的不信任。此外,办公室主管若要在工作上有效地与下属沟通,也要有为下属设想的认知。换句话说,办公室主管应该试着以下属的角度,看待下达命令者所传达的讯息内容,并且试着易地而处,看看自己能否从下达命令者的声音、姿态、视线,得到理解、认同,以及共鸣。

二、协调能力

优秀的办公室主管必然具备高度的协调能力,他可以化解部属之间的争端、部门之间的矛盾,不会对组织内部的冲突视而不见,或是随着员工的情绪上下波动而情绪异常。面对冲突事件时,他会召集相关部属,直接理清冲突的原因,并且在冲突萌芽之际,就立即采取化解之道,甚至化阻力为助力。一般说来,当部属之间在利益、意见、态度和行为方式等方面产生了不协调与矛盾的状况时,冲突往往也会伴随而来。而这类人事冲突又会对日常的工作秩序造成不同程度的危害,对于组织发展目标的实现,更会产生难以预估的负面效应。不管是哪一类的冲突,总是由道德行为、个人价值观,以及情感上不能相容的矛盾点所形成,因为每个人的生长环境、脾气、个性不一,所以有差异或矛盾是理所当然的。但是,双方如果一直不能在矛盾点取得平衡,或是彼此始终不能相互谅解,那么日积月累的不满发展到一定的程度后,就会加速冲突的发生。社会学家认为,一个群体之中的矛盾,就像是一个正在充气的大气球,必然会越积越多,因此,必须在达到爆炸的极限前,先释放出一些气体,以避免冲突的表面化。由此看来,管理者适时缓解部属之间的矛盾情绪,也就显得格外重要。

当组织内部有人对关心的议题或相关人士,作出比较偏激的批评后,负面的评价紧接着就会被广泛流传;这种批评充满了情绪性的反应,而且传染得十分快速。这些情绪性的态度一旦外显,就会在组织内部引发对立,尤其是当部分人士的需求无法获得满足时,对立的情况将会迅速恶化,严重者甚至还会爆发大规模的冲突对峙。

一个办公室主管应该要能敏锐地觉察部属的情绪,并且建立疏通、宣泄的管道,切勿等到对立加深、矛盾扩大后,才急于着手处理与排解。此外,办公室主管对于情节严重的冲突,或者可能会扩大对立面的矛盾事件,更要果决地加以排解。即使在状况不明、是非不清的时候,也应即时采取降温、冷却的手段,并且在了解情况后,立刻以妥善、有效的策略化解冲突。只要把握消除矛盾的先发权和主动权,任何形式的对立都能迎刃而解。

值得注意的是,办公室主管在确定议题与行政策略之前,应当提请部门成员独立思考,以便集思广益,让决策更加符合实际条件。而在决策酝酿阶段,办公室主管应要求成员提供意见,并相互沟通想法,进而寻求各方意见的平衡点。

由于每个人思考的角度不同,所以免不了会有意见不合的状况发生,办公室主管在面对立场不同的意见时,在初始阶段就要进行协调,千万不要等决策定案后,才让员工提出反对意见。因为,此时事情的变动性、严重性和影响程度,往往会比决策初期要来得大,反弹的声浪也可能因此扩大,办公室主管若这时才发现问题而要着手化解,必然会事倍功半,徒增困扰。

三、规划与统整能力

办公室主管的规划能力,并非着眼于短期的策略规划,而是长期计划的制定。换言之,必须深谋远虑、有远见,不能目光如豆,只看得见现在而看不到未来,而且要适时让员工了解组织的远景,才不会让员工迷失方向。特别是进行决策规划时,更要能妥善运用统整能力,有效地利用部属的智慧与既有的资源,避免人力浪费。

然而,无论什么策略规划,或是制定何种方法提高员工的工作效率,最重要的仍是——办公室主管必须有担当,具有责任感。约翰·米勒所著的《QBQ——问题背后的问题》一书中,就曾提及这个概念。米勒在书中提到,有一次,他到加油站附设的便利商店买咖啡,可是咖啡壶是空的,于是他跑去和柜台的小姐说:"对不起,咖啡壶空了。"柜台小姐一听,只是站在原地,用手指着不远处的同事说:"咖啡归她的部门管。"米勒对她的回应感到惊讶,他心想:"部门?在这个和我家客厅同样大小的小商店内,还分什么部门?"

事实上,许多组织都有这种状况,只要工作一旦出了问题,各部门常会相互推卸责任,没有人肯承担错误。米勒认为,多思考一些有担当的问题才能改善组织、改进生活,每个人都要以"该如何"来发问,而不是以"为什么"、"什么时候"、"是谁"作为主题来提出问题。而且,在叙述事情时,要尽可能包含"我"字在内,而不是一味地说"他们"、"我们"、"你"或"你们"。最重要的是,要把焦点放在具体的行动上,而不是找理由解释无法行动的原因。

对于办公室主管来说,规划与统整能力的具体实践就是"行动",行动的结果就是解决,不行动只能维持现状,并让事情发展停滞或倒退。因此,尽管行动有可能会带来错误,但也会同时带来学习和成长,所以管理者除了要培养规划与统整能力外,更要具备高度的行动力。

四、决策与执行能力

在民主时代,虽然有许多事情以集体决策为宜,但是办公室主管仍经常须独立决

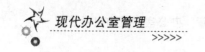

策,包括分派工作、人力协调、化解员工纷争等,这都往往考验着办公室主管的决断能力。

常言道:"无不可用之兵,只有不可用之将。"一个办公室主管若无法妥善分配资源,或者无法制定正确的决策,即使拥有再优秀的团队也无用。因此,办公室主管在制定决策的过程中,要善于采纳建言,以及适时征询部属意见,就算部属对决策没有异议,管理者也不应就此以为自己的计划完美无误,或是受到了众人的认可。因为部属多半会碍于办公室主管的职场优势,而选择不当面提出批评,所以办公室主管应鼓励部属发表不同意见。

至于如何鼓励下属发言?办公室主管可以多用疑问句,少用肯定句,不要让部属感到有压迫感,与此同时,也可主动提出自己对决策的疑虑,引导部属提出见解。当办公室主管广纳部属的意见后,就能修正自己拟定的方案,制定出更完善的决策。另外值得注意的是,当办公室主管要采用某位部属的意见时,也要顾及意见未被采用者的感受。办公室主管要肯定其他部属的辛苦付出,再以委婉的语气说明意见不能被采用的原因,并且尽量不要让部属们产生"胜利者和失败者"的感受,否则他们彼此之间将会产生隔阂或心结,进而划分为两派不同的小团体。

此外,语言是人类沟通的工具,但是在沟通过程中,经常会发生很多谬误的情况。这是因为每个人对语言的解读程度、表达能力不同,所以同样的一段话,说的人可能自觉十分清楚,但是有些听的人却会觉得无法理解。有鉴于此,管理者在确定决策方案,预备下达执行指示时,要注意"6W、3H、1R"此十项原则,这样才能让部属准确地执行决策。

这十项原则即是:

(1) What:何事?先传达清楚要交派属下做什么事。(2) When:何时?即限定事情要在什么期限内完成?(3) Who:何人?意即针对何人发布,执行命令。(4) Where:何地?该在何地实施计划?(5) Why:为什么?即制定计划的理由、目的为何?(6) Which:何者?即策略的施行先后次序为何?(7) How:如何做?指实施的方法与手段。(8) How many:多少数目?指掌握资源的数量有多少?(9) How much:多少数量?指执行此事的"力道"、"力度"要有多强?(10) Result:意即管理者要设定应达成的预期目标。

以上这十项是确认重点,但并非要每项工作全盘照做一遍,重点是要把它们牢记在心,视情况随机应变,不要让自己遗漏任何环节。在按照上列方法确认并且下达指示之后,办公室主管接下来的工作,就是掌握全员的执行成效与进度了。

五、培训能力

办公室主管必然渴望拥有一个实力坚强的工作团队,因此,培养优秀人才,也就成为办公室主管的重要任务。

聪明的办公室主管会尽量往下授权，让员工参与可行的计划，并让员工代表公司对外洽谈，这些都是可以培养员工自信心、决断力的好方法。事实上，培育下属的方法有很多种，像有计划性与持续性的培育、通过业务发展来培植人才等。其中，最基本的培训方法，则是以下所列的四种。

（一）以教育为主的指导培育法

这是最基本、最直接的培育法，举凡下属不知道的知识、技能、工作方法，或是其他相关的学习内容，办公室主管以教导、说明、建议、交谈等方式，直接给予下属指导与传授。

（二）以见习为主的指导培育法

这是指让部属借由观察上级的处事风格、态度、行动、行为而学习的方法。办公室主管若采用此法，就会成为下属见贤思齐的范本，假若办公室主管能制造一个让下属可以模仿、关心、思考的典范和环境来培育下属，这也是一个有效的指导方法。

（三）以体验为主的指导培育法

让下属实际参与工作的进行，分担部分工作责任给下属，释出一些工作许可权让下属发挥，要求下属写工作报告，或者促使下属多发表言论等做法，都是办公室主管借由让部属亲身体验，快速达到自我成长目标的指导培育方法。

（四）以动机为主的指导培育法

成长的原动力来自自我学习，故与其让部属被动地接受外界的教导，不如办公室主管有时给予下属主动学习的动机。而办公室主管要做的事情，就是从旁给予激励、赞美、安慰，解答下属的疑问，充当下属的咨询对象，或者将较难解决的工作交由下属处理，借以激发下属的潜能。

六、统驭能力

有句话是这样说的："一个领袖不会去建立一个企业，但是他会建立一个组织来建立企业。"根据这种说法，当一个管理者的先决条件，就是要有能力建立团队，才能进一步建构企业。但无论管理者的角色再怎么复杂多变，赢得员工的信任都是首要的条件。

优秀的办公室主管懂得信任部属，并真心关怀部属，也知道感恩，不会一心只想控制、支配员工，而是时时激励大家的工作干劲，以顺利完成工作目标。简单地说，没有人希望自己的上级是斤斤计较、冷血无情的人，他必须关心组织的营运，甚至敏感地注意员工的心情。

成功的办公室主管是一个为了帮助他人而工作的人，他会让员工体会到工作是一种乐趣，并对工作充满期待，如果办公室主管只想荣耀自身，他就不是好的管理者。让部属心甘情愿地顺服，而非阳奉阴违的屈从，固然一向是办公室主管的重要课题，但是要怎么做才能让人愿意为你做事呢？其实只要掌握人际互动所需注意的五个关键，便能轻松达成！

(一) Courtesy(礼仪、招呼)

不管世界怎样改变,唯一不会改变的是人际关系。我们要以敞开彼此的心胸为出发点,不但要先打开自己的心房,积极拓展人际关系,并且也要让他人敞开自己尘封的心。

(二) Contact(接触、交际)

人际关系的基础来自沟通桥梁的打造。成功的管理者除了要努力与下属拉近距离外,更要积极制造沟通的机会,以及创建沟通的渠道。

(三) Conference(交谈、商谈)

人际关系好比一座双向往来的桥梁,不能只有单向的通行,应该是双方互通有无的来往。所以,管理者要采取积极的态度与部属交谈,并且尽可能做到双向沟通。

(四) Confedence(相互信赖)

为了不在人际关系的桥梁上发生"交通事故",双方都应该为建立良好、安全的桥梁而努力,并且尽力将沟通的范围扩大。

(五) Cooperation(协助)

一个安全、完善的沟通渠道,要靠双方的努力才有可能实现。因此,沟通渠道功能的补强,也是不容忽视的重点。

泰国曼谷东方饭店曾先后四次被美国《国际投资者》杂志评为"世界最佳饭店"。饭店管理的巨大成功与总经理库特·瓦赫特法伊特尔密不可分。库特先生像管理一个大家庭那样来经营东方饭店,其管理饭店的秘诀就是"大家办饭店"。库特先生除了有一套行之有效的管理措施之外,他的人格魅力也使他在管理这个世界著名饭店时得心应手。他虽然当了数十年的总经理,是主宰饭店一切的最高负责人,但却从不摆架子,对一般员工也是和蔼可亲。哪个员工有了困难或疑问,都可以直接找他面谈。他在泰国很有声望,曾被泰国秘书联合会数度评为"本年度最佳经理"。为了联络员工的感情,使大家为饭店效力,库特先生经常为员工及其家属举办各种活动,如生日舞会、运动会、佛教仪式等。这些活动无形中缩小了部门之间、上下级之间的距离,对于提高员工的积极性、融洽相互之间的关系、改进饭店的工作起到了推动作用。在东方饭店,从看门人到出纳员,全体员工都有一个办好饭店的荣誉感。员工们除了有较丰厚的工资外,还享有许多福利待遇,如免费就餐、年终"红包"、紧急贷款、医疗费用、年终休假、职业保险等。这些对于员工来说无疑是一种促使他们积极为饭店效力的极其重要的措施。

身教重于言教。日本本田技研工业总公司的创始人本田宗一郎每当遇到棘手的事情时,总是自己率先去干。因此,公司里的年轻人非常佩服他的这种身先士卒的垂范作风。1950年的一天,为了谈一宗出口生意,本田宗一郎和同事藤泽武夫在滨松一家日本餐馆里招待一位外国商人。外国商人上厕所时,不小心掉了假牙。本田宗一郎二话没说,就跑到厕所,脱光衣服,跳下粪池,用木棒小心翼翼地慢慢打捞,终于找到了假牙。然后,他又反复冲洗干净,并作了严格的消毒处理。回到宴席上,本田宗一郎自己先试了试,高兴得手舞足蹈。这件事让那位外国人很受感动,生意自然获得了圆满的成功。藤泽武夫目睹了这一切,感慨不已,认为自己可以一辈子和本田宗一郎合作下去。

把信任具体化就是做真正该做的事情。美国 GE 公司总裁韦尔奇认为,企业领导必须"忙碌"一些有意义的工作。韦尔奇说:"有人告诉我,他一周工作 90 小时以上。我对他说:'你完全错了!请写下 20 件每周让你忙碌 90 小时的工作,进行仔细的审视。你将会发现,其中至少有 10 项工作是没有意义或可以请人代劳的。'开诚布公地说,我就特别反感形式主义。有的企业领导赞美'勤奋'而漠视'效率',追求'数量'而不问'收益'。'勤奋'对于成功是必要的,但它只有在'做正确的事'与'必须亲自操作'时才有正面意义。我们不妨在'勤奋'之前先问问自己:这件事是必须要做的吗?是必须由我来做的吗?"韦尔奇认为,企业的领导应当抽出一定的时间与精力去寻找合适的经理人员并激发他们的工作动机。他强调,有想法的人就是英雄。他的主要工作就是去发掘出一些"很棒的想法",然后"完善它们",并且"以光速将它们扩展到企业的每个角落"。他坚信,自己的工作就是:一手拿着水罐,一手拿着化学肥料,让所有的事情都变得枝繁叶茂。

案例分析

1. 中国古代有个叫丙吉的宰相看到有人打架斗殴出了人命却不管,而去关心一头躺在地上生病的牛。有人不理解。丙吉说:地方上出了人命,那是地方官的事,有地方官管的事,我不能越权去管。而现在天气并没热,牛却有了不正常的反应,我担心今年会有大的瘟疫流行,这才是宰相应该管的事情啊。

2. 几年前,辛西娅·戴娜尔被任命为惠普公司医疗产品集团的副总裁兼总经理,升职后,戴改变了领导的风格,她认为对于一个领导几千名员工的管理者而言,指明方向与授权能力建设比建立团队与辅导员工的能力更重要,而以前,她与部门的多名员工打成一片,她能叫出很多员工的名字,并亲自参与从产品开发到销售/广告全过程的每一个决策,不管是产品定价,还是他人的父母进养老院,我都想尽力帮他们的忙。

案例思考题

以上这两个案例说明了什么?

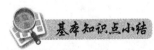

1. 办公室主管,是指党政机关、社会团体和企事业单位内设立的办理行政性事务

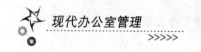

的办事机构的总负责人,是设在领导身边,直接为领导服务的综合部门的行政首长。虽然办公室主管作为办公室的一员,和办公室其他职员一样服务于组织和领导,但在办公室内部,办公室主管是作为管理者而存在的。

2. 首先,任何一个机构都服务于某一宗旨,就办公室而言,就是追求围绕领导展开工作。办公室主管的使命就是组织人、财、物使之协调发挥作用,并最终实现目标。办公室主管的第二项任务就是管理办公室员工,使员工能充分发挥自己的潜能,完成任务。通过激励、参与、满足等手段,使得员工热爱本职工作,并在工作中有所成就。第三项任务是对员工生活品质的关切和对人类的自然生存环境的关注,营造宽松的人文环境,提高生活品质,努力改善和保护自然环境。

3. 对办公室主管的要求有:"领导者"的十个标准,"领头羊"的角色,人格的魅力,信任的威力。

4. 办公室主管工作处理应遵循的准则有:主动性原则,合作性原则,责任性原则,创新性原则。

5. 办公室主管作为管理者容易跌入的陷阱大致有如下几类:地位甚于结果,关系网甚于责任感,研究甚于决策,求同甚于求异,掩饰甚于真实。

6. 办公室主管除了指挥他人为组织缔造业绩,以及充实自身的专业技能外,还必须具备基本的六大领导能力,如此才能成为一名成功的管理者。

1. 办公室主管怎样才能保持职业优势?
2. 办公室主管如何应对各种管理陷阱?

第四章

办公室人员职业生涯规划

本章提要

职业生涯对于个人来说意义重大,个人职业的成功需要每个人认真地做规划。办公室人员职业生涯规划是指办公室人员根据自身的主观因素和对客观环境的分析,确立自己的职业发展目标,选择实现这一目标的职业,以及制定相应的工作、培训和教育计划,并按照一定的时间安排,采取必要的行动实施职业生涯目标的过程。办公室组织职业生涯管理是一种专门化的管理,即从组织角度对员工从事的职业和职业发展过程所进行的一系列计划、组织、领导和控制活动,以实现组织目标和个人发展的有效结合。组织职业生涯管理涵盖自招聘新员工进入组织开始,直至员工流向其他组织或退休而离开组织的全过程,它同时涉及职业活动的各个方面。从组织角度看,对员工的管理体系能否保证使员工在合适的时间改变其在组织中的相对地位,将对组织的生产效率和效益产生非常重要的影响。

对于办公室人员来说,职业生涯是其一生的工作经历与体验,为了更好地发挥自己的潜能,成为优秀的办公室管理人才,对自己的职业生涯进行认真的规划是一项重要的任务。从管理学的意义看,职业生涯规划在个人的职业决策过程中必不可少,它对于个人人生目标的最终实现具有极其重要的指导性作用。

第一节 职业生涯概述

一、职业和职业生涯

在介绍职业生涯之前,先要对"职业"这个词有一个初步的认识。所谓职业,是指人们所从事的相对稳定的、有收入的、专门类别的工作。它是对人们生活方式、经济状况、文化水平、行为模式、思想情操的综合性反映,是一个人具有的权利、义务和职责,也是其社会地位的一般性表征。

职业生涯（Occupation Career），又称为职业规划或职业发展（Career Planning Development），它诞生于20世纪60年代初，90年代中期从欧美传入中国。职业生涯是指一个人一生的工作经历与体验，特别是职业、职位的变迁及工作理想的实现过程。职业生涯的含义有广义和狭义之分——狭义的职业生涯限定于直接从事职业工作的这段生命时光，上限起始于任职前的职业学习和培训。广义的职业生涯是从职业能力的获得、职业兴趣的培养、选择职业、就职直至最后完全退出职业劳动这样一个完整的职业发展过程，其上限从0岁开始。

概括起来看，职业生涯的基本含义包括以下方面：

1. 职业生涯是个人行为经历，而不是群体或组织的行为经历；
2. 职业生涯的实质是指一个人一生之中的工作任职经历或历程；
3. 职业生涯是时间概念，意指职业生涯期，不同的人实际的职业生涯有较大差异；
4. 职业生涯具有发展和动态的特点，职业生涯不仅表示职业工作时间的长短，而且表示职业发展、变更的经历和过程，包括从事何种职业工作，职业发展的阶段，由一种职业向另一种职业的转换等具体内容。

职业生涯对于个人来说意义重大，正如本·富兰克林所言："一个人，拥有一份工作就拥有一份资产，但只有那些做他们最擅长事情的人，才能赢得财富和荣誉。"拥有一份有成就感和自我实现感的职业是生活幸福、个人成功发展的重要基础。个人职业的成功需要每个人认真地做规划。

二、职业生涯规划

职业生涯规划是指个人发展与企业发展相结合，对决定员工职业生涯的主客观因素进行分析、总结和预测，并通过设计、规划、执行、评估和反馈使每位员工的职业生涯目标与企业发展的战略目标相一致。职业生涯规划有员工个人职业生涯规划和组织职业生涯规划之分，两者互相呼应，共求发展。因此，通过职业生涯规划可以把员工个人利益和组织利益有机地结合起来，使双方最终达到双赢的结果。

个人职业生涯规划，是员工个人筹划其工作的过程，或者说是个人设计自己的职业生涯，策划如何度过职业工作生命周期的过程。它和个体所处的家庭、组织及社会有着密切的关系。通过职业规划，个体可以了解自己的能力和兴趣，考虑可选择的职业机会，确立职业目标，筹划实际的职业发展活动。个人职业生涯规划的主要活动包括：评价自我、选择职业机会、确立职业目标、策划实施目标的具体行动或者自我职业发展的具体活动等。

组织职业生涯规划一改过去仅仅依靠员工独自设计职业生涯的方式，主要包括两方面的内容：一方面，由企业考虑现有的企业战略、人力资源存量、执行企业战略所需人力资源的技能结构、人员组合等，将企业内部的岗位资源调动起来，并作为员工职业发展和规划的参考；另一方面，企业引入科学的人才评价技术与工具，帮助员工理性地认识和评价自己。在企业内部设立职业发展通道，促进员工自身职业技能的提升。

三、霍兰德人业互择理论

霍兰德是美国霍普金斯大学心理学教授,他长期从事职业咨询工作,通过对自己与他人职业生涯的深入研究,于1959年首次提出了具有广泛社会影响的人业互择理论。他认为,根据职业本身的内容及其对劳动者的要求,可以将职业划分为相应的六种类型。类型相同的劳动者与职业会互相吸引,某一类型的劳动者只有从事类型相同的职业,才能发挥所长,更有可能取得成功。

霍兰德的人业互择理论可以用表4-1来表示。

表4-1 霍兰德职业类型表

类 型	个性特点	职业范围
常规型——偏好规范、有序、清楚明确的活动	服从、高效、实际、缺乏想象力、缺乏灵活性	会计、业务经理、银行出纳、档案管理员
艺术型——偏好需要创造性表达的模糊且无规则可循的活动	富于想象力、无序、杂乱、理想、情绪化、不实际	画家、音乐家、作家、室内装饰家
实际型——偏好需要技能、力量和协调性的体力活动	害羞、真诚、持久、稳定、顺从、实际	机械师、装配线工人
社会型——偏好能够帮助和提升别人的活动	友好、合作、理解	社会工作者、教师、临床心理学家
企业型——偏好能够影响他人和获得权利的活动	自信、进取、精力充沛、盛气凌人	法官、房地产经纪人、公共关系专家、小企业主
研究型——偏好需要思考、组织和理解的活动	分析、创造、好奇、独立	生物学家、经济学家、数学家、新闻记者

霍兰德的职业选择理论,其实质在于使劳动者与其所从事的职业互相适应。同一类型的劳动者与职业相互结合,便是达到适应状态。劳动者类型与职业类型的相关系数越大,两者的适应程度越高;两者的相关系数越小,相互适应的程度就越低。为了直观地说明这个观点,霍兰德设计了一个平面六角形,如图4-1所示。

在图4-1中,六边形的六个角分别代表霍兰德所提出的六种类型。六种类型之间具有一定的内在联系,它们按照彼此间相似程度定位,相邻

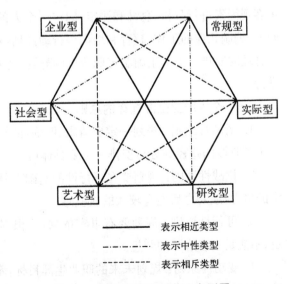

图4-1 霍兰德职业选择六角形图

两个类型在各种特征上最相近,相关程度最高。距离越远,两种类型之间的差异越大,相关程度越低。总之,个性类型与职业类型的相关程度越高,个体的职业适应性越好;相关程度越低,个体的职业适应性越差。六角形模型有助于人们更好地理解和进行职业选择。

第二节 办公室个人职业生涯规划

一、办公室个人职业生涯规划的内涵和意义

办公室个人职业生涯规划是指办公室人员根据自身对其主观因素和客观环境的分析,确立自己的职业发展目标,选择实现这一目标的职业,以及制定相应的工作、培训和教育计划,并按照一定的时间安排,采取必要的行动实施职业生涯目标的过程。

职业生涯规划在个人的职业决策过程中必不可少,它有助于个人发现自己的人生目标,平衡家庭与朋友、工作与个人爱好之间的需求。另外,职业生涯规划能使一个人作出更好的职业选择:接受还是拒绝某项工作、有无跳槽的必要、是否应该寻找更具挑战性的工作以及何时辞掉压力过大的工作,等等。更为重要的是,职业生涯规划有助于办公室人员在职业变动的过程中,面对已经变化的个人需求及工作需求,进行恰当的调整,以适应办公室工作的需要。

二、办公室个人职业生涯规划的原则和步骤

职业生涯规划要使一个人走向成功之路,就必须在规划职业生涯时充分考虑到个人的特性和企业的发展需要,使个人发展与组织发展结合起来,对影响职业生涯的各种主客观因素进行分析、总结和测定,确定一个人的人生发展目标,选择实现这一目标的职业,编制相应的工作、教育和培训等行动计划,对每一步骤的实施时间、顺序和方向作出合理的安排。为了正确制定职业生涯规划,还必须遵循一定的原则,按照规范的步骤进行。

(一)个人职业生涯选择的原则

1. 清晰性原则:规划一定要清晰、明确,能够把它转化成为一个可以实行的行动,人生各阶段的路径划分与安排一定要具体可行。

2. 挑战性原则:规划要在可行性的基础上具有一定的挑战性,完成规划要付出一定的努力,成功之后能有较大的成就感。

3. 可行性原则:规划要有事实依据,要根据个人特点、组织和社会发展需要来制定,不能是不着边际的梦想。

4. 变动性原则:规划未来的职业生涯目标,牵涉到多种可变因素,因此规划应有弹性,以增加其适应性。

5. 长期性原则：规划一定要从长远考虑，只有这样才能给人生设定一个大方向，使你集中力量紧紧围绕这个方向作出努力，最终取得成功。

6. 一致性原则：规划是职业生涯发展的整个历程，因此主要目标与分目标要一致，目标与措施要一致，个人目标与组织发展目标要一致。

7. 激励性原则：职业生涯目标要与自己的性格、兴趣和特长相符合，从而能对自己产生内在的激励作用。

8. 可评量原则：规划的设计应有明确的时间限制或标准，以便评量、检查，使自己随时掌握执行的状况，并为规划的修正提供参考依据。

(二) 职业生涯规划的步骤

职业生涯规划的实施一般要通过8个步骤来完成。(见图4-2)

1. 确定志向。志向即一个人为之奋斗的最终目标，是事业成功的基本前提。没有志向，事业的成功就无从谈起。俗话说："志不立，天下无可成之事。"立志是人生的起跑点，反映着一个人的理想、胸怀、情趣和价值观，对一个人的成就大小有决定性的影响。所以，在设计职业生涯时，首先要确立志向，这是设计职业生涯的关键，也是设计职业生涯中最为重要的一步。

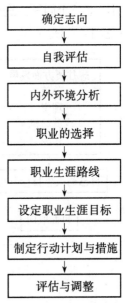

图4-2 职业生涯规划流程图

2. 自我评估。自我评估是对自己的各方面进行分析以达到全面认识自己、了解自己的目的，自我评估包括对人生观、价值观、受教育水平、兴趣、特长、性格、技能、智商、情商、思维方式、思维方法等进行分析评价，因为，只有认识了解自己，才能选定适合自己发展的职业生涯路线，才能对自己的职业发展作出最佳抉择，提升事业成功的概率。

3. 内外环境分析。了解自己又必须与分析环境相结合，因为在漫长的人生进程中，身边其他人、所处的组织环境、社会环境、经济环境将直接影响个人职业的发展，因此，在设计个人职业生涯时，应分析环境发展的变化情况、环境条件的特点、自己与环境的关系、环境对自己有利与不利的因素等。只有把自身因素和社会条件作最大限度的契合，才能做到在复杂的环境中趋利避害，使职业生涯设计更具有实际意义。

4. 职业的选择。职业的选择是事业发展的起点，职业选择是否正确直接关系到事业的成功与失败。个人进行职业选择时存在诸多需要考虑的因素，包括性格与职业的匹配，兴趣与职业的匹配，特长与职业的匹配，内外环境与职业的相适应等。尤其是对于刚步入社会初选职业的年轻人，认清自我、分析环境、了解职业，使自己的性格、兴趣、特长与职业相吻合显得尤为重要。

5. 职业生涯路线。职业生涯路线是指当一个人选定职业后，是向专业技术方向发展,还是向行政管理方向发展。发展方向不同,各自要求也不同,因此,在设计职业生涯时,必须作出抉择,以便为自己的学习、工作以及各种行动措施指明方向,使职业沿着预定的路径即预先设计的职业生涯发展。

通常在作职业生涯路线选择时需要考虑三个问题:我想往哪方面发展?我能往哪方面发展?我可以往哪方面发展?

对以上三个问题要进行综合分析,才能确定自己的最佳职业生涯路线。其分析图如下(见图4-3):

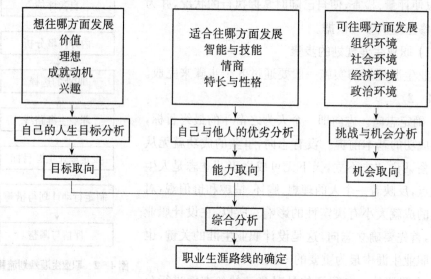

图4-3 职业生涯路线图

6. 设定职业生涯目标。职业目标的设定是职业生涯规划的核心。一个人事业的成败,很大程度上取决于有无正确适当的目标。一个人确立什么样的事业目标,要根据主客观条件加以设计,每个人条件不同,目标也不可能完全相同,但确定目标应遵循的规则却是相同的,即目标要符合社会与组织的需求,符合自身的特点,目标高低的幅度恰到好处,目标正当、明确、具体并留有余地等。应该说一个未来的成功者,必定是一个目标意识很强的人。

7. 制定行动计划与措施。行动是所有生涯设计中最艰难的一个步骤,无论多么美好的理想和想法,最终都必须落实到行动上才有意义,因此在确定了职业生涯目标和职业生涯路线后,就要落实实现目标的具体措施,包括工作、训练、教育、轮岗等。这些计划要特别具体,以便定时检查。

8. 评估与调整。影响职业生涯设计的因素很多,其中环境变化是最为重要的一个因素。有的变化是可以预测的,而有的变化却难以预测。在这样的状况下,要使职业生涯设计行之有效,就必须不断地对职业生涯设计进行评估与调整。调整的内容侧重于职业的重新选择、职业生涯路线的选择、人生目标的修正以及实施措施与计划的变更等。总之,成功规划职业生涯时需要时时审视内外环境的变化,并且调整自己的前进步伐。在进行职业生涯规划时应该把握几个"黄金准则":择己所好、择己所长、择己所需、择己所利。

第三节 办公室组织职业生涯管理

一、组织职业生涯管理的内涵和意义

组织职业生涯管理是一种专门化的管理,即从组织角度对员工从事的职业和职业发展过程所进行的一系列计划、组织、领导和控制活动,以实现组织目标和个人发展的有效结合。组织职业生涯管理涵盖自招聘新员工进入组织开始,直至员工流向其他组织或退休而离开组织的全过程,它同时涉及职业活动的各个方面。从组织角度看,对员工的管理体系能否保证使员工在合适的时间改变其在组织中的相对地位,将对组织的生产效率和效益产生非常重要的影响。

二、组织职业生涯管理的方法

与组织的其他制度不同,职业生涯管理的目的既要满足组织发展的需要,也要满足个体发展的需要,通过着眼于帮助员工实现职业生涯计划来达成组织发展的目的。因此,要实行有效的组织职业生涯管理,应该找出不同职业生涯期的管理重点。

(一) 职业生涯早期阶段的组织管理

职业生涯早期阶段是指个人由学校进入组织并在组织内逐步"组织化",为组织所接纳的过程。所谓个人组织化是指应聘者接受雇佣并进入组织后,由一个自由人向组织转化所经历的一个不断发展的进程,它包括向所有雇员灌输组织及其部门所期望的主要态度、规范、价值观和行为模式。在这一阶段,组织的职业生涯管理主要体现为以下几点。

1. 对新员工进行上岗引导和岗位配置。新员工上岗引导是指给新员工提供有关企业的基本背景,包括历史与现状,宗旨、任务和目标,有关的制度、政策和规定,工作职责和劳动纪律,组织文化等。这些信息对员工做好本职工作都是必需的,也是引导员工熟悉环境,减少焦虑感,增加归属感和认同感所不可缺少的。

2. 提供一个富有挑战性的最初工作。大多数专家都认为,企业能够做的最重要的事情之一就是争取做到为新雇员提供的第一份工作是富有挑战性的。研究者们发现,新雇员在企业的第一年中所承担的工作越富有挑战性,他们的工作也就显得越有效率,越成功,即使是到了五六年之后,这种情况依然存在。提供富有挑战性的起步性工作是"帮助新雇员取得职业发展的最有力然而却并不复杂的途径之一"。

3. 对新员工严格要求,并开展职业生涯规划活动。在新员工与其上级之间往往存

在一种"皮格马利翁效应"。也就是说,上级的期望越高,对自己的新员工越信任,越支持,那么你的新员工就干得越好。因此,在新员工开始探索性工作的第一年中,应当为他找到一位受过特殊训练、具有较高工作绩效并且能够通过建立较高工作标准而对自己的新员工提供必要支持的主管人员。因为这样的主管人员会向新员工灌输这样一种思想,即组织期望他们能够达到良好的工作绩效,并且这种绩效会得到组织回报,此外,同样重要的是,这些主管人员会随时做好通过指导和咨询对他们给予帮助的准备。

组织还应当采取步骤,加强新员工对他们自己的职业生涯规划和开发活动的参与。组织可以通过开展一些活动使员工学到职业生涯规划的基本知识,并有机会参与各种以明确自己的职业目标为目的的活动以及形成较为现实的职业目标等。重点是协助员工在个人目标与组织内实际存在机会之间,达到更好的结合。

(二) 职业生涯中期阶段的组织管理

职业生涯中期是一个时间周期长、富于变化,既有可能获得职业生涯成功,又有可能出现职业生涯危机的一个很宽阔的职业生涯阶段。因此,组织要实现自身的发展目标,就必须强化其职业管理任务,充分发挥员工的潜能,丰富员工的工作内容,帮助员工进行继续教育和不断成长,克服职业生涯中期所发生的职业问题。组织对职业生涯中期阶段管理的常见措施有以下几项。

1. 提拔晋升,畅通职业生涯管理通道。这一措施主要适用于有培养前途、有作为、能获得晋升的员工。晋升主要有三种途径:行政职务的提拔晋升;转变职业,由操作工提拔为管理者;技术职务的提拔晋升。

2. 安排一定范围内的工作轮换。美国学者的研究发现,员工的工作满足源会随着一个人从事一项给定工作的实际时间的长度,发生系统的变化。在员工从事某项职业的最初几年,该职业会对员工产生很大的吸引力、刺激力,员工对工作的任何变化与改进,都会感到兴奋,也会不遗余力地作出自己的贡献。然而,当个人工作资历达到5年以上的长久时间,他对工作再设计便可能失去反应,对工作本身产生了"疲顿倾向",出现失去进取心和创新精神的潜在危险。这时其工作满足源转向了工作的外因素,如监督的性质、工作场所的人际关系、作业环境与条件、报酬和福利、退休方案及其待遇等。因此,从组织角度,一个重要的预防措施就是制定出明确的职位轮换计划。所谓工作轮换,是指把一个人安排到另一个工作岗位上,其所承担的义务、责任、职位和报酬都与前一个工作差不多。但工作轮换可以使员工学到新知识。

3. 提供适宜职业生涯的发展机会。现实中,对于处于职业中期且年龄较大的员工,由于其进取心和工作参与感的降低,组织应当安排其承担适当角色并提供相应的发展机会,以获得最佳组织效益。如让年长的员工充任良师的角色,让中年期的员工担当临时性组织者角色等,这样做能调动员工的积极性,保持员工的工作参与欲,充分利用员工之所长,为组织服务,达到促进组织发展的目的。

(三) 职业生涯后期阶段的组织管理

职业生涯后期，员工已进入职业生命的最后阶段，这一阶段约 10 年时间，此时员工的人生需求变化很大，而职业生命尚有工作的潜能和余热，如何帮助员工顺利度过这段时间，是组织义不容辞的责任。

到职业后期阶段，员工的退休问题必然提上议事日程。大量的事实表明，退休很可能对员工、对企业的工作产生影响。为了减少和避免这种可能的影响，对员工退休事宜加以细致周到的计划和管理是十分必要的。

1. 开展退休咨询，着手退休行动。退休咨询就是向即将和已经退休的人提供财务、住户、搬迁、家庭和法律等方面的咨询和帮助。

组织开展的递减工作量、试退休等适应退休生活的退休行动，对员工适应退休生活也很有帮助。递减工作量是对即将退休的员工逐渐减少其工作量。试退休是安排即将达到退休年龄的员工离开工作一段时间去体验退休的感受，然后决定是继续工作一段时间还是退休，亲自感受并逐步适应退休生活。

2. 做好退休员工的职业工作衔接。员工退休而组织的职业工作却要正常运转，因此，组织要有计划地分期分批安排应当退休的人员退休。在退休计划中，选好退休员工职业工作的接替人，及早进行接替人的培养工作是非常重要的。组织可以采取多种形式对接替员工进行职业岗位的培训与学习，在新老员工职业更替之时衔接好，保证工作正常顺利进行。

3. 做好员工退休后的生活安排。组织可以因人而异地帮助每一个即将退休者制定具体的退休计划，尽可能地把退休生活安排得丰富多彩又有意义。例如，鼓励退休员工进入老年大学，参加社会公益活动和老年群体的集体活动等；也可以通过经常召开退休员工座谈会的方式，增进退休员工与组织的互动。另外组织还可以采取兼职、顾问或其他方式聘用退休员工，使其发挥余热。

第四节 办公室人员的职场阶梯与实用发展策略

一、办公室人员的职场阶梯

对于办公室人员来说，每个人所面临的职场阶梯一般包括以下几级：培训生、新手、初级办事员、熟练办事员、基层主管、高级主管等。在每一个阶段，都会面临不同的职业工作重心，在每个阶段对办公室人员进行的职业指导和职业培训，对其整个职业生涯的进程都有很大的影响。

(一) 管理培训生

所谓管理培训生，就是从应届毕业生中挑选出来的优秀的、有培养潜力的储备管理人员。他们进来后对其有一套严格的培训计划,而且每一期的培训都会有相应的考核进行总体评估,然后根据前一期的培训考核进行下一期的培训。管理培训生最突出的培训特色是轮岗培训。管理培训生进来之后,并没有明确的工作岗位,而是先到各个岗位进行轮岗,大约一年的时间。然后根据他们在各个岗位的表现,评估后再安排他们到最适合的岗位中。对管理培训生,企业一般都会安排一名资深的经理人带教,也就是所谓的"导师",引导其尽快融入公司的文化,为他们的成长发展提供有针对性的、个性化的建议。

(二) 新手的入职培训

对所有新到办公室工作的人员一般都会安排入职培训。办公室主管首先会安排半天到一天的时间,让新成员了解本单位的背景、运作状况、机构设置、工作的职责等,使新进人员对单位的情况有个初步的认识和了解。然后是密集型的培训,深入了解整个部门的情况,如基本的行业知识、本公司的企业文化等。有的单位是让新手边工作边学习,有的则安排出时间全部进行学习。时间上也长短不一。另外,每个季度还会组织新进办公室的人员参观公司的业务运作部门,并让他们体验一下办公室工作的整个流程。入职培训的过程可以让新进人员密集性地汲取基本的行业知识和工作理念,全方位地了解本单位的历史文化、组织结构、自己所承担的角色和义务,体会在团队中互相协作的工作方式等。

(三) 办事员的"个性化"培训

在进入稳定的办事员阶梯以后,不少办公室人员开始意识到案头工作变得日益得心应手。但是,为了更好地促使自己朝着更高的职业阶梯发展,不少人仍然把岗位培训作为事业发展的必不可少的重要手段。目前,许多企事业单位对办事员的培训,一改以往有些企业不管每个员工的状况如何,笼统地为员工安排大班培训课的现象,而是根据办公室人员各自不同的情况,有针对性地制订培训计划。员工的培训计划,一般都是跟他们的岗位、业绩目标、职业发展连在一起的。每年的年底,公司会对员工一年的工作进行一个全面的考核和分析,若是达不到目标,就找出员工距离目前的工作岗位所需的能力之间的差距及不足之处;若是超额完成,则会为员工安排下一个挑战的目标,如工作岗位的提升,工作职责的扩大等。然后,根据公司业务的需要和每个人的不同状况分别制订个性化的培训计划,缺什么补什么,通过个性化的培训使员工尽快适应工作岗位的要求。在制订员工各自的培训计划时,企事业单位也会听取员工的要求。

(四) 对基层主管管理能力的软性培训

到达基层主管的职业阶梯,许多人暂时可以缓一口气,然而,对于一些表现出色、潜力巨大的基层主管,企事业单位仍会为他们安排管理能力的培训。不过,对这类人员,企事业一般都比较慎重,考察的时间也就相对长些。这类培训主要偏向于管理课程,而且需要这些主管进行全方位的了解和熟悉,而不是单单局限在某个领域。如在博世,有一个"MDP"(Manager Development Program)的培训,是专门针对博世现有的管理者、领导者和那些"高潜能"的员工开设的系统的"领导力培训"课程,MDP 的目标群体有两类,一是普通的但有潜能被提拔为基层主管的员工,另一类是有潜能被提拔为部门经理的基层主管。对已经是管理人员的员工,则会更多地听取员工自己的意见,制订培训计划。

(五)高级主管的培训、绩效评估和职业发展

走上高级主管的职业阶梯,对每一个办公室人员来说都是个人职业生涯达到成熟的重要标志。办公室高级主管的培训计划,与绩效评估和职业发展是密切相关的。企事业单位每年都会在年初要每位高级主管制订一个发展目标,到了年底,企事业单位会对这些主管的工作结果根据年初制订的目标进行考核,然后结合考核情况,总经理、培训部的负责人和主管三方会进行沟通,让主管们知道公司对自己有怎样的期望,公司知道主管们对自己有什么期望,然后彼此共同努力,根据各人的潜质设计他们在公司的发展规划。根据他的发展计划,制订高级主管的培训方案。

二、办公室人员职业生涯的实用发展策略

办公室人员如何进行自我职业规划呢?有没有比较简单快捷的方式去进行自我职业生涯规划呢?在这里提供一种自我进行职业生涯规划的思路,如果办公室人员把以下九个字弄明白了,就能很好地规划他或她的职业生涯了,这九个字就是:我是谁?去哪里?怎么去?

第一步:我是谁?

办公室人员职业生涯设计第一步首先要回答"我是谁",进行自我 SWOT(优势/劣势/机遇/挑战)分析,试着分析自己性格、能力、爱好、长处、短处、所处环境的优势和劣势,以及一生中可能会有哪些机遇,职业生涯中可能有哪些威胁?

传统的职业观是"做一行,爱一行",这就使很多人爱得很痛苦,明明不喜欢的工作又必须天天去面对,又要体现出爱岗敬业的良好职业道德,这种违反人性的传统的职业观不知害了多少人。数学家陈景润年轻时被安排在一个中学当老师,据说当时是一位成绩很差的老师,这就好比安排一头大象去做上树的工作一样,大象能上好树吗?如果陈景润还是"做一行,爱一行"继续在中学教书,他能成为数学家吗?有位伟人说过,兴趣是最好的老师,做与自己"职业兴趣"吻合度高的工作,可能工作更快乐,更容易发挥出自己的能力。现在我们所倡导的职业观念是"爱一行,做一行",只有是你喜欢做的事情,你擅长做的事情,你有能力做的事情,你有条件做的事情,你才能做好,才有可能产生绩效,这才是符合人性的职业观念。我们的用人观应当是用人所长、扬长避短,在合适的时机把合适的人放在合适的位置,这才是人力资源管理所应该做的事情。

第二步:去哪里?

了解了"我是谁"以后,接下来要回答的问题就是:你要"去那里?"也就是说你的方向和目标在哪里?如何制定个人的目标呢?不妨试试以下两种方法。一种是开动脑

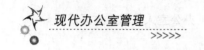

筋,写下10条未来几年及一生你认为自己应做的事情,要确切,但不要有限制和顾虑哪些是自己做不到的,给自己头脑充分的空间,往往你会高估了一年能做的事情,而低估了十年能做的事情。第二种更直接,假设你马上将不在人世,什么样的荣誉、成绩、地位、金钱、家庭、社会责任状况能让你满足。根据你认定的需求,自己的优势、劣势、可能的机遇来勾画自己长期和短期的目标。

制定目标很重要,它将决定办公室人员的职业规划成功与否。哈佛大学有一个非常著名的关于目标对人生影响的跟踪调查,对象是一群智力、学历、环境等条件都差不多的年轻人,调查结果如下:3%有清晰且长期的目标,10%有清晰但短期的目标,60%有较模糊的目标,27%无目标。25年后:那3%的人25年来都几乎不曾更改过人生的目标。他们都朝着同一方向不懈地努力,现在他们几乎都成了社会各界的顶尖成功人士,他们中不乏白手创业者、行业领袖、社会精英。那10%的人大都生活在社会的中上层,他们的共同特点是,那些短期目标不断被实现,生活状态稳步上升,成为各行各业不可或缺的专业人士,如医生、律师、工程师、高级主管等。那60%的人几乎都生活在社会的中下层面,他们能安稳地生活与工作,但没有什么特别的成绩。27%的人几乎都生活在社会的最底层,他们的生活都过得很不如意,常常失业,靠社会救济,并且常常都在抱怨他人,抱怨社会,抱怨世界。由此看来人必须要有长期清晰的目标,利用目标来牵引实现个人发展。

在制定个人发展目标时要参考SMART原则。SMART是五个英文单词的缩写:S是指要具体明确,尽可能量化为具体数据;M是指可测量的,要把目标转化为指标,指标可以按照一定标准进行评价;A是指可达成的,要根据个人的资源、个人技能和环境配备程度来设计目标,保证目标是可以达成的;R是指合理的,各项目标之间有关联,相互支持,符合实际;T是指有完成时间期限,各项目标要订出明确的完成时间或日期。根据SMART原则使个人发展目标具体化、可视化、可达成、有合理性、有时间要求,这样办公室人员就会基本明白要"去哪里"。

第三步:怎么去?

在明确"去哪里"以后就有了个人的发展方向和目标,有了个人的职业愿景,明白了自己存在的价值,树立了个人的使命感。接下来办公室人员要做的事情就是如何去实现个人的目标,就是完成职业生涯的各个发展阶段的任务,每个人在头脑中要为自己所要达到的目标规定一个时间计划表,即为自己的人生设置里程碑。职业生涯规划一旦设定,它将时时提醒每一个人已经取得了哪些成绩以及其进展如何。

那么究竟要怎么去呢?首先要明确阻碍办公室人员达到目标的缺点和所处环境中的劣势,这些缺点一定是和每个人的目标有联系的,而不是要分析自己所有的缺点。它们可能是办公室人员的人脉关系、性格方面、素质方面、知识方面、经验方面、能力方面、创造力方面、财力方面或是行为习惯方面的不足。当一个人发现自己不足的时候,就要下决心改正它,这能使其不断进步。有个观念很重要,就是成功者要做别人不愿做的事情,每个人都有一扇只能从内开启的改变之门。

办公室人员应该为自己制定一个明确的实施计划:一定要明确根据计划你要做什么,那么现在你已经有了一个初步的职业规划方案。如果你目前已在一个单位工作,对你来说进一步的提升非常重要,你要做的则是进行角色分析。反思一下这个单位对你的要求和期望是什么。作出哪种贡献可以使你在单位中脱颖而出?大部分人在长期的工作中趋于麻木,对自己的角色并不明晰。但是,就像任何产品在市场中要有具有特色的定位和卖点一样,你也要做些事情,一些相关的、有意义和影响但又不落俗套的事情,让这个单位知道你的存在,认可你的价值和成绩。成功的人士会不断对照单位的投入来评估自己的产出价值,并保持自己的贡献在单位的要求之上。

在上述三个实用步骤中,"我是谁"的关键是要进行自我分析:你适合做什么?"去哪里"要求确定个人职业发展中的方向和阶段性目标。"怎么去"要求制定一个职业发展目标的实施计划。只要把以上职业规划三步曲弄清楚、搞明白,办公室人员就一定能在职业生涯的道路上走向成功。

阅读参考

许多职业咨询机构和心理学专家进行职业咨询和职业规划时常常采用的一种方法就是有关5个"What"的归零思考模式:先从自己是谁开始,然后顺着就一路问下去,共有五个问题——

1. Who am I?(我是谁?)
2. What do I want?(我想干什么?)
3. What can I do?(我能干什么?)
4. Who can support me?(环境支持或允许我干什么?)
5. What can I be in the end?(最终的职业目标是什么?)

回答了这5个问题,找到它们的最高共同点,就有了自己的职业生涯规划。

对于第一个问题:"我是谁?"应该对自己进行一次深刻的反思,有一个比较清醒的认识,优点和缺点,都应该一一列出来。

第二个问题:"我想干什么?"它是对自己职业发展的一个心理趋向的检查。每个人在不同阶段的兴趣和目标并不完全一致,有时甚至是完全对立的。但其随着年龄和经历的增长会逐渐固定,最终要锁定自己的终生理想。

第三个问题:"我能干什么?"它是对自己能力与潜力的全面总结,一个人职业的定位最根本的还要归结于他的能力,而他职业发展空间的大小则取决于自己的潜力。对于一个人潜力的了解应该从几个方面着手去认识,如对事的兴趣、做事的韧劲、临事的判断力以及知识结构是否全面及是否及时更新等。

第四个问题:"环境支持或允许我干什么?"这种环境支持在客观方面包括本地的各

种状况,比如经济发展、人事政策、企业制度、职业发展空间等;主观方面包括同事关系、领导态度、亲戚关系等,两方面的因素应该综合起来看。有时我们在作职业选择时常常忽视主观方面的东西,没有将一切有利于自己发展的因素调动起来,从而影响自己的职业切入点,在国外通过同事、熟人的引荐找到工作是最正常也是最容易的。当然我们应该知道这和一些不正常的"走后门"等有着本质的区别,这种区别就是这里的环境支持是建立在自己的能力之上的。

明晰了前面四个问题,就可以从各个问题中找到对实现有关职业目标有利和不利的条件,列出不利条件最少、自己想做而且又能够做的职业,那么第五个问题——有关"自己最终的职业目标是什么?"自然就有了一个清晰明了的答案。

案例分析

多年以来,3M 公司的管理层始终积极对待其员工职业生涯开发方面的需求。从 20 世纪 80 年代中期开始,公司的员工职业生涯咨询小组一直向个人提供职业生涯问题咨询、测试和评估,并举办个人职业生涯问题公开研讨班。通过人力资源分析过程,各级主管对自己的下属进行评估。公司采集有关岗位稳定性和个人职业生涯潜力的数据,通过电脑进行处理,然后用于内部人选的提拔。

1. 岗位信息系统。若干年以来,3M 公司的全体员工民意调查显示,员工要求有更多的有关个人职业生涯机遇的信息。因此,3M 公司于 1989 年底开始试行岗位信息系统,员工们反应非常积极。

2. 绩效评估与发展过程。每一位员工都收到一份供明年使用的员工意见工作表。员工填入自己如何看待自己的工作内容,指出明年的 4—5 个主要进取方向和期待值。这份工作表还包括一个岗位改进计划和一个职业生涯开发计划,员工们与自己的主管一起对这份工作表进行分析,就工作内容、主要发展方向、期待值以及明年的发展过程达成一致;在第二年中,这份工作表可以根据需要进行修订。待到年底时,主管根据以前确定和讨论的业绩内容及进取方向完成业绩表彰工作。

3. 个人职业生涯管理手册。公司向每一位员工发放一本个人职业生涯管理手册,它概述了员工、领导者和公司在员工职业生涯开发方面的责任。这一手册还明确指出公司现有的员工职业生涯开发资源,同时提供一份员工职业生涯关注问题的关系表格。

4. 主管公开研讨班。为期一天的公开研讨班有助于主管们理解自己所处的复杂的员工职业生涯开发环境,同时提高他们的领导技巧及加深对自己所担任各类角色的理解。主管们对此的反应始终是非常积极的,同时还可以计划开展一次公开研讨班跟踪过程。这一公开研讨班巩固了这样一个认识,即人才开发是主管工作的一个基本组成部分。

5. 员工公开研讨班。即提供"个人职业生涯指导",主要内容有:强调自我评估、目标和行动计划,了解平级调动的好处和职位晋升的经验,内部岗位的求职技巧、如何写简历、如何面试等。

6. 一致性分析过程及人员接替规则。集团副总裁会见各个部门的主管,讨论其手下管理人员的业绩情况和潜能。此过程影响到评定结果和人力资源部门的评审过程,因此对于转岗、发展和晋升都具有影响。这是一项重要的信息共享工具,对管理人员来说也是反馈信息的又一出处。此过程启于高层领导与各部门主管的会议。

7. 职业生涯咨询。一方面,公司鼓励员工主动去找自己的主管商谈个人职业生涯问题,另一方面公司也提供专业的个人职业生涯咨询。员工们可以从主管、员工帮助顾问或人力资源经理处征得个人职业生涯咨询意见。

8. 职业生涯项目。作为内部顾问,员工职业生涯开发工作人员根据职工兴趣开发出一些项目,并将它们在全公司推出。一个非常普及的项目涉及如何保持高水平,项目内容包括关于员工职业生涯资源部门的信息及现有的内部职业生涯开发资源。

9. 学费补偿。它指报销学费和与员工当前岗位培训相关的费用,以及与某一工作或个人职业生涯相关的学习项目的全部学费。

10. 调职。内部调职的协调通过"3M公司员工转岗"程序进行,其岗位被撤销的员工自动进入一个个人职业生涯过渡公开研讨班,同时还接受具体的过渡咨询。这种方法挽救了数千名职工的工作热情,根据管理层的要求,还为解除聘用的职工提供外部新职介绍。

在3M公司试图更加准确、现实地统一员工需求和公司需求的努力中,它已经成功地提高了工作效率,更大程度地唤发起职工们为实现公司目标而进行参与的热情。主管们在员工生涯指导方面更具有信心,在改进与员工的交流方面更具可信性;3M公司的各项员工职业生涯开发服务和项目,针对的是真正的需求,职业生涯开发和当前工作的改进虽然分属不同的领域,但又相互关联。由于公司是根据具体情况对待每一个人,所以它为个人和公司都带来了最大的利益。

案例思考题

1. 分析上述案例,你认为3M公司在职业生涯开发与管理方面取得了哪些经验?
2. 结合3M公司的经验,你认为组织如何才能做好职业生涯开发与管理工作?

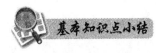

1. 职业生涯和职业生涯规划的概念:职业生涯是指一个人一生的工作经历与体验,特别是职业、职位的变迁及工作理想的实现过程。职业生涯规划是指个人发展与企业发展相结合,对决定员工职业生涯的主客观因素进行分析、总结和预测,并通过设计、规划、执行、评估和反馈使每位员工的职业生涯目标与企业发展的战略目标相一致。

2. 组织和个人职业生涯规划的内容:办公室个人职业生涯规划是指办公室人员根

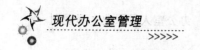

据自身对其主观因素和客观环境的分析,确立自己的职业发展目标,选择实现这一目标的职业,以及制定相应的工作、培训和教育计划,并按照一定的时间安排,采取必要的行动实施职业生涯目标的过程。组织职业生涯管理是一种专门化的管理,即从组织角度对员工从事的职业和职业发展过程所进行的一系列计划、组织、领导和控制活动,以实现组织目标和个人发展的有效结合。

3. 办公室人员的职场阶梯:对于办公室人员来说,每个人所面临的职场阶梯一般包括以下几级:培训生、新手、初级办事员、熟练办事员、基层主管、高级主管等。

4. 办公室人员的实用职业生涯规划策略:比较简单快捷的方法是回答三个问题——我是谁?去哪里?怎么去?

1. 简述职业生涯规划的原则和步骤。
2. 办公室组织职业生涯的管理方法有哪些?
3. 在办公室人员职场阶梯的每个阶段,分别应采用什么样的培训策略?

第五章

办公室人际关系

本章提要

良好的人际关系对于办公室人员的工作和生活至关重要,办公室人员应掌握处理人际关系的原则。与上级相处,办公室人员应该学会配合适应,服从但不盲从,委婉提醒,适时规劝,维护上级间的团结,以大局为重。办公室人员对待同事,应该做到诚恳、正直、平等待人;彼此尊重,互相关心;谦虚谨慎,谦让宽容;维护团结。办公室人员还应该学会一些人际交往艺术,比如如何进行有效说服;如何与他人获得同感,得到别人的尊重、理解和爱,消除误会,增进理解。

一个人自出生以来,就处在种种人与人之间关系的网络之中。所谓人际关系,是指人们在社会生活中、工作中的一种相互沟通、相互协调的关系。人际关系作为人与人之间心理上的关系,体现了个体之间的情感交流,反映了人们彼此寻求满足需要的心理状态。

办公室是个特殊的群体和环境,办公室人员间既是同事关系又是朋友关系。办公室人员工作中人际关系的建立与发展,尤以处理好个体与个体、个体与团体之间的人际关系显得特别重要。

第一节 办公室人际关系概述

一、办公室人际关系的作用

在办公室工作中建立和维持良好的人际关系,是人们的普遍愿望;但现实生活中使人们感到难以处理、容易出现问题的,往往也是人际关系。人际关系对人生的作用和意义,具体表现在以下几个方面。

(一) 良好的人际关系有利于办公室人员身心健康

良好的人际关系能使人保持心境轻松平稳,态度乐观。办公室人员如果身处在相互关心爱护、关系密切融洽的人际关系中,一定心情舒畅,有益于身心健康。不良的人际关系,可干扰人的情绪,使人产生焦虑、不安和抑郁。严重不良的人际关系还会使人惊恐、痛苦、憎恨或愤怒。现代医学研究表明,恶劣的情绪实际上是对身心健康的最大摧残,若是任其泛滥,即使再好的营养补品,再佳的健康锻炼,也无法达到强身健体的功效。因此办公室人员的身心健康与良好的人际关系有关。俗话说健康之道在于"和",是指身体内在的和,也指人和,即人际关系的和谐。良好的人际关系状况有利于人的身心健康。

(二) 良好的人际关系有利于办公室人员事业成功

人际关系对人生业绩的影响很大,是人们取得成功的重要条件之一。办公室人员在一个组织中常常处于联系上下左右的位置,要与各种各样的人打交道,处理好人际关系是其做好工作的一个首要条件。办公室人员如果能对人际关系问题给予足够的重视,学习处理人际关系的基本原则和方法,培养人际交往的常识,掌握人际交往的技巧,在实践中努力提高处理人际关系问题的水平,则其可以从友好协作的和谐人际关系中吸取力量,增强信心,在人生业绩的创造中左右逢源,得心应手。

(三) 良好的人际关系有利于办公室人员人生幸福

不良人际关系使人产生猜疑、冷漠、嫉妒,造成困惑、苦闷、孤寂、萎靡和痛苦的精神状态。一个志同道合又积极向上的人际关系群体中,和谐健康的人际关系使得人与人之间在思想感情上能进行交流,在碰到挫折、困难时能得到别人及时的帮助,并通过交流达到互相理解,从而使人处在一种舒畅、快慰、奔放的精神状态中。办公室人员处在这种和谐的环境中,容易形成乐观、自信、积极的人生态度,情操、心理环境得到净化,思想境界得到升华,能获得一种幸福感。

二、影响人际关系的主要内容和方式

(一) 影响人际关系的因素

人际关系是相当丰富又相当复杂的,影响人际关系的因素有很多,主要有:

1. 距离的远近。一般来说,人与人距离近者关系容易亲密;距离远者关系容易疏远。俗话说:远亲不如近邻,就是这个意思。

2. 交往的频率。交往频率越高的人之间,越容易建立起比较密切的关系,交往少者相互间不易了解,也不易亲密。

3. 态度相似性。彼此的性格、兴趣、爱好相似,则容易亲近。正所谓物以类聚,人以群分。比如当人们在政治主张、宗教信仰、人生价值观和对其他重大问题的看法等方面相接近或一致时,他们之间就容易产生感情上的共鸣和行为上的合拍,从而建立和保持比较密切的人际关系。

4. 需要的互补性。当双方能够互补性地满足对方的某种需要时,双方就容易相互吸引并建立一定的交往关系。互补性越强,满足双方需要的可能性越大,则建立和发展人际关系的可能性也越大。

5. 情景因素。在某种特殊的环境或情景中,人们容易接近和亲密。比如同事一起出去旅游,或是在困难中得到帮助,在情绪苦闷时得到同情与安慰等。这种情况下容易导致亲近和亲密。

6. 中介因素。国外称之为"A、B、X"模式。即 A 喜欢 X,B 也喜欢 X,A 与 B 虽素不相识,但通过 X 的中介因素也容易接近、亲密起来。①

(二) 人际关系的障碍

1. 心理障碍。自卑感、羞怯感就是人际交往中的心理障碍。有些人性格内向,不善言谈,不喜欢交际而怕与他人交往。这就需要从心理上鼓起勇气,并在实践中培养交际能力。

2. 语言障碍。语言是人们的一种重要交际工具,但使用不好也会形成障碍。语言障碍表现为语言和语义两个方面。有的人口齿不清,或说话啰唆,或缺乏条理,会使别人难以理解甚至不愿理解。另一方面有的人由于掌握的词汇不多,或是语义概念不清,难以准确而生动地表达自己的感情和思想。这就要求人们尤其是办公室人员都使用标准的普通话,并尽可能掌握一两门外语,听懂几种方言,丰富词汇量,弄清词义,这样才能既善于表达自己的思想感情,又善于理解别人。

语言障碍的另一层意思是指书面语言障碍。信函或文件来往也是交际的重要方式。文句不通、文意晦涩、词不达意、书写潦草或拙劣、标点错误,或是文化水平不高、识字不多,难以理解对方文意等都是严重的书面语言障碍。办公室人员要具备较高的阅读能力和写作能力,且能写得一手端正、匀称、流利、美观的好字。

3. 地位障碍。人们的社会地位高低不同,地位问题处理不当,就会形成人际交往中的障碍。地位高的人表现为傲慢自大或不愿屈就,地位低的人则表现为故作谦卑或不愿高攀。这些都会影响人与人之间的正常交往。办公室人员须知,在交往中各人有各人的需要,彼此是互利互助的,必须是平等的,职位和年资高低不应该使交往各方产生优越感或自卑感。何况人的社会地位也是相对的,地位中相当重要的一部分是由人们的互相尊重互相信赖造成的。

4. 物理障碍。这是指其他客观的物质因素。如电话中的杂音,电报、邮件的故障、延搁,交通的不便,恶劣的气候等等影响了人际交往的频率或效果。这些障碍往往非个人力量所能左右,而需要社会生产的发展、科学技术的进步以及管理水平的提高才能逐渐克服。事实上,现代高科技的发展,使这些物理障碍所导致的影响交往的因素越来越少,无线通讯或网络通讯为世界各地人们的联络和交往提供了极大的便利条件。

(三) 人际关系的方式

1. 语言。口头语言和书面语言是人际关系的重要方式。人们通过交谈、通信、打

---

① 陆瑜芳:《秘书学概论》,复旦大学出版社 2004 年版,第 83 页。

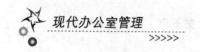

电话等方式彼此接触、理解、熟悉,甚至建立友谊和感情。

2. 体态或身势。除了语言之外,还有非语言的交往方式,被称为"体态语言"或"身势语言",即人的动作、表情、手势、姿势等。见面点点头,握握手,遇到熟人拍拍肩,都是友好的表示。有时,办公室人员一个善意的眼神,一个真诚的微笑,一个肯定的手势,都能达到交流思想感情的目的。

3. 物质。物质交往也是一种方式,即所谓"礼尚往来"。人际交往中互赠一些小礼品也是表达友情的需要,比如:贺喜或探病时送一束鲜花,访问家庭时送一瓶葡萄酒或一盒巧克力,出差回来带一些土特产分给同事等。但如果过于重视礼物的经济价值,就会将正常的人际关系歪曲为利益关系或交换关系,就会破坏真正的友谊和友情。①

三、办公室人员处理人际关系的原则

(一) 尊重他人

通常而言,要获得别人的尊重,首先得尊重别人。办公室人员应克服人际关系中的地位障碍,真心实意地待人,无论对上级、同事或是对重要来访者、一般交往者都要尊重。人都有自尊心,都希望得到别人的尊重。互相尊重就能增进彼此的友情和信任,就能激发彼此的责任感和工作积极性。尊重更重要的表现是重视别人的意见和要求,但又不轻易放弃自己的原则和看法。当与对方意见不一致或发生矛盾时既不虚伪应答、随便苟同或表面敷衍,又不强词夺理,甚至可以不作正面辩驳,而用婉转的语气进行解释。尊重也表现为要求别人时不强人所难,不把自己的观点强加于人。

(二) 赞美他人

办公室人员从处理好人际关系角度而言,应该多注意他人的优点,多慷慨地赞美他人。办公室人员应能做到既能正确地估量自己,又能正确地看待别人。对别人要多看优点,才能"以人之长,补己之短"。西方一位哲人曾说:"多给他人一块银币,你自己就少了一块银币;多给别人一份赞美,你不会少了一份自尊;相反,别人也许会回报你两份赞美。"当然,赞美必须是真诚的,否则,就成为阿谀奉承,互相吹捧,成为一种庸俗、虚伪的人际关系。真诚、慷慨地赞美他人,会使办公室人员获得愈来愈多的朋友。

(三) 乐于助人

办公室人员应具有根深蒂固的"乐于助人"的意识,养成主动的习惯。无论对上级、同事、客户或有工作交往的普通群众,只要知道或看出对方有需要,就应主动地伸手帮助。对他人的关爱应该成为办公室人员内心最深处的基本感情。帮助他人要心甘情愿,而不是有特别的目的。

(四) 谦虚宽容

谦虚是一种宝贵的品德,一种良好的气质,也是待人处世的一个重要原则。办公室

---

① 陆瑜芳:《秘书学概论》,复旦大学出版社 2004 年版,第 85 页。

人员应该不骄不躁,平易近人,和蔼可亲,善于听取不同的意见,取人之长补己之短。谦虚使办公室人员可以学到很多知识,增长自己的智慧与本领。

"人非圣贤,孰能无过",办公室人员对他人的弱点或缺点要予以宽容,对别人的粗鲁言语、举止或错误行为,只要不伤害组织及个人,要予以宽恕。要能设身处地为对方着想,多给人一点同情和谅解。中国的古训是"责己严、待人宽"。人际关系中的宽容,能造成整个社会环境的宽松,有利于更多的人安定、团结、奋发向上,也有利于办公室人员工作的成功。

(五) 公允

公允要求办公室人员处事待人要公正、诚实,既不自欺,又不欺人。不贪人之功以为己有,也不文过饰非或推卸责任。

当办公室人员做成某件事受到上级表扬时,不要忘记对上级提及曾经帮助过自己或提过建议的同事,并告诉同事让他们分享你的成功和喜悦;当做错事受到上级批评时,办公室人员应该独自或更多地承担责任而不要去责怪别人。

第二节 办公室人际关系处理原则

一、办公室人员与主管上级的关系

(一) 办公室人员与上级关系的特征

1. 工作上的主从性。办公室人员是上级尤其是主管上级直接的、全面的工作助手。在工作上,上级为主,办公室人员为辅、为从。办公室人员应以上级的工作目标(往往代表着组织的目标)为目标,以上级的工作任务为任务。办公室人员应尽力在工作目标、任务、进度、方式方法上配合好上级,与上级保持一致。

2. 智慧思维的补充性。办公室人员与上级工作的配合既体现为一种助力,也应该是一种合力,应该是相加,而不是相减或抵消。这就要求办公室人员的知识结构与专长、能力与体力、思维的方向与方法等,既与上级有共同的成分,这是为了完成同一专业目标;又应与上级有不同的质与量,才能作为上级的补充,更好地辅助上级做好各项工作。比如,年高的上级更富有工作经验,年轻的办公室人员更富于现代科技知识和外语能力;上级着重于宏观的决策与计划,办公室人员侧重于微观的执行与具体的操作;上级如果是正向思维,办公室人员就应多向思维或者逆向思维。正因如此,国外有人把高级办公室人员称为领导或主管的"外脑"。如果办公室人员样样都不如上级,办公室人员也就失去了存在的必要。

3. 人际关系的首属性。社会学家把人际关系中地位重要、影响大、交往频率高、时间长的关系称之为"首属关系";反之,把地位次要、影响小、交往频率低、时间短的关系称为"次属关系"。办公室人员与上级尤其是主管上级的关系,毫无疑问应该是首属关系。建立并巩固这种首属关系,对办公室人员的工作成果和事业前景是完全必要的。这就要求办公室人员对上级尤其是主管上级辅助与服务的内容与时间方面不能局限于工作需要。比如,有些身居高位的领导人常常有一种"孤独感",于是他们常常主动向普通人首先是他身边的办公室人员寻求友谊。毛泽东、周恩来等许多杰出的领导者都与其身边的办公室人员有着真诚的友谊关系。他们与身边的办公室人员一起游乐、打球,讨论文学作品;他们关心身边工作人员的爱情、婚姻与子女。当然,办公室人员真诚为上级服务,与上级的诚挚友谊,都是建立在人格平等的基础之上的。

4. 人格上的平等性。不管办公室人员与上级在职务、地位或财富上多么悬殊,也不管办公室人员与上级的首属关系发展到什么程度,办公室人员与上级在人格上永远是平等的。办公室人员与上级在工作上是"主从"关系,而绝不是"主奴"关系。办公室人员应保持人格上的独立性,不应该成为上级的附庸或其他。现代办公室人员对上级应有清醒的、客观的认识,应该服从,但决不盲从,即不帮助上级做违法乱纪的事,不做丧失人格、国格的事。办公室人员应该有"不愿为五斗米折腰","合则留、不合则去"的骨气。

(二) 办公室人员与上级关系的处理原则

在对办公室人员与上级关系的特征有了正确的认知之后,办公室人员对如何处理与上级的关系就能找到适当的原则与方法。

1. 主动配合、适应。办公室人员首先要了解自己的领导和上级,包括他们的性格、兴趣、好恶、工作能力与习惯等。在主动了解领导和领导工作的需要的基础上,办公室人员还应主动去适应这种需要,而不是被动地等待领导的要求和指示。在为领导工作提供参谋和助手性的服务时,要注意方法与技巧,做到配合默契、主动、自然。每个人都有自己的个性、习惯、爱好、知识结构、专长或特殊技能,当办公室人员发现自己在这些方面有不适应领导和领导工作需要的地方时,就应该主动去弥补、去克服、去培养、去学习或去纠正。总之,只能是办公室人员去适应领导者的需要,而不可能反过来要求对方来适应自己的要求。

办公室人员应努力适应上级的工作方法和工作习惯。上级有各种类型,有经验的办公室人员应该都能适应。比如,有的上级属事务型,遇事考虑周到,每件事情都给办公室人员细细交代,办公室人员只要照章办事,不出差错就行。有的上级属学者型,遇事先要考问办公室人员,办公室人员就应多动脑筋,就要尽量在领导决策之前提供参谋性意见,提出建议甚至几种方案,供上级选优决定,决不能在其决策之后说长道短。有的上级属开明型,往往简要地布置任务,事成之后检查结果,办公室人员就应全盘考虑,努力做好,不能辜负上级的信任。也有的上级属"放任型",将一般事务都交给办公室人员去做而不加过问。这样,办公室人员更应加强责任感,所做工作已不仅是对上级负责,而且是对更高一级,对整个组织负责。不同类型的上级对办公室人员的锻炼、培养有不同的影响和作用。对此,办公室人员应有正确的认识和态度,既不因上级属事务型,自己工作轻松而庆幸;也不因上级属放任型,自己责任重大、工作繁重而埋怨,而应适应上级的特点努力做好工作,进一步以上级之长补己之短,使自己在各方面都能更好地成长。

2. 服从,但不盲从。办公室人员对上级的基本态度是服从,这也是办公室人员职业特征的要求。办公室人员应该十分清楚自己的位置和角色,自觉地理解和执行上级的决策,贯彻上级的意图,尤其是初级办公室人员对资深上级,服从就更多一些。但是办公室人员的服从与军人的服从是不同的,军人的服从以上级的命令指挥、刻不容缓的军事行动为前提,而办公室人员的角色地位相当于助手和参谋,所从事的又是行政事务和业务工作。上级对办公室人员尤其是中高级办公室人员常有咨询的可能,办公室人员也有提出建议甚至不同意见的必要。

不盲从,是指办公室人员若发现上级决策错误,不盲目执行,而对他施加影响,使其自动地放弃或修正错误的决定。不盲从,要求办公室人员运用精确的判断能力,判断上级的哪些决定是正确的,是应该服从的;哪些决定是错误的,是不能服从的。办公室人员接触文件较多,对各种法规、制度更为熟悉,自然负有对上级某种程度监督的责任。上级如有明显的差错,办公室人员出于对组织的责任心不能听之任之;上级如有违法乱纪,办公室人员更不能一味迁就,而应采取适当的方式提醒、规劝,甚而辞职、举报。对于不能服从的决定,或把你的意见巧妙地传达给你的上级,或直接说明理由,或在执行过程中巧妙地予以修改。

3. 委婉提醒,适时规劝。当办公室人员发现上级作出明显错误的决定时,一般不应立即正面提出意见,特别是有其他人在场时。由于上级往往年长于办公室人员,地位、权力、经验都比办公室人员高出一筹,办公室人员理应照顾到上级的自尊心,而办公室人员提出不同意见的目的只是要上级理解、接受就行,绝不是为了证明或炫耀自己的正确,更不能达到贬低上级、抬高自己的客观效果。

办公室人员应该采用委婉、含蓄地提示、提醒的方式,让上级自己发现错误,或是等待一定的时间再作请示,让上级自己冷静下来,重新作出决定。比如,有位机关办公室人员发现局长对某一请示的批复明显违背市里的新规定,他没有正面提出,而是把市里的文件找出来,在有关条文下划了红线,趁局长离开时摊开在他的办公桌上。一会儿之后,局长果然招来办公室人员,要回了刚才的批文,重新作了批复。又如,某公司总经理接到一客户不太礼貌的信件,一怒之下叫办公室人员回信与其断绝业务关系。这位办公室人员既未拒绝或劝阻,也没有写了信立即寄出,而是打完信稿搁了近半小时,再去请示总经理是否要寄出。此时总经理已冷静下来,收回了原来的命令,让办公室人员另写一信,继续争取这位客户。

4. 维护上级间的团结,以大局为重。有的组织规模较大,办公室人员除了主管上级之外还有其他职位不等或分工不同的上级。办公室人员主要为主管上级服务,还应该力所能及地执行其他上级的指令,而不可只顾自己的直接上级,得罪其他的上级,也

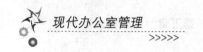

不可遇事越过直接上级向更高一级上级请示。办公室人员既应维护直接上级的威信和利益，也应维护上级间的团结。

上级之间的矛盾冲突，办公室人员以不介入为原则，以保持中立为前提。有时，上级之间背后说来说去，办公室人员听到也应该充耳不闻，千万不可附和或传播，以免影响上级间的团结，也影响自己的地位与利益。如果办公室人员随意介入上级间在工作上或私人方面的矛盾冲突之中，支持一方，反对另一方，只会火上浇油，使双方更不冷静，将事情搞得更乱，既不利于化解矛盾，不利于工作，也会引火烧身，对自己毫无益处。在可能条件下，应尽力加以协调、化解。如实在无法处理，甚至难以安身，办公室人员应考虑另谋他职，但也不能把原组织上级的矛盾或丑闻传到新组织去，这也属于办公室人员职业道德的范围。

二、办公室人员与一般同事的关系

在所有组织中，正常的工作秩序、良好的工作效率和业绩，都有赖于内部同事之间和谐一致、团结友好的人际关系。办公室人员与同事保持良好的工作关系，是做好办公室工作的基础。如果没有同事的支持和配合，办公室人员可以说是举步维艰、寸步难行的。

（一）办公室人员与同事关系的特征

办公室人员与同事纯粹是工作上的合作关系，是完全平等的、相对稳固的业缘关系。但是办公室人员因其职位的原因往往与上级有更多的接近，所以容易受到妒忌或猜疑，很难与其他同事和一般员工打成一片。而办公室人员工作的性质又要求他们在上级与员工之间传达指令、反映情况、沟通协调，员工往往视办公室人员为上级的替身，上级又会把办公室人员看作员工的代言人。如果上下关系融洽，办公室人员自然是左右逢源；如果上下关系紧张，办公室人员就成了矛盾的焦点。因此，办公室人员要处理好与一般员工和同事的关系，比之与上级的关系更为困难一些，这也是大多数办公室人员容易受到上级的信任、器重而缺乏群众基础的重要原因。

（二）办公室人员处理同事关系的原则和要求

1. 诚恳正直、平等待人。办公室人员要取得同事的支持和合作，就应该主动地、真诚地关心同事。办公室人员应做到真心实意地待人，对上不卑，对下不骄，一律平等地以礼相待。人们有一种共同的心理，就是渴望平等，忌恨媚上压下。办公室人员切不可以"二首长"身份自居。代表上级向同事布置任务时，尽量以商量的口气，不能颐指气使，发号施令。工作上应多体谅同事的难处，尽力给以帮助解决。办公室人员在处理各方面的关系时，坚持诚恳、正直、平等待人的原则，这样做不仅可以赢得信任，而且还可赢得友谊。彼此的感情融洽了，真诚合作就是水到渠成的事情。

2. 彼此尊重，互相关心。同事一般总是在一个共同的空间里围绕着同一个目标工作，日日相见，交往频繁，在这种高度密切的共事过程中，办公室人员与同事之间应彼此尊重：不能随意插手同事职权范围之内的事情。有的工作需要大家共同完成时，应互相协商、配合，不能只顾自己或互相拆台；当对方主动寻求帮助时，应适时地给予必要的帮助，而当自己有能力和愿望主动去帮助别人时，则要把握好分寸、时机和方法，不要令对方感到是自己无能，所以别人才来插手。办公室人员还应关心同事的生活和情绪，抽空多与同事接触，与他们谈心，以增加了解，消除隔阂。

虽然同事之间由于长期共事的原因而彼此熟悉和了解，但彼此交往仍应该尊重和礼貌相待，即使善意的玩笑，也应注意场合和分寸，刻薄的取笑和嘲弄、过分的恶作剧，都会伤害人的自尊心，以致影响友好相处。办公室人员与一般同事之间还应尽量做到同等友好，而不要和某些人特别亲密。即使办公室人员与某位同事特别情投意合，也应注意在公务场合不要表现出来，如经常同进同出、同桌吃饭、闲时聊天等，以免遭到其他同事的妒忌或上级怀疑是否搞小团体。

3. 谦虚谨慎，谦让宽容。办公室人员与同事相处时应做到谦虚谨慎。办公室人员平时不要总拿自己的长处去比别人的短处，而应当取他人之长，补自己之短，虚心地学习别人的优点，使自己更完善。当听到同事提出意见、批评时，不能意气用事，相反，如果能够谦虚地接受正确的意见，会使对方觉得你较容易相处，乐于和你共事。

谦让是指办公室人员将应得的利益礼让于他人。每个人都在尽力工作，办公室人员要在肯定他人工作成绩的同时，埋头苦干，不争名、不争利，更不可争出风头，事事抢占先机。相反地，要有谦让精神，有名、有利的事，要注意退避，礼让给一些比自己做得好的，甚至是比自己还差点的同志。

与同事相处，有了矛盾和问题应先从自身找原因，对于自己的弱点要有清醒的认识。对于他人的过失应客观地看待和处理，要尽量做到"得理也让人"，学会宽容。做办公室人员要有宽广的胸怀和容人的气量，因为办公室人员每天要面对各种各样的人和处理杂七杂八的事，难免遇到很多分歧和矛盾，自己也不可能每件事情都处理得十分得体、圆满，如果心胸狭窄，不能容忍一点不同意见或别人的缺点，必然难以与大多数人建立融洽的关系。

4. 维护团结。办公室人员应努力维护上下之间与同事之间的团结。办公室人员在传达上级不太有利于员工的指令时，应注意维护上级的威信与形象；同样，在向上级反映不太有利于员工的情况时，既不能隐瞒、掩饰，又要尽力保护员工的利益。尽量采取对事不对人的态度，使员工的缺点错误既得以纠正，使之获得必要的教训，又不至于受到伤害。对于同事、员工间的矛盾，也应尽己所能加以协调、缓和。总之，维护同事间的团结，维护上下之间的融洽关系，归根到底是为了维护整个组织的利益。

三、办公室人员的其他业缘关系

（一）办公室人员其他业缘关系的范围与特征

除了上级和一般同事之外，办公室人员还有其他的业缘关系，比如，政府机关、部门

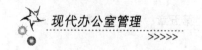

工作涉及的公众关系,工商企业与顾客、客户的关系,组织与新闻媒介的关系,组织与社区公众的关系,企业与政府部门的关系,企业与股东的关系等等,也可一概称之为公众关系或公共关系。

办公室人员的这些业缘关系具有广泛性、复杂性、灵活性、变动性等特征。办公室人员处理好这些关系,对于组织"内求团结,外求发展"是至关重要的,是每一个成功的办公室人员都必须尽心尽力的。

(二) 办公室人员处理其他业缘关系的原则

1. 广结良缘。办公室人员首先应当明确,这些关系所涉及的人员都是办公室人员的服务对象。政府机关办公室人员以"为人民服务"为根本宗旨,顾客和客户则是企业办公室人员的"衣食父母",政府公务员是政策法规的制定者和施行者,股东是企业的资金提供者,社区公众是组织生存的基础,新闻记者更是"无冕之王"。办公室人员与这些人打交道,首先应抱着广结良缘的真诚愿望和不厌其烦的积极态度。

2. 区分主次。面对如此广泛、复杂的人际关系,办公室人员不可能平均使用精力,而应区分主次轻重。即要确定对组织影响作用大、交往多、时间长的人际关系为首属关系,反之则为次属关系。对首属关系则应加上特殊的要求,比如可参照对上级、对同事的要求。

3. 一视同仁,以礼相待。无论哪一种人际关系,也无论对方的地位、身份、性别、年龄、服饰、相貌、态度如何,办公室人员都应做到一视同仁,以礼相待。不应受个人印象的好恶左右,而应以办公室人员的职业道德、职业修养为出发点。

第三节 办公室人际交往技巧

一、有效说服的技巧

办公室人员在人际交往中,与他人会发生心理的交感和行为的相互影响。说服是一种改变别人态度和行为的交往过程,即说服者通过直接地、有意识地灌输观点的方式,使对象理解和接受自己观点的过程。办公室人员在日常工作中,常常遇到要说服他人接受自己观点的情景。如何进行有效的说服,必须掌握一定的说服艺术与技巧。

(一) 态度温和,气氛融洽

办公室人员应该做到态度温和,方式友善,尊重对方,引起对方的回应和心理上的相容。反之,盛气凌人,会使对方情绪抵触,说服将会陷入僵局,所以态度是说服成功的起点。

态度温和包括:(1) 亲切的问候:交谈一开始,彼此问候,表现出对对方亲切的感情。(2) 平缓恰当的语调。在交谈过程中要语调平和自然,说话语调、音量适度,注意节奏快慢合适。态度温和,创造说服过程的融洽气氛,提高心理相容性,是说服成功的前提。此外,告辞时态度也要热情,应当谦逊、诚挚,这样有利于日后相见。

(二) 目光亲切,坦诚相见

俗话说,"眼睛是心灵的窗户"。眼睛会暴露内心世界以及坦诚程度,所以办公室人员应当目光从容,心怀坦诚,通过眼睛表达自己的诚意,增加说服的感染力。交谈时双方目光一般以水平位置正视为好。目光交流是交谈过程中必不可少的调适器,它能调整交谈的方向、节奏、基调、效果,是办公室人员必须掌握的交谈艺术。

在谈话过程中,办公室人员开诚布公、诚实、坦率,可提高说服对象的接受度。办公室人员不论是采取单刀直入还是迂回委婉方式,都必须以真诚坦率为前提,要善意地公开自己的想法,诚恳提出对方能接受的问题,要让人觉得你是真诚关心,而不是卖弄技巧,让对方了解你的真实情感,促进彼此沟通。

(三) 对症下药,语言认同

"对症下药"是指交谈时办公室人员要抓住说服对象关心的切身问题,有的放矢,避免隔靴搔痒。办公室人员在交谈时要注意因人、因时、因地而异。因地是指交谈场合,是个别交谈,还是在集体中对话;因时是指交谈时机,是在对方情绪激动时马上就谈,还是"冷处理",让对方情绪平息后再谈;因人是指谈话对象而言,要考虑用什么语言方式使对方容易接受。对不同性格的人,要掌握不同的方式:对坦率耿直者可单刀直入,对爱挑剔者要语言周密,对羞涩腼腆者要含蓄委婉,对拘谨者要认真严肃等等。

语言认同是提高交谈的可接受度的另一重要方法。如遇到同乡,说家乡话,就感到亲切,容易取得相互的情感共鸣和交流,有利于说服。此外,话题的认同,内容与表达方式的认同,观点与情感的认同对于有效说服也非常重要。

(四) 通俗简洁,以情感人

办公室人员在与说服对象交谈时要力求语言简洁明了,通俗准确,使人能抓住要领,便于理解。办公室人员说话必须讲究逻辑严密,并富有条理,层次清楚,便于对方理解和信服。

说服要注意以理服人,以情感人。人在不顺心、生活中遭到困难和挫折时,会产生种种焦虑、忧愁、郁闷、惊恐、愤激、痛苦等情绪,办公室人员这时候给予宽厚的抚慰,深深的同情,设身处地为他着想,会使说服对象与己情感相近,容易接受办公室人员的观点。

(五) 迂回周旋,循序渐进

说服不能一味的进攻,迫使对方立即接受自己的观点,说服往往是一个循序渐进的过程。办公室人员应学会适当退让和承认对方观点的合理性,采取迂回方式,以退为进。在说服过程中遇到对方坚持己见,提出许多辩护理由,办公室人员这时不能粗暴给予否认,可以用"我明白你的意思"、"我理解你"等语言表达对对方的理解和同情,求得对方共鸣,避免对方情绪对立,然后再从他的角度帮他分析问题,这样便于相互沟通,使对方容易接受。说服过程中要循序渐进,不要操之过急,一下子提出种种要求。否则会

欲速不达,适得其反。

(六) 尊重对方,恰当幽默

在说服过程中,办公室人员可以适当运用幽默,这能调节气氛,有利继续深谈。但是,幽默要以尊重对方为原则,使对方在和睦气氛中感到友好和关切,过分的、不恰当的幽默会被理解为嘲讽,损害自尊心,效果适得其反。

总之,说服的艺术多种多样,办公室人员要不断实践才会逐步提高,日臻娴熟。①

二、同感与理解的技巧

每位办公室人员都希望得到别人的尊重、理解和爱。要真正建立起良好的人际关系,办公室人员必须学会尊重和理解他人,应当了解同感和理解的重要意义。同感和理解是交际双方心灵上的沟通和共鸣、情感上的相互心理换位,这是办公室人员应掌握的人际交往技巧。

(一) 同感的含义和意义

基督教有一条戒律:"爱你的邻人如同爱你自己。"印第安人在他们的祷文中念道:"神啊,帮助我们吧,别让我们去评价他们,除非我们也经历过他们的生活。"这些都是人类早期文化对同感的表述,已反映出人们对于相互体谅、沟通、理解和真诚的爱的需要。从古至今,在处理人际关系中,人与人之间的尊重、理解,推心置腹为他人设身处地考虑等原则都是永恒不变的。

1. 同感的含义。同感是指在人际交往中,理解和尊重他人,设身处地为他人着想,达到人与人之间心灵上的沟通与共鸣。同感使人际关系双方达到感情融洽、彼此信任、互相关心、互相帮助。办公室人员要做到与别人同感,达到设身处地为他人设想的境界,并非易事,要受到性格、能力等个人素质的限制。

同感不同于中立和同情。中立是指感情上不愿意介入,在人际交往中对任何事情都无动于衷或坚持中间立场,采取冷漠的"不偏不倚"的心态。中立易使人产生抵触情绪,造成他人对自己的疏远。同情常常意味着怜悯,它是一种自发的感情活动,即受到对方感情影响时,进入对方的感情状态,与对方一起喜、怒、哀、乐,为对方的遭遇而流泪伤心,用感情卷入来向对方表示关注。同情不是一种理智的有意识的感情反应。

同感是指自觉地、有意识地参与,同感不仅仅是感情活动,感情活动只是同感的表现形式。同感是指能意识、体会、判断和理解对方的感情,也就是历史学家陈寅恪先生所说的"了解之同情",是以对别人的理解为基础的。

2. 同感的意义。同感对于办公室人员人际交往和改善人际关系而言,具有重要的地位和作用。首先,同感帮助办公室人员进一步理解别人,也理解自身。同感能够帮助办公室人员发现自身价值,了解自身品质。通过同感,办公室人员与对方感情上融合一

---

① 奚洁人等:《简明人际关系学》,华东师范大学出版社1991年版,第275—278页。

起,共同理解成功的欢乐和失败的烦恼,并从他人的成功和失败中找到自身不足、教训和需改进之处。其次,与别人同感能使办公室人员深化与他人的人际关系。人们渴求能同理解自己的人交朋友,能理解别人的人会获得更多的知心朋友。最后,同感和理解能促进办公室人员与他人关系的和谐。①

(二) 同感和理解的技巧

1. 同感和理解的技巧。(1) 寻找共同的经历和看法。办公室人员尽可能让对方发现与自己有共同之处,感到办公室人员是"自己人",这就有了共同的语言,易达到相互理解。办公室人员可以在交谈中以自己与对方相类似的经历为例,谈谈自己克服内心焦虑的方法和体验,与对方"同甘共苦",实际上这就向对方表示了同感和理解,使他得到了精神上的慰藉。(2) 要用表示诚挚关切的言语。办公室人员要善于运用关切的言语,而不是单纯地向别人提建议或支配别人。在谈话时,办公室人员可以用"请继续谈下去"、"再告诉我点情况"、"你的感觉怎样?"等询问技巧让对方把自己感觉谈出来,并表示自己诚挚的关切。(3) 避免评论式的回答。办公室人员谈话时要避免使用恩赐般的、恐吓的、鄙视的、讽刺挖苦的或玩世不恭的语言,更应避免评论式的语言,如"我不明白你怎么会这样!"这些带有武断口气的语言,把自己置于对方之上,难以了解对方的看法。办公室人员应该多用描述性的叙述,如"你的心情看来不错","我知道你现在在生气"等等,这样使对方感到亲切,愿意倾诉自己的感受。(4) 真诚的赞扬,肯定的回答。希望别人赞美,赏识自己的价值,得到应有的自尊,这是人之常情。办公室人员应该对他人给予信任和鼓励式的、积极性的评价,如"这准行!""你一定能做好!"这种对对方肯定的语言,这样容易被对方接受。办公室人员应该做到真诚地、恰如其分地赞美别人。马克·吐温曾说:"靠一句美好的赞扬,我能活上两个月。"赞美式语言在同感理解过程中具有积极的意义。(5)"以心换心"地表达理解。办公室人员在与他人交谈时,要体现设身处地地替别人着想的情感,体谅对方的心情,主动分享对方的快乐和不幸,关心他人的命运。办公室人员可以说:"你的心情我理解"、"请多想开些"等等,使对方顿感心里舒坦、慰藉,感受到你的同感和理解,赤诚相待,以心换心。最好的同情是鼓励,当你在向对方深表同情时,千万别忘了鼓励他应看到光明的前途,困难是暂时的,这样容易驱除他的烦闷,使其鼓起生活的信心。②

2. 消除误解的技巧。办公室人员在人际交往中往往会感受到,虽然人们渴望同感理解,但是理想和现实常常存在着矛盾,人际交往中的种种障碍造成了各种各样的人与人之间的误解。人们常常误解别人,又被别人误解。消除误解,增进理解,是达到个体之间同感理解,改善人际关系的重要途径。(1) 尊重他人,一如既往。如果办公室人员被人误解了,应该保持冷静、开朗、洒脱的风度,相信乌云总会过去,误解总会消除,而不

---

① 奚洁人:《简明人际关系学》,华东师范大学出版社1991年版,第286—287页。
② 同上书,第289页。

必忧心忡忡,更不可暴跳如雷,立即兴师问罪。如果被人误解,特别是自己一片好心被人误解以后,办公室人员若记恨在心,伺机出气,不但无助于误解的消除,而且"假戏真做",势必使得矛盾不可收拾。办公室人员应等待或创造消除误解的合适时机,相信时间会作出最好的解释。因此被人误解后,办公室人员应"君子坦荡荡",不要多计较,应以谅解对误解,一如既往继续表示出对对方的尊重和信任,总有一天也会得到他人的尊重和信赖。(2)解剖自己,加强修养。与他人发生误解后,办公室人员首先要审视反省自己,搞清楚到底是谁误会谁,如果是自己误会他人,则要真诚地向对方道歉,勇于承认自己的错误,以取得对方的谅解,从而消除误解。如果确是自己被人误解,首先要反思自己的行为,是否有易被人误解之处,如虽无坏心,但过分心直口快,会使人误解为显示自己;清高自负易被误解为不尊重他人;过分谦虚容易被人误解为虚伪;过分的活泼会被人误解为轻浮。凡此种种,均属思想修养,需要常常检点、反省,尽可能消除自身易被人误解的因素。(3)解开疙瘩,注意方法。一旦误会产生了,办公室人员可通过各种途径,积极沟通,化误解为理解,但消除误解的方法要得当,否则会越解误会越深。消除误解有各种渠道,办公室人员可以通过组织帮助解决;也可以通过同事、朋友从中斡旋、解释,以求冰融雪化;也可以直接找对方谈心。这就要因人而异,讲究方法。如对性格豪爽的人可以"单刀直入"、公开挑明,"以直对直",可能一下子就见效。对性格内向、慢条斯理的人要"以慢对慢",寻找机会,察言观色。对性格怪僻多疑的人,则应格外小心,减少引起他生疑的因素。总之,消除误解要因人、因地、因时而采取不同方法,误解消除得好,有时会使坏事变好事,达到新的理解,使人际关系更加和谐融洽。①

办公室人际关系交往箴言

1. 交浅言深者,与其交往要谨慎。初到公司,可以透过闲谈与同事沟通,拉近彼此之间的距离。但是有一种人,刚认识你不久,便把自己的苦衷和委屈一股脑儿地向你倾诉。然后,转过头来他又向其他的人做出了同样的表现,说出了同样的话,这表示他缺乏修养,说话做事往往思虑不周。

2. 搬弄是非的"饶舌者"不可深交。一般来说爱道人是非者,必为是非人。这种人喜欢整天挖空心思探寻他人的隐私,抱怨这个同事不好、那个上级有外遇等等。长舌之人可能会挑拨你和同事间的交情,当你和同事真的发生不愉快时,他却隔岸观火、看热闹,甚至拍手称快。他也可能怂恿你和上级争吵,让你去说上级的坏话,然后他却添油加醋地把这些话传到你上级的耳朵里,如果上级没有明察,届时你在组织中的日子就难过了。

---

① 奚洁人:《简明人际关系学》,华东师范大学出版社1991年版,第286—294页。

3. 唯恐天下不乱者不宜深交。有些人过分活跃,爱传播小道消息,制造紧张气氛。"公司要裁员"、"某某人得到上级的赏识"、"这个月奖金要发多少"、"公司的债务庞大"等等,弄得人心惶惶。如果有这种人对你说这些话,切记不可相信。当然也不要当头泼他冷水,只需敷衍:"噢。是真的吗?"

4. 顺手牵羊爱占小便宜者不宜深交。有的人喜欢贪小便宜,以为"顺手牵羊不算偷",就随手拿走公司的财物,比如订书机、纸张、各类文具等小东西,虽然值不了几个钱,但上级对其绝不会姑息养奸。这种占小便宜的行为还包括利用公司的时间、资源做私事或兼差,他们总认为公司给的薪水太少,不利用公司的资源捞些外快,心里就不舒服。这种占小便宜的行为看起来问题不严重,但公司一旦有较严重的事件发生,上级就可能先怀疑这种人。

5. 因损害组织利益被组织列入"黑名单"者不宜深交。只要你仔细观察,就能发现组织将哪些人归入"黑名单",如果与这些人走得太近,可能会受到牵连。不过,你纵然不与之深交,也用不着落井下石。

避免深交,但需要与之沟通。当你新进公司时,应当表现得友善大方,主动与人交际。比如:邀请同事共进午餐或晚餐,寻找机会请教工作上的问题,借此表达你愿意配合同事工作的善意。

办公室人员的小故事

故事一:小丽年轻干练、活泼开朗,入行不几年,职位"噌噌"地往上升,很快成为单位里的主力干将。几天前,新老板走马上任,下车伊始,就把小丽叫了过去:"小丽,你经验丰富,能力又强,这里有个新项目,你就多费心盯一盯吧!"

受到新老板的重用,小丽欢欣鼓舞。恰好这天要去上海某周边城市谈判,小丽一合计,一行好几个人,坐公交车不方便,人也受累,会影响谈判效果;打车吧,一辆坐不下,两辆费用又太高;还是包一辆车好,经济又实惠。

主意定了,小丽却没有直接去办理。几年的职场生涯让她懂得,遇事向老板汇报一声是绝对必要的。于是,小丽来到老板跟前。

"老板,您看,我们今天要出去",小丽把几种方案的利弊分析了一番,接着说:"所以呢,我决定包一辆车去!"汇报完毕,小丽发现老板的脸不知道什么时候黑了下来。他生硬地说:"是吗?可是我认为这个方案不太好,你们还是买票坐长途车去吧!"小丽愣住了,她万万没想到,一个如此合情合理的建议竟然被打了"回票"。

"没道理呀,傻瓜都能看出来我的方案是最佳的?"小丽大感不解。

故事二：初入职场的时候，小周曾经听前辈说过，要在单位里站稳脚跟，首先要保持谦虚的态度，按照上级的要求努力完成手头上的工作就行了，其他事情尽量少管，以免引来不必要的麻烦。对于过来者的建议，刚刚开始职业生涯的小周深信不疑地采纳了。这对于性格本来比较内向的他而言，保持一定的沉默比在同事和上级面前表现和炫耀自己能力，让他觉得更容易接受。于是，在会议以及策划活动时，小周大多时候都保持沉默，除非领导问他有什么观点和想法外，他往往扮演"闷葫芦"的角色。

起初，他的工作开展起来还算顺利。然而，渐渐地，小周发现身边的同事与他交流的时间越来越少，无论是吃饭，还是周末的活动，很少有同事会主动邀请他参加。于是，他似乎开始与同事产生了距离。同时在一些项目的推广上，领导也不再了解小周的看法，便直接就把任务交给其他下属负责了。眼看着在单位里工作也快将近两年了，与他一同上岗的同事，或跳槽，或晋升，而自己的职业发展仍然在原来的水平线上。是自己的能力有缺陷？还是职场情商不足？小周感到困惑不已。

案例思考题

如果你是小丽和小周的同事，你将如何解决他们的困惑？

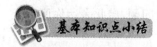

基本知识点小结

1. 人际关系是指人们在社会生活中、工作中的一种相互沟通、相互协调的关系。
2. 良好的人际关系有利于办公室人员身心健康、事业成功和人生幸福。
3. 影响人际关系的因素：距离的远近，交往的频率，态度相似性，需要的互补性，情景因素和中介因素。
4. 影响人际关系的障碍主要包括：心理障碍，语言障碍，地位障碍和物理障碍。
5. 办公室人员处理人际关系的准则：尊重他人，赞美他人，乐于助人，谦虚宽容，公允。
6. 办公室人员与上级关系的特征：工作上的主从性，智慧思维的补充性，人际关系的首属性，人格上的平等性。
7. 办公室人员与上级关系的处理原则：主动配合、适应；服从，但不盲从；委婉提醒，适时规劝；维护上级间的团结，以大局为重。
8. 办公室人员处理与一般同事关系的原则和要求：诚恳正直，平等待人；彼此尊重，互相关心；谦虚谨慎，谦让宽容；维护团结。
9. 办公室人员处理其他业缘关系的原则：广结良缘，区分主次，一视同仁，以礼相待。
10. 办公室人员有效说服的艺术：态度温和，气氛融洽；目光亲切，坦诚相见；对症下药，语言认同；通俗简洁，以情感人；迂回周旋，循序渐进；尊重对方，恰当幽默。
11. 办公室人员达到同感和理解的技巧：寻找共同的经历和看法；用表示诚挚关切

的言语;避免评论式的回答;真诚的赞扬,肯定的回答;"以心换心"表达理解。

12. 办公室人员在消除误解、增进理解时应该注意:尊重他人,一如既往;解剖自己,加强修养;解开疙瘩,注意方法。

思考题

办公室是个小社会,所谓办公室政治(office politics)指的是出现于办公室及职场内的人事及利益纷争,涉及办公室中复杂的人际关系。当你处于办公室政治中时,你将如何保护自己,同时又与同事保持良好的人际关系?

第六章

办公室工作计划

本章提要

办公室工作计划是指制定实现组织目标的行动方案的过程。办公室工作计划的制定要遵循限定因素原理、许诺原理、灵活性原理和"改变航道"原理。计划在具体制定时要确定总任务、鉴定产生主要成果的领域,明确制定计划的程序和方法。计划在实施过程中要进行适时追踪和反馈,发现与原计划的差距要及时修正。办公室目标管理则是目标管理这一理论方法在具体工作中的应用,系统性与激励是目标管理的两个重要特点。目标管理的步骤可分为制定目标、组织实施、检验和评价结果、新的循环四个部分。目标管理可以造成一种全体职工都关心组织的整体目标的局面,从而得到一种组织的活力和生机,大大改善组织的素质。尽管目标管理理论在现代管理应用中还存在一些欠缺,但一旦被主管人员所认识,并在此基础上灵活运用,则目标管理在现代管理过程中将起到很大的作用。

办公室工作计划的制定是一项需要运用智力和发挥创造力的过程,它要求高瞻远瞩地制定目标和战略,严密地规划和部署,把决策建立在反复权衡的基础之上。办公室工作计划制定得完善与否直接关系到办公室管理目标实现的成败。

第一节 办公室工作计划的类型和制定原理

一、计划的含义

计划是指预先决定的行动方案,它包括制定目标以及设计达到目标的手段。计划的制定是指预先决定做什么和怎样做的一种程序,它包括确定总任务、鉴定产生主要成果的领域,并规定达到具体目标所需的政策、规划和程序。制定全面的办公室工作计划有助于办公室管理目标实现总体效益的最大化。

从组织角度看,计划的概念可以从两方面加以理解:从名词角度(静态的)理解,计划是指实现组织目标的行动方案;从动词的角度(动态的)理解,计划也就是通常所说的计划工作,即制定实现组织目标的行动方案的过程。[1] 本章主要从动态的角度讨论工作计划。

一个完整的办公室工作计划系统包括目标、步骤、期限、使用方法、实施后的总结以及反馈的不断循环。计划最终实施的结果应该与预定的目标大体上一致。如果发现有较大的差距,就应该花时间找出主要的原因,并对原来的计划进行补充和修订。而要使任何一项办公室工作计划得以顺利实现,创造一个良好的工作环境是极其重要的前提。

二、工作计划的类型

按照不同的分类标准,计划可以有不同的分类方式。

1. 计划可以分为传统计划和现代计划。传统的计划以积累多年的经验为基础,例如:定额法——根据以往各项定额推算有关部门和有关方面的发展指标;反复平衡法——从内在关系出发考虑各项目标间的相互制约,经过反复试算求得平衡;比例法——根据过去在不同部门或过程间长期存在的稳定比例确定有关指标;比较法——在一定条件下对比不同部门和地区的计划水平;技术经济分析法——从技术、经济和自然因素的影响确定有关的技术经济计划等。现代计划是对未来发展的设想,它需要对一定时期的工作人员作出具体安排。

2. 按照时间来分,办公室工作计划可以分为长期计划、中期计划和短期计划三种类型。长期计划的制定与组织整体发展目标相适应,中期计划的制定与组织发展的阶段性目标相适应,短期计划的制定则与组织具体项目工作安排相适应。

3. 根据计划的性质又可以作不同的分类。其具体形式视决策的确定性或非确定性而有所不同。越是高层的决策,其不确定性越多。

确定性决策所涉及的是反复发生多次、结构明确的同类问题,它是具有重复和常规性质的决策。对这种决策要做什么、怎样做、需要什么资源等问题,人们的理解是一致的。可以依赖可靠的模型,过去有过成功经验,对将来也有很大的把握。

不确定性决策所涉及的问题是没有先例的、新颖的,其结构既复杂又不明确,没有现成的方法和程序,因此每次都要把问题综合成信息加以处理,再作决策。对之往往要付出相当代价去探索。

现代计划常使用的几种基本方法有运筹学方法、投入产出分析、计量经济模型、系统动力学。它基本上是适应程序化决策的,对于非程序化决策,必须结合其他探索式问题解决方法进行。

4. 从计划的操作角度来看,办公室工作计划又可以分为战略层、政策层与战术层三类。

---

[1] 尤建新、雷星晖、彭正龙:《管理学概论》(第二版),同济大学出版社2002年版,第70页。

（1）战略层计划。这类计划是为了与环境相协调,确定能使价值系统发生变化的行动,这相当于提出整个战略目标,寻求在一定的环境下比较协调的价值规范。（2）政策层计划。政策层计划是指在战略层目标下引出具体目标,它考虑在时间和资源允许的条件下,互有联系的目标实现最佳组合,使资源分配的价值尽可能达到最大值,同时它也给出了一系列政策举措。（3）战术层计划。这是指在实施战略与政策时所制定的各种操作程序和时间安排,它的具体性计划给出了业务性的活动蓝图和行为方案。

战略层控制了政策层和战术层,但也依靠政策层和战术层发挥作用;政策层既划出业务的界限,又依靠业务计划;而战术层既受战略层和政策层的约束,又依赖来自环境的影响,其间还有反馈。战略层制定的综合计划为具体实施规定了范围,为办公室工作提供全面的指导,总的过程包含着环境、组织能力和资源、管理的利益和期望,以及社会责任等社会因素的综合。政策层为办公室工作指明具体方向,战术层则给出了具体工作的活动蓝图,三者与组织环境相互影响,共同构成工作计划。[1]

三、办公室工作计划制定原理

（一）限定因素原理

限定因素是指妨碍目标得以实现的因素。在其他因素不变的情况下,抓住这些因素,就能实现期望的目标。限定因素原理是指在计划工作中,越是能够了解和找到对达到所要求目标起限制性和决定性作用的因素,就越是能准确地、客观地选择可行的方案。限定因素原理是决策的精髓。决策的关键就是解决抉择方案所提出的问题,即尽可能地找出和解决限定性的或策略性的因素。

（二）许诺原理

许诺原理是指任何一项计划都是对完成某项工作所作出的许诺,许诺越大,所需的时间越长,因而实现目标的可能性就越小。这一原理涉及计划期限问题。关于合理的计划期限的确定问题体现在"许诺原理"上,即合理计划工作要确定一个未来的时期,这个时期的长短取决于实现决策中所许诺的任务所需要的时间。

按照许诺原理,计划必须有期限要求。事实上,对于大多数情况,完成期限是对计划的最严厉的要求。此外,必须合理地确定计划期限,并且不应随意缩短、加长计划期限。而且,每项计划的许诺不能太多,因为许诺（任务）越多,计划时间就越长。如果主管人员实施许诺所需的时间比他可能正确预见的未来期限还要长,并且他不能获得足够的资源,使计划具有足够的灵活性,那么他就应当断然地减少许诺,或是将他所许诺的期限缩短。

（三）灵活性原理

灵活性原理是指计划工作中体现的灵活性越大,则由于未来意外事件引起损失的

---

[1] 胡占友:《办公室管理行动指南》,机械工业出版社2005年版,第90—91页。

危险性就越小。灵活性原理是指制定计划时要有灵活性,即留有余地。对于主管人员来说,灵活性原理是计划工作中最主要的原理。当承担的任务重、目标期限长的情况下,灵活性便显示出它的作用。当然,灵活性只是在一定程度内是可能的。在国外,现在也多强调实行所谓的"弹性计划",即能适应变化的计划。

(四)"改变航道"原理

"改变航道"原理是指计划工作对将来承诺得越多,主管人员定期地检查现状和预期前景以及为保证达到目标而重新制定计划就越重要。计划制定出来后,计划工作者就要管理计划,促进计划实施,必要时可根据当时的实际情况作必要的检查和修订。"改变航道"原理与灵活性原理不同,灵活性原理是指使计划本身具有适应性,而"改变航道"原理是使计划执行过程具有应变能力。为此,计划工作者应经常地检查计划,重新制定计划,以此达到预期的目标。

第二节 办公室工作计划程序和方法

一、工作计划程序

一般来说,办公室工作计划的程序包括以下 8 项前后相继的步骤。

(一)估量机会

对机会的估量,要在实际的计划工作开始之前就着手进行,它是计划工作的一个真正起点,其内容包括对未来可能出现的变化和预示的机会进行初步分析,形成判断;根据自己的长处和短处搞清自己的地位;了解自己利用机会的能力;列举主要的不确定因素,分析其发生的可能性和影响程度;在反复斟酌的基础上,下定决心,扬长避短。

(二)确定计划的目标

计划的第一步,是在估量机会的基础上,为组织及其所属的下级单位确定工作目标。在确定目标这一步工作上,要说明基本的方针和具体的目标内容,说明制定战略、政策、规则和预算的任务,并指出工作的重点。

(三)确定计划工作的前提条件

计划工作的前提条件就是计划工作的假设条件。负责计划工作的人员对计划前提了解得愈细愈透彻,并能始终如一地运用它,则计划工作的协调性也将做得越好。

按照组织的内外环境,可以将计划工作的前提条件分为外部前提条件和内部前提条件;按可控程序,可以将计划工作前提条件分为不可控的、部分可控的和可控的三种。前述的外部前提条件多为不可控的和部分可控的,而内部前提条件大多是可控的。不可控的前提条件越多,不肯定性越大,就愈需要通过预测工作确定其发生的概率和影响程度的大小。

（四）编制预算

计划工作的最后一步是把计划转化为预算，使之数字化。预算实质上是资源的分配计划。预算工作做好了，可以成为汇总和综合平衡各类计划的一种工具，也可以成为衡量计划完成进度的重要标准。

（五）拟订可供选择的行动方案

设想和确定可供选择的行动方案，这一步工作需要发挥创造性。但是，方案也不是越多越好。即使我们可以采用数学方法和借助电子计算机的手段，还是要对候选方案的数量加以限制，以便把主要精力集中在对少数最有希望的方案的分析方面。

（六）评价各种备选方案

评价实质上是一种价值判断。确定目标和确定计划前提条件的工作质量，直接影响到对方案的评价。它一方面取决于评价者所采用的标准，另一方面取决于评价者对各个标准所赋予的权数。在评价方法方面，可以采用运筹学中较为成熟的矩阵评价法、层次分析法以及在条件许可情况下采用多目标评价方法。

（七）选择方案

选择方案是很关键的一步，也是决策的实质性阶段——抉择阶段，可能遇到的情况是：发现同时有两个可取的方案，在这种情况下，必须确定首选哪个方案，而将另一个方案也进行细化和完善，并作为后备方案。

（八）拟订派生计划

派生计划是总计划下的分计划。总计划要靠派生计划来保证，派生计划是总计划的基础。

二、制定办公室工作计划的方法

在目前情况下，制定办公室工作计划的常用方法主要有以下四种。

（一）滚动式计划方法

所谓滚动式计划方法是一种编制具有灵活性、能够适应环境变化的长期计划方法。编制方法是：在已编制出计划的基础上，每经过一段固定的时期（例如一年或一个季度等，这段固定的时期被称为滚动期）便根据变化了的环境条件和计划的实际执行情况，从确保实现计划目标出发对原计划进行调整。每次调整时，保持原计划期限不变，而将计划期限顺序向前推进一个滚动期。

采用滚动式计划方法，可以根据环境条件变化和实际完成情况，定期地对计划进行修订，使组织始终有一个较为切合实际的长期计划作指导，并使长期计划能够始终与短期计划紧密地衔接在一起。

（二）运筹学方法

运筹学是计划工作的有效工具，它广泛地用于解决有限资源如何合理运用以实现既定的目标。应用运筹学的一般程序是：

1. 建立问题的数学模型。根据研究目的对问题的范围进行界定,确定描述问题的主要变量和问题的约束条件,然后根据问题的性质确定采用哪一类运筹学方法,并按此方法将问题描述为一定的数学模型。为了使问题简化和突出主要的影响因素,需要做各种必要的假定。

2. 规定一个目标函数,作为对各种可能的行动方案进行比较的尺度。

3. 确定模型中各参量的具体数值。

4. 求解模型,找出使目标函数达到最大值(或最小值)的最优解。

(三) 规划-计划-预算系统

这种系统简称为 PPBS 系统,是通过规划把编制计划和预算工作结合起来进行系统管理的一种方法。它是美国兰德公司研究出来的一种计划和控制技术方法。1961年美国国防部长麦克纳马拉在国防部运用这一方法,把以前三军各自为政的计划一元化,将很多的武器系统计划作为整个国防系统中的问题加以考虑,借助系统分析编制预算。规划-计划-预算方法是完全从目标出发编制预算的。计划开始时,首先由最高主管部门提出组织的总目标和战略,并确定实现目标的项目;其次分别按每一个项目的实施阶段所需的资源数量进行测算和规划,并排出项目的先后顺序;然后,在编制预算时,从目标出发按先后顺序和项目的实际需要分配资源,当资源有限时,应保证排在前面的项目的需要;最后,根据各部门在实施项目中的职责和承担的工作量将预算落实到部门。

(四) 行政计划评审术

这种方法简称 PERT 技术,是网络规划中的一种方法,主要是利用概率统计方法分析行政现象,研究如何制定完整切实的计划,如何结合实际工作条件制定计划的每个作业的起止时间,如何在工作进行当中追踪反馈,使整个工作在尽可能短的时间内完成。它适合大型工程和复杂计划的设计安排。它的基本步骤如下:

1. 作业网图。行政计划评审术的第一步是要做成一个完整的计划。这计划要用作业网图表示出来,且由此网图也可以显示该计划的各种工作间的相互关系及其程序。如以建造一幢房屋为例,其作业程序包括设计、筹款、雇工、购料、兴建、调整、完成。在完整的计划作业网图制作之前,先要就各个作业的内容与程序,制定各个作业表及网图。

2. 时间估计。作业网图绘制以后,就要进而就每项工作或活动需要多少时间加以估计。

3. 管理图表。无论作业网图的绘制还是工作时间的估计,目的都在于获得计划管理所需要的资料。这些资料以计算为主,所得出的均是具体数字。但仅有数字的资料,有时不易被看懂,有时又不便运用,所以进一步把两者结合起来制作管理图表,以为执行及控制整个工作计划的必要手段或工具。

4. 检查进度。计划无论如何严密周详,在执行过程中总不免发生意外或偏差。因此必须随时检查工作进度,根据工作情况确定与原计划有无出入,如有出入不能按原定计划依期完成时,便要采取适当而有效的措施,以求补救。

5. 资源调配。将物力、财力等作有效配合。

6. 人力运用。对本项目所涉及的人员做出良好的安排。

这种计划方法于1957年由美国海军部特殊计划局和民间的洛克希德公司及汉密尔顿公司合作创制出来。由于它的应用,美国于1958年9月成功地完成了宇宙飞船发射计划,较预定时间提早了两个月,从而使人们认识到了它的价值。1962年美国政府规定,一切由政府参与开发的工程,必须事先提交PERT计划,PERT已成为美国十分盛行的一种管理方法。

第三节 办公室工作计划修正

一、计划失误的原因及限制条件

由于组织环境、气候等各种条件限制,一项计划在制定和实施时都可能会出现或大或小的失误,具体的原因及限制条件主要有以下几项。

(一) 目标制定方面的阻力

因为计划目标所要解决事务的重要性和复杂性程度不一样,所以具体工作任务就各有所异,有轻有重,有大有小,有难有易,完成任务所需人、财、物的数量各不相等,就是所遇到的阻力也各不相同。因而在计划实施过程中要涉及的机关和人员及所要完成的工作量等会有所差异。

(二) 实施主体方面的原因

实施主体包括组织机构和行政工作两方面。从组织机构来看,其设置的合理与否都直接作用于计划实施。从工作人员来看,其一是领导者,首要的是领导者权威的服从度。尽管领导者有法定的权威,但不可否认,良好的工作作风和方法也是领导者重要的权威基础。另外,领导者自身的素质、领导艺术、工作经验,以及所作决策的合法性程度等都对计划实施起着关键作用。其二是领导者以外的一般执行人员。执行人员的意向与工作态度、能力与精干程度,以及由这些所决定的对决策的理解程度和对工作情况的判断水平等,都伴随着他们在整个实施过程中时刻发挥着影响作用。

(三) 实施客体方面的原因

实施客体主要是指针对计划实施的相关人员及其有关部门、组织。对于被实施对象来说,他们受教育的程度、组织的程度、知识水平、政策水平、承受能力等与计划实施的目标或方式出现冲突时,就很难被接受,计划在贯彻执行的过程中就可能遭遇阻力。

(四) 实施环境中的障碍

计划的实施环境在此是从最广泛的意义上理解的,包括自然环境、文化环境、经济技术环境、政治环境、工作环境。每项工作任务所面临的环境都不可能完全一致,在实施过程中,就必然要表现出差异。

二、创造气氛完成工作计划

计划实施作为贯彻执行计划目标的过程是具有阶段性的。一般认为,计划实施可以分两步进行,即实施前的准备阶段和正式实施阶段,每一个大的阶段又由若干环节所组成。在每一个工作阶段中,都要认真做好准备。

计划实施前的准备阶段即计划实施的预备时期,准备工作具体包括以下各项内容。

(一) 规范化

部门不管推行何种计划,首先都有一个规范化的问题。在采取具体措施之前,要检查计划是否与现行的秩序冲突。制定计划要尽量符合规范。如果超出规范确属必要,则要立即向上级部门申报以取得上级的批准与认可,有时还要写出可行性论证报告并提请有关机构审批,不得"先斩后奏"。

(二) 组织准备

执行计划之前,要考虑到组织机构是否完善,人力条件是否充足。这些条件具备了,就要使计划内容通过组织贯彻下去,各项指标都要通过组织机构落实下去,形成职、责、权、利有机结合的组织系统,并制定必要的规章制度,建立简便的工作程序与办事制度,以保证在计划实施过程中组织功能的最好发挥。

(三) 思想准备

在某项决策付诸实施之前,领导先要心中有数,对各方面要有足够的估计,做到"知己知彼,百战不殆"。紧接着,计划必须获得所有执行人员及有关各方面的理解与接受,工作人员必须了解计划并决心努力实现计划目标。此外,思想准备还包括很重要一个方面的内容,那就是所有工作人员的思想动员工作。要利用各种手段充分动员,不仅要使工作人员能理解工作的内容和意义,而且要设法将其变为工作人员的自觉行动。

(四) 物资准备

常言道:"巧妇难为无米之炊。"仅有上述组织、人事、思想等方面的准备而没有相当的物资条件,恐怕任何事情都难以办成。所以,机关要完成任何一项任务,都离不开特定的物资基础。执行计划必须要有经费上的准备,对于所需资金必须事先筹措并制订出使用计划,做到有的放矢。执行计划还必须有一定的设备条件,除去必需的设备和必备的物资以外,对工作人员的生活起居条件,也应当作为重要条件做好安排,因为安定的生活是高效工作的必要保证。

(五) 技术准备

技术问题既属于物资准备但又不完全是物资准备可以解决的。现代管理不是任何机构任何组织具备了一定的物质条件都能够随意承担的。由于社会事务日益复杂,科学技术蓬勃发展,所以在实施某项决策之前,技术条件、技术力量也是一个不得不考虑

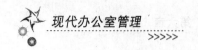

的因素。这里既包括技术设备的适当水平,又包括技术人员与专家力量的使用。仅仅依靠领导的经验难以进行科学管理。

总之,计划实施者要努力营造理解、合作、团结的工作气氛,使工作计划能够在所有人员积极、热情的态度中顺利进行。①

第四节 办公室工作目标管理

一、目标管理的含义和特点

(一) 目标管理的含义

目标管理是在泰罗的科学管理和行为科学理论基础上形成的一整套管理制度。1954年,彼得·德鲁克在他所著的《管理的实践》一书中,首先提出了"目标管理和自我控制"的主张。他认为,通过目标管理就可以对管理者进行有效的管理。之后,他又在此基础上发展了这一主张,认为"企业的目的和任务,必须转化为目标",企业的各级主管必须通过这些目标对下级进行领导,以此来达到企业的总目标。如果每个职工和主管人员都完成了自己的分目标,则整个企业的总目标就有可能达到。与此同时,还有许多先驱者对目标管理也同样作出了重大贡献,在此基础上形成了目标管理制度。由于这种制度在美国应用非常广泛,而且特别适用于对主管人员的管理,所以被称为"管理中的管理"。

目标管理是指组织的最高领导层根据组织面临的形势和社会需要,制定出一定时期内组织经营活动所需达到的总目标,然后层层落实,要求下属各部门主管人员以至于每个职工根据上级制定的目标,分别制定目标和保证措施,形成一个目标体系,并把目标的完成情况作为各部门或个人考核的依据。

中国实行目标管理始于1978年,是伴随着推行全面质量管理而开展起来的。目前,中国各级组织中实行的计划指标层层分解、归口负责的办法,有些类似于目标管理。

(二) 目标管理的特点

目标管理作为一种管理思想,有两个显著的特点。

1. **目标管理强调组织计划的系统性**。计划是一种观念,是有待于实现的行动。组织在制定计划时,必须考虑到内部各环节、各部门、各层次、各发展阶段可能出现的情况。这些环节、部门、层次、阶段之间客观上存在一定的逻辑联系。然而在组织活动开始之前,这些联系是不明显的。组织规模越大,层次越多,计划期越长,各级管理人员对这些联系的理解差距就越大。例如某车间对于完成自己任务意义的理解,就可能停留在承包义务权利的兑现上,而厂领导则考虑该车间若完成不了生产任务可能给全厂带

---

① 孙荣:《办公室管理》,复旦大学出版社1999年版,第163—165页。

来的影响。

显然，应该通过组织计划的系统性来保证组织活动内部的逻辑联系。当组织结构比较简单时，计划的系统要求并不高；而当组织结构复杂时，内部各部分就易产生冲突，因而更需要事前对计划的系统考虑。每个人的目标必须符合他所在工作团队的目标，每个工作团队的目标又必须符合组织的总目标。目标管理对组织内部目标体系的制定要求，能保证组织计划的系统性。

2. 目标管理强调目标制定过程本身的激励性。在实施目标管理过程中，有些企业仅仅强调其系统性，因而收效不大，下级对上级"分解"下来的目标不感兴趣，缺乏热情，其原因就在于这些企业的管理者忽视了目标管理这一内涵。

在德鲁克提出目标管理思想的20世纪50年代的美国，管理界早已风靡过以人本主义为哲学基础的动机激励论。从梅奥的霍桑实验到马斯洛的需要层次论，到麦格雷戈提出的Y理论，都认为组织成员的工作热情是可以激发的，建立在对工作本身理解的基础上的热情要胜于由金钱刺激出来的干劲。以后出现的期望理论更是认为：人的积极性来自他对目标价值的认同和对该目标实现可能的估计。德鲁克的"让职工自己制定目标来保证总目标实现"的思想，就是50年代上述管理新思潮的反映。因此，行为激励性是目标管理的又一个不容忽视的特点。

二、目标管理过程

每个组织的性质不同，目标管理的步骤也不尽相同。一般来看，办公室工作的目标管理过程可分为以下几个基本步骤。

（一）制定目标

实行目标管理，首先要制定目标。组织的最高管理层首先要订出年度内组织经营活动要达到的总目标，然后经过上下协商，订出下级以及个人的分目标。组织内部上下左右各自都有具体的目标，从而形成一个目标体系。目标也可由下级部门或职工自行提出，由上级批准。下级要参与上级目标的制定工作。制定目标一般分为5个步骤：(1)准备；(2)由组织的高层领导制定战略性目标；(3)在各级管理阶层制定试探性的策略目标；(4)各级管理人员提出各种建议，相互进行讨论并修改；(5)就各项目标和评价标准达成协议。

（二）组织实施

主管人员应放手把权力交给下级成员，而自己去抓重点的综合性管理。达到目标主要靠执行者的自主管理。上级的管理主要表现在指导、协助、提出问题、提供情报以及创造良好的工作环境。

（三）检验和评价结果

对各级目标的完成情况和取得的结果，要及时地进行检查和评价。首先定出检查时间，然后，在到达预定期限后，上下级在一起对目标完成情况进行考核。应注意的事项是：本人完成后的结果要进行自检；对于本人的自检，上级必须同职工进行商谈；要以一定形式（如奖惩）同成绩评价结合起来。凡按期完成目标任务、成果显著的单位和个人，应给予表彰和奖励，以便进一步改进工作，鼓舞士气，为搞好下一期的目标管理而努力。对不按期完成目标任务的单位和个人，给以必要的惩罚，甚至在职务上给予降级。但在成果评价时，要根据目标的完成程度、目标的复杂程度以及工作的努力程度将结果分为四个等级。一般先由执行者自我评定等级，经过评议，最后由上级核定。

（四）新的循环

在前一项目标完成以后，通过完善的反馈机制，了解该目标实现过程中的优势与不足，在此基础上，再制定新的目标，开始新的循环。从上级主管部门开始确定目标并把它们分别分配下去的工作是很难做好的。这项工作也不应当从基层开始，它需要一定程度的上下反复过程。

三、目标管理的优点和缺点

（一）目标管理的优点

目标管理如果实施得当，将为办公室管理带来生机和活力，从好的方面看，目标管理的优点大致可分为以下几个方面：

1. 有助于提高管理水平。因为目标管理能直接提高和加强办公室工作的系统性、规划性、目的性和周期性，减少曲折和虚耗，使办公室工作有的放矢，从而大大提高办公室的管理水平。

2. 有利于暴露组织机构中的缺陷。目标管理可使主管人员把组织的作用和结构搞清楚，从而尽可能地把主要目标所要取得的成果落实到对实现目标负有责任的岗位上。对于在目标实施过程中组织机构存在的各种问题，也能通过特定的方式进行准确的观察和修正，从而不断发现组织机构内在的各种矛盾，并努力加以克服。

3. 有利于调动人们的积极性、创造性和责任心。目标管理使人们不再只是做工作、执行指导和等待指导与决策，他们都是有着明确目的的个人。在目标实施的过程中，办公室人员必须进行密切的合作，这能大大增进办公室人员之间的关系以及信息和情感方面的交流，加强机关内部的协调与合作，减少部门和人际关系之间的摩擦，为改善办公室的工作气氛起到很好的作用，从而有效地调动办公室人员的工作积极性。

4. 有利于进行更有效的控制。管理控制的主要问题之一是要懂得如何进行监督，而一套明确的可考核的目标就是管理者了解如何进行监督的最好指导。目标管理的实施，能够有效地克服集权式管理的弊端，发挥分权管理的长处，从而大大减轻上级领导事无巨细、件件须亲自过问的工作负担，收到事半功倍之功效，进而培养出办公室各级人员的工作才干和对组织的忠诚。

总之，目标管理可以造成一种全体职工都关心组织的整体目标的局面，从而得到一种组织的活力和生机，大大改善组织的素质。

(二)目标管理的缺点

目标管理虽然具备大量的优点,但作为一种具体的管理方式,要使之行之有效却不那么简单,其中的障碍主要集中在以下几个方面:

1. 目标管理理论还没有得到普及和宣传。目标管理看起来很简单,但要把它付诸实施还需要对它进行大量的了解和认识。尤其在办公室层面上,当大多数员工对目标管理的基本理论尚不了解的情况下,盲目地推行目标管理会产生许多意想不到的问题。

2. 适当的目标不易确定。目标管理把目标的制定视为管理工作的核心,然而,不能忽视的一个问题是,真正具有可操作性和可考核性的目标是很难确定的,特别是有些定性目标难以定量化,这就为目标的有效实施制造了难题。

3. 目标一般是短期的,但实现组织发展离不开长期性的目标。如果只是强调短期性的目标,那么其中的弊端是显而易见的,最大的不足是可能会使短期目标和长期目标脱节。

4. 目标管理实施过程缺乏灵活性。既然工作计划都是面向未来的,那么随着未来工作环境的变化,目标所指向的主题也必须发生变化,也就是说,绝大多数工作计划制定后还要不断进行调整,目标随之也要改变。而目标的改变可能导致目标前后不一致,从而给目标管理带来困难。

尽管目标管理在现代管理中还存在一些欠缺,但一旦被主管人员所认识,并在此基础上灵活运用,则目标管理在现代管理过程中将起到很大的作用。目标管理的关键在于:企业领导人对实行目标管理的坚定信心;国家、集体和个人利益的结合;对目标的重视,目标一经制定,决不能放任自流和随意改动;实事求是,脚踏实地,认真执行,不搞形式。

阅读参考

行政计划在现实中呈现出多种形式,无论是制定计划的机关、计划相对人、计划内容、计划的执行方式、计划持续的时间长短、计划的效果和法律的约束力等方面均有不同。把行政计划作为行政法所研究的对象主要是在德国、日本及中国台湾地区,因此本章主要就此三者在行政计划方面之规定进行阐述。

1. 德国、日本和中国台湾地区关于行政计划的概念。德国、日本和中国台湾地区的学者对行政计划都有不同论述。德国学者毛雷尔认为,凡是立法机关确定为或者称为计划的行为,都属于计划。由于计划的多样性,即表现在制定计划的机关、相对人、内容、执行方式、持续的时间长短、效果和法律的约束力等方面均有不同,因此,很难给计划下一个全面、统一的定义。在日本,行政计划是指行政机关在实施公共事业及其他活动之前,首先要综合地提示有关行政目标,事前制定出规划蓝图作为具体的行政目标,并进一步制定为实现该综合性目标所必需的各项政策性大纲。中国台湾学者认为,行政计划指行政机关为达成某特定目的或实现一定构想,于将来一定期限内,就达成该目的或实现该构想而先前设计或规划方法、步骤或措施等。

2. 中国大陆目前的情况。综上所述,我们可以看出德国学者认为计划必须是由立法机关确定或者称作为计划的,而日本学者和中国台湾地区的学者认为行政计划的制定主体是行政机关。目前,中国大陆尚未在立法上明确规定什么是行政计划,但是在宪法和各单行法中存在计划或者规划这样的词语。如《宪法》第六十二条第九项规定"全国人民代表大会行使审查和批准国民经济和社会发展计划和计划执行情况的报告的职权",第八十九条第五项规定"国务院行使编制和执行国民经济和社会发展计划和国家预算的职权"均提到了计划;《土地管理法》第三章专门规定了"土地利用总体规划";《城市规划法》中也用了"城市规划"一词。可见在中国大陆,计划(或"规划")是一个常用的法律术语,学者对此的界定也大致相同,一般认为行政计划是指行政机关在实施公共事业或其他活动之前,应在充分调查、预测、分析和广泛听取意见的基础上预先确定将来一定期限内要实现的目标,并就实现该目标的方法、步骤、措施等加以设计或规划的行为。①

2008年A公司办公室工作计划

2008年A公司办公室继续以提高素质、强化服务为宗旨,紧紧围绕公司的工作中心,狠抓工作作风和工作质量,努力争创学习型科室、服务型科室。为保证年度各项工作顺利完成,办公室制定如下几项计划。

一、党建工作计划

1. 做好党员发展对象的推荐、测评、培养、政审等工作,完成全年党员发展计划。
2. 积极做好入党积极分子的培养工作,为党组织培养后备力量。每个支部至少2名。
3. 进一步完善基层党支部考核标准和考核办法,保证党建工作再上新台阶。
4. 抓好党校建设,做好党员培训工作。
5. "七·一"期间开展一次以歌颂党、弘扬企业文化为主题的大型活动。
6. 制定方案,开展"党员先锋岗"活动。

二、宣传工作计划

1. 理顺公司宣传报道网络,加强领导和管理,使宣传内容更加丰富,贴近员工,提高《××新闻》的水平。
2. 通过专业协会和其他媒体等渠道做好产品、企业形象宣传工作。

---

① 张立红:《行政计划初探》,载《前沿》,2006年第2期,第150—161页。

3. 结合公司实际,强化公司形象宣传工作。公司内部的标语、宣传口号、标牌、宣传栏、公告栏等使用公司统一标识等。

4. 配合公司其他部门做好宣传报道工作。如:公司重大活动、题材的新闻报道策划;联络、接洽公司外新闻单位来公司采访、选材;归口管理各部门对外宣传报道的宣传口径等。

三、群团工作计划

1. 制定计划措施,以抓好基层组织建设为突破口,使工会、共青团、妇女工作上一个新台阶。

2. 结合公司生产经营工作实际,制定方案,深入开展"岗位练兵"、"岗位先锋"等活动,做到覆盖面广,效果显著。

3. "三·八"、"五·四"、"十·一"期间各组织一次丰富多彩的文体活动。

四、治安保卫工作计划

1. 从进一步完善公司安全保卫工作制度入手,结合公司实际,研究成立公司治安保卫大队,健全、完善公司安全保卫系统。

2. 做好安全保卫人员的培训工作,提高思想、业务素质,维护好公司办公秩序、生产秩序。

3. 完善社会治安综合治理工作制度,健全组织,开展好工作,加强综合治理目标管理,防止意外事故的发生。

4. 做好重点要害部位、治安复杂场所的管理工作,定期检查,注意发现治安隐患,要求有关部门限期整改。

5. 认真做好消防安全工作,制定消防器材的配备计划,定期检查、落实消防器材的使用、更新工作。

五、档案管理工作计划

1. 统一管理公司的文书、科技、会计等各类档案,并督促、指导各归档部门按规定进行立卷归档。

2. 对档案室及档案管理工作进行整顿,完善档案管理系统,健全档案管理制度,使档案管理工作更好地服务于生产经营管理工作。

案例思考题

请对上述工作计划进行评价,说说它好在哪里?还有哪些地方存在着不足?应如何加以补充?

1. 计划的含义:从名词角度(静态的)理解,计划是指实现组织目标的行动方案;从动词的角度(动态的)理解,计划也就是通常所说的计划工作,即制定实现组织目标的行

动方案的过程。

2. 计划的类型：根据不同的分类标准，计划有不同的分类。计划可以分为传统计划和现代计划；长期计划、中期计划和短期计划；确定型计划和不确定型计划；战略层、政策层与战术层计划等。

3. 计划制定的原理：限定因素原理、许诺原理、灵活性原理、"改变航道"原理。

4. 办公室工作计划的程序：估量机会；确定计划的目标；确定计划工作的前提条件；编制预算；拟订可供选择的行动方案；评价各种备选方案；选择方案；拟订派生计划。

5. 办公室工作计划制定方法：滚动式计划方法；运筹学方法；规划-计划-预算系统；行政计划评审术。

6. 目标管理的含义：目标管理是指组织的最高领导层根据组织面临的形势和社会需要，制定出一定时期内组织经营活动所需达到的总目标，然后层层落实，要求下属各部门主管人员以至于每个职工根据上级制定的目标，分别制定具体目标和保证措施，形成一个目标体系，并把目标的完成情况作为各部门或个人考核的依据。

7. 目标管理的特点：目标管理强调组织计划的系统性以及目标制定过程本身的激励性。

1. 试述制定办公室工作计划的原理。
2. 简述办公室工作计划失误的原因及限制条件。
3. 什么是目标管理？它有哪些重要特点？
4. 目标管理的优缺点分别有哪些？

第七章

办公室工作量化管理

> **本章提要**
>
> 管理是一个巨大的系统工程,头绪纷繁而又相互配套,如果放松了其中一个环节,就会牵连其他。劳动人事管理是这个系统工程中的子系统,是管理人的工作系统。在现代管理中,人的因素是起决定作用的。抓住了起决定作用的环节,便有利于带动其他环节。本章专门讨论劳动人事管理子系统中一个新的课题:办公室工作量化管理问题。这是管理的基础工作之一,与物质生产的量化管理是配套项目,或者说,是指扩大工作定额考核的覆盖面。量化管理是指在布置工作的时候,对工作的全过程以量化的形式提出要求,提高工作效率的有效管理方法,也是办公室管理中应用广泛和比较成功的方法。

办公室工作主要包括文电处理、档案管理、决策辅助、督办工作、协调工作、会议及活动安排、建立制度、保密工作、接待工作、设备管理,等等,内容非常繁多。如何提高办公室工作的效率问题是一个重要难题。

第一节 办公室工作量化管理的基本概念

一、量化管理的概念

办公室工作性质比较特殊,不仅要协助领导办理专门事项,还要辅助协调整个日常工作,即体现"服务性"。其工作的主要内容非常复杂,包括秘书的档案处理,各种会议的组织安排,上下左右的协调,公共关系,总务接待,保密等许多方面。如何提高办公室人员的工作效率,对工作进行公正、有效、合理的评定,提升办公室管理水平,是困扰管理者的一大难题。要解决好这个难题,最好的办法就是实施量化管理。

量化管理法是指在布置工作时,对工作的全过程以量化的形式提出要求的一种管理方法。量化主要包括三个方面的要素,即时量、数量和质量。"时量"主要是指完成工作的时间量,"数量"是指完成工作的数量,"质量"是指完成工作的标准。

办公室量化管理是指在组织生产劳动过程中,采用科学方法(如预测、概率估算、实测、预定动作时间法等)对各个工作项目制定出工作定额来实行定量考核的管理方法。办公室工作量化管理可分广义和狭义两类:

广义的量化管理是指凡是用数据来进行劳动量考核的,不论采用何种形式,均属于这一类。

狭义的量化管理,一般是指依据工作定额来进行劳动量考核。这种量化较为精细,有一定的科学依据。

关于办公室量化管理有些相互联系的用词,其含义有一定的区别,现阐明如下。

(一)工作定额

工作定额是指在一定的生产、技术、组织条件下,按照正常作业速度,进行某项业务工作所需的社会必要劳动消耗量。工作定额是劳动定额的一种。可以用某个工程(业务)项目需要多少工时完成来表示,也可以用单位时间内(天、周、月)完成多少工作量来表示。工作定额是办公室工作人员实行定量考核的一个标尺或衡量工具。没有工作定额,就无法实行定量考核和精细的业绩评价。

(二)定量考核

定量考核是指用工作定额作为标尺,来衡量办公室工作人员的业绩多少,贡献大小,用事实和数据说话,而不是单纯凭主观印象来评价。在目前情况下,由于脑力劳动尚存在许多难以计量的因素,因此,考核时,定量、定性两种方法要综合使用,但定量描述是劳动人事管理的发展方向,应逐渐扩大其比重。

(三)定员、定编

定员是指按工作定额来确定人员配备的标准,它是组织劳动、编制劳动计划的依据。合理的定员可以精简机构,提高效率。定编是指规定各个单位各类人员的编制,包括组织机构的设置、人员的定额和岗位的分配。

(四)优化劳动组合

优化劳动组合是指人与生产资料的最佳结合。即人在所分配的岗位上,学以致用,能够做到人尽其才,才尽其用,能有较大成果;生产资料也因有了合适的人使用,而发挥了更大的功能。优化劳动组合的关键是用人问题。

需要强调的是,量化管理不是最终的目的,而是为了达到目的而使用的方法手段。通过精确地测量个人和部门的绩效,确定每个员工和部门的优势和弱势。从而对员工和部门的工作完成情况进行评估、改进、控制、奖励和完善,提升办公室管理的水平。

二、办公室工作量化管理与工作效率的关系

量化管理的一个明显的特点,是办公室工作有了明确的定量标准,规定了应该完成的工作量,从而使每个人都能主动地、自觉地为争取工作满负荷而努力。管理要求各个环

节保持合理的比例,在时间上讲求有高度的连续性。这不仅仅是对物质生产的要求,也同样是对办公室工作的要求。若要保持这种平衡关系,唯有依赖劳动定额与工作定额。

素质是形成能力的基础,能力是素质发挥作用的体现。一个单位的管理和业务能力有多大,一方面从质的方面反映;另一方面又要从量的方面反映,质与量的结合才能形成整体。能力包括体力和脑力。从质的方面衡量的项目为:承担任务的能力,创新的能力,适应环境变化的能力,竞争的能力等。从量的方面衡量的项目为:完成工作定额的数量,兼职的项数等。

利润是每个企业追求的目标,而获得高利润的关键就是提高工作效率。从管理学的角度讲,效率是投入和产出之比,产出大于投入,就是正效率,产出小于投入,就是负效率。从工作效率的数学公式分析,工作效率是单位时间完成的工作量。

$$工作效率 = \frac{工作量}{工作时间}$$

效率高表示单位时间完成的工作量大,对于个人来说就是完成相同工作量的时间变少了,即节约了时间。这里的工作量除了数量的含义,还有质量的概念。办公室量化管理实际上就是讲求充分利用时间和设法提高工作效率的重要途径。

办公室工作人员提高效率的意义何在?

1. 提高工作效率可以增加三者利益。即有利于国家建设,加速财富创造;有利于单位的劳动生产率和经济效益的提高,增加活力;有利于工作人员个人实现多劳多得,增加收入。

2. 提高工作效率以后,就有可能缩短工作时间,从而有更多的时间让职工自行支配,去从事学习、娱乐、旅游、社交和休息。

3. 提高工作效率以后,可以减少或消除机构臃肿、人浮于事、浪费时间的现象。

4. 提高工作效率之后,在优化劳动组合中,办公室人员具有更大的竞争优势。

由此可见,讲求效率,不仅仅是个人的得失问题,还关系到国家和民族的利益。人的生命是有限的,而事业却是无限的,一个人要加重自己生命的砝码,唯一的途径就是挖掘潜能,提高效率,为社会和人类作出更大贡献。

三、办公室职务分类

职务分类是指对工作人员担任的每个职务的内容加以分析,以掌握该职务的固有性质和各职务之间的关系及特点,从而确定工作人员在履行职务上所应具备的条件,制定规范,评定等级,衡量工作量和确定报酬范围,并以此作为选用、培训、考核、升迁、奖惩的依据。

职务分类是办公室量化管理的基础。职务的不同,其量化的指标和标准也不同。通过职务分类,每种职务的工作内容都有明确的界定,应该达到的工作标准都很清晰,这样以职务分类为根据就可以公正、合理、公平地对员工进行量化管理及绩效评估(见图 7-1、图 7-2)。

图 7-1 职务分类的内容

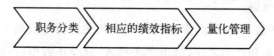

图 7-2 职务分类与量化管理的关系

职务分类是管理科学在劳动人事工作中的应用。把握住职务分类的本质，就能在劳动人事管理上产生积极的效能。职务是指工作人员为完成某项任务必须进行的工作行为。这种工作行为，既可以发生在人与人之间，也可以发生在人与物之间。任何一个职务都具有与该职务相应的责任。所谓责任是指对其工作的同意、承诺和承担后果。职务和责任是一个综合体。关于办公室业务劳动的分类，目前有多种方法：按管理层次分：一般可分为单位领导工作、部门负责工作、专业工作、辅助工作。按工作性质分：一般可分为工程技术工作、管理性工作、经济性工作、服务性工作和其他工作。上述分类主要是根据劳动人事统计的要求而制订的。

依照制定工作定额的要求，办公室工作的分类应遵循其本身的规律，通常考虑的因素有：工作性质，即处理所承担的工作时，应具备的专业知识、技艺、能力及其特点，性质类同的可归纳在一起；劳动形式的组成比例，如体力劳动和脑力劳动所占的比重，创造性和事务性劳动所占的比重等；责任范围，领导工作与具体工作的责任大小不同，各业务岗位都有本身的责任；习惯上的隶属关系；有利于实际应用。在办公室工作范围内，无论是技术工作、经济工作或组织工作，没有纯业务、纯技术的工作，而且都要涉及管理，只不过管理所占的比重大小不同而已。那种认为只有领导层才属于管理者的说法，显然是不科学的。在中国，凡是有利于社会需要的劳动，都是有价值的，都可为人类作贡献，都应受到尊重。劳动只有分工不同，而无高低贵贱之别。重视某一职务，轻视另一职务，必然会使人失去心理上平衡，从而造成人为的紧张关系。

第二节 办公室工作量化管理的基本原理

一、脑力劳动与体力劳动的关系原理

量化管理包括体力劳动和脑力劳动。这两种劳动如何量化，如何考核，相互之间是

什么关系?

(一)体力劳动与脑力劳动不能分割

任何社会产品都是社会劳动的结晶,任何社会劳动都是由蕴藏在人体内部的体力和脑力劳动所构成。世界上不存在不付出智力的体力劳动,也不存在不付出体力的脑力劳动。用嘴说话,用手绘图,用脚走路和保持人的姿势体位,都要引起能量消耗,都属于体力劳动。然而人的劳动是受大脑指挥的,无论何种操作活动,都是有目的活动,都在大脑控制之下,都是有计划的部署,都要事先经过决策。这种目的、决策、计划、控制,则属于脑力劳动。

脑力劳动成果的有形化、外在化和创造性物化,首先通过大脑的思维过程,包括探索、推论、转移经验、形象思维、侧向思维、联想、记忆和评价,然后构思出新的概念、新的事物图案、新的方针决策,而后通过体力劳动的形式将其表达出来,产生社会效益。表达的形式,可以通过一系列动作,写出文稿,绘出图像,做出实物,也可以言传描述,指点途径等。

(二)脑力劳动的成果必须通过体力劳动表现出来

如果将脑力劳动的成果秘而不宣,藏于脑中,不通过体力劳动去表达,那是无形的、潜在的东西,不会产生价值,也不会有社会效益。人们能看到的听到的工作业绩、新产品和研究成果,都是由体力劳动表达出来的智力创造。量化管理要研究体力劳动时间消耗中含有脑力劳动的比重。

(三)体力劳动与脑力劳动之间比重的转化

体力劳动是一个概括名称,如果从肌肉收缩的角度来分析,其职能为:

1. 作为动力而起作用的体力劳动。如移动笔杆需要动力。此时,人的肌肉起动力作用,相当于动力机。

2. 作为控制加工而起作用的体力劳动。如绘图(包含点、直线、曲线、圆弧、圆圈等,有一定长短、大小、范围)需加以控制,其是以人的体力(四肢的某种运动)操纵劳动工具,对劳动对象进行加工而付出的体力劳动。此时,人的肌肉相当于工作机。

3. 作为信息传递和位移而起作用的体力劳动。如由上道工序转至下道工序,都需付出这种劳动。此时,人的肌肉相当于运输机、通讯机。如果代之以运输机械、通讯工具(电话、电传、电视、光导纤维),这种形式的体力劳动便可相应地减少。

4. 起其他作用的体力劳动。例如使用听力和视力等而付出的体力劳动。科技的发展,正在使机器由简单到复杂,由单一功能到多项功能,由微小作用到巨大作用,由人手操作到高度自动化,由代替体力劳动到代替部分脑力劳动,证明体力劳动的比重正在不断减少。

(四)体力劳动的局限性

1. 生理界限的限制。人的器官,包括视觉、听觉、手的操纵力、足的蹬力,有一定的功能范围。肉眼的视力看不到微观世界和宏观世界,耳朵的听力听不到超声波和次声波,手的力量操纵不动几百公斤重的机器。人在劳动过程中容易疲劳,不可能昼夜不停地连续从事劳动。因此,要借助工具和设备。

2. 体力劳动所支出的只是体力。人们的劳动与思维是不能分割的,但当思维一旦超过经验应用的范围,而进行创造性的劳动,特别是将经验上升为科学原理的时候,就超出了体力劳动的范围,而进入脑力劳动了。

因此,要克服体力劳动的局限性,必须有效地发展脑力劳动,设法由机器来代替手工劳动。由于机械化、自动化、电子化的作业不断在发展和扩大,手工劳动的比重在缩小,体力劳动为主体的作业在缩小,脑力劳动为主体的作业在增长,这就决定了只有对脑力劳动为主体的作业实施精确的时间管理,才能更大限度地提高社会生产力。办公室量化管理正是适应这种客观要求的产物。

二、定性与定量原理

办公室工作的量化管理,衡量脑力劳动与体力劳动两者的比重,需应用定性与定量相结合的原理和方法。绝对地用定量考核,某些岗位的计量条件还不够成熟,单纯地用定性方法考核,无数据作依据,难以符合实际,因而避免不了"设虚岗"、"人浮于事"、"机构臃肿"之弊。这就需要一种兼有定性、定量分析的双重方法。

历史上有许多事物,大多经历了从定性到定量的发展过程,以脑力劳动为主体的工作也是如此。然而定性通常注重的是"质"的方面的内容,而科学合理的定性是不能脱离定量的。

所谓定性,就是对人与事的特性进行鉴别和确定。在人员功能测评中,定性就是对人的素质、智能和绩效进行评定。在工作量的衡量中,定性就是考察工作人员所承担的目标系统中的各项指标的完成与否,岗位责任制中的条款履行与否等。在传统的劳动人事考核中,定性一般都建立在经验和印象的基础上,这固然也是一种鉴别的方法,毕竟带有较强的主观成分。科学合理的定性是现代工作测评的重要环节。

所谓定量是指通过一种数字符号显示人的功能特性或人的效率特性。测量可分四种水平,即类别、等级、等距和比值。这四种水平产生四种尺度和四种量表。

类别尺度,是测量水平中最简单最基础的一种。类别尺度又可分为标记和类别两种。标记中的数字只记载事物而已,并不作数字分析。例如小组中有十个人,给予十个号码,只是一种代号,并不代表某种属性多少,不是业务水平排号,也不是地位高低排号。类别中的数字代表事物的集体,它与标记相异之处是每个数字代表一个以上的人或物体。在类别中,分派到相同数字的所有物体的某些属性都是相似的。例如男性之称谓女性之称谓,只是性别而已,就是一种尺度。

等级尺度,要求一个集合体的人或物能够依规定的特征或属性的大小而排列次序。这种规定的特征或属性具有同类性质。例如有三个会计员,他们的工作经验分别为1年、2年、5年,只是根据年限排序,而不能将这些数字进行运算。等级量度,一般可分为等第顺序法、配对比较法、常恒刺激法和连续性类别法。等第顺序法是依某种属性将事物由最多排列至最少，最大排列至最小。配对比较法是指在一段时间内对每组配对的刺激(事物、现象或行为)按大小排列次序。常恒刺激法与配对比较法类似，其不同点是以一种标准的刺激，连续地同一组常恒刺激中的各个成员相配对比较。连续性类别法是把一群刺激分成若干不同的类别，再按指定的属性进行顺序排列。所以这些尺度和量表所得的数字所表示的不是绝对值，只是顺序信号。

等距尺度，它具有类别和等级尺度的特征，而且测量单位相同，尺度上的等差代表所测量事物的量的等差。例如甲、乙、丙三人的创造力分别为 90，80，70，可以说甲与乙的差异为 10，乙与丙的差异为 10，两者的差异相等，但不能认为甲与丙的差异为甲与乙的差异的两倍，因为创造力没有绝对零点，每个劳动者只要从事劳动，便或高或低地表现出创造力。

比值尺度，即比例尺度，它除了含有上述三种尺度的特征外，还具有实际意义的绝对零点，数字"0"作为起始点，表示事物特性的零量或中性点。例如，职员甲完成工作定额为 200 h，职员乙完成工作定额 140 h，可以说甲比乙完成定额多 30%，或乙只完成甲的 70%。尺度是构成法则的重要因素。

定性与定量原理，要求将劳动人事管理的丰富经验与数学领域的新老成果相结合，使测量标准和计量方法有机地统一起来。办公室工作定额的制订，必须定性与定量相结合。

三、静态与动态原理

在办公室量化管理中，静态概念是指在某一特定阶段中，在标准条件下，影响时间的因素变化与时间消耗呈对应稳定状态。

动态概念则往往是以与静态相对应的概念出现在不同范围中。量化管理的动态概念，就是影响时间的因素结构及其变量，时间消耗的结构及其变量，其都在不断变化中。

任何一种静态都是有条件的、暂时的、过渡性的，因而是相对的。世界上不存在任何一种绝对静止的状态。许多研究对象的探索，大多是从事物相对稳定的静态出发，达到动态的彼岸的。对于时间标准的研究，往往也是如此，先假定许多影响时间的因素变量固定不变，只研究其中某一影响因素的变化与时间消耗的关系。从动态的角度看，静态结构随时空关系的变化而变化。但处于特定条件和特定时空关系中的人的功能、业务工作内容、工作定额等又是相对稳定的。

随着时间关系和条件的变化，量化管理中静态和动态关系的处理大约有以下几种。

(一) 动态

1. 单位条件在不断变化。
2. 环境在不断变化。
3. 工作内容在不断变化。

4. 工作方法在不断变化。
5. 影响时间消耗的因素,包括"质"和"量"两个方面在不断变化。
6. 工作时间标准和数学模式要随时空关系和前述几项的变化而变化。

(二) 静态

1. 在标准条件下,在固定的办公场所,在时间标准规定的有效期内,工作定额和数学模式是相当稳定的。
2. 在不改变工作的方式方法前提下,例行时间是相对稳定的。
3. 制度规定的授权时间是相对稳定的。

四、测量与评定原理

办公室工作中,有些时间消耗是比较模糊的,有必要采取测量与评定相结合的方法,而且测量有其局限性,许多要素(如团结协作、工作态度、工作质量高低)需要用评定来作结论。但是测量是十分重要的,要不断创造新的量度方法,决不能因为过去未曾量度过而否定今后开展量度。

随着现代科学技术的进步,测量技术成为一个边缘概念。人类社会发展的历史说明:世界任何现象,只要有质的存在,就必然有数量。没有一种数量是不能测量"质"的,也没有一种质是不能被测量"量"的。

办公室工作,客观上存在着"质"和"量",如何测量?就是我们要研究的对象。

测评的概念,包括测量和评定两个含义。人的工作时间的测量指用数学对人的功能和动作进行描述;人的业绩和贡献的评定指应用这种描述来全面确定功能和动作的价值。评定和测量是事物的两种衡量方法,相辅相成,互为一体。客观的描述测量离不开主观的判断评定,主观的判断评定要以客观的描述测量为依据。在量化管理系统中,无论是确定人员功能素质,还是制定工作定额,以及考核评定,都要应用这一原理。物质生产的量化管理如此,办公室工作的量化管理也是如此。

业务工作测量的定义为:根据法则,用数学对劳动者的动作进行描述。它的要素包括:法则、数学、动作三者。

(一) 法则

无论何种测量,最关键的要素是法则。所谓法则就是指导人们进行测量的准则和方法。在对人的动作测量上,确定人的某种作业效率的法则,可以分派1—10的数字。若该操作者的效率很高,给予数字10;如该操作者的效率很低,给予数字1;其余则界于2—9的数字范围内,对于某种事态发生或未发生的描述,其分派数字只牵涉到0(未发生)或1(已发生)。任何测量都会呈现函数关系,而函数关系都是建立一种有顺序的配对的集合,用公式表示如下:

$$f = \{(x, y); x = 任何物体, y = 1 个数词\}$$

函数 f 等于有顺序配对 (x,y) 的集合，x 是一种事项或动作，y 是相对应的数词，f 是一个法则。

法则被使用后，往往会产生不同的效果，假设测量的各种条件都相等，好的法则可以得到客观可靠的测量结果，差的法则就会得到无效或偏畸的测量结果。一般说来，对稳定的可见现象，测量的法则容易建立；对变化的潜在的事物，测量法则的建立会有一定难度，特别是关于人的功能和脑力劳动测量，法则的建立不是轻而易举的事。但不管容易还是困难，只要具备了以下三个条件的，就可以测量。这三个条件为：（1）现象或动作的存在性；（2）现象或动作的共性与个性；（3）现象或动作的时空关系和等距性。

不存在的现象或动作行为是无法测量的，而无法测量的对象则无法建立法则。人的功能和脑力劳动总要通过动作表现出来，它是一种客观存在的现象。事物既有共性，又有个性，共性是归类的依据，个性是区别事物的标识。事物一旦产生，便有特定产生的空间和波及范围，也需要有从开始到终结这样一个过程，无论过程长短，都要消耗时间。

（二）数学

是指使用数学的方法和手段，研究人的功能和工作时间。由于其既存在共性和个性，又有一定的模糊性和复杂性，便要应用现代数学中的模糊数学和多元统计、非参数统计等手段，以解开其中的难题。

（三）动作

指人所表现的工作行为。这种行为是由精神支配的、具有内在动机和意义的行动。人的行为有一般行为和关键行为，有显露行为（动作）和潜在行为（思维）。潜在行为如不通过显露行为表达，自然无法计量。

法则、数学、动作三要素是一个有机整体，其中动作是前提或基础，数学是手段或符号，法则是中介或关键。离开了人的动作行为，法则就是一句空话；没有良好的法则，就不可能使作业的劳动量通过数学得到反映。其关系见图7-3所示。

图7-3 法则、数学、动作关系图

评定泛指衡量人与事的价值，其具有与测量相对应的三要素。

（四）定量描述

定量描述是测量的结果，也是评定的基础。例如，在处理数据中，常用平均数、标准差和标准误差来表示事物的情况。平均数能说明事物的本性和特征，可用来衡量在一定条件下的测量水平和概括地表现测量数据的集中情况。标准差可表明一系列变数距平均数的分布情形，常用来确定某一范围的界限，也就是说，某一"标准"数值，不只是恰

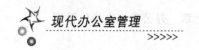

巧等于这个数值才符合要求,一般都有一个上下幅度的范围,凡在规定的幅度范围内,都属正常值。标准误差又称抽样误差,即全部样品平均数的标准差。在测量统计或抽样研究中,总是通过部分资料来推测全体。在一般情况下,样本与总体不可能完全相同,彼此或多或少有些差别,这种差别就是由于从全部资料中抽取一部分而引起的,其差别就是标准误差。业务工作量的测定,常采取实体测定、工时抽样和模拟分析,其数据处理多采用数理统计、非参数统计和回归分析法等。

(五)价值

它是与测量三要素中的法则相对应的概念。价值源于定量描述,高于定量描述,是评定的重要因素。在量化管理研究中,价值可视为人所起的积极作用和劳动时间量。它为人事决策、能力平衡、业务考核提供了依据。

(六)权衡

指衡量与比较。事物通过权衡,就可分出高低、轻重,可以分型分类,得出客观的公正的评价。

第三节　办公室人员职业能力测评

一、办公室人员测评要素

办公室人员测评是指对工作人员的德、智、能、绩诸功能进行定性与定量相结合的测量与评定。这种评定在优化劳动组合、调配人员时是一项重要的依据,它是劳动人事管理现代化的基础工作。

办公室人员职业能力的概念,可以理解为工作人员的素质结构、智力结构、能力结构和绩效结构诸要素的有机组合及其相互作用的表现。

要素是构成事物的基本因素,在人员测评工作中,要素就是构成人员功能的基本因素。一个要素可以反映人员功能的某个侧面,多个要素则能反映人员的"立体功能"。考察一个人,不是凭一个要素的功能来作结论,而应考虑对系统的立体功能的综合评价。能力级别高的要素为其所长,能力级别低的要素为其所短。

对办公室人员的素质要求主要包括下列几个方面。

(一)业务技能要求

办公室人员的一个重要任务就是从事大量的文字工作,文稿的草拟和修改,所以其必须首先具备扎实的文字技能,掌握一定的写作规律;其次还要有熟练的计算机应用技能,如熟悉 Office 办公软件的使用和熟悉计算机网络;再次还要掌握一门以上的外语,以及了解办公室工作的相关工作流程和方法。[①]

---

① 戈秀萍:《办公室管理实务》,辽宁大学出版社 2006 年版,第 20—21 页。

（二）各种能力要求

1. 组织协调能力。办公室是上传下达、联系群众、协调各方的神经中枢，工作繁多而又复杂。所以办公室人员必须具备在上下之间、部门之间、领导之间进行协调的能力，解决日常工作中这样那样的各种矛盾和问题。

2. 文字处理能力。文字处理能力是办公室人员的基本能力，包括精通语法、修辞、格式和逻辑等知识，要注意日常的积累和表达能力的训练。

3. 语言表达能力。办公室人员要组织各种会议，协调处理上下级和部门间的各种问题，辅助领导工作，组织基层工作等，这些都需要良好的语言表达能力。语言不仅要精炼，更要得体和清楚。

4. 适应能力。办公室人员要有准确的观察、判断和适应的能力。

5. 应变能力。办公室工作的复杂性和突发性，要求其工作人员具备良好的应变能力和处理危机的能力。

6. 公关能力。办公室工作是各级、各部门的神经中枢，不仅要处理企业内部的人际交往，还要面对外部的公众和媒体。处理好各种复杂的关系，就必须具备较强的社交能力和公关能力。

7. 心理承受能力。办公室人员不可能把每件事都做到尽善尽美的程度，有很多不能控制的因素会导致工作的不顺，难免领导的批评、训斥和其他人的责怪。办公室人员要学会用乐观的心态去面对问题，看到自己工作中积极的一面，在经验教训中总结进步。

8. 倾听理解能力。良好的倾听能力可以帮助工作人员更好地理解对方的问题和需要，更快、更好的解决工作问题。

9. 创造能力。创造能力是创造性思维方式的体现，它可以大大地提高工作效率，使人从中获得满足感和成就感。

（三）综合素质要求

1. 谨言慎行。开会发言、汇报工作、处理日常公文、接待来访、现场处理问题，是办公室人员经常性的工作，说话办事要得体，有根有据。

2. 诚实互信。诚信是中华民族的传统美德，是我们为人处世的基本准则。不弄虚作假，诚信待人，既是尊重他人也是尊重自己的表现。

3. 勤奋好学。活到老，学到老，要永远保持对知识饥渴的心态，丰富自己的知识，开阔视野，养成一种学习的习惯。

4. 认真细心。不仅对重要事务要认真细心，对日常工作中的小事也要同样认真，把它当作一种做事的态度，形成自己的做事风格。

5. 科学求实。实事求是是职业道德，也是工作作风。要学习科学方法，并应用到工作中，提高自己的工作效率。

6. 爱岗敬业。办公室工作是锻炼人各方面素质和能力的岗位，只有热爱工作，全身心地投入到工作中，才能在工作中得到成长，获得乐趣。

以上是对办公室人员的具体素质要求，用人员功能要素体系对各要素进行组合，可用图7-4表示：

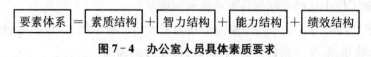

图7-4 办公室人员具体素质要求

1. 素质结构是指人员的政治素质、思想素质、品德素质。通常包括政策性、事业心、廉洁性、责任性、协调性、相容性、服务性等内容。

2. 智力结构是指人员的一般能力和知识结构，是先天因素、社会因素、教育因素和个人努力诸方面相互作用的结果。通常设计为知识面、认知能力、观察能力、思维能力等要素。智力结构注重人的知识广度和深度，随着科技的发展，智力结构的比重将不断上升。

3. 能力结构是指人员的特殊能力和专业结构，是完成社会活动的本领和各种心理特性的总和。通常指工作经验、处事能力、组织能力、表达能力、创造能力等要求。

4. 绩效结构是指通过人员行为表现出来的成果。通常指工作成果、工作效率、工作负荷等。

二、设计测评要素的原则与方法

（一）要素设计的分类

要素设计共有三种类型，按测评要求选择使用。

1. 总体设计。是指全面设计，目的是得到办公室人员的全面的功能信息，故要进行四个结构的要素设计。

2. 局部设计。是指对办公室某类人员的某个结构及其要素的设计，或者是对原有总体设计某一结构的强化。

3. 单项设计。是指对办公室某类人员的某项或某几项要素进行设计。

（二）设计的原则

1. 注意要素特性原则。确定一项要素必须达到测评的有效度，它应该有下列特性：内涵明确，词意清晰，直观性强，有针对性。

2. 少而精的原则。要素的设计要尽可能简单，只要能达到既定目的并获得所需功能即行。一切不必要的复杂化内容都应避免。少而精可提高测评效益，缩短评定过程，减少费用。因此要善于从多要素中选择有代表性的最有特征的要素。

3. 逐层分解原则。要使要素达到较好清晰度，有必要逐层分解，把一些综合性的要素分成子要素，并分别予以定义解释，适应测评的需要。

4. 界限清楚原则。要素与要素之间，措词要得当，避免产生模棱两可或含糊不清的理解。

5. 综合性的原则。就是以少量要素反映多量信息。

6. 可比性原则。在要素设置上,应将有可比性的要素放在相近的邻边,使测评者自然而然地产生比较思路。例如"知识面"可以与"专业知识"放在一起,就可比较知识的广度和深度。

(三) 设计的方法

常见的方法有:

1. 问卷调查法。是指设计者将需要设计的要素和要素体系,以问题形式编成表格,分发给有关人员填写的一种搜集信息的研究方法。这种方法适用于总体设计。问卷表必须达到以下要求:提问要准确;表格要精炼;填写要简单;要说明调查目的、方法、处理形式和注意事项,并请求合作等。

问卷调查可以采用开放型和封闭型结合法,即先将要素项目列出,让被调查者选择打"√",最后请其补充要素。

2. 功能图示法。就是将办公室某类人员的功能特征,用图表描绘出来,然后加以分析研究,选择测评要素。这种方法一般要求先将办公室某类人员的品德素质、智力、能力、绩效诸要素,按需要程度分档,再根据少而精的原则选定。分档可以是三档,亦可以是五档。这种方法的优点是直观性强,能够形象地展示办公室人员的功能特征,比较简便。

3. 典型研究。就是通过对少数有代表性的典型人物功能特征的系统研究来确定测评要素的方法。典型研究分为典型人物研究和典型资料研究,根据研究情况而定。如果两种形式同时具备则更好。首先确定研究的目的要求,其次是选择典型人物(成功的和失败的),对成功型典型人物进行正向研究,对失败型典型人物进行负向研究。负向研究就是归纳总结他们失败的主观因素和客观因素,从而得出功能要素。它的优点是针对性强,重点突出。缺点是典型较为难选,可能产生主观性倾向。

三、测评标准

测评标准是指衡量办公室人员功能的数量和质量的准则和尺子。一个时期的测评标准,往往会影响这个时期人才的流向和努力目标。

测评标准主要由三个因素构成:标准的强度和频率,标号,标度。

标准强度和频率是指测评标准的内容,也就是各种规范化行为和相对次数。它是测评标准的主要组成部分。

标号是指不同强度和频率的标记符号,可用字母或数字来表示,如甲、乙、丙,1、2、3。标号无独立意义,只有赋予其意义时才具有意义。

标度是指测量的单位标准,它可以是数量化单位,也可以是非数量化单位;可以是定量的,也可以是定性的。

(一)测评标准的特征和实例

1. 静态测评标准。其中,分段式标准就是将每个要素分成若干个等级,然后赋予该要素分数,分为相应的等级,再将每个等级的分值,分成若干个小档。

例如判断准确性要素,可赋予分值 3 分,按优、良、中、差四档定为"从无差错"、"基本正确"、"时有差错"、"经常出错",再将每档上下限之差折为上、中、下三档,数据相等。这种测评标准的特点是简易方便,运用小数可以将人与人之间差异客观地反映出来。

评语式标准。运用文字描述每个要求的不同等级。这种形式运用较广,可归纳为积分评语标准和期望评语标准。期望标准的特点是以岗位责任制、职责、上级要求为准则,通常分为三档或五档,每档必须有具体规则可循,否则较难掌握尺寸。

量表式标准。指利用刻度量表的形式,直观地划分等级的一种标准。在测评之后,就可在表上形成一条曲线。这种标准是图文兼有,形象直观。

对比式标准。将各个要素的最好的一端与最差的一端作为两极,中间分为若干等级。它是量表式标准的一种派生,既有量表的特点,又有可比的特点,可以将功能强与弱的人员明显地表示出来,有利于区别和对比。

隶属度标准。是指以模糊数学中的隶属度函数为标度的测评标准。

2. 动态测评标准。其中,行为特征标准就是指通过观察分析,选择一例关键行为作为测评标准。行为特征标准的最大特点是强调描述工作行为,而不是评价工作行为,它比其他方法更易摆脱个人偏见的影响,但编制行为特征要有一定的技巧,难度较大,花时间较多。

目标管理标准。是指以目标管理(Management by Objectives,简称 MBO)为基准的测评标准。所谓目标管理是指由领导者提出方针目标,从上到下,再从下到上,上下结合,反复协商,根据组织的总目标,确定短期的工作目标,一般为一年或三年,为了实现这个目标而进行的组织管理和控制工作。目标内容大体上是,优先保证完成国家指令性计划和指导性计划,再根据企业的主观和客观条件,参照市场预测的有关技术经济情报信息来制定经营目标。目标自上而下层层展开,又自下而上层层保证。目标管理的测评标准,就是分解到个人的目标,是将它按人员测评原理加以规范化。这种标准的特点就是将现代管理方法与人事考核制度结合起来,有利于开发各类人员的能力。

情景评估标准。这是对办公室领导者进行测评的标准。人力资源管理学认为,领导是一个具体情景中的功能,可以用一个简单的公式来表示:(领导=领导者·被领导者·环境)。一个领导者的功能同被领导者及环境有着密切的关系。情景评估标准就是从领导者及被领导者和环境的相互关系出发来设计问卷调查表,由下级对上级进行评定,然后按一定的标准转化为分数。

工作模拟标准。它是通过操作表演、文件处理和角色扮演等工作模拟,将测试行为同标准行为进行比较,从中作出评定。

(二) 编制测评标准的一般程序

办公室人员测评标准的编制,要依据上级颁发的标准,结合本单位实际情况,提出自己的具体测评标准,其一般程序如下:

1. 建立标准编制小组,提出工作计划。为结合量化管理的实施,小组成员应包括:领导者、专家、有经验的办公室人员及定额工程师。工作计划应包括以下内容:编制标准的目的和要求;国内外同类人员已有的水平;工作步骤、计划进度和分段目标;预测可能出现的问题和对策;效果预测。

2. 编制标准草案。调查研究,预试验证。即在学习上级标准和弄清国内外已达到的水平后,提出试行草案,物色有代表性的部门试点;起草征求意见稿,广泛征求意见,对分歧大的重要标准要组织讨论和修正;根据修改意见,形成送审稿。

3. 标准草案的审定。先由人事部门初审,对有意见分歧的标准,邀请专家评审,再送单位领导审批。报审时,要附上编制说明书、意见处理情况、专家评审结论。

(三) 编制测评标准的原则

编制标准要保证测评的客观性,不能脱离科学原则和方法,不能脱离实际,防止形式化倾向,并应遵守下列原则:

1. 先进合理原则。符合国家对各类人员的要求,突出开拓、创新、知识能力等要素中的关键内容;技术和手段要先进合理。

2. 客观严谨原则。对标准内容和分级要反复推敲,反复提炼,切忌草率。

3. 使用方便原则。内容和形式尽量要简化,不要繁琐冗长;用词要通俗易懂,不要模棱两可。

4. 协调一致原则。标准要注意上下衔接,左右平衡,局部和全局协调。一个组织之间、标准各要素之间,格调要一致。

5. 适时性原则。标准符合时代特色,及时建立,及时修订。

四、计量与评价

(一) 计量的原则

所谓计量指用一个规定的标准已知量作单位和同类的未知量相比较而加以检定的过程。计量通常由三个基本因素构成:计分、加权和误差调整。计分是指根据标准和等级给予某人某个要素打分数的多少;加权是指根据要素的重要程度给予加分或减分(可用绝对权数或相对权数);误差调整是指对测量过程中出现的系统误差和随机误差进行调整。计分、加权和误差调整三者形成一个有机整体,叫做计量体系。计分是计量的主体,加权是重要补充,误差调整是合理校正。

计量的原则如下:

1. 简便性原则。在未具备电脑的条件下,要便于手工计算,简捷灵便,易于掌握;有电脑的单位,也可以上机计算。

2. 可比性原则。测评所得数据,要借助数理统计和数学手段,对原始数据进行处理,使不同类型人员的测评得分和不同要素的测评得分,都具有可比性,以便对不同类型人员和不同要素进行对比评价。

3. 客观性原则。测评的目的,是通过测量评价弄清人员之间功能差异及其原因。人员的客观存在决定了功能的客观差异,计量过程就是如何客观地表现它们。

4. 测量与计量相分离的原则。为使测评过程少受人为因素的干扰,测量与计量过程应分离。即计量与考核不要集中由一人承担。例如,测量由领导授权的测评人员进行,计量则由劳动人事部门进行(转换、加权和调整),以避免某些弊病。

(二) 计分的方法

计分方法有多种类型,如按要素数目分,有单要素和多要素;按量表体系分,有非标准化量表和标准化量表;按综合方式分,有纵向综合计分、横向综合计分、纵横向综合计分等。以下介绍单要素计分和多要素计分。

1. 单要素计分。指对单个要素的得分进行计量,分自然数法和系数法,也可以有多个可供选择的自然数。

2. 多要素计分。是指对两个以上要素合计得分的计量,或者说,两个以上的要素所得分相加求出总分。这必须在测量尺度达到等距水平的情况下才有意义。通常对于绩效结构中的技术经济指标可以进行四则运算,但对素质、智力、能力结构诸要素,必须通过统计处理后,才能进行加减运算。多要素计分法大体有简单相加法、系数相乘法、连乘积分法和百分比法四种。

(三) 加权的方法

在测评各个要素中,其重要程度并不是相等的,加权的目的是要区分要素的重要程度。加权的方式有自重权数和加重权数之分。自重权数预先已加进分值之中,以区分各要素的重要性不是等同的。加重权数就是指在要素已知分值之前再设立权数,实质上是双重权数,或谓权上加权,以体现各种差异。

加权方法大体有两种:

1. 经验加权法。通常由有经验的人事管理干部和有关研究人员参与商定,也称定性加权,是加权法中常用的方法。

2. 数学加权法。运用数学原理和方法,赋予权数,使之趋向精确化,也称定量加权。它是以经验为基础,数学原理为依据确定的权数。

(四) 误差调整的方法

测评时,产生误差是避免不了的,例如测评者由于对被测对象的情况了解不全面,或者情绪不佳,在计分时偶有疏忽,会产生随机误差。由于测评者缺乏测评常识,偏离了测评标准,属于系统误差。系统误差可使测评失误。

调整误差有事先调整和事后调整两种方法,以事先调整为主,事后调整为辅。

1. 事先调整方法。要素设计时要分解明确,定义得当;标准的编制要做到等级界限清晰,分等合理;适当进行计量加权;对测评者加以培训,使其掌握测评常识和基本方法,最好是先试点练习,确实掌握了要领以后再铺开。

2. 事后调整方法。事后调整法有多种,现介绍比较简单的平衡系数调整法。平衡系数调整法是指运用一个系数来修正测评数据。平衡系数实质上是加权的一种形态,它可以调节总分,也可以调节结构分和要素分,看具体情况而定。误差调整后,仍应保持原来的记分,平衡系数适应于测评过程各个阶段。

在实施调整前,应对测评过程的各个环节进行认真检查,找出产生误差的根源。对调整所得结果,应反复进行验证,并征求有关领导者的意见,最后确定。

（五）几种评价方法

测评主要方法有以下六种：

1. 平均分法。各个测评者对被测评者按规定标准提出分数,将所有测评者的打分按要素分别相加,除以测评者人数,可得平均分。这种方法可降低某些主观因素的影响,缩小误差。

2. 集体讨论法。就是由测评小组集体讨论,对被测评者逐个评定。这种方法在看法一致时,进展顺利,但在意见分歧时,就不易统一。

3. 样板比较法。按考核标准先确定各类人员的"样板",以增强可比性,这样既提高测定效率,又能节省时间。

4. 实地观察法。观察被测评者的处理业务方法和效果,对照参考标准,讨论确定分值。

5. 个案分析法。通过对被测评者的关键事例或行动加以分析来确定评分。这种方法的准确度高,但比较麻烦。

6. 问卷调查法。有些要素可以通过问卷调查表向被测者了解,使被测者进入自我评定的角色。对问卷结果按一定标准折合分数。

五、测评步骤

整个测评工作可分五步进行。

1. 准备阶段。确定测评要素、测评标准和计量方法;设计测评表;做好被测人员的思想工作,消除其疑虑;培训执行测评的人员等。

2. 测评阶段。由测评人员对照标准对被测评者进行测评。测评可按自我测评、组织测评、领导测评、同级测评、下级测评等几个层次依次进行。

3. 数据处理阶段。将各层测评数据输入计算机进行处理。

4. 汇总分析阶段。把处理后的数据进行分析、比较,得出测评结果。

5. 测评反馈阶段。将测评结果告诉有关人员,使被测者知道自己的长处和短处,从而进一步确定努力方向。

办公室人员职业能力测评对于实施量化管理有重要意义和参考价值。

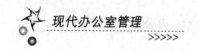

第四节 办公室工作量化管理模式

一、模式计算法

工作时间的长短与其影响因素之间存在着某种函数关系。一切函数都可以用相应的数学解析式来表达。然而管理业务工作的不确定因素较多,内容变化多端,错综复杂,采用什么方法,通过什么途径,方可准确、迅速地找出工作时间与其影响因素之间的变化规律,从而建立起有效的工作定额数学模型,是要经过不断研究、实践再研究、再实践的探索过程的。当然,不是每种办公室工作都可建立数学模型来计算工作定额的,只能是对那些业务比较固定,影响因素比较集中,容易规范化、标准化、程序化的作业,采用数学模式来计算工作定额。有的业务工作虽然不能全部用数学模式计算,却可以部分用数学模式计算,部分用其他方式定额。

为了使模式便于操作,要尽可能做到:(1)变量(影响因素)不宜定得过多;(2)综合程度要尽可能大;(3)通用性要广;(4)计算方法要简单,使绝大多数人能掌握。既可用手工算(包括算盘、计算器和笔算),也可输入电子计算机计算,两者都能获得工作定额数据。

二、综合定额法

综合定额法是一种简便易行的方法。这种方法可适用于各种办公室工作的工作定额制定。综合定额有五种方法,可分别选用,亦可综合运用,现分别介绍如下。

(一)经验估算法

这种方法是指聘任科室的业务专家(业务领导或业务骨干),根据其多年的实践经验,以该项工作的业务内容、技术要求、特点、工作标准、工作条件为基础,参照以往完成该种工作的数据,通过对比分析来估算定额。

经验估算法是推行工作定额初期或资料累积不多的情况下普遍采用的一种方法。经验估算法易于掌握,计算速度快,工作量小,但受估算人员主观因素的影响,技术依据不足,缺乏说服力。为提高这种定额的准确性,一般可以采取以下措施:由两个以上业务专家估算;将作业细分,估算后汇总;参考统计资料;寻找更多的客观依据;综合部分测定。

(二)概率估算法

概率论的理论与经验估算相结合,可以提高估算的质量。美国的北极星导弹、阿波罗飞船(有1 030万个零件)、哥伦比亚航天飞机这样的复杂系统的制造都是采用概率估算法来制定劳动定额的。

概率估算法运用网络计划技术中确定工序时间的原理,请内行人估出三种工时消耗量。

即 a(最小工时消耗量)——指在不遇到较大困难,不出现特殊情况,各项条件具备,工作进展顺利的情况下,业务水平较高的人员积极工作所需的工时量。

b 指(最大工时消耗量)——在遇到巨大困难,工作进展不顺利时,业务水平较低的人员努力工作所需时量的工时量。

c(最有把握的工时消耗量)——是指在正常情况下,大多数工作人员所需的工作量。估算出三种时间消耗量后,采用加权平均法求其期望值。

(三)统计分析法

统计分析法,是指利用以往积累的统计资料,在分析比较中,结合目前办公室定额的一种方法。这种方法以大量统计资料为依据,比经验估算法更为可靠。统计分析法简便易行,计算速度快,有统计资料为依据,说服力较强;但统计资料必须符合实际,如果其掺入某些虚假因素,或者不管每天做多少事,用多少时间,一天都写8小时,便失去应用的价值。因此,统计资料中必须去掉那些非定额时间、无用的虚功时间,去伪存真,才能保证统计分析定额的质量。

用统计分析法制定工作定额有以下三种方法:

1. 算术平均法。指将相同的统计资料相加求和,再被统计资料的个数去除,即得算术平均值。

2. 加权平均法。加权平均法是运用概率估算法的原理,将工时统计资料划分为三组,即最小工时消耗组 a,最大工时消耗组 b,最有把握的工时消耗组 c,然后求出各组的平均工时消耗量,再代入公式,得出工作定额的期望值,并按公式求出均方差,最后确定满意的工作定额 t。

3. 概率计算法。用概率计算法制定工作定额,可提高用统计分析法制定定额的质量。

(四)类推比较法

这种方法是以同类型作业的工作定额、统计资料、典型定额作为参考资料,进行分析比较的一种方法。

应用类推比较法,必须工作内容相同、技术要求相同、作业结构相同。先将同类型的作业归类分组,从各组中挑选出具有代表性的项目,然后进行定额。这种代表性的项目叫作"样板项目",或"典型项目",其定额就是样板项目工作定额。以样板项目为基础,即可比较其他类似工作项目。

应用类推比较法,一般有三种做法:

1. 直接估算出对比项目的工作定额;

2. 采用公式推算;

3. 运用要素分析法原理,将典型项目分解成工作元素,赋予各元素定额,而后将类似项目的工作元素与之相比,得出系数来推算工作定额。

(五)工作抽样法

工作抽样法是指在较长的时期内,以随机方式,观测操作者的作业。它适用于某些办公室作业的时间研究。工作抽样法的基本原理引自概率论和数量统计,即从母体中随机地取样本,如果这个样本足够大,则从样本的性质便可推断母体的状态。

随机取样本具有三个特性:

1. 在相同条件下,随机取样可以重复地进行;
2. 每次抽样的结果可能不止一个,并且能事先明确抽样的所有可能结果;
3. 进行一次抽样之前无法确定哪一个结果会出现。

工作抽样法因为不是全数调查,便会产生一定的误差。为了保证误差在允许范围内,则所取的样本数量要大到能达到一定的可靠度和精确度。通常取误差的范围两倍于标准差,其可靠度为95%,其含义是平均取样100个数据,有95个数据落在误差的范围内。

三、打分法

办公室的管理工作中,有些工作不确定性因素很多,一时难以用简便方法制定工作定额。如何进行量化管理,一般可以采用打分法。具体可以从以下几个方面着手。

(一)制定工作标准

工作标准的基本结构分为四个部分。

1. 质量标准:是指工作的优劣程度,通常用质量指标来衡量。各个岗位的一切工作首先要有"质"的要求,没有"质"就谈不上"量"。办公室工作的质量,必须有基本要求,达不到基本要求,就应判定未达到质量标准;业务工作要精益求精,超过了规定的质量标准,应予嘉奖。

一项工作是否产生了价值,就看是否实现了质量指标。工作质量不好,引起了许多连锁反应,影响到相关工作的质量,影响到系统工作的质量,影响到组织的声誉。这种损失,不易弥补。

2. 通用部分工作标准:是指各类人员应共同遵守的标准。

3. 专业部分工作标准:是指针对每个岗位的具体业务所确定的标准。这种工作标准因岗位而异。

4. 目标任务:是指从组织的总体目标中分解到各个岗位必须按期完成的分目标。此种目标,每年不一样,一般都比上一年有所提高。

工作标准的建立是量化考核的基础。工作标准的内容,既要符合客观要求,又要切合实际,主观上能够办得到。

(二)工作标准的额定分数

1. 工作标准的考核分数采用百分制,额定总分为100分。

2. 额定分数分配比例原则是:通用部分30分,专业部分70分,目标任务结合专业部分,质量标准用系数来表示。超过标准,系数增加0.1—0.3;符合标准的,系数等于1;低于标准10%,系数为0.8;质量在90%以下,系数为0.6;主要项目、难以完成的项目、工作量大的项目分配的分数宜多;反之,分数宜少。

(三) 考核方法

量化管理的成败,关键在于能否严格考核。如果不抓考核,量化管理将流于形式,起不到提高效率的作用。

1. 考核组织。考核的依据是工作标准。办公室工作人员由办公室主任考核,办公室主任由单位行政领导考核。

2. 所有考核按规定打分,增减分用事实与数据说话,以书面材料为凭,避免情况不实、以印象或人际关系好坏定论。

3. 要有一定部门和专人做此工作,建立考核档案。

4. 要制定打分与增减分的原则:

第一,凡是按质按量按进度按要求完成的工作项目,应给予额定分数。对提前完成任务,超额完成任务(对超额要加以分析,有的超额不一定有利),提高了工作质量,提高了工作效率,为单位增加了荣誉声望者,应予增加分;反之,对完不成规定指标,达不到预定要求,与标准相比有差距者,按规定扣分。打分应秉公办事,一视同仁。

第二,增减分的尺度。有重大影响的项目,增减分数从多;主观因素所能决定的项目,增减分数从多;效益或效果大的项目,增减分数从多。所有增减分数,都要预先在标准中作好规定,避免扯皮。

5. 考核的程序:

第一,先由个人对照工作标准作出年度工作总结,如实反映情况,交给主考核人。

第二,有些项目和指标专门有人负责考核时,将考核情况用文字报告形式交给主考核人。

第三,主考核人以个人总结、分项考核资料,加上个人亲自考核的资料,对比工作计划完成情况,给出个人年度总分数。

第四,以年度总分数为基础,计算奖金。

第五节 办公室工作程序

一、制定办公室工作程序的原则和方法

办公室工作程序是指办公室内制定的按部就班的工作日程计划,计划详细规定了做什么(工作内容)、怎么做(工作方法)、何时做(时间安排)、何处做(地点安排)、谁做(人员安排)。

制定办公室工作程序是办公室管理中有一定难度的工作。一个好的办公室系统会使办公室工作更加顺利流畅,办事简单,管理方便,各个部门之间能较好协调配合,能够增加新员工锻炼和培训提高的机会,而且还和办公室的以文件和文秘工作为主要特点的工作性质紧密衔接。好的工作程序保证了办公室工作井井有条,会大大提高工作效率。

制定办公室工作程序的原则是：

简单，便于管理；要有明确的分工，最有效地利用专门的工作人员；应使工作流动最佳化，避免出现"瓶颈"现象（工作堵塞）；避免工作重复，特别是文件表格性质的工作；避免不必要的书写、走动或精力耗费；尽可能在执行规章制度时没有例外；避免不必要的审查批复；工作程序应该较灵活，易适应条件变化或易于调整；合理地划分由低到高的工作职责，做到每件事都有专人负责；尽量使工作过程得到连续管理；最有效地利用办公室机器并采用最好的操作程序；文件性的工作应限制到最少；有效利用"例外原则"，即从中采取必要而灵活的措施来应付新情况，而不是用习惯的做法来处理。

在一些大的办公室组织中，可以印发办公室工作程序手册，办公室人员人手一册，手册上可以列出下列一些内容：组织内每项工作的制度及其方法；手册发出的日期、允许使用的文件和文件使用方签发人姓名以及手册的有效期等。

这种手册有助于推广标准化方法来管理办公室具体事务，也有助于工作的平均合理分配，减轻办公室管理人员的工作负担，但也要注意，照章办事有可能显得死板，不容易充分发挥工作人员的积极性和独创性，而且办公室工作常常是变化的，不可能用一种程序和方法长期固定下来。在人员较少的小型办公室组织中，管理工作相对简单，人们通过彼此间的默契就会知道自己的工作职责，因此，制定一个很严格死板的章程显得不太必要。

另外一种制定办公室工作程序的方法是画工作图表。画工作图表的主要目的是用一种简单易懂的图表，描绘出工作系统以及工作系统中各项工作的相互关系和流动状况。通过研究检查图表，就会检查出组织系统中工作的错误。例如明显的工作重复和多余，对照图表就可以发现，其他诸如文件来回周转，工作出现"瓶颈"状况等，都可以对照图表来检查。在系统论和控制论方法出现以后，有些人强调用主线路分析和网络分析的方法来分析办公室工作程序。主线路分析是指对办公室工作流动中关键工作的连续运行线路的分析，这种分析略去了偶然的、对办公室主要工作无多大影响的琐碎事情。网络分析是指对工作中相互联系和相互影响构成的系统的分析。

在设计和调整办公室工作程序时，常常要涉及列制各种图表，这些图表大致有以下几种：

1. 网络分析（主线路）图

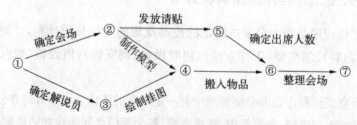

图 7-5　网络分析（主线路）图

2. 程序流程图，它显示一办公室的文件及其他数据是如何从这一部门流动到另一

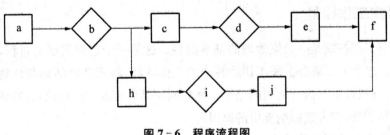

图 7-6 程序流程图

部门去的。

3. 工作分配表,它说明如何将不同种类的工作分配给不同的工作人员。

表 7-1 工作分配图表

项 目	负责人	完成指标	时 间	备 注

4. 操作图表,这种图表表明个人在从事某项具体工作时左右手将移动的距离和所需要的时间。

5. 工作进度表,其说明办公室总的工作和各部门工作的进度情况以及还存在的差距等。

表 7-2 工作进度表

序号	工作事项	时 间 划 分											完成人	责任人
		1	2	3	4	5	6	7	8	9	10	11		
1	活动申请报批	■	■											
2	活动场地落实		■	■										
3	开始招商工作		■	■	■	■								
4	活动场地规划完成				■	■								
5	广告资源落实					■	■	■						
6	印刷品制作完成							■	■					
7	活动现场布置完成									■	■			
8	活动正式执行											■		

还有一些图表,例如办公室设备以及相关的操作人员配备图表等,可以根据办公室工作的需要自行制定。

二、办公室工作控制

办公室工作控制是办公室管理的基本内容。这是一个连续发展的过程,办公室主任通过这一过程来了解办公室工作运转中的工作现状,将现在的活动与计划制定的活动相比较,寻找计划与执行之间的差异。例如同预算规定的支出相比较,看现在的支出是否和预算相符,并考察影响支出的原因。

办公室工作控制涉及的内容包括工作执行的数量控制、质量控制、时间变量控制(一般通过拟定时间表来控制)。

(一)数量控制

只有对那些循环和反复的办公室工作,数量控制才十分有效。因为这可以通过确定单位时间内输出的处理数量来制订一种标准工作时间,达到数量控制。由于办公室工作的范围较广泛,很多工作都无法达到理想化的数量控制(大量工作是偶然和不重复的),所以,只能有限地采用数量控制的方法。

对于那些能够定量化的办公室工作,确定一个一般的工作标准量,例如对于连续处理文件的工作,可以通过给文件编号来进行控制,工作结束后检查头尾上的号码来确定一个人一天的工作量;对于打字工作,也可以根据中等水平的打字员的打字数量来确定打字员的工作标准。总之,数量控制在于确定数量标准,标准确定之后,才有可能检查工作的优劣,否则,数量控制就只是一句空话。

把数量控制的方法运用于个人的工作,尤其是带创造性的个人工作显然是不太合适的,但把它运用于某部门内的某些工作,则是完全有效而且必要的。

在办公室工作中,还经常遇到这样的现象,某一时刻某一部门的工作突然堆积起来,以至于延误或影响办公室组织内其他部门的工作正常流动。例如,某一工作人员一下子要处理一大堆不同往常的工作,或者遇到了不容易解决的隐伏的问题,这种工作堆积引起的工作堵塞,称为"瓶颈现象"。瓶颈现象的发生,对提高办公室的工作效率是不利的,必须引起高度重视并制定相应的措施。

防止瓶颈现象发生的必要的预防措施如下:尽可能合理地设计办公室工作程序,使工作能流畅运行;对能够进行定量控制的工作,要做到有效地定量控制,以防积压;对于大量重复性的工作,要尽量用办公机器代替,机器的工作效率很高,但也要注意机器可能出现故障,应该有保证机器正常工作的应急措施;避免办公室工作人员的工作过于专门单一化,注意培养"多面手",使得某位员工生病或缺勤时,可以较容易地找到顶替人员;错开可能集中在一起做的工作,例如月底集中制作月统计报表等,应该把这些工作分开在一个月内的各个时期(如果以一年计,则分散在一年内的各个时期),以此减少月底工作的压力。

(二)质量控制

办公室工作质量控制的概念和企业生产的质量控制概念在内容上有很大差别,但实质上都是为了提供优质的产品或服务。对办公室人员来说,个人素质、工作道德以及情绪的保持是十分重要的。办公室管理人员应当记住:只有有了优质的员工,才能有优质的服务或优质的工作成果。所以,应该在办公室人员中进行下列教育:

1. 办公室工作人员须知。工作中应保持性情平和,切忌粗心或急躁,这些往往是工作出错的原因。应该给员工传授必要的工作方法,并保证员工真正理解和灵活运用它们。注意在公文书写和数字填报时应整洁工整,以免因看不懂或误认而造成工作失误。工作中应集中精力,但同时也要注意休息,做到"一张一弛",减少身体疲劳,这可以减少出错的可能性。在办公室工作人员中,应提倡学习,不仅向周围的同事学习,还应学习必要的专业知识和理论知识。注意因病或意外事件(如亲人亡故)对个人精神造成巨大刺激而影响工作情绪。办公室管理人员应善于及时发现这些情况,体察他们的痛苦并作出妥善安置(例如暂时安排他们做一些较轻松、较少责任的工作)。严肃告诫工作人员要树立服务思想,对某些粗暴的服务一定要给予纪律制裁。

2. 办公室主任须知。知人善用,安排合适的人到其能胜任的岗位。广泛宣传管理方针以及质量控制的重要性,使人人明白并引起重视。对员工要有物质上和精神上的关心,保持和他们的友善关系来激发他们的工作情绪。制定工作检查制度并严格执行。

3. 文字工作的质量控制。由于办公室工作涉及大量的文字工作(例如打印、抄写、拟写文稿、文字编辑等),下面着重介绍文字工作的质量控制问题。打字文件出现一些文字错误是不可避免的,但要力争把错误降到最低程度,而且要通过严格的校对检查办法争取将它们检查出来。控制打字质量的通常做法是订立一个允许打字员出错的百分比。打字员每打1 000字不超过5处错误的规定是比较合适的。打字员出错可能是多种原因造成的,即使是一个优秀的打字员,也可能因为琐事而无法集中精力,或者原稿字迹太潦草难以辨清而使打字出错率上升。对于文件抄写、文字编辑等工作,也可以规定一个和打字类似的允许出错的范围和标准。

4. 质量检查。为了保证工作完成的质量,应该建立工作检查制度。工作质量的好坏应用工作执行的完成程度来评定,也就是说要看在多大程度上完成了工作,所取得的结果怎样。检查工作就以这些内容为主,此外,检查工作不仅仅是要知道工作完成的情况,更重要的是要从检查工作中了解情况和资料,再将这些资料反馈到领导层,从而影响或修正决策。检查工作,一般可以视工作的相对重要程度,采取逐一检查或者抽样检查两种方法。对于那些比较重要或者需要逐一了解情况的工作,一般采取逐一过关的全面检查方法。但是,如果检查量很大,例如存在大量要检查的单位以及人和事,逐一检查则是十分辛苦的工作,有时几乎不能办到。较为行之有效的办法是抽样检查,也就是在一大堆工作中选取样本,从样本的检查结果中来推算整批工作的结果。抽样检查之所以有效,是因为已从理论上证明,在整批的工作中,每一项工作的出错率和完成情况都与样本中相等。

在抽样检查中,可以根据了解的情况,对认为是典型代表的工作进行主观决定的抽样检查。但是主观认为是典型的并不能保证就一定正确。检查人员可能因为相信好的样本而检验通过了一批质量差的工作。所以,在抽样检查中,主观抽样并非完全可靠,它的有效性有限。在中国党政机关企事业单位里,主观抽样检查的事例很多,它造成了一些假象,给我们的工作带来很大损失,这是我们应该吸取的教训。

最好的办法还是实行完全随机抽样,即撇开检查人员的主观因素,而把随机抽样的样本尽量增大,这样,可靠性的程度就较高。

（三）时间控制

时间控制指事先估计在一定时间内的工作完成量,然后将实际完成的工作量与事先估计的工作量相比较,从而达到控制的目的。

绩效考核,也称绩效考评,是针对企业中每位员工所承担的工作,通过应用各种科学的方法,对员工的工作行为、工作效果及其对企业的贡献或价值进行考核和评价,并将评价结果反馈给员工的过程。

绩效考核的具体方法有：目标管理考核法、关键业绩指标考核法、平衡计分卡考核法,全方位考核法。

绩效管理是对绩效实现过程中各要素的管理,是基于企业战略的一种管理活动。绩效管理是通过对企业战略的建立、目标的分解、业绩的评价,并将绩效成绩用于企业日常管理活动中,以激励员工持续改进业绩从而最终实现企业战略及目标的一种管理方法。绩效管理的目的在于提高员工的能力和素质,从而改进并提高企业的绩效水平。

1. 目标管理考核法。管理学大师彼得·德鲁克最早提出了"目标管理"（Management By Objectives,简称 MBO）的概念。德鲁克认为,目标管理指根据重成果的思想,先由企业确定并提出在一定时期内期望达到的理想总目标,然后由各部门和全体员工根据总目标确定各自的分目标并积极主动使之实现的一种管理方法（见图 7-7）。

图 7-7 目标管理考核法的操作流程

2. 关键业绩指标概述。关键业绩指标（Key Performance Indicators,简称 KPI）,是指通过对组织内部流程的输入端、输出端的关键参数进行设置、取样、计算、分析,衡量流程绩效的一种目标式量化管理指标,是对企业运作过程中关键成功要素的提炼和归纳（见图 7-8）。

图 7-8 关键业绩指标考核法的操作流程

3. 平衡记分卡概述。平衡记分卡(Balanced Score Card,简称 BSC)始创于 1992年,是由哈佛大学商学院教授罗伯特·卡普兰和复兴国际方案总裁戴维·诺顿设计的。平衡记分卡将企业的远景、使命和发展战略与企业的业绩评价系统联系起来,并把企业的使命和战略转变为具体的目标和评测指标,以实现战略和绩效的有机结合。平衡记分卡以企业的战略为基础,并将各种衡量方法整合为一个有机的整体,它既包含了传统绩效考核的财务指标,又通过增加顾客满意度、内部流程、学习和成长等业务指标来补充说明财务指标,使整个绩效考核体系更趋完善(见图 7-9)。

图 7-9 平衡记分卡考核法的操作流程

4. 全方位绩效考核法。全方位绩效考核法又称为 360 度考核法,是一种较为全面的绩效考核方法。它强调从与被考核者发生工作关系的多方主体那里获得被考核者的信息。这些信息的来源包括:来自上级监督者的自上而下的反馈(上级);来自下属的自下而上的反馈(下属);来自平级同事的反馈(同事);来自企业内部的协作部门和供应部门的反馈;来自企业内部和客户的反馈以及来自本人的反馈(见图 7-10)。

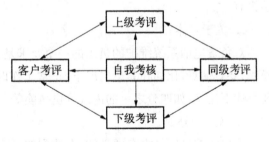

图 7-10 全方位绩效考核法的操作流程

案例分析

行政经理刚上任没几天,就发现下属各部门的工作人员在工作效率上存在相当多的问题。上级部门总是会收到相关的反映:前台的接待不够礼貌,来访者容易受到忽略;电话、网络系统的维护不到位,时常找不到人负责修复;订购了办公用品的同事往往不能及时拿到,需要时不时地催促行政部……

但是各部门工作人员又觉得他们是尽力工作的,比如前台认为:有时候非常忙,她可能正在接一个三言两语打发不了的电话,送快递的又来找她签收邮件包裹,这时候站

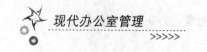

在旁边的来访者可能就会出现等了几分钟还未被搭理的现象。究竟怎样才算高效率地完成这些行政工作呢？

行政经理决定给各部门主管进行一次辅导以明确如何告知工作中对下属的要求，这次辅导还用到了SMART原则。经理先解释了该原则：S是specific,意思是设定绩效考核目标的时候，一定要具体，也就是目标不可以是抽象模糊的。M就是measurable,就是目标要可衡量，要量化。A就是attainable,即设定的目标要高，有挑战性，但是，一定要是可达到的。R是relevant,设定的目标要和岗位的工作职责相关联，T是time-bounding,对设定的目标，要规定什么时间内达到。

行政经理接着具体说明了具体的操作。

1. 关于量化。

有的工作岗位，其任务很好量化，典型的就是销售人员的销售指标，做到了就是做到了，没有做到就是没有做到。而有的岗位，比如我们的行政工作，很多都是很琐碎的，很难量化。具体来说，对前台的工作要求有：要接听好电话——这可怎么量化、怎么具体呢？接好电话从接听的角度来说，对接听速度是有要求的，通常理解为"三声起接"。就是一个电话打过来，响到第三下的时候，就要接起来。不能让打电话的人等太久。对前台的另一项考核指标是"礼貌专业的接待来访"，如果很忙，前台应首先抽空请来访者在旁边的沙发坐下稍等，然后继续处理手中的电话，并且应当使用规范的用语来保持礼貌，早上要报早上好，下午要报下午好，说话速度要不紧不慢。

所以，没有量化，是很难衡量前台到底怎样才算接听好了电话，到底礼貌接待来访了没有。

2. 关于具体。

对负责电话系统维护的员工的一个要求是：保证优质服务。什么是优质服务？很模糊，要具体点，比如在紧急情况下，正常工作时间内4小时恢复。那么对紧急情况也要具体下定义，如四分之一的内线分机瘫痪等。

3. 关于可达到。

不现实的目标是没有意义的，有达到的可能性才是意义所在。

4. 关于相关性。

工作目标的设定要和岗位职责相关联。

5. 关于时间限制。

如果主管和下属之间就工作目标达成一致，且下属也表示一直在努力，然而到了年底，发现还没有达成既定目标，这就需要给目标设定一个大家都同意的合理的完成期限。

各部门主管在此指导下讨论制定出一些量化的工作目标：

采购、发放办公用品考核标准：(1)一个月内各部门投诉没有在承诺的期限内得到办公用品的次数不超过1次；(2)一个月内发放办公用品的数量和品种错误的次数不超过2次;(3)一个月内由于办公用品的质量问题产生的投诉不超过2次。优秀绩效的表现:主动向用户介绍一些新型的办公用品,帮助客户根据需要选择最为便捷、有效的办公用品。

安排保洁员对办公区、员工休息室、卫生间等地方进行清洁考核标准:(1)从上午8点到下午7点,随时保持环境的清洁;(2)休息室、卫生间设备、用品齐全;(3)一个月内由于环境卫生问题产生的投诉不超过3次。优秀绩效的表现:随时监控环境中的温度、湿度状况,注意保持对人体最佳的适合工作的温度和湿度。

管理办公室的电源、电话等设备考核标准:(1)在工作时间内发生电源中断影响工作的情况一年不超过一次;(2)非电信运营商原因引起的电话设备故障一个季度内不超过一次;(3)电源、电话故障能够在2个小时内修复。优秀绩效的表现:准备充分的备用设备,以备在突发事件发生时应急。

印制名片、制作胸卡考核标准:新员工入职一周之内能够得到名片和胸卡;一年中名片、胸卡发生错误的次数不超过2次。优秀绩效的表现:新员工入职3天即可得到名片和胸卡。

会议之后,行政各部门主管按照经理的想法对下属员工进行了量化的绩效考核管理,不出一个月,行政工作的效率大大提高,公司其他员工的反馈也由抱怨变成了表扬。

案例思考题

谈谈办公室工作量化管理对提高工作效率有什么重要意义?

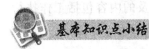

1. 办公室量化管理是指在组织生产劳动过程中,采用科学方法(如预测、概率估算、实测、预定动作时间法等)对各个工作项目,制定工作定额来实行定量考核的管理方法。

2. 职务分类是指将工作人员担任的每个职务内容加以分析,以掌握该职务的固有性质和各职务之间的关系及特点,从而确定工作人员在履行职务上所应具备的条件,制定规范,评定等级,衡量工作量和确定报酬范围,并以此作为选用、培训、考核、升迁、奖惩的依据。

3. 办公室工作量化管理的基本原理有:脑力劳动与体力劳动的关系原理、定性与定量原理、静态与动态原理、测量与评定原理。

4. 在办公室量化管理中,静态概念是指在某一特定阶段中,在标准条件下,影响时间的因素变化与时间消耗呈对应稳定状态。动态概念则往往是以与静态相对应的概念出现在不同范围中。量化管理的动态概念,就是指影响时间的因素结构及其变量,时间消耗的结构及其变量,其都在不断变化中。

5. 测评的概念,包括测量和评定两个含义。对人的工作时间的测量用数学对人的功能和动作进行描述;对人的业绩和贡献的评定则应用这种描述来全面确定功能和动作的价值。评定和测量是事物的两种衡量方法,相辅相成,互为一体。客观的描述测量离不开主观的判断评定;主观的判断评定要以客观的描述测量为依据。业务工作测量的定义为:根据法则,用数学对劳动者的动作进行描述。它的要素包括:法则、数学、动作三者。评定泛指衡量人与事的价值,具有与测量相对应的三要素:定量描述、价值、权衡。

6. 测评标准是指衡量办公室人员功能的数量和质量的准则和尺子。测评标准分为:(1)静态测评标准:评语式标准、量表式标准、对比式标准、隶属度标准;(2)动态测评标准:目标管理标准、情景评估标准、工作模拟标准。测评标准编制的一般程序:建立标准编制小组,提出工作计划,编制标准草案,标准草案的审定。

7. 办公室工作量化管理模式有:(1)模式计算法;(2)综合定额法:经验估算法、概率估算法、统计分析法、类推比较法、工作抽样法;(3)打分法。

8. 办公室工作程序是指办公室内制定的按部就班的工作日程计划,计划详细规定了做什么(工作内容)、怎么做(工作方法)、何时做(时间安排)、何处做(地点安排)、谁做(人员安排)。设计和调整办公室工作程序时,常常要涉及列制各种图表:网络分析(主线路)图表、程序流程图表、工作分配图表、操作图表、工作进度图表等。

9. 办公室工作控制是办公室管理的基本内容。这是一个连续发展的过程,办公室主任通过这一过程来了解办公室工作运转中的工作现状,将现在的活动与制定计划的活动相比较,寻找计划与执行之间的差异。办公室工作控制涉及的内容包括工作执行的数量控制、质量控制、时间变量控制。

思考题

1. 什么是办公室量化管理?
2. 体力劳动和脑力劳动如何量化、考核,相互间的关系是什么?
3. 如何对办公室工作进行测评?
4. 试述办公室人员的素质要求。
5. 办公室工作程序的原则和方法是什么?

第八章

办公室行政预测

> **本章提要**
>
> 办公室行政预测是展开行政工作的重要一环,正确的预测是为了在可以预见的前景和后果面前,采取正确的决策和合理的措施,实现办公室行政工作的科学化。本章根据不同的标准,对行政预测进行不同分类,提出为了进行科学预测,必须在主客观方面满足预测的要求,并且须遵循预测步骤一步一步进行。
>
> 办公室行政预测包括定性预测和定量预测,本章介绍了各种定性预测方法和定量预测方法。办公室行政预测综合分析包括对预测目标的分析与确定、预测方法的评价与选择、预测结果的分析与评价。

办公室行政预测就是指在办公室行政工作中对办公室行政工作过程及其变动趋势作出推测和预见,力求未来的办公室工作的不确定性极小化。办公室行政预测既是科学的又是艺术的。说其是"科学"的,是指它应有科学的理论,应以可靠的资料为基础,应尽可能采用科学的方法;说其是"艺术"的,是因为在行政预测过程中,办公室工作人员的主观判断往往起着很重要的作用。预测过程中,工作人员往往要提出一些假设,要选择预测的方法,要对获取的资料情报进行综合处理,而这些工作的完成依赖于工作人员的经验和学识。

第一节 办公室行政预测概述

一、办公室行政预测的概念与分类

所谓办公室行政预测就是"鉴往知来",就是人们通过事先的行政调查研究和分析,对未来某种不确定的东西或未知的情况作出符合事物发展规律的设想或结论,以指导办公室工作的方向和实际行动。

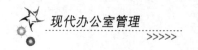

行政预测是展开办公室工作的重要一环,正确的预测是为了在可以预见的前景和后果面前,采取正确的决策和合理的措施,实现办公室工作的科学化。行政预测对办公室工作科学化的作用主要表现在以下几个方面:(1)它是实现科学行政决策的前提;(2)它可以为制订办公室计划和规范未来提供依据,而且可以事先对计划进行评审;(3)它是在办公室工作中避免盲目性、增强自觉性的重要手段,可以为预防差错、争取主动提供保证。

根据不同的标准,办公室行政预测可以分为不同的类型。

按照预测的时间跨度分,可以分为短期预测、近期预测、中期预测和长期预测。短期预测一般是指1个月之内的预测,近期预测是指1年内的预测,中期预测是指预测时间不超过3年的预测,长期预测是指预测时间超过3年的预测。

按照预测的性质分,可以分为定性预测和定量预测。定性预测主要依靠办公室工作人员的经验、知识和思维判断力进行预测,是对预测对象作出变动方向和性质上的推断;定量预测主要依靠大量资料,运用数学方法对预测对象的变化作出数量上的推断。

按照预测对象是否可控,可以分为主观计划预测与客观发展预测。主观计划预测是指办公室工作人员在作出预测的同时,把预测目标的实现列入了工作计划,并辅之以主观努力,以力争预测目标实现的一种预测。主观计划预测的特点是预测与主观努力相结合,在作预测时,已经估计到通过努力可以达到预测目标,而主观努力的发挥程度,又可以加速或延缓预测目标的实现。客观发展预测是指预测者对预测目标的发展过程无能为力,只能预测其发展过程,适应其客观变化的一种预测。

二、办公室行政预测的条件与步骤

进行科学的办公室行政预测,主要有三方面的条件:一是办公室工作人员主观方面的条件,二是预测对象的信息资料方面的条件,三是对形势和环境的熟悉。

在办公室工作人员主观方面,首先要求工作人员的认识合乎行政对象发展变化的规律,如果工作人员的认识与行政对象发展变化的规律不符合,不知道某些现象是由什么原因产生的,这些现象之间内在的联系是什么,那么科学的预见只能是一句空话。其次要求办公室工作人员具有逻辑推理和分析判断的理论基础,善于运用唯物辩证法观察和思考问题。再次要求办公室工作人员有行政工作的经验和预测方面的经验,明确过去和现在行政对象变化发展的趋势,最后要求办公室工作人员有较强的能力,如思想和方法能迅速适应新情况的应变能力,能从少量思想信息和资料中洞察全貌的判断能力,从纷繁复杂的思想动态中理顺各种关系的分辨能力,等等。

在预测对象的信息资料方面,首先要求信息资料充分可靠,并且具有及时有效性,为预测提供原料。其次要有丰富的信息历史资料,包括过去行政对象的变化趋势和特点,为预测提供比较研究的资料。对现实的、历史的资料,应不怀偏见地广泛搜集,力求资料准确、全面、系统,而不应该按既定框框决定取舍。

在对形势和环境的熟悉方面要求对影响行政对象发展趋势的各种因素,包括国内国际政治、经济、思想等有大致全面的了解;对预测对象的工作、生活方式和客观环境的变化有比较深入的体察。

办公室行政预测的大致步骤是:

1. 确定预测目标。预测目标的确定包括:预测的对象,如预测人的思想动向,预测工资薪酬的变动趋势;预想的目的,指预测思想主流的发展趋势,便于领导,是预测可能发生的问题,便于防范,是为一个单位、一种行业所作的预测,还是为一个地区或是一个大的领域所作的预测。预测目标要具体、详尽,不能含混、抽象,否则作出的预测对办公室工作的展开没有多大的作用。

2. 要收集与办公室工作对象相关的资料。根据预测目标的要求,通过调查,广泛收集预测所需要的现实和历史的信息资料,包括全局的和个体的两个方面,以及定性、定量两类。

3. 要熟悉形势和环境。把办公室工作对象的信息同客观形势和客观环境联系起来进行分析,从中找出相互联系。

4. 选择预测方法。根据不同的预测目的、范围、内容,采用不同的预测方法,在辩证唯物主义指导下进行预测。

5. 将所得预测的结果征求有关人员意见,进行评审与检验,把取得基本一致的预测结论交付制订计划,提供决策依据。

第二节 定 性 预 测

一、集体经验判断法

集体经验判断法又称专家小组意见法,它是指利用集体的经验、智慧,通过思考分析、判断综合,对事物未来的发展变化趋势作出估计。这种预测方法的做法是:首先由若干个熟悉预测对象的人员组成一个预测小组;其次,要求每个预测者在作出预测结果的同时,说明其分析的理由,并允许小组成员在会上充分讨论;再次,在分析讨论基础上,预测者可以重新调整其预测结果;最后,把若干名预测者的预测结果运用主观概率统计法进行综合处理,得出最终预测结果。在某些情况下,也有把各位预测者的预测结果直接进行统计处理,得出最终预测结果的,而不经过集体讨论这一程序。无论何种方式,相对个人独立预测而言,集体经验判断法可以避免个人掌握信息量有限、看问题片面等不可避免的弱点所引起的预测误差,从而使得预测结果更接近实际。

集体头脑风暴法是集体经验判断法经常运用的方式。在实施集体头脑风暴法时,要遵循四项规则:在会上,对别人提出的意见不许进行反驳或下结论;欢迎和鼓励个人独立思考,广开言路,以便集思广益;追求数量,所提意见或建议越多越好,不要害怕彼此之间相互矛盾；寻求建议的改进与联合，可以补充、发展和完善相同的意见，从而使某一方案更加完备。

二、特尔菲法

特尔菲法也称专家调查法或专家意见法，是以匿名方式，轮番征询专家意见，最终得出预测结果的一种集体经验判断法。但是和上述集体经验判断法相比，特尔菲法采用匿名反馈背靠背的形式，大大减少和避免了面对面预测可能带来的诸如附和权威意见，或主观意气用事等倾向，使专家充分发表个人预测意见，减少预测误差。

特尔菲法是在专家个人判断和专家会议方法的基础上发展起来的一种新型的定性预测方法。它在应用中的特点表现为：选择专家型的参与者、参与者的独立和匿名、在总结初期预测结果后对参与者进行连续多次的信息反馈与函询再访问、统计预测结果并完成意见一致性的预测。

1946年美国兰德公司首创了这一方法，后被广泛运用于各种预测中。它有一套独特的预测程序：

1. 确定课题即预测对象。

2. 组成调查工作组。调查小组人数一般在10到20人，视预测工作量大小而定；调查小组成员对特尔菲法的实质和方法有正确的理解，具备必要的专业知识；调查工作组的任务是组织整个调查预测工作，主要工作内容是：对预测过程做计划，选择专家、设计调查表、组织调查、对调查结果进行汇总处理并作出预测。

3. 选择专家。专家的选择是成功运用特尔菲法的关键。选择什么样的专家主要是由所要预测问题的性质决定的，在选择专家过程中，既要选择那些精通本学科领域，在本学科有代表性的专家，也要选择相关领域、边缘学科的专家，还要考虑到专家们所属部门和单位的广泛性。既要选择高层的有名望的技术权威，也要注意选择专门从事某项具体工作的一般专家。专家的人数多少视课题的大小而定，一般以10—50人为宜，对于重大问题的预测，专家人数可以扩大到100名以上。

4. 设计咨询表。特尔菲法预测的调查表没有统一格式，它通常是围绕预测课题因地制宜地以表格形式提出针对性问题，并适当介绍背景材料，为专家提供方便。咨询表设计的总原则是所提问题要明确，回答方式应简练，便于对调查结果进行汇总处理。咨询表中应有供专家阐明有关意见的栏目。

5. 反复咨询和反馈。将专家分为3—4批，先将咨询表寄至第一批专家，要求匿名答复，然后将整理、归纳的咨询表反馈给第二批专家，仍要求匿名答复，这样反复循环，得到满意的预测意见。

6. 采用一定方法对各专家意见进行定性、定量评价，找出规律性认识，确定预测值。

三、对比类推法

对比类推法就是指利用事物之间的相似特点，把先行事物的表现过程类推到后继事物上去，从而对后继事物的前景作出预测的一种方法。它通过从共同因素的发觉与类似现象的发现来预测未来的发展趋势。运用这种方法时，一般对未来环境不作具体规定，假定未来仍然按照过去的趋向发展，从而以现有的情况为参照物，通过比较找出共同形式来推测未来的情况。这种方法在人员、工作内容发生周期性变化的情况下，用得较多。例如，由于高考竞争激烈，许多中学片面追求升学率，学生在中学阶段处于高度紧张状态，进入大学后，不少学生紧张状态容易松弛下来，学习、生活以及思想容易出现松散状态，以致不能达到学校对学生在学习、生活和思想方面的正常要求，产生状态偏离，同中学高度紧张状态形成反差对比。尽管学生产生这种偏离的原因是多方面的，但只要中学仍然存在片面追求升学率的状况，大学的招生、教育工作变化不大，就会有学生出现这种状态偏离。根据前届学生的状况，作出对下届学生的预测，就可以事先心中有数，针对可能出现的问题采取各种必要的教育措施。

四、交互影响分析法

交互影响分析是 T·J·哥顿和 H·海沃德 1968 年首先提出的，是一种广泛应用的预测技术。在一系列潜在的发展事件中，通常存在着很强、很复杂的相互作用。也就是说，在未来可能发生的各种事件中，有些是相互促进的，有些是相互抵触的，有些相互之间没有影响。交互影响分析就是根据相关时间出现或不出现而作出对未来事件出现概率的直觉判断。交互影响分析的目的是查明哪些将促成或制约其他相关事件出现的概率依赖于另一个事件的出现。也就是说，两个事件都不是独立的，它可以用"p(E1/E2)"这一式子来表示（这个式子读作"给定第二个事件 E2，第一个事件 E1 的概率"）。

交互影响分析法的处理程序是：利用专家的主观判断和估计（如特尔菲法）确定应该考虑的事件及其初始概率，并确定事件之间的交互影响作用，把每个交互影响作用以一个实数表示出来，组成交互作用矩阵；规定一个公式，用计算机计算某一已知事件发生后，其他事件发生概率的改变；将这些主观信息输入计算机后，借助计算机按预先设定的程序进行模拟（通常要 1 000 次以上），最后所得的结果就可以认为是这些事件在考虑了交互影响分析以后的发生概率。

第三节 定 量 预 测

一、时间序列预测法

时间序列预测法是随时间顺序而变化的观察值的集合。时间序列分析是基于时间序列的一种统计分析方法,其完全不考虑引起这些数据变化的原因,简单地根据过去的变化特征来预测未来。如果过去的变化规律将继续进行下去,时间序列就是一种有效的和有价值的预测手段。由于这种方法容易掌握,所花费又少,仅用于预测时,这种方法能取得相当好的效果。

时间序列模型分为确定型模型和随机型模型两大类。前者对时间序列数据的随机性质和来源不进行研究,后者则要着重研究这些内容。

时间序列预测法的基本程序是,首先是数据处理,以消除个变动因素影响,找出长期变动趋势;其次是建立数学模型;再次是修正数学模型,即用季节性、周期性变动修正模型,使其接近实际,最后是进行预测。

在办公室行政预测中经常会用到的时间序列预测法包括不变性预测法、百分比增加法、简单平均法、移动平均法等。

1. 不变性预测法。这是一种最简单,却经常使用的预测技术,其基本点在于,假定预测对象在未来不变化或很少变化,依此进行预测。如某童装厂得知某市 2004 年的人口出生率是 1.2%,明年基本不变。2004 年宝宝装销售 8 万套,仅就新生儿出生率来说,2005 年销售量也基本不变。不变性预测多用于近期预测,若用于长期预测,误差很大。

2. 百分比增加法。是指按以往时期稳定增长的百分比预测未来。如某公司的员工年均工资增长 5%,2004 年该公司的工资发放总额为 2 000 万,那么 2005 年该公司工资发放总额预计为 2 000×(1+5%)= 2 100 万。

百分比增加法适用于短期、近期预测。

3. 简单平均法。这是把历史数据加以算术平均,并以平均数作为预测值的方法。其预测模型为:

$$\bar{x} = \frac{\sum_{i=1}^{n} x_i}{n}$$

式中:$\bar{x}$ 作为预测值的算术平均数,x_i 是第 i 个历史数据,n 是参加平均的历史数据个数。

此方法简单易行,仅适用于行政预测对象变化不明显的短期预测,因此法将各期变化完全平均,容易产生较大偏差。

4. 移动平均法。指用分段逐点推移的平均方法对时间序列数据进行处理,找出预测对象的历史变动规律并据此建立预测模型的一种预测方法。

用移动平均法平滑处理的具体做法是每次取一定数量的时间序列数据加以平均,按照时间序列由前向后递推,每推进一个单位时间,就舍去对应于最前面的一个单位时间数据,再进行平均,直至全部数据处理完毕,最后得到一个由移动平均值组成的新的时间数列。视需要这种移动平均处理过程多次进行。在实际中可以分为一次移动平均

第八章 办公室行政预测

值法和二次移动平均值法。这两种方法分别适用于水平型和直线趋势型的历史数据。

一次移动平均值的计算公式为：

$$M_{t-1}^{[1]} = \frac{y_{t-1} + y_{t-2} + \cdots + y_{t-n}}{n}$$

$$M_t^{[1]} = \frac{y_t + y_{t-1} + \cdots + y_{t-n+1}}{n} = M_{t-1}^{[1]} + \frac{y_t - y_{t-n}}{n}$$

式中：$M_t^{[1]}$——第 t 周期的一次移动平均值，n——计算移动平均值所取的数据个数。

二次移动平均值要在一次移动平均值序列的基础上计算，其计算公式为：

$$M_t^{[2]} = \frac{M_t^{[1]} + M_{t-1}^{[1]} + \cdots M_{t-n+1}^{[1]}}{n} = M_{t-1}^{[2]} + \frac{M_t^{[1]} - M_{t-n}^{[1]}}{n}$$

式中 $M_t^{[2]}$——第 t 周期的二次移动平均值。

例如：已知某产品 15 个月内每月的销售量如表 8-1 所示，因时间序列数据点少，取 $n = 3$，计算一次移动平均值和二次移动平均值。

表 8-1 某产品每月销售量分析表　　单位：万件

月 序	1	2	3	4	5	6	7	8
销售量	10	15	8	20	10	16	18	20
$M_t^{[1]}$	/	/	11.0	14.3	12.7	15.3	14.7	18
$M_t^{[2]}$	/	/	/	/	12.7	14.1	14.2	16
月 序	9	10	11	12	13	14	15	
销售量	22	24	20	26	27	29	29	
$M_t^{[1]}$	/	/	11.0	14.3	12.7	15.3	14.7	
$M_t^{[2]}$	/	/	/	/	12.7	14.1	14.2	

从专业的角度分析，二次移动平均值序列的线型比一次移动平均值序列的线型更加平滑，同时，二次移动平均值序列对一次移动平均值序列也有一个滞后偏差。

如果实际的时间序列数据没有明显的周期变动，近期的移动平均值序列没有明显的增长或下降趋势，可以直接用最近一个周期的一次移动平均值作为下一周期的预测值。也就是说，当最近一个周期为 t 时，可以认为 $y_{t+1} = \hat{M}_t^{[1]}$。如果实际的时间序列数据有明显的周期变动，近期的移动平均值序列有明显的增长或下降趋势，就不能直接用一次移动平均值作预测。这是因为移动平均值的变化总是滞后于实际数据的变化，当预测对象有明显的增长趋势时，直接用一次移动平均值作预测会使预测值偏低，当预测对象有明显下降趋势时，直接用一次移动平均值作预测会使预测值偏高。在这种情况下,如果预测对象的变化趋势呈线性,可以通过建立线性预测模型作预测。

二、回归分析法

回归分析就是指通过对观察数据的统计分析和处理,研究与确定事物间相关关系和联系形式的方法。运用回归分析法寻找预测对象与影响因素之间的因果关系,建立回归模型进行预测的方法,称为因果回归分析法。其特点是,将影响预测对象的因素分解,在考察各个因素的变动中,估计预测对象未来的质量状况。按方程中影响预测对象因素的多少,可分为简单回归分析法和多重回归分析法。这里仅介绍简单回归分析法的应用。

假设一元线性预测模型为

$$Y_i = \hat{a} + bX_i$$

式中:a为回归常数,是回归直线的高度。其实际含义为:若在某一刻不考虑自变量时,因变量所能达到的数值。b为回归系数,是回归直线的斜率。其实际含义为:当自变量X每变动一个单位时,因变量Y的平均变动量。

在预测中经常采用最小二乘法来确定a、b的值。

利用所求的回归方程,可以根据给定的自变量x的值,来估计因变量y的取值。只要将给定的x的值代入所求的回归方程,就可以得出y的估计量。

运用回归分析法进行定量分析决策,精确性和可靠性都比较好,但计算比较复杂,如运用计算机软件进行处理分析,就非常容易了。

在回归分析中,如果数据样本呈现某种曲线趋势,便可选用一元非线性回归预测模型。如果解释变量不止一个,而且每个解释变量与预测量组成的数据样本均呈现直线数据,一般可选用相应于解释变量个数的多元线性回归预测模型;但如果有一个或一个以上的解释变量与预测量组成的数据样本呈现曲线趋势,那就要考虑选用相应的多元非线性回归预测模型。

三、组合预测方法

从前面介绍的各种预测方法可以看到,各种预测方法和模型都有其特点,也各有其局限性。预测人员在实践中经常会遇到这样的问题:当考虑某些因素时,会认为选择某种预测方法比较好,而考虑另一些因素时,又会觉得另一种预测方法更合适。因此就产生了组合预测方法。这种方法同时应用多种预测方法或预测模型对同一预测目标进行预测,通过一定的方法将多种预测结果进行组合,以获得一个最终的预测结果。由于组合预测结果比一般预测结果包含更丰富、更全面的信息,因此它的预测结果更为准确。应用组合预测方法的关键是掌握多种预测结果的综合处理方法。常用的预测结果综合处理方法是加权组合法。根据权重系数W_i的取法不同,加权组合法又可以分为平均值法和二项式系数法。

用平均值法确定权重系数 W_i 比较简单,对所有的预测方法采用平等的态度,特别适用对预测模型的取舍没有把握的情况。其公式表达为:

$$W_i = \frac{1}{r}$$

二项式系数法要求先将预测值从小到大排列,然后取二项式展开的系数 C_{r-1}^{i-1} 为权重系数的分子。由于各预测值按增序排列,所以其中位数将取得最大的权重系数,这便突出了中位数的重要地位,综合结果将向中位数靠近。其公式表达为:

$$W_i = \frac{c_{r-1}^{i-1}}{2^{r-1}} \quad (r = 1, 2, \cdots r)$$

例如,某预测共采用了 6 种模型进行预测,其结果如下:

预测模型	模型 1	模型 2	模型 3	模型 4	模型 5	模型 6
2009 年预测值 Y_i	98.22	88.29	113.16	105.16	100.13	99.23

采用平均值法组合预测得到的结果为:

$$W_i = 1/6$$
$$Y_{2009} = \sum Y_i \cdot W_i = 98.22$$

采用二项系数法组合预测:

按增序排列 Y_i,2009 年预测值排列次序为 $\{88.29, 98.22, 99.23, 100.13, 105.16, 113.16\}$。

二项式权重系数 $W_i = \frac{c_{r-1}^{i-1}}{2^{r-1}} = \frac{c_6^{i-1}}{2^5} \quad (i = 1, 2, \cdots 6)$

将数据代入得 $W = \{0.03125, 0.15625, 0.3125, 0.3125, 0.15626, 0.03125\}$

则综合预测结果为

$$Y2009 = \sum Y_i \cdot W_i = 100.38$$

除了上述两种方法确定权重系数外,还常用经验判断法确定权重系数,即根据预测人员的主观经验判断模型结果可信度,给以不同的权重系数.

第四节 办公室行政预测的综合分析

一、预测目标的分析与确定

预测目标的分析是指通过分析,确定预测所要达到的目的,以及预测结果所要达到的精确程度。明确预测目标是预测过程的起点,是保证预测过程顺利进行的基础。预测工作首先要进行预测目标分析,这是因为许多预测工作的总目标一开始并不是十分明确的,决策者往往只能提出问题和要求,并不能加以深刻的说明,需要通过预测目标分析,使许多潜在的问题明朗化。有时即使有些预测对象比较明确,但有时会因问题的复杂性而不易直接进行预测,此时需要把预测主题进一步分解为若干个子目标。例如在"上海市高校研究生就业前景预测"中,对此项预测问题直接预测有一定困难,这时可以把问题进行分解,把上海高校研究生分为硕士研究生和博士研究生两大部分,还可以按照专业进一步分解,最后逐一进行分析预测。

预测目标的分析程序如图8-1所示。首先,在分析决策目标的基础上,根据决策的需要确定目标(包括预测对象、预测边界范围)。若预测目标不明确,则可重新进行决策目标分析,直至预测目标明朗。第二步进入预测目标的具体分析阶段,若通过分析,预测对象较为复杂不易直接预测,则可进入第三步,即预测目标的分解。把总预测目标分解为若干个易于分析预测的子目标,从而进入整个预测综合分析的第二阶段——预测方法和模型的评价选择。若预测对象较为简单,则不必经过预测目标分解而直接进入预测分析的第二阶段。

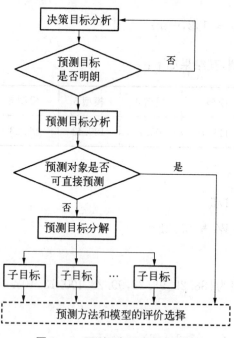

图8-1 预测目标分析的程序框图

二、预测方法的评价与选择

预测人员在明确了预测目标以后,所面临的工作是预测方法的选择。预测方法选择是否合理又是预测能否成功的关键所在。

合理选择预测方法的前提是对每一种预测方法的特点、适用范围等方面有一个全面的了解。行政预测方法主要有定性预测方法和定量预测方法两大类。

定性预测方法灵活性强,预测人员总是能随着外界的变化而不断进行调整,并加以综合分析,推理判断,而且其简便易行并具有一定科学性。但是定性预测也存在预测结果不够精确和受预测人员主观因素影响较大等不足之处。因此它常用于历史数据资料缺乏或影响因素复杂、难以分清主次,或对主要影响因素难以进行定量分析等情况下的分析预测。

定量预测方法预测结果比较客观,受主观因素影响较小,在预测中运用统计数学方法所测得的预测值较定性分析准确,而且在一定程度上,可以指明预测方法可能发生的误差。

但是定量预测方法也存在定量预测模型机械不灵活,不易处理有较大变动的非规律性变化资料的缺陷。这种方法主要侧重于针对事物发展在数量程度上的分析预测,如速度、幅度、影响程度等,并要求有比较完备的历史数据资料。

在选择预测方法和模型时,预测人员应该全面考虑各个方面的影响因素,综合平衡。一般预测人员在选择预测方法和模型时主要考虑以下几个方面的因素:

1. 预测目的和要求。方法的选择首先应服从预测目的,应该能向决策者提供所需的具体信息。例如,对一个企业来说,同样的商品市场预测,短期销售计划、年度经营计划和经营发展规划所需要的预测信息是不同的,因此适用的预测方法也不相同。对于前两者,时间序列预测模型比较适用,但是经营发展规划则离不开专家预测。同时,预测的范围、预测期限长短不同,采取的方法也不同。对市场形势的宏观预测,宜采用专家小组意见法和特尔菲法等;对具体商品的市场需求预测和企业销售预测,宜采用时间序列预测法和回归预测分析法;对事物突变分析,宜采用特尔菲法等。一般对预测期较短的预测宜采用指数平滑法、趋势平均法、回归分析法等,预测期较长的预测宜采用特尔菲法等。

2. 预测目标的历史统计数据的数量、质量和模式。在预测目标的历史数据比较缺乏的情况下,宜多采用定性预测方法;在数据资料丰富、信息准确可靠的情况下,宜多采用定量预测方法。在选定定量预测方法后,具体采用何种定量预测方法和模型主要取决于数据的模式,即数据的变动规律。常用的方法是把历史数据绘制在一坐标图上进行分析。现在随着计算机信息技术的发展,也可以方便地借助于统计软件如 SPSS、SARS 等进行分析。

如果预测目标本身的历史时间序列接近某种函数曲线(例如抛物线),则可采用相应的函数关系建立预测模型。如,经过分析比较,数据模型呈线性变化规律,则可采用直线趋势法、二次移动平均法或二次指数平滑法建立预测模型。

如果预测目标的数据模式不典型,此时往往选用几种比较接近的模式进行预测,分析比较它们的误差大小来选定预测模型,有时也把几种模型的结果进行综合后获得预测结果。

如果预测目标本身的数据模式出现无规则变动,宜采用回归分析法进行预测。应对预测目标与有关经济变量进行因果分析,找出一种或多种主要影响因素作为回归模型的自变量。回归分析法预测的结果一般比时间序列预测法所得的结果更准确,因此只要有可能,应尽量采用回归分析法进行预测。

3. 预测的精度要求和费用。预测精度要求是由决策决定的。对于预测精度要求不高的行政预测,宜采用简单平均法等简单方法;而对于精度要求较高的行政预测,则宜采用回归分析法,有时可能需要几种预测方法同时使用,综合预测结果,以提高预测质量。在考虑预测精度要求时还需同时考虑预测的费用预算。一般情况下,预测精度高,预测价值高,但同时预测费用也上升。预测人员应根据决策的需要,在预测精度与预测费用和预测结果所能带来的经济效益之间进行权衡,以便确定适当的预测方法。

4. 办公室工作对象发生发展的不同阶段。在进行行政预测时还应该充分考虑到办公室工作对象发生发展的不同阶段,因为数据的适用程度和各因素之间相互关系的确立,直接依赖于行政对象发展的不同阶段。一般说来,办公室工作对象处于发生发展初期,宜采用定性预测方法,当办公室工作对象处于成长期,则宜采用各种定量分析方法,当办公室工作对象发展处于比较稳定的状态,宜采用定性分析和定量分析相结合的方法。

5. 现有条件和基础。预测方法的选取必须建立在可以实现的基础上。尽管有的方法预测效果好,但在实际预测中,往往由于数据、经费、人力、设备等方面的制约,许多预测模型实施起来十分困难。一个最好的办法就是面对现实,建立一个可以实施的模型。在达到预测要求的情况下,预测模型越简单越好,而且大量的预测实践也表明了预测精度并不与预测模型的复杂性成正比。

三、预测结果的分析与评价

对预测结果的分析和评价在整个预测过程中是很重要的一环,办公室工作人员分析预测误差的作用不在于消除误差(消除误差也是不可能的),而在于通过对误差产生的原因分析,尽量减少未来预测的误差,提高预测的精度。

分析预测结果一般是通过分析误差来实现的。所谓误差是指模型计算值与实际值之间的离差,可以分为拟合误差和预测误差。拟合误差是指在历史时期测得的实际值与模型计算值的离差;预测误差是指在未来某一时刻所测得的事先预测值与未来的实际值的离差称为预测误差。这两种误差在实际预测过程中的作用是不同的,拟合误差主要可为选择合理的预测模型或者调整预测值提供依据;预测误差主要用于分析误差产生的原因,作为今后改进预测工作的依据。

预测误差产生的原因是多方面的,有主观方面的原因,也有客观方面的原因。归纳起来主要有以下几个方面的原因:

1. 环境因素的影响。环境因素对预测误差的影响主要表现为两个方面:一是某些环境因素发生突变,这种变化在建立预测模型期间并没有估计到,这样用原有的模型和方法预测必然会产生较大的误差。如在预测期间,某些与预测目标有关的新技术或新产品问世,这使得预测目标的技术环境发生突变,从而影响预测目标的经济生命周期。二是预测人员对环境变化估计不足而导致预测误差的产生。例如在招工用人的工资薪酬方面,预测人员忽略了宏观经济的变化导致员工对工资待遇要求的提高,使预测结果大失水准,结果招不到合适的员工。

2. 预测方法和模型本身的局限性。预测方法和模型本身不够完善,任何一种预测方法和模型都有各自的特点,不可能把影响市场的所有因素都考虑在内,总是取主要的影响因素,因此预测模型本身会出现理论上允许的拟合误差,另外预测模型的参数是根据历史数据来估计的,这些参数与预测期间的实际参数会有差别,这必然会给预测带来误差。

3. 预测信息本身的质量与相关因素误差所致。预测工作需要大量的信息,如果信息质量不高,就会直接影响预测模型的质量,从而造成预测误差。如在行政工作中常会碰到统计数据不全,或者统计数据中有重复计算成分,或是有异常数据,如果不加分析和处理地直接利用这些数据进行预测,必然会产生较大的误差。

4. 人们的认识能力和经验水平也限制预测的可信度。办公室工作人员对工作对象发展变化规律的认识需要一定的过程,当未来事物的规律性尚未充分显示时,就更难测准。因此行政人员的认识免不了带有一定的偏差。另一方面,无论是预测目标的确定,信息资料的收集、评价、判断、加工整理,还是预测方法的选择,模型参数的估算,模型的建立以及最终对预测结果的综合,都离不开人的主观努力。因此办公室工作人员本身的素质水平对预测结果的准确性产生重大影响。

5. 预测者心理因素的影响。预测过程中不仅受到办公室工作人员的认识能力和经验水平的影响,同时还受到工作人员心理因素的影响。包括工作人员的不科学的从众心理,对领导与权威的迷信以及对个人专长或所熟悉工作的偏爱等。

在预测过程中完全消除误差是不可能的,关键的问题是如何通过一定的努力使预测误差减少到最小的程度。在实际工作中提高预测精度要求:(1)要重视对预测目标的转折点分析。外界环境因素突变对预测目标的影响往往表现为预测目标变化出现转折点,转折点前后的变化趋势截然不同,从而导致预测误差。对转折点的分析目的在于能够及时发现可能导致转折点产生的原因,包括技术环境的突变、用工环境的突变、政策环境的突变、经济环境的突变等。如果能抓住预测目标转折点,则能大大提高预测精度。(2)要注重数据资料的分析处理。对于数据必须经过"去粗取精,去伪存真,由此及彼,由表及里"的分析处理才能应用,切忌不加识别和处理就让其直接进入数学模型。(3)要重视定性定量分析相结合和多种预测方法的组合应用。定性分析和定量分析具有很好的互补性,把这两种方法结合使用,既能在定量的基础上对事物的方向、性质作出判断,又能使定性分析更有依据,并对事物发展程度作出量的测定。

预测效果的评价对预测人员总结过去预测经验和教训,提高以后的预测水平将起到重要的作用。评价某项预测成败得失,效果如何,应从决策角度来分析评价预测效果大小。(1)要根据预测结果是否符合决策的实践结果来衡量。预测结果越接近决策实践结果,表明预测精度越高,预测越成功,反之则预测效果越差。(2)要根据决策实践结果是否防止了预测结果来衡量。如果预测者预测某种对人们不利的事件在某时将会发生,由于在实践中积极采取措施,有效防止了这种预测结果的出现,或者不利事件虽然出现但不利程度减少,那么这种预测应该说是成功的、有效的。

人力资源供给预测[①]

人力资源供给预测流程

人力资源供给预测需要从企业内部与外部两个方面来进行。通过企业人力资源供给预测可以了解现有员工与岗位的匹配度及其弥补空缺岗位的能力,同时对于员工晋升、转岗、退休或辞退、招聘、培训及员工发展等人力资源管理环节做出预测,以便及时为工作岗位的空缺提供合格的人力资源补充。

企业人力资源供给预测步骤如图8-2所示:

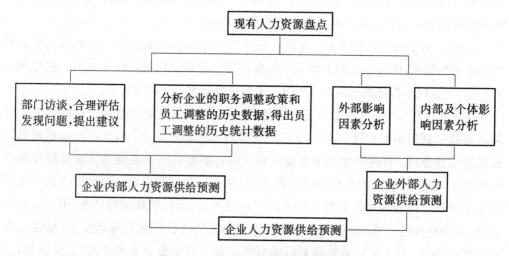

图8-2 企业人力资源供给预测流程

人力资源内部供给预测

所谓人力资源内部供给预测,就是指对组织内部员工的情况,如人数、年龄结构、技能水平、发展潜力及流动趋势等进行分析,预测在未来一段时间内员工在组织内的稳定、晋升和发展情况,从而得出未来一段时间内组织内部人力资源供给的大致情况。内部人力资源的供给预测一般有如下几种方法。

员工满意度与忠诚度分析

定期进行员工满意度调查,通常采取不记名的方式。调查可以了解员工对工作的

---

① 闫凤芝:《员工任用》,中国发展出版社2006年版,第13—17页。

满意程度以及继续留在公司工作的愿望等。建议对不同类别的员工采用不同的问卷调查,并及时予以反馈。

员工基本能力情况调查表

员工基本能力情况调查表是一个可以反映员工基本情况的表格,其主要内容包括:员工工作经历、教育背景、个人兴趣爱好、能力特长、素质测评记录、培训背景、绩效记录、主管能力评价、身体状况、发展规划等。员工基本能力调查表里的内容越详细,也就越能够提供真实的人力资源信息,为企业人事变动及其他各环节资源工作的开展提供可靠信息。

岗位接替模型

该模型主要用于确认特定职位(尤其是企业关键岗位)的内部候选人。具体做法如下:

根据岗位分析的信息,明确不同岗位对员工的具体要求;对现有员工进行盘点,得出岗位匹配度较高的人选;对员工进行培训提升与生涯发展规划;设计岗位接替体系(保证接替者的岗位被其他人有序接替)。

马尔可夫模型

马尔可夫模型实际上是一种概率转换矩阵,是一种运用统计学原理预测组织内部人力资源供给的方法。其假设前提是:组织过去和未来的员工流动率大致相同。其基本思路是找出过去组织内认识变动的规律,通过过去的人事变动规律来预测组织未来的人事变动趋势。

运用该模型预测人员供给的基本步骤是:

(1) 收集组织过去的历史资料(过去某几个时间段的人员留任情况、离职情况、职务上升下降情况、调入调出情况等)。

(2) 统计组织过去某一时期内的人员流动的平均概率(可以根据需要统计出人员的留任概率、人员的补充概率等)。

(3) 根据统计概率,设计出组织内人员变动矩阵表。

(4) 根据各层次/种类人数及变动矩阵表,预测下一期组织内人员的供给数量。

(5) 根据经验,对供给数量进行微调,确定最终供给数量。

人力资源外部供给预测

一旦企业内部人力资源供给不足,就应考虑外部人力资源供给。企业外部人力资源供给预测主要是预测未来几年外部劳动力市场的供给情况。比如,美国一家调查公司2004年作出预测,未来十年之内,计算机软件从业人员在世界范围内的缺口将达到1/3。这一预测结论的提出依赖于大量的外部信息收集和分析。分析的范围包括企业所在的行业等各种因素。对于IT业及新材料、通讯、银行、生物制药等领域,不但要考虑企业所处的区域,甚至要考虑到企业所在行业领域在全国乃至全球的人力资源供给状况。外部供给的预测相当复杂,但它对企业制定人力资源补充计划有着相当重要的

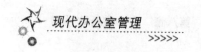

作用。这种分析不可能相当精确,但却可以为企业提供一个有关人才补充来源及方式的分析框架。

对企业人力资源外部供给进行预测时,主要考虑以下影响因素:
- 宏观经济发展态势
- 国家政策、法律、法规
- 科学技术发展因素
- 行业发展态势
- 人口发展趋势因素
- 行业相关协定与条例
- 相关区域劳动力市场发育程度
- 相关区域个体就业意识和择业观念
- 相关类别/区域劳动力变化
- 相关类别个体素质提升情况等

通常情况下,在进行企业外部人力资源预测时,可将外部人力资源供给按照不同的类别分别进行预测。

全国老龄办预测中国 2030 年将迎来人口老龄化高峰[①]

"十一五"同"十五"相比,老年人口增长速度明显加快,高龄化显著,农村老龄问题加剧,社会养老负担加重,养老保障问题突出。近日,全国老龄工作委员会办公室发布的《中国老龄事业发展"十一五"规划》表明,中国老龄问题的社会压力日益增大,对政治、经济、社会各方面都将产生深刻影响。

规划指出,"十一五"期间,中国 60 岁及以上老年人口持续增长,到 2010 年将达到 1.74 亿,约占总人口的 12.78%,其中,80 岁以上高龄老人将达到 2 132 万,占老年人口总数的 12.25%。

全国老龄工作委员会办公室预测,到 2030 年,中国将迎来人口老龄化高峰。

据了解,早在 1999 年,中国就提前进入老龄化社会,是世界老年人口最多的国家,占全球老年人口总量的 1/5。到 2004 年年底,中国 60 岁及以上老年人口占总人口的比重达到 10.97%,共有 11 个省市的老龄化水平超过这一全国平均值。

同发达国家不同,中国的人口老龄化属于未富先老。发达国家进入老龄社会时,人

---

① 李松涛:《全国老龄办预测中国 2030 年将迎来人口老龄化高峰》,载《中国青年报》,2006 年 9 月 29 日。

均国内生产总值一般都在5 000至1万美元以上。而中国目前人均国内生产总值刚超过1 000美元,应对人口老龄化的经济实力还比较薄弱。

"中国人口老龄化将伴随21世纪始终。"全国老龄办常务副主任李本公说,中国将同时面临人口老龄化和人口总量过多的双重压力。

规划提出了"十一五"时期老龄事业发展的总体目标:继续增加财政对社会保障的投入,多渠道筹措老年社会保障基金,合理确定保障标准和方式,逐步建立广泛覆盖、持续发展、与经济社会相适应、与其他保障制度相衔接的老年社会保障体系;基本建立相对完善的老龄政策法规体系;健全与人口老龄化相适应、高效规范的老龄工作体制;积极推进方便老年人生活的基础设施建设,建立健全适应家庭养老和社会养老相结合的服务网络和老年用品市场。

案例思考题

1. 你认为对老龄化的准确预测有什么意义?
2. 人口的老龄化对中国的政治、经济和社会将带来哪些影响?

基本知识点小结

1. 办公室行政预测就是"鉴往知来",就是人们通过事先的行政调查研究和分析,对未来某种不确定的东西或未知的情况作出符合事物发展规律的设想或结论,以指导办公室工作的方向和实际行动。按照预测的时间跨度分,可以分为短期预测、近期预测、中期预测和长期预测。按照预测的性质分,可以分为定性预测和定量预测。按照预测对象是否可控,可以分为主观计划预测与客观发展预测。

2. 进行科学的办公室行政预测,主要有三方面的条件:一是办公室工作人员主观方面的条件,二是预测对象的信息资料方面的条件,三是对形势和环境的熟悉。行政预测的大致步骤是:第一步确定预测目标,第二步要搜集与办公室工作对象相关的资料,第三步是熟悉形势和环境,第四步选择预测方法,最后将所得预测的结果征求有关人员意见,进行评审与检验,把取得基本一致的预测结论交付制订计划,提供决策依据。

3. 定性预测方法包括集体经验判断法、特尔菲法、对比类推法。集体经验判断法又称专家小组意见法,它是利用集体的经验、智慧,通过思考分析、判断综合,对事物未来的发展变化趋势作出估计。特尔菲法也称专家调查法或专家意见法,是以匿名方式,轮番征询专家意见,最终得出预测结果的一种集体经验判断法。对比类推法就是指利用事物之间的相似特点,把先行事物的表现过程类推到后继事物上去,从而对后继事物的前景作出预测的一种方法。

4. 定量预测方法包括时间序列预测法、回归分析法、组合预测法等。时间序列预测法是指把同一经济变量的实际数据按时间顺序排列,应用数学方法进行分析,找出其变化趋势和规律的一种定量预测技术。在行政预测中经常会用到的时间序列预测法包括不变性预测法、百分比增加法、简单平均法、移动平均法等。回归分析就是指通过对观察数据的统计分析和处理,研究与确定事物间相关关系和联系形式的方法。运用回归分析法寻找预测对象与影响因素之间的因果关系,建立回归模型进行预测的方法,称为因果回归分析法。组合预测方法就是同时应用多种预测方法或预测模型对同一预测目标进行预测,通过一定的方法将多种预测结果进行组合,以获得一个最终的预测结果。

5. 行政预测综合分析包括对预测目标的分析与确定、预测方法的评价与选择、预测结果的分析与评价。预测目标的分析是指通过分析,确定预测所要达到的目的,以及预测结果所要达到的精确程度。明确预测目标是预测过程的起点,是保证预测过程顺利进行的基础。预测方法选择是否合理又是预测能否成功的关键所在。合理选择预测方法的前提是对每一种预测方法的特点、适用范围等方面有一个全面的了解。预测结果的分析和评价在整个预测过程中是很重要的一环,办公室工作人员分析预测误差的作用不在于消除误差(消除误差也是不可能的),而在于通过对误差产生的原因分析,尽量减少未来预测的误差,提高预测的精度。

1. 在你办公室工作中经常会用到哪些行政预测方法?效果如何?
2. 在你办公室的行政预测中,你遇到了哪些困难与障碍?你是怎么克服的?

第九章

办公室行政运筹

本 章 提 要

在办公室工作中引入运筹方法越来越受到办公室工作人员的重视。本章在介绍运筹学的特点和步骤技术的基础上,重点介绍线性规划法、决策树法、库存模型以及网络计划技术法。

线性规划是规划工作中解决单一目标问题有效而简便的一种优化技术,具有相加性、比例性、确定性和非负值性的特点。决策树法有利于管理人员使决策问题形象化,把各种可以更换的方案、可能出现的状态、可能性的大小以及产生的后果等简单地绘制在一张纸上,以便研究与讨论。库存模型是既能保证办公室日常工作的正常进行,又不造成积压浪费的存货管理方法,包括定货点法、经济定货批量法以及ABC管理法。网络计划技术利用网络图以及网络分析以达到不断改善网络计划,求得工期、资源与成本的优化方案。

在办公室行政工作中,需要办公室工作人员通过分析、预测、规划、控制等手段,充分利用本单位的人、财、物等资源,以达到办公室优化管理,提高办公室管理的效率。在办公室管理中,把握并运用好运筹的理念定会取得"运筹帷幄之中,决胜千里之外"之功效。

第一节 办公室行政运筹概述

一、运筹学的含义及研究内容

运筹学一词在英国称为 Operational Research,在美国称为 Operations Research(缩写为 O.R.),可直译为"运用研究"或"作业研究"。其是用数学方法研究经济、民政和国防等部门在内外环境约束条件下合理分配人力、物力、财力等资源,使实际系统有效运行的技术科学,它可以用来预测发展趋势,制定行动规划或优选可行方案。由于运

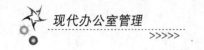

筹学涉及的主要领域是管理问题,研究的基本手段是建立数学模型,并比较多地运用各种数学工具,从这点出发,有人将运筹学称作"管理数学"。在中国,借用《史记》"运筹于帷幄之中,决胜于千里之外"一语中"运筹"二字,将 O. R. 翻译为运筹学,既显示其军事的起源,也表明它在中国已早有萌芽。

运筹学作为一门现代科学,是在第二次世界大战期间首先在英美两国发展起来的,当时迫切需要把各项稀少的资源以有效的方式分配给各种不同的军事项目及在每一项目内的各项活动,所以美国及随后美国的军事管理当局都号召大批科学家运用科学手段来处理战略与战术问题,实际上这便是要求他们对种种(军事)项目进行研究,这些科学家小组正是最早的运筹小组。

当战后的工业恢复繁荣时,由于组织内与日俱增的复杂性和专门化所产生的问题,使人们认识到这些问题基本上与战争中所曾面临的问题类似,只是具有不同的现实环境而已,运筹学就这样潜入工商企业和其他部门,在 20 世纪 50 年代以后得到了广泛的应用。对于系统配置、聚散、竞争的运用机理深入的研究和应用,形成了比较完备的一套理论,如规划论、排队论、存储论、决策论,等等,由于其理论上的成熟,加之电子计算机的问世,遂大大促进了运筹学的发展。世界上不少国家成立了致力于该领域及相关活动的专门学会,美国于 1952 年成立了运筹学会,并出版期刊《运筹学》,世界其他国家也先后创办了运筹学会与期刊,1957 年成立了国际运筹学协会。

运筹学的具体内容包括:规划论(包括线性规划、非线性规划、整数规划和动态规划)、图论、决策论、对策论、排队论、存储论等。

数学规划即上面所说的规划论,是运筹学的一个重要分支,早在 1939 年苏联的康托洛维奇和美国的希奇柯克等人就在生产组织管理和制定交通运输方案方面首先研究和应用线性规划方法。1947 年旦茨格等人提出了求解线性规划问题的单纯形方法,为线性规划的理论与计算奠定了基础,特别是电子计算机的出现和日益完善,更使规划论得到迅速的发展,可用电子计算机来处理成千上万个约束条件和变量的大规模线性规划问题。从解决技术问题的最优化,到工业、农业、商业、交通运输业以及决策分析部门,都可以此发挥作用。从范围来看,小到一个班组的计划安排,大至整个部门,以至国民经济计划的最优化方案分析,它都有用武之地,具有适应性强,应用面广,计算技术比较简便的特点。非线性规划的基础性工作则是在 1951 年由库恩和达克等人完成的,到了 70 年代,数学规划无论是在理论上和方法上,还是在应用的深度和广度上都得到了进一步的发展。

图论是研究由节点和边所组成图形的数学理论和方法。图是网络分析的基础,根据研究的具体网络对象(如铁路网、电力网、通讯网、运输网等),赋予图中各边某个具体的参数,如时间、流量、费用、距离等,规定图中各节点代表具体网络中任何一种流动的起点、中转点或终点,然后利用图论方法来研究各类网络结构和流量的优化分析。网络分析还包括利用网络图形来描述一项工程中各项作业的进度和结构关系,以便对工程进度进行优化控制。

排队论又叫随机服务系统理论。生产和生活中存在大量有形和无形的拥挤和排队现象。排队论研究顾客不同输入、各类服务时间的分布、不同服务员数及不同排队规则情况下,排队系统的工作性能和状态,为设计新的排队系统及改进现有系统的性能提供数量依据。

存储论是一种研究最优存贮策略的理论和方法。如为了保证企业生产的正常进行,需要有一定数量原材料和零部件的储备,以调节供需之间的不平衡。存贮策略研究在不同需求、供货及到达方式等情况下,确定在什么时间点及一次提出多大批量的订货,使用于订购、贮存和可能发生短缺的费用的总和为最少。

决策论研究决策问题。决策过程一般包括:形成决策问题,包括提出方案、确定目标及效果的度量;确定各方案对应的结局及出现的概率;确定决策者对不同结局的效用值;综合评价,决定方案的取舍。决策论是指对整个决策过程中涉及方案目标选取与度量、概率值确定、效用值计算,一直到最优方案和策略选取的有关科学理论。

对策论又称博弈论,是一类用于研究具有对抗局势的模型。在这类模型中,参与对抗的各方称为局中人。每个局中人均有一组策略可供选择,当各局中人分别采取不同策略时,形成对应各局中人收益或需要支付的函数。在社会、经济、管理等与人类活动有关的系统中,各局中人都以自身利益最大化进行决策。对策论为局中人在高度不确定和充满竞争的环境下,提供一套完整的、定量化和程序化的选择策略的理论和方法。

目前运筹学已被广泛应用于工商企业、军事部门、民政事业等研究组织内的统筹协调问题,故其应用不受行业、部门之限制。为了提高行政管理工作的科学性和有效性,在行政过程中引入运筹方法越来越受到行政工作人员的重视,而且确实收到非常好的效果。

二、行政运筹的特点及步骤

1. 行政运筹的特点。行政运筹研究的基本特点是:系统的整体观念、多学科的综合以及应用模型技术。

系统的整体观念。所谓系统可以理解为是由相互关联、相互制约、相互作用的一些部分组成的具有某种功能的有机整体。例如一个企业的经营管理由很多子系统组成,包括生产、技术、供应、销售、财务等,各子系统的工作好坏直接影响企业经营管理好坏。但各子系统的目标往往不一致,生产部门为提高劳动生产率,希望增大产品批量;销售部门为满足市场用户需求,要求产品适销对路,小批量,多花色品种;财务部门强调减少库存,加速资金周转,以降低成本等。办公室行政运筹就是在办公室的行政工作中把有关子系统相互关联的决策结合起来考虑,把相互影响和制约的各个方面作为一个统一体,从系统整体利益出发,寻找一个优化协调的方案。

多学科的综合。一个单位(企业)的有效管理涉及很多方面,办公室行政运筹需要吸收来自不同领域、具有不同经验和技能的工作者的知识。由于这些工作者来自不同的学科领域,具有不同的经历经验,增强了发挥小组集体智慧提出问题和解决问题的能力,有助于办公室行政的正确决策。这种多学科的协调配合在研究初期,在分析和确定问题的主要方面,在选定和探索解决问题的途径时,显得特别重要。

模型技术的应用。办公室行政运筹的核心是制定决策。而建立模型则是运筹学方法的精髓。行政运筹要掌握的最重要技巧就是提高对运筹学数学模型的表达、运算和分析的能力。

2. 办公室行政运筹的步骤。运筹学研究的步骤包括:

第一,分析和表述问题。任何决策问题进行定量分析前,先必须认真地进行定性分析。一是要确定决策目标,明确主要应解决什么问题,选取决策时的有效性度量,以及在对方案比较时这些度量的权衡;二是要辨认哪些是决策中的关键因素,在选取这些关键因素时存在哪些资源或环境的限制。分析时往往先提出一个初步的目标,通过对系统中各种因素和相互关系的研究,使这个目标进一步明确化。此外还需要同有关人员进一步讨论,明确有关研究问题的过去与未来,问题的边界、环境以及包含这个问题在内的更大系统的有关情况,以便在对问题的表述中明确要不要把整个问题分成若干较小的子问题。在上述分析基础上,可以列出表述问题的各种基本要素,包括哪些是可控的决策变量,哪些是不可控的变量,确定限制变量取值的各种工艺技术条件,以及确定优化和对方案改进的目标。

第二,建立模型。模型是对现实世界的事物、现象、过程或系统的简化描述或其部分属性的模仿,是对实际问题的抽象概括和严格的逻辑表达。模型表达了问题中可控的决策变量、不可控变量、工艺技术条件及目标有效度量之间的相互关系。模型的正确建立是运筹学研究中的关键一步,对模型的研制是一项艺术,它是将实际问题、经验、科学方法三者有机结合的创造性的工作。建立模型的好处,一是使问题的描述高度规范化,掌握其本质规律。如管理中,对人力、设备、材料、资金的利用安排都可以归纳为所谓资源的分配利用问题,可建立起一个统一的规划模型,而对规划模型的研究代替了对一个个具体问题的分析研究。二是建立模型后可以通过输入各种数据资料,分析各种因素同系统整体目标之间的因果关系,从而确立一套逻辑的分析问题的程序方法。三是建立系统的模型为应用电子计算机来解决实际问题架设起桥梁。建立模型时既要尽可能包含系统的各种信息资料,又要抓住本质的因素。一般建模时应尽可能选择建立数学模型,即用数学语言描述的一类模型。但有时问题中的各种关系难以用数学语言描述,或问题中包含的随机因素较多时,也可以建立起一个模拟的模型,即将问题的因素、目标及运行时的关系用逻辑框图的形式表示出来。

第三,求解模型初优化方案。即用数学方法或其他工具对模型求解。根据问题的要求,可分别求出最优解、次最优解或满意解;依据对求解的精度的要求及算法上实现的可能性,又可区分为精确解和近似解等。

第四,对模型和由模型导出的解进行检验。将实际问题的数据资料代入模型,找出精确的或近似的解。为了检验得到的解是否正确,常采用回溯的方法。即将历史的资料输入模型,研究得到的解与历史实际的符合程度,以判断模型是否正确。当发现有较大误差时,要将实际问题同模型重新对比,检查实际问题中的重要因素在模型中是否已考虑,检查模型中各公式的表达是否前后一致,当输入发生微小变化时检验输出变化的相对大小是否合适,当模型中各参数取极值时检验问题的解,还要检查模型是否容易求解,并在规定时间内得出所需的结果,等等,以便发现问题进行修正。

第五,建立起对解的有效控制。任何模型都有一定的适用范围,模型的解是否有效,要首先注意模型是否继续有效,并依据灵敏度分析的方法,确定最优解保持稳定时的参数变化范围。一旦外界条件参数变化超出这个范围时,及时对模型和导出的解进行修正。

第六,方案的实施。这是很关键但也是很困难的一步。只有实施方案后,研究成果才能有收获。这一步要求明确:方案由谁去实施,什么时间去实施,如何实施,要求估计实施过程可能遇到的阻力,并为此确定相应的克服困难的措施。

上述步骤往往需要交叉反复进行。因此在运筹方法的运用中,除对系统进行定性分析和收集必要的资料外,一项主要工作是努力去建立一个用以描述现实世界复杂问题的数学模型。这个模型是近似的,它既精确到足以反映问题的本质,又粗略到足以求出数量上的解。本书中将介绍在行政工作中经常会用到的各类模型,这些例子都是经过大大简化了的,只能用于帮助对各类模型的理解。若要较深刻领会各类模型的建模过程,必须通过对实际行政工作的研究分析,才能掌握运筹学研究问题的科学方法和艺术。

第二节 线性规划法

一、线性规划的基本结构与步骤

线性规划是规划工作中解决单一目标问题有效而简便的一种优化技术。所谓"线性",是指数学模型中的目标函数和约束条件都是一次的,具有相加性、比例性、确定性和非负值性,它的基本结构和步骤是:

第一,决策变量。是指决策问题所要控制的因素,一般常用 X_1, X_2, X_3……其中每个下标表示一个变量,变量的多少取决于控制因素的粗细程度,控制因素越多,随之相应的约束条件就越具体,模型就越趋近实际,但因之变量越多,求解也就越复杂。确定决策变量是建模的首要步骤。

第二,约束条件。也称约束方程,是指实现目标的限制因素。例如,设备、资金、原料、人力、销量等。在线性规划的模型中,约束方程有三种类型:$\leqslant, \geqslant, =$,所以一般多是一组联立方程组成的不等式方程组。找出约束条件是建模的第二步。

第三,目标函数。是指决策目标的极值(极大值或极小值),如利润最大、效率最高,或成本最低、进度最快等。明确目标函数是建模的第三步。

二、线性规划模型的标准式

根据上述线性规划的基本结构和要求,我们可以把它概括为如下标准式:

$$\min z = c_1 x_1 + c_2 x_2 + \cdots + c_n x_n$$
$$a_{11} x_1 + a_{12} x_2 + \cdots + a_{1n} x_n = b_1$$
$$a_{21} x_1 + a_{22} x_2 + \cdots + a_{2n} x_n = b_2$$
$$\cdots$$
$$a_{m1} x_1 + a_{m2} x_2 + \cdots + a_{mn} x_n = b_m$$
$$x_1, x_2, \cdots, x_n \geqslant 0$$

其中:a_{ij}, b_i, c_j 均已知,$i = 1, 2, \cdots, m; j = 1, 2, \cdots, n$。

三、线性规划的求解

线性规划模型的最优解可用表式、图解、代数或矩阵等法求,如果变量多、约束方程组大,可借助计算机求解。

这里仅就线性规划中较为典型的运输问题举例说明。例如:

某企业集团下属有 A、B、C 三个工厂生产同一产品,仅 S、Y、L 三个商场销售,已知三工厂的产量,三商场的销量和单位产品运费(见表9-1),求运输费用极小值。

表9-1 各工厂产品运费分布表

运费 商场 工厂	S	Y	L	工厂总供量（台）
A	8	6	7	6 000
B	4	3	5	4 000
C	7	4	8	10 000
商场总需量(台)	5 000	7 500	7 500	20 000

解:首先,确定变量。设 x_{ij} 是 i 工厂供应 i 商场的产品量,共有9个变量(见表9-2)。

表9-2 各商场产品销量分布表

运费 商场 工厂	S	Y	L	工厂总供量（台）
A	X_{11}	X_{12}	X_{13}	6 000
B	X_{21}	X_{22}	X_{23}	4 000
C	X_{31}	X_{32}	X_{33}	10 000
商场总需量(台)	5 000	7 500	7 500	20 000

然后建立目标函数：

极小值(即运费最少) $z = 8X_{11} + 6X_{12} + 7X_{13} + 4X_{21} + 3X_{22} + 5X_{23} + 7X_{31} + 4X_{32} + 8X_{33}$

接下去分析约束条件

各工厂的可供应量(一般情况是>或<)：

$$A 工厂：X_{11} + X_{12} + X_{13} = 6\,000$$
$$B 工厂：X_{21} + X_{22} + X_{23} = 4\,000$$
$$C 工厂：X_{31} + X_{32} + X_{33} = 10\,000$$

各工厂的实际需求量(一般情况是>或<)：

$$S 商场：X_{11} + X_{21} + X_{31} = 5\,000$$
$$Y 商场：X_{12} + X_{22} + X_{32} = 7\,500$$
$$L 商场：X_{13} + X_{23} + X_{33} = 7\,500$$

运输量(x_{ij})非负值：$X_{11}, X_{12}, X_{13}, X_{21}, X_{22}, X_{23}, X_{31}, X_{32}, X_{33} \geqslant 0$

最后解得结果：

$$X_{21} = 4\,000, X_{31} = 1\,000, X_{32} = 7\,500, X_{13} = 6\,000, X_{33} = 1\,500$$
$$Z_{min} = 107\,000$$

如果供销期间出现不平衡问题，如供大于求，造成工厂产品积压；或求大于供迫使商场向其生产单位调货，无论是由厂方库存解决供大于求还是商场另辟货源解决供不应求，都不影响原供求限量的运费问题，即 min 值不变。

第三节 决 策 树 法

一、决策树的构成与决策步骤

决策树法是一种分析工具，它在行政决策中经常被用到，有利于管理人员使决策问题形象化，把各种可以更换的方案、可能出现的状态、可能性的大小以及产生的后果等简单地绘制在一张纸上，以便研究与讨论。在研究与讨论中，可以随时补充和修正决策树。

决策树又叫决策图。它是以方框和圆圈为结点，由直线连接而形成的一种树枝形状的结构。如图 9-1 所示。

在图形中，方框结点叫决策点。由决策点引出若干条直线，每条直线代表一个方案，叫方案枝。在各个方案枝的末端画上一个圆圈，叫做状态结点。由于状态结点引出若干条直线，每条直线代表一个自然状态及其可能出现的概率，故称为概率枝。在概率

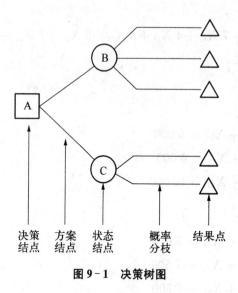

枝末端画个三角,叫结果点。在结果点旁边列出不同状态下的收益值或损失值,以供决策之用。

一般决策问题具有多个行动方案,每个方案又常常出现多种自然状态,因此决策图形都是由左向右,由简入繁,组成一个树形的网状图。

应用决策树进行决策的步骤是:由右向左逐步后退进行分析。根据右端的损益值和概率枝的概率,计算出同一方案不同自然状态下的期望收益值或损失值,然后根据不同方案的期望收益值或损失值的大小作出选择,对落选的方案在图上需要进行修枝,即在落选的方案上画上"//"符号,以表示舍弃不选的意思。最后决策点只留下一条树枝即为决策中的最优方案。

图 9-1 决策树图

二、决策树的应用举例

有一个专业教学计划,需用 400 学时。现在考虑执行一个新的专业教学计划,此计划如实施成功(有 80% 的可能性),则只需用 320 学时;如果失败(有 20% 的可能性),则考虑采用三个备用方案。其中,方案 1 若成功(有 70% 的可能性),共需用 430 学时,若失败(有 30% 的可能性),共需用 480 学时;方案 2 若成功(有 60% 的可能性),共需用 410 学时,若失败(有 40% 的可能性),共需用 490 学时,方案 3 若施行必然成功,共需用 460 学时。试问,是否采用新的专业教学计划?如果失败,应采用哪套备用方案?

[解] 根据题意,如图 9-2 画出决策树,其中//表示该方案应予舍弃不选。从右向左逐步计算各机会点处的数学期望值。

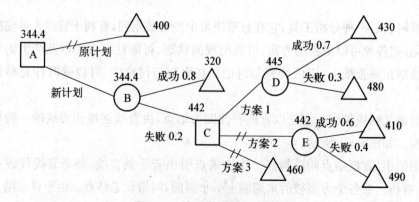

图 9-2 专业教学计划决策树

D 点的数学期望值 $= 430 \times 0.7 + 480 \times 0.3 = 445$

E 点的数学期望值 $= 410 \times 0.6 + 490 \times 0.4 = 442$

依次比较方案1、2、3的期望值,取其最小者写在该决策点 C 上,删去期望值较大的方案。

再计算 B 点的数学期望值 $= 320 \times 0.8 + 442 \times 0.2 = 344.4$

与上述同理,取期望值最小者写在决策点 A 上,删去期望值较大的方案。

由以上分析可知,应采用新教学计划,如果失败,则采用备用方案2。

第四节　库　存　模　型

一、定货点法

定货点就是为及时补充库存物资的数量而进行定货的时间。定货点间隔时间的长短,对物资储备量和保管费用直接发生正比例影响。为了保证日常行政工作的正常进行,保证办公用品能及时供应,品种齐全,又不造成积压浪费,必须在办公用品用完之前定货。定货点就是要确定购入的存货应保持多少数量时,才定购下一批存货。确定存货要求考虑定货间隔日数(t)、每日平均存货消耗量(n)和最低存货量(s)等三个条件,可用下列公式计算：

$$定货点 R = nt + s$$

最低存货量是指为防止交货误期等突然因素所造成的存货不足的保险储备量,可以根据过去的资料进行估算。

例：假设某大型集团公司行政部门每天正常耗用某材料为40件,定货间隔日期为20天,每次定货量为1 800件,估计最低存量为200件。

$$定货点 R = (20 \times 40) + 200 = 1\,000(件)$$

计算结果说明,当存货水平达到1 000件时,即须办理定货手续,到进货日储存量达到2 000件,然后周而复始周转。如果定货未能按期交货,即可动用最低存货量。

二、经济定货批量

经济定货批量是指在一定时期内企事业单位行政用品的储存成本和订货成本达到最低水平时的采购批量。储存成本和定货成本是互为消长的,单位订购批量越大,储存数量越增加,其储存成本就越高,但订货次数相应减少,致使订货成本下降;如果订货批量减少,则订货成本上升,储存成本减少。经济订货批量就是这两种成本合计数最低时

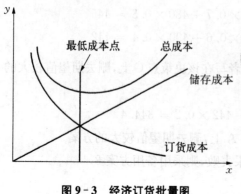

图9-3 经济订货批量图

的订货批量。存货的经济订购批量可以用图9-3表示：

存货的经济订购批量也可以用数学模型来表现。

假设：A 代表全年行政办公用品的总需求量；

Q 代表每批订购批量；

F 代表每次订货的订货成本；

C 代表单位存货年储存成本；

则可计算：

$$平均库存量 = \frac{Q}{2}$$

$$全年定货次数 = \frac{A}{Q}$$

A/Q

$$全年订货成本 = F \times \frac{A}{Q}$$

$$全年储存成本 = C \times \frac{Q}{2}$$

$$存货相关总成本 = C \times \frac{Q}{2} + F \times \frac{A}{Q}$$

根据存货总成本公式，用导数推导，求得经济订购批量为

$$Q = \sqrt{\frac{2AF}{C}}$$

三、ABC分类管理法

ABC分类管理法，又称重点管理法，它是由意大利经济学家巴雷特于19世纪首创的，是管理过程中常用的一种方法。

ABC分类管理法具有方法简便、行之有效的特点，其要点是把错综复杂的现象进行分类，从中找出关键的少数（A类）和次要的多数（B、C类），并处理好它们的关系，把主要精力集中于关键的少数，即在项目上抓住关键的少数，而在与之相关的因素（如资金占用）上却抓住了多数，因而可以收到事半功倍的效果。这就是平时所说的抓住了重点，或叫抓住了主要矛盾的主要方面。

所谓库存的ABC分类管理方法使用，就是以库存物资单个品种的库存资金的累积百分数为基础进行分级，按级别实行分级管理。分级标准一般取决于库存物资资金占

总库存资金的累积百分数以及相关品种数占总库存物资的累积百分数,根据这两个百分数将库存物资划分为 A、B、C 三类。一般来说,A、B、C 三类物资的金额比例为 7:2:1,品种比例为 1:2:7。对于 A 类物资,要实行重点管理,定额供应,严格控制最低储备;对 B 类物资要实行一般管理,计划供应,一般控制最高储备;对 C 类物资实行简单管理,按需供应,一般估计储备,适当多储。

ABC 分类法还可以用于办公室行政工作的运筹,按工作的重要性来进行分类管理,重点控制。A 类是最重要、最迫切、会产生重要效果和影响的工作。行政管理者对这类工作应当确信:必须做好,现在必须做,必须亲自做。这类工作只占总工作数量的 20%—30%,但必须花费 60%—80% 的时间去完成。B 类是比较紧要和迫切,但无太严重后果和影响的工作。这类工作最好由自己去做,也可委托别人去办。这类工作占总工作量的 30%—40%,所花费的时间一般应控制在 20%—40%。C 类是无关紧要、不迫切、影响小、无严重后果的工作,可以不做或交由别人去处理。这类工作虽占总工作量的 40%—50%,但要尽量把时间控制在零。确定了 ABC 三类工作后,要按轻重缓急,排出工作顺序。

第五节 网络计划技术法

一、网络计划技术的含义及网络图的构成

网络计划管理技术是 20 世纪 50 年代末发展起来的一种计划管理方法。最初由两家美国机构研究完成,一家是杜邦公司,该公司在维修化工设备时提出了关键路径法(CPM);另一家是美国海军的一个机构,它在研制北极星导弹时提出了计划评审法(PERT)。这两种方法在概念和具体内容上基本相同,主要区别在于时间估计的方法不同。网络计划方法一经提出,很快得到广泛的应用。

网络计划技术就是利用网络图表达计划任务的进度安排及其中各项工作(工序)之间的相互关系,在此基础上进行网络分析,计算网络时间,确定关键工序和关键路线,并利用时差,不断改善网络计划,求得工期、资源与成本的优化方案。在计划执行过程中,通过信息反馈进行监督和控制,以保证达到预定的计划目标。

网络图由圆圈和箭线表示,即所谓箭线式网络图。网络图由活动、事项和线路构成。

活动是指一项工作或一项作业,它的内容可多可少,范围可大可小,在网络图中以箭线表示。箭尾表示活动的开始,箭头表示活动的结束,从箭尾到箭头表示一项活动的作业过程。在箭线上面标写活动代号,在箭线下面标写完成该项活动所需要的作业时间。

事项是指某一项活动的开始或完成,一般以圆圈表示。圆圈在网络图中又是两条

或两条以上箭线的交接点,所以又称结点。在网络图中,第一个事项(结点)称为网络的始点事项,它表示一项计划任务的开始。网络图中最后一个事项(结点),称为网络的终点事项,表示一项计划任务的结束。为了便于识别、检查和计算,结点必须编号,并标在圆圈之内,编号由小到大,从左向右逐个编定,不得重复。

线路是指从网络始点事项开始,顺着箭线方向,到网络终点事项为止,中间是一系列首尾相接的结点和箭线所组成的通道。线路中各项活动的作业时间之和就是该线路所需要的时间。网络图可能有许多条线路,每条线路的时间有长有短,其中时间最长的一条线路称为关键线路。

绘制网络图应该遵守下列规则:

第一,箭线具有方向性,由左向右,箭头不可指向左方,不允许出现循环路线。

第二,相邻两结点之间只允许有一条箭线,两结点之间如因作业关系,而有多条箭线时,除一项活动外,其余活动均需增设结点,并用虚箭线表示作业之间的相互关系。

第三,箭线的首尾均必须有结点,不允许出现没有结点的箭首,也不允许出现没有结点的箭尾。

第四,结点要编号,且不能重复,箭头结点编号要大于箭尾结点编号。

第五,不允许出现没有先行作业或没有后续作业的中间事项。所谓先行作业是指某项作业之前的作业。所谓后续作业,是指某项作业之后的作业。

二、网络时间计算

(一)各项作业活动时间的确定

在实际工作中,由于各种情况不断变化,特别是第一次进行的活动,由于没有标准定额资料,确定作业时间比较复杂。通常采用三点估计法,将作业活动需要的时间分为最乐观时间 a、最可能的时间 b 和最保守的时间 c,分别估计 a、b、c 三种时间,然后求其平均值。

(二)计算结点时间

结点时间是表示某项作业活动应在某一时刻开始或结束,它本身并不占用时间。结点时间有二,一为结点最早开始时间,另一为结点最迟结束时间。

结点最早开始时间是指从该结点开始的各项活动最早可能开始的时间。再一结点的最早开始时间等于先行结点的最早开始时间与两结点之间活动的作业时间之和。当先行结点不止一个时,取和数中之最大值。计算结点的最早开始时间时,由始点事项开始,始点事项的最早开始时间可取零,之后按结点编号顺序由小到大进行计算。

结点最迟结束时间,是指以该结点为结束的各项活动最迟必须结束的时间。它等于从该结点开始的各项活动最迟必须开始的时间,结点的最迟结束时间等于后续结点的最迟结束时间与两结点活动的作业时间之差。当后续结点不止一个时,取差数之中最小值。结点最迟结束时间由终点事项开始计算,是结点编号顺序的倒算。重点事项最迟结束时间等于其最早开始时间。

(三) 计算活动时间

在网络图中,某项活动有四个时间,即活动的最早开始时间,活动的最早结束时间,活动的最迟开始时间和活动的最迟结束时间。活动的最早开始时间等于其箭尾结点的最早开始时间;活动的最早结束时间等于该活动最早开始时间加上该活动的作业时间;活动的最迟开始时间等于箭头结点的最迟时间减去该活动的作业时间;活动的最迟结束时间等于箭头结点的最迟时间。

(四) 计算总时差和确定关键线路

总时差是指在不影响整个计划项目完工时间的条件下,某项活动最迟开始时间与最早开始时间之差。在网络图中,总时差为零的活动为关键活动,关键活动的连线为网络计划的关键线路。关键线路是网络图中作业时间最长的一条线路,由于关键线路关系到整个计划任务所需的时间,因此,掌握和控制关键线路是网络计划技术的精华。

在网络图中,关键线路不止一条,计划安排越紧凑,关键线路越多。关键线路确定后,在网络图中要以粗线或双线标出,以便识别。根据网络时间的计算原理,在网络图上可以直接计算时间值,并把计算结果标记在网络图上。一般先计算结点的最早时间记入□中,再计算结点的最迟时间记入△中。

现以某项工作为例,绘制网络图,计算时间,确定关键路线。该项行政工作会议内容,其作业时间及作业之间的先后关系如表9-3所示。

表9-3 各工作环节逻辑关系表

作业名称	先行作业	相关事项	作业时间(天)
A	—	①→②	2
B	A	②→③	2
C	A	②→④	1
D	B	③→⑤	6
E	C	④→⑤	4
F	D、E	⑤→⑥	4

通过时间参数的计算,由图9-4中可以看出总时差为零的各道作业为A-B-D-F,即为关键活动,由这些关键活动组成的线路即为关键线路。总时差不为零的活动为非关键活动,如果为了集中力量缩短关键活动时间,可以在非关键活动上适当调配人力、物力,推迟非关键活动的完工时间。但所推迟的时间不得大于该活动的总时差。

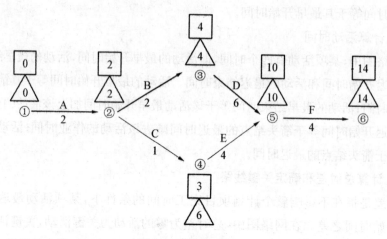

图 9-4 网络工作图

新产品开发网络计划的编制[①]

网络计划是运用网络图的形式来描述一项计划中各项工作的先后顺序与相互关系的计划方法。新产品开发工作涉及部门多、周期长、时间紧,特别需要各项工作的协调统一,因此新产品开发适宜采用网络计划的方法进行管理。

一、新产品开发的工作程序

A 公司是一家主要从事电力二次设备生产的制造型企业,产品涉及电力调度自动化、变电站综合自动化、配电自动化、电源等产品。该公司的新产品开发工作一般分为 3 个阶段:样机试制、小批量试产和批量投产。3 个阶段的主要工作内容,如图 9-5 所示:

二、新产品开发网络计划的编制

我们编制新产品开发网络计划的工作程序主要包括以下几个步骤:

第一步,计划部门与其他相关部门做初步的沟通与协调,包括计划部门向各相关部门分配工作任务,各相关部门估计完成工作所需要的时间以及对前序工作的要求。

第二步,根据初步沟通和协调的结果,计划部门依据公司规划完成网络计划初稿。

第三步,将网络计划初稿发给各相关部门,各部门向计划部门反馈意见。

第四步,根据各部门反馈上来的意见,计划部门对网络计划初稿进行修改,修改后

[①] 李吉栋:《新产品开发网络计划的编制》,载《大众科技》,2006 年第 6 期。

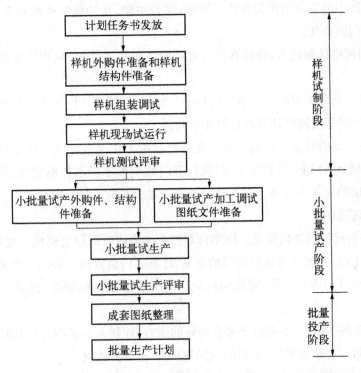

图9-5 新产品开发工作程序图

发给各部门确认没有问题后定稿,由公司经理签字后下发。

第五步,在网络计划的执行过程中,根据计划执行情况和各部门反馈的意见,在必要时对网络计划进行修改。

新产品开发网络计划的编制具有以下特点:

1. 确定工序的持续时间是编制新产品开发网络计划的工作难点。新产品开发过程中的许多工作属于探索性工作,不确定性强,确定这些工序的持续时间,不能依靠经验和历史数据,只能靠主观估计。

2. 关键路径的确定相对比较容易,与新产品开发的工作程序大同小异,没有本质区别,在编制网络计划时可以比较容易地根据以往经验来确定网络计划的关键路径。有时甚至是先确定关键路径,画出网络图,然后再确定每个工序的持续时间,这与一般的网络计划编制程序是不同的。

3. 新产品开发网络计划的执行过程中存在着较多不确定性因素,在执行过程中经常要根据实际情况对原有的网络计划进行调整。

三、推行网络计划的主要优点

A公司利用网络计划对新产品开发过程进行管理的优点主要有:

1. 图文并茂,一目了然使公司经理能够对新产品开发的全过程有一个总体的把握;也使各部门负责人能够对本部门工作做到心中有数,有利于提前准备;调度人员可以依据网络图中的工作衔接关系统一调度,综合协调,在计划不能按时完成时,也容易判断相关部门的责任。

2. 利用网络计划技术,使能够并行安排的工作尽量并行,从而缩短新产品开发的周期。

3. 网络计划最大限度地减少了计划中的缺项、漏项和工作衔接不合理的问题。

四、新产品开发网络计划存在的几个问题

1. 网络计划的起点。计划任务书发放之前的工作是否应纳入网络计划?计划是企业的工作指令,计划一旦签字下发,执行部门都应该不折不扣地完成,因此制订计划应该以决策层的决策为基础。对于计划任务书发放前的一些探索性工作。不宜纳入公司的计划管理范围。

2. 工序持续时间如何确定。网络计划的总体完成时间以公司统一规划为基础,具体到每一道工序,主要参考执行部门的意见,计划部门负责统一协调。要求计划人员多做一些深入细致的调查工作,降低与执行部门的信息不对称程度,提高"讨价还价"的能力。

3. "欲速则不达"。不能过于考虑领导的压力,计划人员在制订计划时应够做到客观和实事求是。一味地求快,最后的结果往往会"欲速则不达"。

4. 为了完成网络计划,不能做到精益求精。在执行网络计划时,迫于完成计划的压力,开发人员也不愿为了做进一步的改进而承担计划推迟的责任。这是推行网络计划的一大困惑,一直也没有找到好的解决办法。

5. 网络计划是否要"推倒重来"。在新产品开发过程中,开发的失败是不能避免的,有时甚至是彻底的失败。应该本着实事求是的原则,在确定开发工作已经失败时及时总结经验教训,明确责任,同时中止原计划的执行,重新编制网络计划。

案例分析

4月5日,某厂王厂长找来新进厂在销售科工作的李某,要他负责一个于4月25日召开的新产品介绍会的筹备工作。李接受任务后,立即满腔热情地投入了工作,首先电话找来了设计科的设计师张某,要他画一张新产品的外观图,但没说做什么用,只要他5天内完成。

5天后,技术科来向李查问厂里是否要在25日开新产品介绍会,得到肯定回答后,科长大为恼火,因科内人员本月工作都已安排好,要派人参与新产品介绍工作就得打乱本科的工作计划。同时,设计师也拿着画好的挂图找到了技术科,科长一看,挂图根本就不能说明新产品的特征,没法用。此时张才知道所画挂图的用途,只得重画。此后,李布置本科的一位同事准备请柬,但请柬没有说明要回函;同时张又要模具车间做个大型的产品实物模型,自己则外出租借会场。

10天后,请柬发出去了,因没有回函,故不能确定来参加会议的客户人数,致使15天后会场中的座位数仍无法确定。

19天后的4月24日,李才提出要本科安排几人去搞会务工作,但因本科其他同志均有任务而无法派出,为顾全大局,科内只好打乱原工作计划抽出人员。此时会场打来电话,说产品模型太大,搬不进会场,于是只好临时仓促另定会场,结果给与会客户带来了麻烦。王厂长对此非常生气,李感到非常委屈,技术科和设计科也意见一大堆。那么,问题出在什么地方呢?

实际上,这项工作的目标是非常明确的,即召开新产品介绍会,向客户介绍本厂的新产品,以便扩大销售,其筹备工作看似简单,若细加分解,我们可以看出,它由如下8个活动(或工序)组成:绘制挂图、发放请柬、确定出席人数、制作产品模型、确定会场、确定解说员、物品搬入会场、会场整理。李就是按上述顺序来做的,但这样安排,就颠倒了确定会场与制作模型的次序。因会场不定,产品模型大小就定不下来;确定解说员和会务人员的工作也滞后了……可见,仅仅知道要干什么,而不把各项工作的顺序想好,或者工作顺序错误,颠三倒四,是干不好事的。

我们完全可以按下列顺序来完成这一工作:确定会场——发放请柬——确定出席人数——制作产品模型——确定解说员——绘制挂图——搬入物品——会场整理。但这样做有两个问题:其一是这样一件一件地来干,20天时间够吗?其二是这些工作中,如确定会场和解说员两者并没有什么制约关系,不像确定会场和制作模型那样,只有先确定了会场,才能制作出型号相当的模型。

如果李某能够运用网络计划技术法来安排工作事宜,就能明显提高工作效率,圆满完成厂长交给的任务。如图9-6所示。李某若能按该图进行工作,那么,一方面他绝不会有前述的尴尬局面,而会非常顺畅地完成会议的筹备工作;另一方面,他只需提出明确的要求,大量的具体工作就可以由相关部门去完成,如先向技术科要一个解说员,就可以依解说员的要求请设计科绘制挂图;同时,他自己就可以去租借会场,会场选好后,就可依会场情况发放请柬,进而确定出席人数,同时请模具车间制作产品模型;这时就可以把所需的东西顺利搬入会场,最后整理会场。这样20天的时间足够用了。

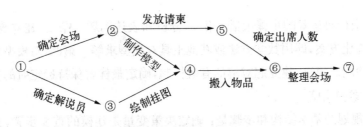

图9-6 网络计划技术法

本案例中8项活动之间的逻辑关系参见表9-4:

表9-4 新产品介绍会各工作环节逻辑关系表

活动名称	活动代号	先行作业	后续作业	完成时间（天）
确定会场	A	—	C、D	2
确定解说员	B	—	E	0.5
发放请柬	C	A	F	2
制作模型	D	A	G	15
绘制挂图	E	B	G	6
确定出席人数	F	C	H	0.5
搬入物品	G	D、E	H	1
整理会场	H	F、G	—	1

通过运用网络图与网络时间计算，可以得出 A、D、G、H 是关键活动，①→②→④→⑥→⑦就是关键线路，工期为 19 天。在工作中，对关键活动必须予以特别关注，不要延误，以免影响工期。而对于非关键线路上的工序，如需要，可适当延期，而不会导致总工期的延长。这为在资源紧张时对现有资源进行合理调度而不影响总工期提供了条件，也使资源充足时通过合理搭配缩短总工期成为可能。

案例思考题

1. 网络分析方法有什么优点？
2. 在你的工作中，哪些方面可以用到网络分析方法提高工作效率？

基本知识点小结

1. 运筹学是用数学方法研究经济、民政和国防等部门在内外环境约束条件下合理分配人力、物力、财力等资源，使实际系统有效运行的技术科学，它可以用来预测发展趋势，制定行动规划或优选可行方案。

2. 办公室行政运筹的基本特点是：系统的整体观念、多学科的综合以及应用模型技术。

3. 办公室行政运筹的步骤包括：第一，分析和表述问题。第二，建立模型。第三，求解模型初优化方案，即用数学方法或其他工具对模型求解。第四，对模型和由模型导出的解进行检验。第五，建立起对解的有效控制，确定最优解保持稳定时的参数变化范围。第六，方案的实施。

4. 线性规划的基本结构和步骤是：确定决策变量是建模的首要步骤，找出约束条件是建模的第二步，明确目标函数是建模的第三步。

5. 决策树又叫决策图。它是以方框和圆圈为结点，由直线连接而形成的一种树枝形状的结构。应用决策树进行决策的步骤是:由右向左逐步后退进行分析。根据右端的损益值和概率值的概率,计算出同一方案不同自然状态下的期望收益值或损失值,然后根据不同方案的期望收益值或损失值的大小作出选择,对落选的方案在图上需要进行修枝,即在落选的方案上画上"//"符号,以表示舍弃不选的意思。最后决策点只留下一条树枝即为决策中的最优方案。

6. 库存模型是既能保证日常行政工作的正常进行,又不造成积压浪费的存货管理方法,包括定货点法、经济定货批量法以及 ABC 管理法。定货点就是为及时补充库存物资的数量而进行定货的时间。经济定货批量是指在一定时期内企事业单位行政用品的储存成本和订货成本达到最低水平时的采购批量。ABC 管理法即指把错综复杂的现象进行分类,从中找出关键的少数(A 类)和次要的多数(B、C 类),把主要精力集中于关键的少数,即在项目上抓住关键的少数。

7. 网络计划技术就是指利用网络图表达计划任务的进度安排及其中各项工作(工序)之间的相互关系,在此基础上进行网络分析,计算网络时间,确定关键工序和关键路线,并利用时差,不断改善网络计划,求得工期、资源与成本的优化方案。在计划执行过程中,通过信息反馈进行监督和控制,以保证达到预定的计划目标。网络图由圆圈和箭线表示,即所谓箭线式网络图。网络图由活动、事项和线路构成。

思考题

1. 结合工作实际谈谈办公室行政运筹的特点与步骤。
2. 举例谈谈你在办公室实际工作中用过的运筹方法,效果如何?

第十章

办公室时间运筹

本 章 提 要

在办公室管理中,时间运筹与办公室的工作效率有着直接的联系,因此办公室的工作人员应该树立时间运筹的观念,遵守有效运筹时间的原则,掌握时间分析和时间科学运筹的策略和方法。办公室工作人员在时间运筹中,应该注意集中精力,重点突破,提高效率,合理安排工作日程以及充分利用现代工具。

节省时间是任何时代、任何生产方式所追求的目标。但是,一个人如何看待时间的价值,则是由其生活的社会道德法则所决定的。在现代社会,如果一个人很爱惜时间,能充分利用时间,对时间的安排有严密的计划,那就说明这个人具有较强的组织性和事业心。许多著名的社会活动家、企业家、学者和政治家都有如何珍惜时间、充分利用时间的经验。

从办公室管理的角度来看,时间管理也是一项很重要的管理,它与工作效率有着直接的联系。

第一节 办公室时间运筹的基本概念

一、时间观念

时间是人类拥有的资源之一。

时间是构成生命的材料,生命是用有限的时间累积起来的,这是时间的"有限性"。时间既不能创造也不能返还,既不能储存也不能叠加使用。这种"一维性",使时间只能依照过去、现在、将来一个方向发展。

时间的宝贵,还在于它既是一个常数,公平地给每个人以每天24小时;又是一个变数,善用则多,妄用则少。对于珍惜它的人,一分钟劳动,就有一分钟成果。对他们来说,**赢得时间就是有了变宏图为现实的桥梁,有了变理想为成功的通途**;对于不爱惜它的人,所得到的报酬则很少很少,甚至是零,有时还是负数。

正确的时间观念应体现什么?

1. 要追求成果目标。只是埋头苦干而不计成果,对工作与个人就只有苦劳而没有功劳了,实质是浪费了时间。

2. 要根除浪费时间的习惯。要根除做事的不良习性,不能以天性为托辞。

3. 要注重效益。一天打20个电话,看似颇有效率,但如果没有一件事办成,其效益还不如做好充分准备打5个电话。欲速则不达,是仓促行动而忽略筹划的结果。

4. 要循序渐进。绝大部分工作是一点一滴分配在若干时日而渐进完成的,绝不是一口气突击完成。

5. 要加强计划性,劳逸结合。休闲的时间与休闲的项目是工作计划中不可缺少的部分。

二、时间运筹观念

人们能不能把握时间特点加以运筹呢?能。时间本身除了有限性和一维性、均等性及流逝性外,它还有永恒性和无限的连续性、顺序性及不可逆性、不间断性、瞬逝性。人们既要用时间的永恒性不断激励自己,也要用时间的瞬逝性和不可逆性约束自己,不白白放过每一天、每一小时、每一分钟……

当前所处的时代是高度讲究时效的时代,时间的精确度越来越高,时间效能关系到社会的进程,在历史要求我们对时间有更高要求的时代,我们必须学会时间运筹。

时间运筹是信息时代对人们提出的要求。时间运筹是掌握时间节约规律的要求。研究利用时间的规律,就是为了更进一步揭开时间的奥秘,研究和掌握时间有哪些特性,更好地挖掘时间潜力,合理地分配时间,科学地使用时间,不断提高时间利用率,高效能地进行富有创造性的劳动。

要想有效管理自己的时间,必须做的工作就是要探索自己的时间障碍。所谓时间障碍,就是导致时间浪费的多种因素。浪费时间的"罪魁祸首"主要还是自己,所以时间管理的实质就是自我管理。一般来说,时间障碍主要表现为以下几点。

(一) 做事不能专心

许多人在同一时间内总想干太多的事情,其结果往往是事倍功半。多数人即使在同一时间内专心致志于一件事,都不见得能把它做好,更何况同时去干两件或两件以上的事呢?所以一定要专心,集中精力去完成所要完成的工作,排除其他事情的干扰。也就是说,在同一时间里专心做一件事,并把它做好,不能学小猫钓鱼的样子,三心二意,见异思迁。事情要一件件做,饭要一口口吃,不能急于求成。

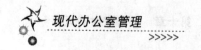

（二）时间估计不切实际

在工作中，办公室人员如果全凭记忆，很难准确说清楚自己的时间是怎么打发的。记录时间使用状况不失为是一种好的纠正方法。每天对手上的事情和在空闲时间里想完成的事情罗列出一个清单。并为所有的任务设置时间限制，养成估计每项工作所需要时间的习惯。例如，估计进行一次采访或写一个报道所用的时间。然后核实估计是否准确以备下一次的时间估计之用，或者缩短时间，或者延长时间。事实证明，几乎所有记录自己时间使用状况的人都会有些惊奇的发现，而且还会感受到受益匪浅。

（三）做事拖延

许多办公室工作人员正是因为杂事多，不能排除干扰，集中精力，无法克服拖延恶习，而使工作不见效率。"拖延"的最好定义是有意地、习惯地、应受斥责地推迟本应该做的事情。"拖延将意味着你只能跟上上上个星期的步伐，对你来讲，把今天的事情留到明天做，你正在简单地堆积工作，明天成了一星期最忙的一天"①。

（四）不会说"不"

"不"是一个非常难开口的字眼，但有时不能不讲。工作中的效率依赖于知道做什么和不要做什么。过多的承诺必定通向失败之路，它也能导致办公室工作人员的身体的崩溃。切忌总揽事情太多，不好意思拒绝他人的请托。如果事事勉为其难，忙得头晕目眩，其工作效率就不必多言了。

（五）事必躬亲

有些办公室工作人员对工作非常"负责"。办什么事，只有自己干心里才踏实，交给别人就总不放心，例如要召开会议，已经让别人打电话进行通知了，自己却还要重新拨一遍电话；要下发一份文件，已经对下级布置进行校对，自己却还要拿来重新校对一番；要处理一个问题，已经授权某人负责，自己却还要跑去拍板。诸如此类问题在办公室的上下关系中并不少见。俗话说，过犹不及，这种高度的"责任心"，反而对工作的效率构成极大的障碍。

三、有效运筹时间的原则

有效运筹时间是一种可以学习的技能。善用时间的人往往有一些好习惯，例如拟定长、短计划，以比较实际的观点安排日程表，有效地利用时间休息，把工作看成机会而非义务。

运筹时间的方法不止一种，也不能单用成就来衡量一个人是否有效运筹时间。有些办公室工作人员达到了工作上的目标，却牺牲了健康、休闲生活和人际关系。

一般来说，有效运筹时间应掌握以下基本原则：

1. **决定优先次序**。订下长、短目标。

---

① 〔英〕约翰·阿代尔：《时间管理》，海南出版社2008年版，第10页。

2. 专心。改掉心不在焉的习惯,将别人的干扰(例如电话和访客)减低到最低限度。

3. 切实订下重要计划完成的期限。

4. 把重要计划分成几部分。这样的好处是:(1)使事情变得比较容易处理;(2)每完成一小步,你就有成就感;(3)更容易跟踪自己的进度;(4)可以避免操之过急或到最后一分钟才匆匆赶工。

5. 列一张约会的清单。

6. 说"不"。学会拒绝别人。

7. 列一张"待办之事"清单,帮助自己确实执行每天的计划。

8. 定期修正长、短期目标。

9. 把工作中心放在目前。不要为未来担忧,也不要浪费时间为过去懊悔。但是永远要汲取过去给你的教训,以及坚信现在的努力可以改进未来的生活。

10. 有不明白的事,就请教知道的人。

11. 找出处理每一件事情最好的方式。例如要通知某人一件事情,先考虑究竟是打电话、寄信,还是亲自拜访最有效率。

12. 估计做每件事情所需要的时间。例如交通等,然后规定自己在一定时间出门,以免迟到。

13. 避免杂乱。定期划出时间整理东西,丢掉或卖掉多余的东西。

14. 在接到信或电话的同一天回信或回电。

15. 先做必须做的事。不是挑最容易或你最喜欢做的事下手。

16. 记住你自己才是生活和时间的主人。

第二节 办公室时间运筹策略和方法

一、时间的分析

时间的质量比时间的数量要重要得多,因此办公室工作人员有必要意识到他的最佳或高质量的时间是什么,以便能利用它做高质量的工作,而不至于高质量的时间经常部分地浪费在低质量的活动上。

"黄金时间做黄金事"是时间管理的重要原则。我们知道,一个人在一天的不同时间里,精力状态是不一样的。从生理学的角度讲,就是大脑皮层细胞对外界刺激的反应能力在不同时间里会有所变化。一般人大脑皮层的机能状况上午9时到下午1时最佳,出现第一次工作能力高峰,然后其功能逐渐下降,到下午4时至6时活动能力又上升,出现第二次工作能力高峰。

那么,怎么充分利用自己一天中最显效果的时间呢?首先要确定每天的目标,养成计划性。据专家说,要想像刷牙一样养成每天把做的工作排列起来的习惯,这样做所花时间和精力有限,但益处很大。其次是要尽量把最重要的工作安排在一天里你做事最有效率的时间段去做。在精力状况最好的时候,安排创造性和高要求的工作,一般上午是做困难工作的时间。而在精力状况较差时,处理一些其他事情,或学习一些相对比较轻松的内容。而把感兴趣的工作——某些会议或社会活动安排在黄金时间之外,以此来给自己一些额外的刺激。

为了高效地利用时间,人们创造了从时间中去找时间的切实可行的方法,主要包括:

1. 并列运筹法。就是在某项松散活动进行期间同时开展另一项活动。

2. 交叉轮作法。即利用农业上交叉轮作以提高产量的方法,把一天的活动内容交错进行安排以提高效率。这是因为大脑细胞长时间接受一种信息刺激,长时间持续同一个活动内容,会导致工作效率降低。如果穿插进行其他内容的活动,人体原有的兴奋区会产生抑制,在其他部位出现新的兴奋区。

3. 定期"盘点"法。从"盘点"中找时间,为了使时间使用更趋合理,使用时间也需定期"盘点",回顾时间是怎么花费的,时间的支配是否合理。"盘点"始于计划,有了计划后,就要"盘点"可以投入的时间,确定行事次序,规定完成计划的最后期限。每隔一段时间,对计划进行重新评价和对投入的时间进行"盘点"。时间是个常数,只要运用得当,便能从时间中产生巨大的精神财富。

4. 遇事三问法。这种方法的要旨就是以尽可能少的时间办尽可能多的事情,从时间中节约时间。具体方法是对遭遇的事情提出三个问题:一是能不能取消它?首先找出有哪些事根本不必做,有哪些事做了也全然是浪费时间,没有效果。如果有些事不做,也不会有任何影响,那么这件事便该立刻停止。二是能不能与别的事合并?把能够合并起来的事尽量合并起来办。三是能不能替代它?用费时少的办法代替费时多的办法而同样能达到目的,当然是最佳方案了。

二、时间的科学运筹

(一)业余爱好与时间的科学运筹

有的人认为业余爱好会分散时间和精力,对本职工作没有什么益处,其实这种看法有片面性。业余爱好不但不分散时间和精力,不影响本职工作,而且处理得当对本职工作是有益的。因为人们从事任何工作,都需要一定的专业知识和能力,但知识又是相互联系互相渗透的,就像网一样环环相扣。因此,知识面的广博,有利于专业的精深。工作能力主要需要在实践中锻炼,但是培养能力并非只有一条途径,健康的业余爱好的作用就在于它能通过多种活动来增长知识,培养能力,从而有利于本职工作。

(二)休息与时间的科学运筹

随着工作过程的持续进行,疲劳会逐渐积累起来。利用适当的休息可以消除或减轻疲劳。合理的休息虽然使工作时间缩短，但产量并不下降，有时甚至还能提高工作效率。很多人都有一种错误的观念，以为多做一点事情，多花一点时间，就会有多一点收获。可是，人在筋疲力尽的状态下，反而容易连连犯错，也许隔天醒来，又要从头来过；这个时候，选择休息一天，或许工作效率会更高。而且，计划未必能完全按照期望进行，此时，在时间表上留白，就有其必要性。经常和短暂的休息是防止工作疲劳提高工作效率的好主意。办公室人员在工作中应注意做到以下两点：（1）每看15分钟显示器屏幕后应该将眼睛从屏幕上移开，去看看远处，尽量让眼睛内侧的肌肉松弛一下，同时多眨一下眼睛，让泪水带走眼球表面的灰尘；（2）每工作30—60分钟应休息一下，去做一些轻微的体力活，也可以去喝一些饮料，或是远望，尽量让绷紧的神经松弛下来。同时应做一些手部的活动，以免手臂等处的肌肉总处于紧张状态而损伤。

（三）思考与时间的运筹

办公室工作人员在工作中，如果不花时间进行思考，很难做好工作。用大脑工作的办公室人员肯定要比用四肢工作的办公室人员更有工作成绩。在实际操作一件事之前，花时间思考工作的目标、方法、路径能够帮助办公室工作人员少走弯路，提高工作效率。最早完成原子核裂变实验的英国著名物理学家卢瑟福，有一天晚上走进实验室，当时时间已经很晚了，见他的一个学生仍俯在工作台上，便问道："这么晚了，你还在干什么呢？"学生回答说："我在工作。""那你白天干什么呢？""我也在工作。""那你早上也在工作吗？""是的，教授，早上我也工作。"于是卢瑟福提出了一个问题："那么这样一来，你用什么时间思考呢？工作中要给思考留有一定时间。"办公室工作人员从事的虽然大多是事务性工作，但是也务必每天留给自己思考的时间与空间。

（四）注意力与时间的运筹

人们不论干什么事情，都要集中注意力，排除外界干扰，才能做到事半功倍。但是有时候，即使我们愿望良好，也无论如何不能将注意力集中起来，这时就要学会暂时放弃。也许适当的运动是不错的选择，爬楼梯，户外行走等。许多白领选择工间健身也是这个道理。通常来说，运动会帮助办公室工作人员放松情绪，补充脑部供氧，提升注意力，从而提高工作效率。

第三节　办公室时间运筹效率

一、集中精力，重点突破

每个人的时间有限，精力亦然。要真正办好一件事，必须集中全部精力，只有用自己的全部身心投入，才能换回更大的收益。集中精力是做好工作的必要条件。在大多数情况下，人们往往是无意识地被外界所吸引，受到干扰，从而给自己的工作增添了麻烦，对工作失去了信心，注意力也更加涣散了。

那么，人的注意力是怎样集中起来的呢？从生理机制来说，一个人在注意力集中的时候，大脑皮层相应区域会产生一个优势兴奋中心。当大脑皮层一定区域产生兴奋中心的时候，大脑皮层其余区域就会或深或浅地处于抑制状态，负诱导越强，注意力就越集中。因此，精神集中最根本的一条是首先要有进行工作的欲望。就是要求人们对自己所从事的工作抱有兴趣和信心。不管你多么想集中精神，对那些毫无兴趣和一点不关心的事情，怎么也无法集中自己的全部精力。与此相反，如果对某一活动有兴趣，非常热衷，并认识到它的重要性，就会不断地加紧干，精神集中的程度也就越深。善于集中注意力的人，他对所从事的工作大都有明确的目的性、高度的自觉性和责任心、不受情绪之左右，该做的事坚决去做。

其次，人们往往凡事多为习惯所左右，因此必须养成不轻易被周围事物所吸引的习惯。如可以整理好工作环境，从自己的视觉上消除那些妨碍集中思想的刺激源。当然，也要拿掉那些与现实思考之主题无关的各种文件、资料甚至报纸，不让它们扰乱你的视线。

再次，严格限定正在进行的工作的完成期限，这可以产生一种精神上的压力，它会使你集中精力。有了既定的目标，才会全身心投入，产生精神上的冲动，从而增加精神集中的动力。

要集中精力，抓住时间，就必须放弃一些活动。只有停止多余的活动，才能赢得更多的时间。一个有效地利用时间的办公室工作人员应注意以下几点：

1. 一件事还没有行动或做完，就不要卷入新的活动中去。

2. 只要这件事对自己毫无价值或价值不大就不要随意介入，更不要因此而干扰别人，随便地索取什么情报或让别人提供资料。

3. 不要急于求成地指手画脚，特别是当做好事情的条件尚不成熟之时，你应当将自己的预见告诉其他工作人员，而不是去催促。

4. 以可控制的步骤工作，不要一开头就无法收拾。

5. 放弃让不能胜任工作的人去应付局面的想法，以免使其产生沉重的负担。

二、提高效率

作为一名办公室工作人员必须在以下几方面特别要注意讲求效率。

（一）提高说话的效率

心理学家告诉我们，人有很多过失都与随便乱讲话有关。因此，在说话之前一定要经过大脑思考，克制自己的冲动。要节约讲话的时间，必须提高说话的效率，这当中不仅包括形式上的快速，亦包括内容上的精要。为了提高说话的效率，可以从以下几个方面注意：

1. 准备在先。讲话前尽量使自己有准备，哪怕是会前的几分钟，也应该理一下思路，想一想讲话的要点。最好写上几条，这样就不必在讲话的同时利用"恩、啊"之类的语气词来想下一句应该讲什么了,从而节省时间。

2. 言简意赅。限制作报告的时间,时间过长,听众的注意力会分散。尽量不用"开场白",单刀直入正题,避免添枝加叶地解释,这也许会使你的讲话更吸引人。

(二) 跳出"会海"

为了有效限制会议时间,迫使人们尽快地发表意见,作出决定,不妨可以采用以下几种方法:

1. 站着开会。这种做法在国外非常流行,有些记者招待会、酒会、现场会都是站着进行的,这样的会议绝不可能持续几个小时,受条件限制,人们发言时就不能再装模作样地闲扯些什么别的内容。

2. 限定开会时间。假如把会议结束时间告诉与会者,则有可能使他们精神集中地参加会议。一般的会议最好限制在一个半小时以内。超过时间,人们就会感到疲劳和无聊,吸烟、喝水、打电话、上厕所之类的事也会频频出现。

3. 午餐前开会。利用大家肚子都饿了的机会开会,无疑是个开短会的绝妙方法。人们再不会为了一些无聊琐事来辩论谁是谁非,自然就缩短了会议时间。

在下午下班前开会,也有异曲同工之效,与会者都会把注意力集中在问题的症结上。这样,在其他时间得开两个小时的会,一个多小时便可结束。

(三) 缩短交际时间

要从繁忙的社会活动中解脱出来,去从事对自己更有意义的活动,应掌握以下原则:

1. 想回去就立即告辞。在一些情况下,有人会发生已经感到持续下去的会见无意义,或是对自己不利,但就是不好意思起身说"再见"。其实,登门拜访时,谈完了事情,起身就走并不会给对方带来什么不愉快之处,相反,节约了双方的时间。

2. 到说"不"的时间不说"是"。不管在任何场合都点头称是,会浪费自己许多的时间,最后还会使自己也不明白在做什么。为了节省时间,就要记住"不"字,遇事作出明确的判断,不该做的事情不勉强自己。

3. 要节约等候时间。在社交活动中为节约等候时间,应当采取一些积极的做法:第一,尽可能预先约定见面的准确时间。第二,如果一定要去拜访某人,应选择不必等候太久的时间段去登门,这就需要事先了解对方的工作方法和每天的工作安排,特别是此人的生活习惯,以便赶上他有空的时间见面。第三,如果提前到了约定地点、会场,不得已要等候一会儿,可以看些什么或写些什么,因此在口袋里或公文包里最好放些"消磨"时间的书、本子等,或者干脆就趁等候的时间小憩一会。第四,要限制自己等候别人的时间,可以把时间限定在一刻钟,超过这个时间则去干自己的事情。

(四) 正确处理文件

要防止办公室内文件堆积现象,必须从提高办理文件效率入手,使文件的流通合理化。

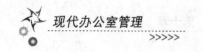

三、合理安排工作日程

制定计划和日程表在节约时间和提高效率方面是极其重要的。计划将未来带入现在，使办公室工作人员对未来的工作有更清晰的概念，它是对工作的长期打算。而日程表则是帮助你决定现在做什么具体工作以达到长期目标的逐日计划，也就是说，长期计划及目标的确定，需要以短期的计划——日程表作补充。为了实现工作的目标，就应精心编制一个工作日程表，据此来确定事情的轻重缓急，科学地安排时间。

生活中，时常听到不少人发牢骚，抱怨工作如何多，压得自己喘不过气来。实际上其中的许多人就吃亏在不善于制定日程表。他们不善于安排日常的工作，连毫无意义的小事也纠缠不清，自己却显得比任何人都要忙。为了避免上述情况，要正确而客观地看待自己所从事的每项工作，哪怕是细小工作，应当把这些工作进行划分，看看这些事是非办不可的还是不办也行。

制定日程表应当遵循先急后缓、统筹兼顾的原则。最简单的办法是把你所想到的、一天当中可能碰到的、应当做的和必须做的事情全部记录下来，总之，凡是自己可能干和必须干的工作，且不管它的重要性和顺序怎样，一项也不漏地逐项排列下来。

然后，按照每项工作的重要程度重新对它们进行排列。这时应当试着问自己："如果我只能干此表当中的一项工作，首先该干哪一件呢？"然后再问自己："接着我该干什么呢？"用这种方式，一直问到最后一行。这样自然就按重要性的顺序列出了自己的工作一览表。其后对所写的每一项工作，就该做什么、怎么做等问题根据以往的经验，注明你认为最合理、最有效的方法。

执行日程表时，一定要按照重要、次要、不重要的顺序去做。有时候可能把表上的工作一一做完，但是大多数时候是无法完全做完的，甚至连重要事项也无法全部做完。这时必须记住，你不能以完成多少事来计算，而是要看你是否把时间利用到最佳程度，假如你发现表上只剩下次要工作时，你不必担心你会无事可做，你可以重新思索一些可能的活动，以它们来补充你的日程表。

总之，日程表是一种有效地进行个人工作的好助手、好工具。它不仅帮助办公室工作人员清楚地了解自己要干的工作有哪些，而且告知进行工作的正确方法。另外，它自然也是一种检查自己是否善用时间的手段：是否不拖延地干完了自己的工作？它不仅对今天有用，对明天和将来也会有借鉴之功的。节约时间的最好办法是制订日程表，但有了日程表，并不等于就能节约时间，还必须养成按照预定日程行事的良好习惯。假如有了这样的习惯，也真是按照日程表去逐一实施的，仍然显得非常忙乱，那就是日程表与客观实际脱节的问题了。不过经过几次这样的挫折，终将能为自己安排一个切实可行的日程表。

四、充分利用现代工具

在今天的信息时代，不引入一些先进的办公设备，就无法提高办事效率，就会失掉许多瞬间即逝的时机。可以节省时间的设备有很多：电话、录音机、电脑、复印机、传真机……诸如此类，应有尽有。

(一) 电话

现代化工具中，最重要的就是电话了。电话的好处是可以在转瞬之间，以最快的速度沟通。可以省去把许多信息集中在一起的时间。可省去无谓的访问和等候会面的时间，也可以省去写信、邮信及阅读信件的时间。

但是在打电话时也要注意，不能浪费时间。记住，重视效率的人总是开门见山，单刀直入。自己打电话，是一种提高效率的举动，既可以避免失礼行为，又可以节省双方的时间。

在打电话时需要注意以下几个方面：

1. 在电话机旁准备好铅笔和备忘录用纸，以备有时需要记录或写下转达别人的话。

2. 要事先把与电话内容有关的资料准备好放在手边，这样就省去需要时东寻西找的时间。

3. 打电话时清楚地报出自己的单位和姓名，明确地把身份介绍给对方，这是对人的尊重，也省去了对方询问的时间。

4. 事先想好通话内容。通话要简明，最好把几件事分成几点，一件件告诉对方。

5. 放下听筒前要有所表示，提醒对方，以免对方有话没讲完，还要再次打来。

对打进来的电话也要加以必要的限制，这样才能保证你有充裕而自由的时间，适当采取以下的方法，就可以达到这个目的。

1. 在工作紧张时，可以事先告诉同事或秘书，对给自己打来的电话加以筛选。筛选的方法既可以以时间为原则，也可以以来电话的人员为原则，有所选择地应答。

2. 请别人代接电话时，要说明本人不能接电话的理由，这种理由必须能够使对方相信即便再来电话，自己也不能接。

3. 事先告诉可能接电话的人，如值班人员，自己在什么时候可以给来电话的人回电话。如果可能，最好请对方留下姓名和电话。为你代接电话的人，应当不会离开，并能向你准确地转达对方的意思。

4. 对于经常有重要事情联系的对象，最好事先约定什么时间打电话，自己可以亲自接。

(二) 电子邮件

到目前为止，电脑网络最普遍的应用(无论是互联网还是公司内或部门内的局域网)是指收发电子邮件或称为 E-mail。如今不同的部门或不同公司的人，甚至住在世界各个角落的人们都在运用 E-mail 收发信息、合作项目，并互通信息。电子邮件大大降低了办公室工作人员信息沟通的成本，提高了信息交流的速度。

不过，电子邮件的贡献虽多，但是它同样也是办公室工作中的巨大干扰力量。为了

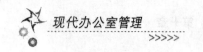

使电子邮件真正提高办公室工作的效率,而不至于使办公室人员陷于一大堆电子邮件的阅读和回复中,办公室工作人员在处理电子邮件时需要把握以下原则:

1. 要为阅读电子邮件并进行处理定出时间期限。如果你在相当长的一段时间内都无法阅读某封特别的邮件或对之采取行动,就把它投入回收站并彻底忘掉,因为你能在这么多天内忽略这封邮件,那就说明它显然并不重要,所以删除它。

2. 你不需要给每个人回信。可以说你邮箱里的大部分信件都不需要回复,除非某封特别的电子邮件要求得到你的回复,否则最好什么也不说。

3. 一封邮件最好只看一遍。当你有时间对电子邮件作出反应时,选一个时间来阅读邮件,并决定是否把它转递给其他人或作出回复或删除它。在同样的邮件上花费的时间越少,这个过程就会变得越有效率。

4. 不要去理睬垃圾邮件。处理垃圾邮件的最好方式是不要理它。如果你对垃圾邮件作出反应,即使是单击了"不,谢谢",你就必定告知发送者你真实地存在着并阅读了他所发送的一部分信息。

5. 写电子邮件要快速、简明。电子邮件并不是正式信件,它们在某种程度上是属于谈话和便笺之类的文件。在日常的电子邮件工作沟通中,语法和格式上经常会包含着错误,但是人们在实际的工作中却能接受,因为电子邮件被当作一种快速、便捷的工具,强调的重点在于速度。收发电子邮件的原则包括:第一,只要谈论到重点,语句不连贯也无妨;第二,书写要准确。书写错误表现出对语言的不尊重;第三,电子邮件的风格应该是一种谈话的风格;第四,在写英文邮件时,不要全部用大写字母,这样做读上去会让人觉得你在怒吼;第五,电子邮件中不要夸夸其谈,语言要简练;第五,要是在邮件中粘贴附件,那要让收到信件的人在打开附件之前明白这封邮件的内容。

总之,能够尽可能地利用一切方便、高效的手段为自己的工作服务,是一种办公能力。为了具备这种能力,必须善于学习各种先进的科技知识,多观察,多介入;同时,实现办公室管理的现代化就要适当地添置先进实用的办公自动化设备,以适应瞬息万变的信息化社会的发展。

询问任何管理者和专业人士关于他们的时间压力问题,大部分会产生相同的遗憾:长时间地工作,没有按预定的期限达到目标,过多的工作忽略了家庭,没有足够的时间。我们应该查明时间丢失的原因。

时间记录

时间记录的原则是把每一天分为间隔 15 分钟的时间段。每小时后,记录你前一个小时是怎样花费的。

为此,可能会发现需要以下的符号(见表 10-1)。

表 10-1 时间记录符号

代码	活 动	必要时给出定义	注 释
C	委员会(Committees)	任何没有议程的提前小组会议	
I	采访(Interviews)	任何有目的的提前会谈,正式的或非正式的	
D	讨论(Discussion)	谈话,不包括在 C 和 I 之下的谈话	
E	教育(Education)	参与讲座、课程培训、会议和研习班	
F	数据工作(Figure work)		
P	电话(On the telephone)		
S	口授(Dictating)		
W	写作(Writing)		
R	阅读(Reading)		
J	检查(Inspection)	视察工作,工作自检	
Q	旅行(Travelling)	为了你的工作,不做以上的其他工作	
T	思考(Thinking)		
O	其他(Others)	详细说明	

当然,这种方法可以用于其他职业。比如一位老师可能在清单上列出诸如课前准备、打分、指导、游戏和课外活动等标题。

每个周末回顾一下,你可能发现对实际花在原本列出的最优先的任务上的时间相对来说比较少。每日其他日常活动把时间都给排挤出去了。

你会发现你并不知道你的时间真正地是怎样花费的。这方面,我们不能完全信任记忆,因为我们容易回忆起一天中有成效的时刻。而注意不到被浪费或者没有成效的时刻。被相对不重要的事情占据的大片或小片的时间容易被忘记。这些应在详细的时间核查中列明。

做了两个星期的时间记录后,综合你的数据,在主要标题下将你两个星期以来的时间情况加以分类(见表 10-2)。

表 10-2 时间记录数据摘要

活 动	时间花费	时间百分比
14. 委员会		
15. 采访		
16. 讨论		
17. 教育		
18. 数据工作		

续 表

活　　动	时间花费	时间百分比
19. 电话		
20. 口授		
21. 写作		
22. 阅读		
23. 检查		
24. 旅行		
25. 思考		
26. 其他（详述）		

时间回顾

在按上述方式罗列你的结果后，应该仔细回顾你的时间是怎样花费的。以下是一系列应考虑的问题：

- 你是否把大量时间花费在你工作的主要职责或主要责任上？
- 那些占据了你大部分时间并且没有任何成效的活动是什么？如果它们根本没有实施，那将会怎样？
- 一天中，你自由处理的时间有多少是有用的？这些时间能否合并成一个时间段而不是小的、孤立的片刻？
- 在不对组织的其他部分产生不利影响的条件下，是否有能被加速或简化的工作？
- 你是否把时间花费在你下属或秘书能够圆满完成的工作上？（特别检查那不断重复的问题、日常事务或处理的工作细节）

这些问题的答案表明，那些你认为在管理或专业意识上是最重要的任务却只消耗了最少的时间。

资料来源：〔英〕约翰·阿代尔著：《时间管理》，海南出版社 2008 年版，第 24—28 页。

 案例分析

下列的日程表是一张为每件事情设置时间框架的清单。胡英俊为 2008 年 10 月 26 日的工作先后制定了 2 份日程安排。第一份日程安排是这样写的：

送孩子去幼儿园
去超市买奶粉
与 X 项目的工作人员见面

第十章 办公室时间运筹

和王大力在俱乐部用午餐
打电话给汤静重新确定下周二的会议事项
完成公司职工休假制度的提案
准备出差的行李
去参加幼儿园家长会

写完后,胡英俊觉得这份日程安排太简单了,他没有写明每项任务的具体时间和具体结构。于是他对该天的工作又拟了一份工作日程安排。

上午　6:00—6:45　　起床、洗澡、着装
　　　6:45—7:15　　读报纸、吃早餐
　　　7:15—7:45　　送孩子去幼儿园
　　　7:45—8:30　　去超市买奶粉。开车去办公室。在车里给汤静打电话重新约定把周二的会议改到周四上午9—11点间
　　　8:30—10:30　 和X项目的工作人员开会,在这次会议中确定时间安排和工作远景规划
　　　10:30—12:00　处理信件,给李伟、孙阳、马国庆发邮件
中午　12:00—13:30　和王大力一起用午餐,讨论办公室租用合同的续签
下午　13:30—16:30　完成公司职工休假制度的提案
　　　16:30—17:30　回电话
　　　17:30—18:00　驾车去幼儿园参加家长会
　　　18:00—19:00　幼儿园家长会
　　　19:00—20:30　与家人一起共进晚餐
　　　20:30—21:00　收拾行李;包括:
　　　　　　　　　　四双黑色羊毛袜
　　　　　　　　　　黑色、灰色、棕色和黄褐色的便裤
　　　　　　　　　　白色衬衣
　　　　　　　　　　内衣
　　　　　　　　　　三件毛衣(蓝色、红色和白色)
　　　　　　　　　　两件T恤
　　　　　　　　　　一件厚外套
　　　　　　　　　　套装和便鞋
　　　　　　　　　　洗漱用品
　　　　　　　　　　书(睡前阅读)
　　　　　　　　　　旅行时钟

比较而言,第2份的日程安排中每项规定的任务都有合理的时间安排。

案例思考题

这份日程安排是完美的吗？如果这份日程安排由你来写，你会怎么写？

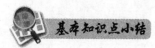

1. 从办公室管理的角度来看，时间管理也是一项很重要的管理，它与工作效率有着直接的联系。

2、要想有效管理自己的时间，必须做的工作就是要探索自己的时间障碍。一般来说，时间障碍主要表现在：做事不能专心、时间估计不切实际、做事拖延、不会说"不"和事必躬亲。

3．有效运筹时间是一种可以学习的技能，为此，人们总结了有效运筹时间的一系列基本原则。

4．为了高效地利用时间，人们创造了从时间中去找时间的切实可行的方法，主要包括：并列运筹法、交叉轮作法、定期"盘点"法和遇事三问法。

5．在时间的科学运筹中，要把握好业余爱好、休息、思考和注意力与时间的科学运筹的关系。

6．办公室工作人员要提高时间运筹效率，就要做到集中精力、重点突破；提高效率；合理安排工作日程；充分利用现代工具。要集中精力，充分利用时间，就必须放弃一些活动。只有停止多余的活动，才能赢得更多的时间。作为一名办公室工作人员，必须提高说话的效率，跳出"会海"，缩短交际时间，正确处理文件。日程表是一种有效率地进行个人工作的好助手、好工具。制定日程表应当遵循先急后缓、统筹兼顾的原则。执行日程表时，一定要按照重要、次要、不重要的顺序去做。打电话和收发电子邮件是最常使用的现代工具，在工作中应该把握正确使用这些现代工具的原则。

1．要有效运筹时间应该把握哪些原则？
2．有效地限制会议时间的方法有几种？
3．正确处理电子邮件要把握哪些原则？

第十一章

办公室调研统计与分析

本章提要

开展办公室调研,有助于提高办公室工作的科学性和有效性。本章将在阐述办公室实际工作中常用的非全面调研组织方式和全面调研方式的基础上,介绍如何做好办公室调研方案的步骤和方法。

对于办公室工作人员来说掌握调研方法是一项基本功。本章介绍了办公室工作人员经常运用的办公室调研方法。数据整理是统计分析之前的必要步骤,它包括不同类型的数据整理和显示方式。同时在统计分析阶段常用的统计指标包括总量指标、相对指标、平均指标和标志变异指标。

办公室调研统计与分析是做好办公室管理工作的一项基本功,调研统计与分析能力是办公室工作人员整体素质和能力的一个组成部分。每年到了年终岁末,办公室都要总结当年的工作,协助领导谋划明年的工作,加强调研统计与分析很有必要。而平时围绕专项工作进行调研统计与分析,更是办公室工作人员经常的功课。

第一节 办公室调研

一、办公室调研的含义及组织方式

办公室调研是指办公室工作人员通过搜集、记录、整理、分析、研究行政对象的各种基本状况以及影响因素,并得出结论的活动与过程。它是办公室工作人员了解行政对象,获得行政对象的信息,以及分析和解决问题的根本方法的基本手段,是提高办公室工作的科学性和有效性的前提。

开展办公室调研,要求根据调研的目的和要求以及调研对象的特点,选用适当的调研方式。根据调研范围的大小和被调查者的多少,办公室调研的组织方式可以归纳为全面调研和非全面调研两大类。

在实际办公室工作中常用的调研组织方式主要为非全面调研方式,有抽样调查、典型调查、重点调查、文献调查等几种。普遍调查则是经常使用的全面调研方式。

1. 抽样调查。抽样调查是实际工作中应用最广泛的一种调查方式和方法,它是从调查对象的总体中随机抽取一部分单位作为样本进行调查,并根据样本调查结果来推断总体数量特征的一种非全面调查。抽样调查具有经济性好、实效性强、适应面广、准确性高的特点。

抽样调查的目的或主要任务在于推断或估计全及总体的数量特征,而抽样推断或估计的基础就是样本。因此,科学地组织抽样调查,就是按照随机原则从全及总体中抽取样本单位,合理有效地取得所需样本。根据随机抽样原则,结合具体研究对象的性质以及调研工作的目的和条件,在行政工作实践中,抽样方法可分为四大类。第一类是随机选择,即从总体中随便选择调查对象;第二类是非随机选择,即根据调查者的需要,选取具有某些特点的对象进行调查。如按职业或者学科分层,则可选择从事不同工作或不同专业的人作为调查对象。这种分层选择用于情况复杂、人数众多、相互差异较大的集体,是办公室调研常用的抽样方法。办公室调研中的非随机选择往往采用推荐选择。这种选择就是指根据调查者的目的,经组织、群众推荐而确定调查对象。如发现和总结某个单位的先进工作经验,发现和了解某人的生活困难、某个单位工作的失误等,这些多是一种推荐选择。

2. 典型调查。典型调查是指在对考察对象初步了解的基础上,从中选取少数具有代表性的单位或个人,进行周密系统的调查,借以认识事物的本质以及发展变化规律性的一种调查研究的方法。典型调查是办公室工作中一种十分重要而行之有效的调研方法,它能够通过考察个性特征,充分地、突出地、集中地表现总体的共性的重要特征。

作为调研组织形式,典型调查按照行政调研预定目的,在被研究对象中有意识地选取具有典型意义的或富有代表性的少数单位进行调查研究,是一种专门组织的非全面调查。它具有调查单位少、调查范围小、省时省力、方法灵活多样、重点深入的特点。

典型调查能否成功,关键在于选择的典型是否具有代表性。在使用典型调查这一方法时,一是要通过比较,选准典型,二是要明确只有具有共性内容的个体,才是共性和个性的统一体。在从典型中概括出一般性结论时,往往受到主客条件的限制,难以保证概括得完全准确,因而还要把这种一般性结论放到调查对象的总体中加以检验。这就是要在采用典型调查的同时,还要根据实际情况灵活运用其他调查方法,以弥补典型调查的不足。

3. 重点调查。重点调查就是指在研究对象的总体中,选择其中的重点单位进行调查,借以了解总体基本情况的一种非全面调查。如果调研任务只是要求掌握调研对象的基本情况,就可以采用重点调查的方式。重点调查中的重点单位的数目只是全部单位数中的一部分,但就调查的标志值来说,它们在总体的标志总量中却占很大的比重,因此可以从数量上反映总体的基本情况。例如某企业为了了解其产品的市场销售的基本情况,只对上海、杭州、南京、苏州、宁波等城市进行调查,以取得所需的基本资料。因为这个企业在这几个城市的市场销售量在其总的市场销售量中占了绝大部分的比重,足以反映总体的基本情况。

4. 文献调查。文献调查又叫历史法,它是间接收集思想信息的一种方法,是利用第二手材料的方法。在许多情况下,行政决策者往往不可能亲自去作调查,所使用的数据大多数是别人调查的第二手材料。

第二手材料主要是公开出版的或公开报道的材料、数据,当然有些是尚未公开出版的。在中国第二手资料的主要来源包括公开出版的国家和地方统计部门以及各种报刊媒介报道的社会经济统计数据、一些渠道尚未公开的统计数据和调研报告以及广泛分布在各种报纸、杂志、图书、广播、电视传媒中的各种材料和数据。随着计算机网络技术的发展,我们也可以在网络上获取所需的各种数据、资料。

5. 普遍调查。普遍调查简称普查,或叫全面调查,是指对所要调查的总体逐一不漏地进行调查。普查的特点是涉及范围广,工作量大。它的优点是对所要调查的内容能够全面了解,准确度高,其缺点是时间长,不可能对情况了解得很深很细。所以普查选择的指标数量较小,主要用于必不可少的基本情况的调查。一般来说,基层组织普查用得较多,而领导机关用得少。有时为了全面系统掌握情况,或是为了对一部分人作出客观正确的评价,或是对某些情况进行评价、对比分析,行政领导部门可以选择几个点,或在一个地区、一所院校,集中时间进行较大范围的全面调查。这样的调查,常常可以取得大量的信息和各种资料,为进行系统分析、掌握事态发展规律提供基础材料。

二、办公室调研方案

办公室调研方案又称办公室调研计划,主要包括以下几项内容:

1. 确定调研目的。确定调研目的就是要明确通过调查需要解决什么问题,搜集哪些资料,这是行政调研的首要问题。有了明确的目的,才能有的放矢,确定向谁调查、调查什么、采取什么方式和方法进行调查等一系列问题。

2. 确定调查对象和调查单位。调研对象就是根据调研目的确定的、需要进行调查研究的某一社会经济文化现象的总体。调查单位就是构成该总体的个体,是在调查过程中应该登记其标志的具体单位。例如,调查目的是要了解上海市育龄妇女健康状况,则调查对象是上海市所有的育龄妇女,而每个育龄妇女都具有所要调查的各种标志(如身高、体重、血压等),所以是调查单位。在统计调研阶段,除了要确定调查单位外,还要规定报告单位,即按规定日期、表式负责提交统计资料的企事业单位和部门。确定调查单位,是为了明确向谁调查所要研究的各种标志;规定报告单位,是明确由谁负责提交统计资料,以确保调研工作顺利进行。

3. 拟定调查提纲和调查表。按照调查目的确定调查对象和调查单位后,应拟定调查提纲。调查提纲是在调查前所确定的调查项目,包括需要向调查单位了解的有关品质标志、数量标志和其他情况。调查项目直接关系到调查资料的数量和质量,因此,调

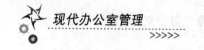

查项目的繁简和选择标志的多寡,应该根据调查目的和对象的特点,贯彻少而精的原则,妥善处理。

为使填表者正确填写调查表,可以编制填表说明,内容包括调查项目解释、填写方法和有关注意事项。说明应力求确切、简明扼要、通俗易懂。

4. 制定调查组织实施计划。调查的组织实施计划是从组织上保证调查工作顺利开展的重要依据,主要内容包括以下几个方面:第一,确定调查时间,亦即要确定资料所属的时间或时期以及调查期限。调查期限是进行调查工作的起讫时限,包括搜集资料和报送资料的时间。第二,规定调查地点。调查地点是指登记调查资料的地点。通常调查地点和调查单位所在地点是一致的,例如企业的报表是在企业所在地编制的。但在两者不一致的情况下,必须明确规定进行调查的地点。例如,进行人口调查登记时,如果调查"常住人口",不论被调查者是否暂时外出居住,都应在每个居民的常住地点进行登记。第三,做好各种准备工作。在确定调查的组织机构、参加调查的单位和人员的同时,要做好调查的各种准备工作,包括培训人员、印制调研表格和开支预算等。对于规模大而又缺少经验的统计,需要进行试点调查,以便取得经验,来验证原定的调查方案是否可行。有时还可以根据试点工作中发现的新问题和新情况,对调查方作必要的补充或修正。

第二节 常用的办公室调研方法

一、观察法

所谓观察方法,就是人们有目的、有计划地在自然发生的条件下对现象进行考察的一种方法。这里所说的现象是指被观察者的言行和活动的状态和结果。"在自然发生的条件下"是指不直接影响被观察者的思想情绪,不干涉被观察现象的发展状态和过程。在这种条件下所获得的现象和材料是第一手的,十分珍贵。按照观察的手段、内容和方式的不同,可以分为直接观察与间接观察、定性观察与定量观察、描述性观察与分析性观察。正确使用观察的方法必须坚持两个基本原则。第一,坚持观察的客观性。就是要尊重客观事实,避免凭空捏造和主观偏见。第二,坚持观察的全面性原则。就是为了保证观察材料的全面性和准确性,从整体出发,全面地观察、系统地观察、动态地观察。

人的观察活动不是机械式的摄影或录像,而是一个始终受到思维支配的能动过程。思维指导观察,观察启发思维。观察在思维的支配下一般有两种程序,一种是循序程序,一种是递进程序。循序程序一般用于较简单现象的观察,基本过程是:选择观察题目,设想观察方案,确定观察的具体方法,进行实地观察,处理观察资料,作出观察结论。递进程序一般用于复杂现象的观察。对于复杂的现象,我们不可能一下子观察很清楚,要把它分解为一系列细小的部分或层次,有顺序有系统地进行。这样观察可以借助思维,发现现象各个部分之间的联系,从而逐步深刻地感知事件,正确揭示行政对象的实质。

二、访问调查法

访问调查法在办公室调研工作中运用范围最广,运用时间最长,是行政工作者所熟悉的一种方法。这种方法最大的优点是灵活性强,富有弹性,它可以把问、听、看三者结合起来,即可以根据当地的具体情况和被调查者的特点,听其言,观其行,随时改变提问方式,采用不同的谈话技巧。如果被调查者对所调查的问题不甚明白,或心有疑虑,调查者可以向他作必要说明,并可与被调查者作长时间的深入讨论。访问调查法的调查效果受调查者的经验、个性等主观因素影响大,所以在采用这种方法时,调查者要事先对调查对象的基本情况有所了解,并要认真掌握有关理论知识和政策精神,还要有一定的访问调查经验。

访问调查主要有开调查会和个别访问两种方式。

1. 开调查会。也叫开座谈会或叫集体访问。它是根据调查提纲,选择部分代表,围绕中心进行讨论发言,从而获得相关信息的一种方法。这种方法不受时间、地点和调查内容的限制,也不受调查条件的限制,适应性广,简便易行;它可以听取多种意见,集中群众智慧,做到集思广益。

召开调查会,首先要有明确的调查提纲。调查提纲是进行成功调查的"导游图",调查题目、大纲、细目要清楚明了,富有科学性。其次要挑选熟悉情况、经验丰富、思想敏锐的人参加调查会。不要挑选对所调查的内容不了解或无关的人参加。在调查过程中,还要做好组织工作,引导被调查者围绕中心问题进行讨论,使他们能够畅所欲言。

开调查会的方法也有一定的局限性:一是参加调查会的人数是有限的,代表性往往不充分;二是受调查者的地位、身份或权威的影响大,调查者或权威人士表现出来的某种倾向,或一发表意见,其他人容易顺其思路议论,出现随大流的情况。有的人碍于情面和权势,不敢发表不同意见,不敢说心里话。因而在采用这一方法时,要尽量消除人们的主观因素对调查的影响。

2. 个别访问。也叫个别询问、个别谈话。这是调查者围绕某个调查内容单独访问被调查者,从而获得相关信息的一种方法。这种调查控制在很小的范围内,减少了群体压力,消除了相互间的牵制,易于被调查者讲真话,也利于对调查内容开展深入讨论,因而这种方法多用于调查行政工作中的敏感性问题、相互间发生尖锐冲突或产生隔阂等方面的问题。个别访问有无结构谈话和有结构谈话两种方式。无结构谈话指预先没有准备,谈话内容松散,没有统一评价标准,谈话内容、方式由谈话者临时决定。如行政工作者为了发现个人的特长,了解个性,观察仪表,分别同个人进行结识性谈话,这些多是无结构谈话。有结构谈话就是指采用一系列预先准备好的问题,有目的有序列地进行询问。

在运用访问调查法时,访问技巧的成功运用是访问调查成功的关键。在访问调查中有两个困难环节:一是如何巧妙地接近被调查者,为调查创造良好的前提条件;二是

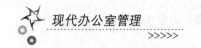

怎样灵活地谈话,有效地进行当面调查。

接近被调查者是进行调查的第一步。第一步走不好,调查开端就会受阻,难以进行。要走好这一步,就要根据被调查者的特点选好时机,采取适当的方式接近他们。一般来说可以采用交友式接近方式、自然式接近方式、迂回式接近方式、与被调查者寻找共同点接近方式、开门见山打开天窗说亮话的接近方式等。

同被调查者谈话,向被调查者提问是调查的第二步,也是能否取得可靠调研信息的关键环节。当面谈话能够听话听音,察言观色,随时把握被调查者的情绪变化。要使谈话成功,除要有甘当小学生的态度外,还要讲究谈话技巧。这些技巧包括了解对方,寻找心灵窗口;语气亲切,态度平易近人;言之有物,问话具体明确;注重启迪,用心广开言路;循序渐进,注意问话程序;体察情绪,保持和谐气氛等。

三、问卷调查法

问卷调查是指在办公室调研中一种以表格形式了解调研对象状况,有效搜集行政信息的方法。它一般适用于下列情况的调查:群众中一些带有普遍性的问题(如对人生观、前途、理想等的看法,对形势、政策、方针的看法,对人们所关心的人和事的看法,等等);一些大家看法不一、有争论的问题;对单位的领导、干部、普通工作人员的评价等。

问卷调查比访问调查运用广泛,它可以由调查人员现场调查,也可以邮寄表格调查。问卷调查可以避免调查人员在与调查对象直接接触时对调查对象产生影响;调查对象可以不受他人的牵制,有充分时间独立考虑所要回答的问题。但是问卷调查也有其缺点,一是被调查者对所调查的问题不感兴趣,或者是调查的问题过多或不好回答时,被调查者往往会采取不负责任的态度应付差事,甚至不交调查表,这样势必影响调查情况的真实可靠性。二是思想认识方面的问题十分复杂,不是可以用表格或简要的文字就能表达出来的,受到调查表篇幅限制,被调查者不能对所调查的问题作充分的阐述,因而调查者了解的情况不会很深刻。所以,问卷调查只能对某些情况作出一定的数量分析或趋势估测,在多数情况下,它是一种调查的辅助方法。

问卷调查实施能否成功,调查表的科学设计非常关键。为了使调查表的设计科学化、程序化、高效化,设计调查表可按下列程序或步骤进行:

第一步,明确调查目的,把握调查主题。这是设计调查表最基础、最关键的一步。第二步,确定调查项目。调查项目即具体的调查内容。在充分分析调查主题的基础上,拟定所要调查的项目,要全面考虑,把各种与调查主题相关的内容——罗列出来。第三步,依据调查项目,拟定初步调查表。在确定调查的具体项目后,针对每一个调查项目,设计若干问题,确定问句的类型,形成调查表的主干部分。最后设计调查表的其他组成部分,如被调查者本身情况,说明词、编号等内容。至此,一份调查表的初稿已经形成。第四步,对调查表初稿进行小范围试验,修改调查表。为了使问卷调查能顺利进行,达到调查目的,常需将调查表初稿在少数被调查者中进行试填,检验调查表初稿的可行性如何。因此，试填对象应具有充分代表性。依据试填效果，对某些不合理的部分进行修改。最后形成正式调查表。

一份完整的调查表通常是由调查说明、填表说明、被调查者基本情况、调查内容本身、计算机编码五个部分组成。

调查说明一般是在调查表的开头，这部分包括两个方面的内容：一是向被调查者说明进行此项调查的目的、意义，二是请求被调查者的合作。这一点非常重要。因为行政调研往往是一种协商性的调查，只有真诚合作才能取得最佳效果，为此需用婉转请求的方式，取得对方的配合。

被调查者的基本情况虽与调查内容本身没有直接联系，但在分类分析调查资料时，常常用到这些资料，这是调查表中不可缺少的内容。被调查者分个人和单位两大类。若是个人，其主要特征是姓名、性别、年龄、文化程度、职务或技术职称、个人或家庭收入、所在地区、民族等项目。若被调查者是企事业单位，则应包括行业类别、资金总额（固定资产、流动资金）、所有制形式、职工人数、经营范围、营业额、营业面积，等等。对于一份具体调查表究竟需列出哪些项目，应视调查目的而定。

调查内容本身是调查表的主体，也是一份调查表的核心部分。这部分内容通常是由一系列问句组成。

在进行行政调研时，计算处理的工作量一般比较大，尤其是一些大规模的调查。因此调查表可以设置计算机编码，以便对调查资料用计算机进行分类、排序、汇总、分析和综合处理。有时这部分内容可以省略。

四、态度量表法

在办公室调研中经常会涉及有关对某些现象、政策、规定所持态度的研究，态度是个人的心理反应。从测量角度来看，它是一种内隐变量，不易察觉。如何把人的这种复杂的心理反映表达出来，并给予量化，有必要借助态度量表。

所谓态度量表是指通过被调查者回答某些问题或填写问卷的自我报告形式，将态度转换为可以度量的数字或等级的测定表格。它通过逐个问题的提问，获取整个态度的总分，是量化主观态度的有效工具。它可以反映两个方面的内容：一是态度的方向，如满意、不满意的基本倾向；二是态度的深度，即被调查者所持某种态度的数量程度。目前，较常使用的态度量表有以下几种。

（一）利克特量表

利克特量表也称加总量表，它是一种根据被调查者的意见来确定问题或语句的量表，它的制作过程是：

1. 由调查者拟出大量问题或语句，通常为30条或30条以上。然后对每个问题或语句按照肯定-否定的程度分为五个等级，并给每个等级确定分数。表11-1是一个简单的利克特量表的形式。

表 11－1　被调查者意见表

语　句	非常赞同	赞　同	一　般	不赞同	非常不赞同
薪酬高	5	4	3	2	1
有前途	5	4	3	2	1
专业对口	.	.	.	.	.
.					

2. 选取部分被调查者,按规定标准给每条语句评分,并将它们按高低顺序排列,然后从最高端和最低端分别抽取 25％的人所给予的分数,组成高分组和低分组,并分别求出两组的平均值,两者之差即为"平均值差值"。

3. 保留那些"平均值差数"较大的语句,剔除"平均值差数"较小的语句,即保留辨别能力强的项目,剔除辨别力弱的项目。

利克特量表的测量原则是:让被调查者回答每条问题或语句,然后再将他的每题评分的总分相加,总值愈高说明这个人对所有的态度倾向于肯定,反之则倾向于否定。

(二) 定格评分量表

用于测量人们对某属性重要性的认知态度。它使用词组而不使用陈述,在这一点上它与利克特量表不同。它对每个项义只使用一个词组,它的标格是单向的而非对称的,每格的分值从 1 分、2 分依次升高(见表 11－2)。

表 11－2　定格评分量表

	不重要	有些重要	相当重要	非常重要
服务周到	☐	☐	☐	☐
店址便民	☐	☐	☐	☐
等候不长	☐	☐	☐	☐
环境良好	☐	☐	☐	☐

(三) 满足感量表

满足感量表是测量被调查者对于某种服务的满意程度的各种量表的总称。该表把对服务感受从欣喜到极度失望分为 7 个格子,由被调查者回答。如:

您对政府机关的办事效率如何感受?

我感到:

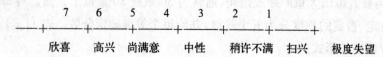

第三节 办公室统计整理与图示

一、分类数据的整理和图示

统计数据收集上来以后，首先应对这些数据进行整理加工，使之系统化、条理化，以符合分析的需要。数据整理是统计分析之前的必要步骤，通过加工整理可以简化数据，使我们更容易理解和分析。否则其结果会如列宁所说："总是只见树木不见森林，只见一大堆数字和各种现象的经济类型。"[1]不同类型的数据，所采取的处理方式和所适用的处理方法是不同的。对分类数据和顺序数据主要是作分类整理，数值型数据则主要是作分组整理。数据经过整理后，可以用图形将其显示出来，以便对数据的特征有一个初步的了解。分类数据本身就是对事物的一种分类。根据统计研究的目的和任务，按照选定的变异标志将总体进行统计分组后，还要计算出每一类别的频数、频率或比例、比率，同时选择适当的图形进行显示。

分类数据的整理通常要计算频数、频数分布、百分比、比例、比率等指标。

（一）频数与频数分布

频数也叫次数，它是落在各个类别中的数据个数。把各个类别及其相应的频数全部列出来就是频数分布或称次数分布。将频数分布用表格的形式表现出来就是频数分布表。

例如，某公司为了研究城市居民对广告市场的关注状况，在某城市随机抽取了200人就广告问题做了问卷调查。其中一个问题是："您比较关心下列哪一类广告？"

A. 商品广告　B. 服务广告　C. 金融广告　D. 房地产广告　E. 招生招聘广告　F. 其他广告

这里的变量是广告类型，不同类型的广告就是变量值。调查数据经整理分类后形成表11-3的频数分布表。

表11-3　某城市居民关注广告类型的频数分布

广告类型	人数（人）	比　例	频率（%）
商品广告	112	0.560	56.0
服务广告	51	0.255	25.5
金融广告	9	0.045	4.5
房地产广告	16	0.080	8.0
招生招聘广告	10	0.050	5.0
其他广告	2	0.010	1.0
合　　计	200	1	100

---

[1] 《谈谈关于地方自治局统计任务的问题》，载《列宁全集》，第20卷，人民出版社，1958年版，第72页。

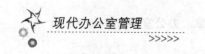

很显然,如果不作分类整理,观察 200 个人对不同广告的关注情况,既不便于理解,也不便于分析。经分类整理后,可以大大简化数据,行政工作者可以很容易看出,关注"商品广告"的人数很多,而关注"其他广告"的人数最少。

(二) 比例

比例指一个总体中各个部分的数量占总体数量的比重,通常用于反映总体的构成或结构。假定总体数量 N 被分成 K 个部分,每一部分的数量分别为 N1,N2,……,NK,则比例定义为 Ni/N。显然,各部分的比例之和等于 1,即

$$N1/N + N2/N + \cdots NK/N = 1$$

比例是将总体中各个部分的数值都变成同一基数,也就是都以 1 为基数,这样就可以对不同类别的数值进行比较了。比如,在上面的例子中,关注商品广告的人数比例为 0.560。

(三) 百分比

将比例乘以 100 就是百分比或百分数,用 % 表示,它表示每 100 个分母中拥有多少个分子。比如上例中频率一栏就是将比例乘以 100 而得到的百分比。当分子的数值很小而分母的数值很大时,可以用千分数(‰)来表示比例,如人口的出生率、死亡率等都用千分数来表示。

(四) 比率

比率是指各个不同类别的数量的比值。它可以是一个总体中各个不同部分的数量对比,比如在上面例子中,关注商品广告的人数与关注服务广告人数的比率是 112∶51。为了便于理解,通常将分母化为 1 来表示。即关注商品广告和关注服务广告人数的比率是 2.2∶1。

如果用图形来显示频数分布,就会更形象和直观。一张好的统计图表,往往胜过冗长的文字表述。分类数据的常用图示方法有条形图和圆形图。

条形图是用宽度相同的高度或长短来表示数据变动的图形。条形图可以横置或纵置,纵置时也可以称为柱形图。此外,条形图还有单式、复式等形式。

在表示分类数据的分布时,用条形图的高度来表示各类别数据的频数或频率。绘制时,各类别可以放在纵轴,称为条形图,也可以放在横轴,称为柱形图。例如,根据表 11-3 中的数据绘制的条形图如图 11-1 所示。

圆形图也称饼图,它是用圆形及圆内扇形的面积来表示数值大小的图形。圆形图主要用于表示总体中各组成部分所占的比例,对于研究结构性问题十分有用。在绘制圆形图时,总体中各部分所占的百分比用圆内的各个扇形面积表示,这些扇形的中心角度,是按各部分百分比占 360 度的相应比例确定的。例如关注服务广告的人数占总人数的百分比为 25.5%,那么其扇形的中心角度就应为 360 度 * 25.5% = 91.8 度,其余类推。

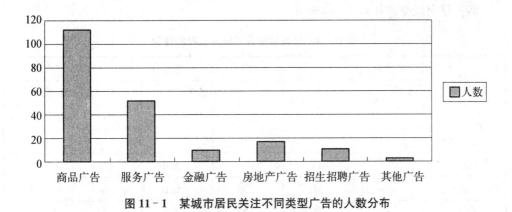

图 11-1 某城市居民关注不同类型广告的人数分布

例如,根据表 11-3 中的数据绘制的圆形图如图 11-2 所示。

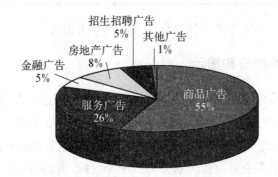

图 11-2 某城市居民关注不同类型广告的人数构成

二、顺序数据的整理和图示

分类数据的整理和显示方法一样也适用于顺序数据的整理与显示。除此外,对顺序数据还可以计算累积频数和累积频率(百分比)。

累积频数就是将各类别的频数逐级累加起来。其方法有两种:一是从类别顺序的开始一方向类别顺序的最后一方累加频数(数值型数据则是从变量值小的一方向变量值大的一方累加频数),称为向上累积;二是从类别顺序的最后一方向变量值小的一方累加频数(数值型数据则是从变量值大的一方向变量值小的一方累加频数),称为向下累积。通过累积频数,可以很容易看出某一类别(或数值)以下及某一类别(或数值)以上的频数之和。

累积频率或百分比就是将各类别的百分比逐级累加起来,它也有向上累积和向下累积两种方法。

例如,在一项城市住房问题的研究中,研究人员在某城市抽样调查 300 户,其中的一个问题是:"您对您家庭目前的住房状况是否满意?"

A. 非常不满意　B. 不满意　C. 一般　D. 满意　E. 非常满意

调查结果经整理如表 11-4 所示。

表 11-4 某城市居民对住房状况的评价

回答类别	某 城 市					
	户数(户)	百分比(%)	向 上 累 积		向 下 累 积	
			户数(户)	百分比(%)	户数(户)	百分比(%)
非常不满意	24	8	24	8.0	300	100
不满意	108	36	132	44.0	276	92
一般	93	31	225	75.0	168	56
满意	45	15	270	90.0	75	25
非常满意	30	10	300	100.0	30	10

顺序数据的图示方法通常与分类数据的图示方法相同。

三、数值型数据的整理和图示

数值型数据的结果表现为数值,因此在整理时通常是进行数据分组。它是指根据统计研究的需要,将数据按照某种标准化分成不同的组别。分组后再计算出各组出现的次数或频数,就形成了一张频数分布表。分组的方法通常是进行组距分组。

组距分组指将全部变量值依次划分为若干个区间,并将这一区间的变量值作为一组。在组距分组中,一个组的最小值称为下限,最大值称为上限;上限与下限的差值称为组距;上限与下限的平均数称为组中值,它是一组变量值的代表值。

例如,某商场 50 名营业员日销售额如下(单位:元)

1176	1224	1244	1298	1399	1077	1176	1300	1299	1222	1255
1088	1311	1255	1178	1221	1331	1265	1222	1177	1189	1088
1100	1187	1231	1265	1330	1343	1276	1233	1265	1189	1122
1123	1342	1279	1232	1197	1130	1200	1232	1232	1275	1355
1379	1142	1200	1286	1240	1155	1399	1289	1289	1243	1210

对以上数据进行整理,首先需要对数据进行组距分组。采用组距分组需要经过以下几个步骤:

第一步是根据标志变量变化的不同特点,分别选用等距分组或异距(不等距)分组。等距分组适用于标志变量的变动比较均衡的情况,例如按人体身长、体重的分组。等距分组的各组单位数只受标志变量的影响,所以各组单位数(即出现的次数)可以直接比较。但有时在调研的统计总体中,有一部分现象性质差异的变动不均衡,必须采用异距分组,借以从各组的量的变化中反映现象性质的差异。由于采用异距分组编制的异距变量数列,其中各组次数值受组距大小不等的影响,需要计算次数密度,以消除次数的数值受不等组距的影响,从而可以准确地反映实际的次数分布状况。次数密度又称频数密度,其计算公式为:

$$次数密度 = \frac{次数(f_i)}{组距(i)}$$

第二步是确定组距。组距大小与组数多少存在密切的联系,组距愈大,组数愈少;组距缩小,组数就增多,两者成反比例的变化。由于分组的目的之一就是为了观察数据分布的特征,因此组数的多少应适中。如果组数太少,数据的分布就会过于集中,组数太多,数据的分布就会过于分散,这都不利于观察数据分布的特征和规律。组数的确定应以能够显示数据的分布特征和规律为目的。在实际分组时,可以参考斯特奇斯公式确定其组距:

$$K = 1 + \lg n / \lg 2$$

其中 n 为数据的个数,对结果用四舍五入的办法取整数即为组数。例如,对上例的数据有 $K=1+\lg 50/\lg 2 \approx 7$,即应分为 7 组。当然这只是一个经验公式,实际应用时,可根据数据的多少和特点及分析的要求,参考这一标准灵活确定组数。

第三步是确定各组的组距。组距是一个组的上限与下限的差,可根据全部数据的最大值和最小值及所分的组数来确定,即组距=(最大值-最小值)/7=(1 399-1 077)/7=46。为了便于计算,组距宜取 5 或 10 的倍数,而且第一组的下限应低于最小变量值,最后一组的上限应高于最大变量值,因此组距可取 50。

第四步是根据分组整理成频数分布表。比如对上例中的数据进行分组,可得到下面的频数分布表,见表 11-5。

采用组距分组时,需要遵循"不重不漏"的原则。"不重"是指一项数据只能分在其中的某一组,不能在其他组中重复出现;"不漏"是指组别能够穷尽,即在所分的全部组别中每项数据都能分在其中的某一组,不能遗漏。

为了解决"不重"的问题,统计分组时习惯上规定"上组限不在内",即当相邻两组的上下限重叠时,恰好等于某一组上限的变量值不算在本组内,而计算在下一组内。例如,在表 11-5 中 1 100 这一数值不计算在"1 050—1 100"这组内,而计算在"1 100—1 150"组中,其余类推。

表 11-5 某商场 50 名营业员日销售额分组表

按日销售额分组	频数(人)	频率(%)
1 050—1 100	3	6
1 100—1 150	5	10

续　表

按日销售额分组	频数(人)	频率(%)
1 150—1 200	8	16
1 200—1 250	14	28
1 250—1 300	10	20
1 300—1 350	6	12
1 350—1 400	4	8
合　　计	50	100

在组距分组中,如果全部数据中的最大值和最小值与其他数据相差悬殊,为避免出现空白组(即没有变量值的组)或个别极端值被漏掉,第一组和最后一组可以采取"××以下"及"××以上"这样的开口组。开口组通常以相邻组的组距作为其组距。例如,在上面的 50 个数据中,假定最小值该为 880,最大值该为 1 600,采用上面的分组就会出现"空白组",这时可采用"开口组",如表 11-6 所示。

表 11-6　某商场 50 名营业员日销售额分组表

按日销售额分组	频数(人)	频率(%)
1 100 以下	3	6
1 100—1 150	5	10
1 150—1 200	8	16
1 200—1 250	14	28
1 250—1 300	10	20
1 300—1 350	6	12
1 350 以上	4	8
合　　计	50	100

通过数据分组后形成的频数分布表,可以初步看出数据分布的一些特征和规律。如通过表 11-6 可以看出商场营业员的日销售额大多数处于 1 200—1 250 之间,共 14 人,低于这一水平的共有 16 人,高于这一水平的共有 20 人,可见这是一种非对称分布。如果用图形来表示这一分布的结果,会更形象、直观。前面介绍的条形图、圆形图等都适用于显示数值型数据。

四、统计表

统计表和统计图是显示统计数据的两种方式。正确地使用统计表和统计图是做好统计分析的最基本技能。前面已经介绍了不同类型统计数据的图示方法,下面简要介绍统计表的构成和基本制作技术。

统计表是用于显示统计数据的基本工具。在数据的搜集、整理、描述和分析过程中,我们都要使用统计表。许多杂乱的数据,既不便于阅读,也不便于理解和分析,一旦整理在一张统计表内,就会使这些数据变得一目了然,清晰易懂。

统计表的形式是多样的,根据使用者的要求和统计表数据本身的特点,我们可以绘制形式多样的统计表。比如 表 11-7 就是一种比较常见的统计表。

表 11-7 1958 年多国各生产部门在国内生产总值中的份额 [1]

项 目	国 家 分 组							
	1	2	3	4	5	6	7	8
1. 国家数	6	6	6	6	6	6	6	6
2. 人均 GDP(美元) 主要部门份额(%)	51.8	82.6	138	221	360	540	864	1 382
3. A	53.6	44.6	37.9	32.3	22.5	17.4	11.8	9.2
4. I	18.5	22.4	24.6	29.4	35.2	39.5	52.9	50.2
5. S	27.9	33.0	37.5	38.3	42.3	43.1	35.3	40.6
6. 第二产业	13.3	16.5	18.8	23.5	28.7	32.7	43.6	42.4
7. 第三产业	33.1	38.9	43.3	44.2	48.8	50.1	44.6	48.4

库兹涅茨的 A 部门相当于中国现行的第一产业,而 I、S 则和中国的第二、第三产业不对应。为便于和中国相对比,表中第二、第三产业数值为本章作者根据西蒙·库兹涅茨《各国的经济增长》一书第 111 页表 12 中有关数据整理。

资料来源:西蒙·库兹涅茨,《各国的经济增长》中译本,商务印书馆,1986 年版,第 111 页。

从表 11-7 可以看出,统计表一般由四个主要部分组成,即表头、行标题、列标题和数字资料,此外,必要时可以在统计表的下方加上表外附加。表头应放在表的上方,它所说明的是统计表的主要内容;行标题和列标题通常安排在统计表的第一列和第一行,它所表示的主要是所研究问题的类别名称和指标名称,如果是时间序列数据,行标题和列标题也可以是时间,当数据较多时,通常将时间放在行标题的位置。表的其余部分是具体的数字资料;表外附加通常放在统计表的下方,主要包括资料来源、指标的注释和必要的说明等内容。

由于使用者的目的以及统计数据的特点不同,统计表的设计在形式和结构上会有较大的差异,但其设计的基本要求则是一致的。统计表的设计应符合科学、实用、简练、美观的要求。在设计时应注意:

1. 要合理安排统计表的结构,行标题、列标题、数字资料的位置应安排合理,如表

---

[1] 转引自魏后凯:《21 世纪中西部工业发展战略》,河南人民出版社,2000 年版,第 43 页。

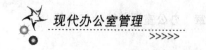

11-7。由于强调的问题不同,行标题和列标题可以互换,但应使统计表的横竖长度比例适当,避免出现过高或者过长的表格形式。

2. 表头一般应包括表号、总标题和表中数据的单位等内容。总标题应简明确切地概括出统计表的内容,一般需要表明统计数据的时间、地点以及是何种数据。如果表中的全部数据都是同一计量单位,可在表的右上角予以标明;若各指标的计量单位不同,则应在每个指标后或单列出一列标明。

3. 表中的上下两条横线一般用粗线,中间的其他线要用细线,这样看起来更清楚、醒目。通常情况下,统计表的左右两边不封口,列标题之间一般用竖线分开,而行标题之间通常不必用横线隔开。总之表尽量少用横竖线。表中的数据一般是右对齐,有小数点时应以小数点对齐,而且小数点的位数应统一。对于没有数字的表格单元,一般用"—"表示,一张填好的统计表不应出现空白单元格。

4. 在使用统计表时,必要时可在表的下方加上注释,特别要注意注明资料来源,以示对他人劳动成果的尊重,方便读者查阅使用。

第四节 统计指标的计算

办公室统计工作的第三个阶段就是统计分析,指根据汇总整理的统计资料,运用各种统计方法,从数量入手,研究事物之间的关系,揭示各种社会经济现象的一般特征及其规律性。在办公室统计工作中常用的统计指标包括总量指标、相对指标、平均指标和标志变异指标。

一、总量指标

总量指标就是反映在一定时间地点和条件下的社会经济文化现象总体规模或水平的统计指标。这类指标是指通过全面调查的方法,对总体单位进行调查登记,逐步汇总得出的总体单位的总数或某种标志总量,所以称为总量指标,其表现形式就是绝对数。

总量指标按其反映内容的不同,分为总体总量和标志总量。总体总量反映总体中单位的总数,如工业企业总数、职工总数、学校总数,等等。标志总量反映总体中各个单位某一标志值的总和,例如基本建设投资额、商品销售额、工资总额,等等。随着研究目的的改变,总体总量与标志总量可以相互转化。例如,研究企业全员劳动生产率、计算职工平均工资时,职工总数作为总体总量;研究企业规模、计算企业平均工资时,职工总数就作为标志总量。

总量指标按其反映的时间状态不同,分为时期指标和时点指标。时期指标是反映总体在一段时期内活动过程的总量,例如产品产量、顾客投诉量、商品销售额等;时点指标是反映总体在某一特定时刻上的总量,例如期初或期末的职工人数、商品库存量等,由于时点指标数值表示社会经济现象发展到某一特定时点上所处的水平,所以其数值只能按时点间断记数,不能累计。

反映社会经济文化基本情况的数字资料,最先表现为总体总量或标志总量。它从数量方面反映社会经济文化现象基本情况,是认识事物的客观依据和起点,也是指导工作、制定决策、编制和检查计划、进行科学管理的重要依据。

在计算总量指标数值时,涉及一系列变量值或标志值的全部或部分相加。其计算公式为:

$$\sum X_i = X_1 + X_2 + X_3 + \cdots + X_n$$

二、相对指标

要深入研究社会经济文化现象,还应在总量指标的基础上,计算各种相对指标,开展对比分析工作。由于统计分析目的的不同,两个相互联系的指标数值对比可以采取不同的比较标准(即对比的基础),而对比所起的作用也有所不同,从而形成不同的相对指标,一般可以分为五种:计划完成情况相对指标、结构相对指标、比较相对指标、动态相对指标和强度相对指标。

(一)计划完成情况相对指标

通称计划完成相对数,是以现象在某一时间内(如旬、月、季或年)的实际完成数与计划任务数对比,借以表明计划完成程度的综合指标。一般用百分数表示,基本计算公式如下:

$$计划完成相对数 = \frac{实际完成数}{计划任务数} \times 100\%$$

在办公室工作中正确计算计划完成相对数,可以反映各项计划指标的完成程度,为评价工作成绩提供依据;通过计划完成相对数,可以反映计划执行进度,及时发现问题,提出措施,改进工作;从办公室工作的动态角度来看,通过计划完成相对数的对比分析,可以反映办公室计划执行过程中的薄弱环节,为制定新的计划推动办公室工作的开展提供依据。

(二)结构相对指标

指在分组的基础上,以各组(或部分)的单位数与总体单位总数对比,或以各组(或部分)的标志总量与总体的标志总量对比求得的比重,借以反映总体内部结构的一种综合指标。一般可以用相对数形式表示,其公式表述如下:

$$结构相对数 = \frac{总体某部分或组的数值}{总体全部数值} \times 100\%$$

在办公室工作中,广泛应用结构相对数,可以说明在一定的时间、地点和条件下,总体结构的特征;也可以通过研究发现不同时期结构相对数的变化,反映事物性质的发展趋势;通过研究总体中各构成部分所占比重的大小以及是否合理,可以反映所研究工作对象的工作质量的好坏;也可以通过利用结构相对数,在工作中分清主次,确定工作重点。

(三) 比较相对数

就是将不同地区、单位或企业之间的同类指标数值作静态对比而得出的综合指标,表明同类事物在不同空间条件下的差异程度或相对状态。将同一总体中某一部分的数值与另一部分数值对比而得出的比例,也属于比较相对指标。比较相对指标可以用百分数或倍数表示。其公式可以概括如下:

$$比较相对数 = \frac{甲地区(单位或企业)某类指标数值}{乙地区(单位或企业)某类指标数值}$$

$$或 = \frac{总体中某一部分的数值}{总体中另一部分的数值}$$

用来对比的两个性质相同的指标数值,其表现形式不一定仅限于绝对数,也可以是其他的相对数或平均数。在办公室管理工作中,相对数得到广泛应用,例如用各种质量指标在企业、车间或班组之间进行对比;把本企业的工资水平与同类企业的先进水平或世界先进水平对比,借以找准定位,挖潜力,定措施,为提高企业的行政管理水平提供依据。

(四) 动态相对指标

就是将同一现象在不同时期的两个数值进行动态对比而得出的相对数,借以表明现象在时间上发展变动的程度。一般用百分数或倍数表示,也称发展速度。其计算公式如下:

$$动态相对数 = \frac{某一现象报告期数值}{同一现象基期数值}$$

通常,作为比较标准的时期称为基期,与基期对比的时期称为报告期。要研究动态,首先要编制时间数列。将某一个统计指标在不同时间上的各个数值,按时间先后顺序排列,就形成一个动态数列。通过动态相对数,可以从现象的量变过程中反映其发展变化的方向、程度和趋势,研究其质量变化的规律性;可以在不同地区或国家之间进行对比分析。

(五) 强度相对指标

就是在同一地区或单位内,两个性质不同而有一定联系的总量指标数值对比得出的相对数,其是用来分析不同事物之间的数量对比关系,表明现象的强度、密度和普遍程度的综合指标。其计算公式可以概括为:

$$强度相对数 = \frac{某一总量指标数值}{另一个有联系而性质不同的总量指标数值}$$

强度相对数是两个性质不同而有联系的总量指标数值之比,它表明两个不同总体之间的数量对比关系。在多数情况下,由分子与分母原有单位组成的复合单位表示,如人均图书占有量为册/人表示,但有少数强度相对指标因其分子与分母的计算单位相同,可以用千分数或百分数表示其指标数值。

三、平均指标

平均指标表示同类社会经济文化现象在一定时间、地点条件下所达到的一般水平的综合指标。它的数值表现为平均数。在办公室调研统计中,采用的平均数通常有算术平均数、几何平均数、众数和中位数。

(一) 算术平均数

是指总体中各个变量值的总和除以这些变量值的个数所得的商。算术平均数用 $\overline{X}$ 表示。它又可以分为简单算术平均数和加权算术平均数。

简单算术平均数是总体标志总量除以单位数之商,用 $X_1, X_2, X_3, \cdots\cdots, X_n$ 表示总体内各个变量值。简单算术平均数的公式为:

$$\overline{X} = \frac{X_1 + X_2 + X_3 + \cdots + X_n}{n} = \frac{\sum X}{n}$$

在办公室调研统计中,常会出现简单变量数列和组距变量数列,在这种情况下,计算算术平均数需要采取加权的方法,因此称为加权算术平均数。用 $X_1, X_2, X_3, \cdots\cdots, X_n$ 表示各组的组中值,各组变量值出现的频数(即权数)用 $f_1, f_2, f_3 \cdots\cdots f_n$ 表示。其均值公式可以表示为:

$$\overline{X} = \frac{X_1 f_1 + X_2 f_2 + X_3 f_3 + \cdots + X_n f_n}{f_1 + f_2 + f_3 + \cdots + f_n} = \frac{\sum_{i=1}^{n} X_i f_i}{\sum_{i=1}^{n} f_i}$$

由组距式变量数列计算加权平均数的方法与单变量数列类似,不同的是用组中值代替组平均值。

(二) 几何平均数

指 n 个变量值乘积的 n 次方根,其计算公式为:

$$\overline{X_G} = \sqrt[n]{X_1 \cdot X_2 \cdots\cdot X_n} = \sqrt[n]{\prod X}$$

式中:$\overline{X_G}$ 表示几何平均数,$\prod$ 为连乘符号。

几何平均数是适用于特殊数据的一种平均数,它主要用于计算比率或速度的平均。当我们所掌握的变量值本身是比率的形式,而且各比率的乘积等于总的比率,这时就应采用几何平均法计算平均比率。在实际应用中,几何平均数主要用于计算社会经济文化现象的平均发展速度。

(三) 众数和中位数

众数是指一组变量中出现次数最多的那个变量值。众数一般用 M_0 表示,它经常被用来说明社会经济文化现象的一般水平。众数是一个位置代表值,它的特点是不受数据中极端值的影响。

中位数是一组数据按一定顺序排序后,处于中间位置上的数值,用 Mc 表示。根据未分组数据计算中位数时,要先对数据进行排序,然后确定中位数的位置。其公式为:

$$中位数的位置 = (N+1)/2$$

式中的 N 是总体变量值个数,当 N 为奇数,则居中间位置上的数为中位数,如果 N 为偶数,则中间位置上有两个数,这两个数的算术平均数即为中位数。

四、标志变异指标

标志变异指标和平均指标是一对相互联系的对应指标,它表明总体各单位标志值差别大小的程度,说明变量值的集中趋势。集中趋势的各测度值是对数据一般水平的一个概括性度量,它对一组数据的代表程度,取决于该组数据的离散水平。数据的离散程度越大,集中趋势的测度值对该组数据的代表性就越差,离散程度越小,其代表性越好。在办公室调研统计分析中,常用的标志变异指标有极差、标准差和离散系数等。

(一) 极差

其也称全距,它是一组数据的最大值与最小值之差。即:

$$极差 = 最大值 - 最小值$$

极差是描述数据离散程度的最简单测度值,计算简单,易于理解,但它容易受极端值的影响。由于极差只是利用了一组数据两端的信息,不能反映出中间数据的分散情况,因而不能准确描述出数据的分散程度。

(二) 标准差

是各变量值与其均值离差平方和的平均数的平方根,它是测量数据离散程度的最主要方法,也是实际中运用最广泛的离散程度标志值。

设标准差为 σ,对于未经整理的原始数据,标准差的计算公式为:

$$\sigma = \sqrt{\frac{\sum (X - \overline{X})^2}{n}}$$

式中:$\overline{X}$ 代表总体算术平均数,X 代表各单位标志值,n 代表总体单位数。

对于组距分组数据,标准差的计算公式为:

$$\sigma = \sqrt{\frac{\sum (X - \overline{X})^2 f}{\sum f}}$$

式中：X为各组标志值，如果是组距资料以组中值代替；f代表各组权数。

标准差与变量值的计量单位相同，其实际意义比较清楚。因此，在对社会经济文化现象的集中趋势进行分析时，主要使用标准差。

（三）离散系数

标准差是反映数据分散程度的绝对值，其数值大小一方面取决于原变量值本身水平高低的影响，也就是与变量的均值大小有关，变量值绝对水平高的，离散程度的测度值自然也就大，绝对水平小的，离散程度的测度值也就小；另一方面，它们与原变量值的计量单位相同，采用不同计量单位计量的变量值，其离散程度的测度值也就不同。因此，对于平均水平不同或计量单位不同的几组数据，是不能用上述离散程度的测度值直接比较其离散程度的。为消除变量值水平高低和计量单位不同对离散程度测量值的影响，需要计算离散系数。

离散系数又称标准差系数，它是一组数据的标准差与其相应的均值之比，是测度数据离散程度的相对指标，其计算公式为：

$$V_\sigma = \frac{\sigma}{\overline{X}}$$

离散系数的作用主要是比较对不同组别数据的离散程度。离散系数大的说明数据的离散程度大，离散系数小的说明数据的离散程度也就小。

如何做好调研访谈[①]

直面访谈是通过调查者与被调查对象面对面、有目的的交谈，以寻求调查所需材料或信息的一种常用的调查方法。其访谈技巧可以归纳为"点、诱、乐、掐、应、松"六点。

一、点——就是点拨。访谈者要说明意图、点明主题，以少绕圈子，提高访谈的效率。在访谈过程中，被调查对象也许不能正确地领会调查意图；或碍于情面，怕招惹是非，抱着事不关己、少说为佳的态度；有的心明口不明，有话说不出，说不到点子上，抓不住要害等，这时就需要调查者适时加以点拨，包括主题的点拨、政策法规的点拨、调查者自身观点、看法的点拨等。必要时，使调查对象解除思想顾虑，打开思想闸门，真正畅所欲言。

二、诱——就是引导。调查者要始终把握好访谈主题，防止访谈内容空洞、跑题。有些被调查对象由于性格内向、寡言少语，或语言障碍，造成词不达意、表意不明，这就需要调查者巧妙、合理、恰当地进行启发诱导、提示归纳，对被调查对象谈话内容加以必

[①] 谭昱：《浅谈直面访谈技巧在调查研究中的运用》，载《办公室业务》，2004年第4期。

要的补充完善。通过一些提示、引导，使被调查对象从纷繁的事件和问题中找到头绪，围绕调查主题展开陈述。但切记不可把自己的观点强加于人，诱导而不能误导。

三、乐——就是逗乐，营造比较宽松和谐的访谈氛围。访谈时，常会出现被调查对象迟迟不作发言，访谈气氛沉闷、尴尬的情况。这时就需要调查者积极主动调节氛围，活跃情绪，可用一段风趣幽默的开场白，或几句俏皮话，或几句乡语土话等，打开被调查对象的话匣子，缩短双方之间的距离，消除被调查对象的防备心理，让访谈变得随便、轻松，从而把调查逐步引向深入，达到理想的效果。调查者事前要做好相应准备，充分了解当地的风土人情、民俗典故、喜好禁忌等，访谈时要注意入乡随俗，注意把握分寸，切记不可调侃过度，适得其反。

四、掐——就是适可而止，见好就收。有的被调查对象话多而杂，滔滔不绝。因此，就需要调查者善"掐"，适时阻止被调查对象的谈话。但"掐"既要保护被调查对象发言的积极性，尊重其意见，又要达到适可而止的目的。在方法上，可用接话转移法，适时接过被调查对象的话头，用"点"、"诱"的方法，摆明意图，将话题始终控制在访谈的主题上。

五、应——就是回应，对谈话的内容表明自己赞同或反对的意向。调查者要表现出兴趣，可用点头、应答等不同的方式对被调查对象表示鼓励和理解，并适时提出问题，引导谈话，时刻保持灵敏的嗅觉，锁定在注意被调查对象谈话的观点、语气上，特别是要注意被调查对象在谈话中的停顿之处、语气转弯之处、不断重复之处或前后矛盾之处，这些地方往往隐藏着被调查对象的真实思想和想法，调查者要适时回应并加以追问，如此才能摸清被调查对象真实的想法。可用重复、重组和总结的方法，加强"应"的效果，重复就是把被调查对象的谈话内容重述，表示没有听错；重组就是把被调查对象的谈话内容按照自己的理解重新加以组织，以检查理解是否存在偏差；总结就是将被调查对象的谈话内容进行归纳，点明中心和主题。

六、松——就是放松，当一次调查活动基本达到目的以后，不要急于结束，要给紧张的访谈以一定的松弛空间。调查者可以询问一些与调查主题关联不大的事情，拉拉家常，说说闲话，在闲谈中往往会有意想不到的收获，获取一些在正式访谈中无法得到的信息。同时，可以进一步增进双方的感情，留下再次访谈核实、印证有关情况的机会和余地。

××区居民楼盘投资意向调查问卷

亲爱的业主，您好：

本次调查目的在于协助××区政府进行产业结构调整，进行基础资料的收集工作。需要占用您 3 到 5 分钟的时间。非常感谢您的配合！

2005 年第 1 季度

1. 所在楼盘或街道：(　　　　　　　)，住房面积(　　　　　　　)
2. 家庭成员年龄：(　　　　　　　)
3. 家庭成员人数：(　　　　　　　)
其中职业：公务员(　　)个，工人(　　)个，教师(　　)个，公司雇员(　　)，离退休(　　)个，其他(　　)
4. 您的家庭每月的收入：
1 000元以下(　　)，2 000元以下(　　)，3 000元以下(　　)，5 000元以下(　　)，5 000—10 000元(　　)，10000元以上(　　)
5、您的家庭每月的固定开销是：
300元以下(　　)，1 000元以下(　　)，1 800元以下(　　)，2 000元以上(　　)
6. 您的家庭资金的主要流向是：
买房或按揭还贷(　　)，股票证券投资(　　)，银行储蓄(　　)，教育投资(　　)，其他(　　)
7. 您的家庭对积蓄倾向于：
活期储蓄(　　)，债券基金(　　)，股票(　　)，炒房产(　　)，其他(　　)
8. 在看休闲杂志或者浏览网站时，您最关注的是：
房地产信息版块(　　)，金融投资版块(　　)，餐饮美食版块(　　)，旅游版块(　　)，其他(　　)
9. 您家庭成员每年外出旅游(包括短途旅游)的花费数目：
2 000元以下(　　)，5 000元以下(　　)，10 000元以下(　　)，10 000元以上(　　)
10. 您现在所居住楼盘均价是：
9 000以下(　　)，10 000以下(　　)，11 000以下(　　)，13 000以下(　　)，20 000以下(　　)，20 000以上(　　)
11. 您是否采取按揭贷款方式进行买房：是(　　) 否(　　)
12. 您当初的贷款数是(　　)，现在未还清的款额是(　　)
13. 在您感觉目前或将来的还贷压力是：
很轻松(　　)，基本不存在问题(　　)，十分担忧(　　)，已经付清房款(　　)
14. 您如果还想购置房屋，第一选择是：
二手房(　　)，期房(　　)，价格较高的现房(　　)，价格较低的现房(　　)
15. 您对于家中拥有自备车的看法是：
不需要(　　)，已经考虑购买(　　)，观望一下再考虑(　　)，已经拥有(　　)
16. 您现阶段最关心的问题是：
房价上涨(　　)，生活成本提高(　　)，证券业不景气(　　)，其他(　　)(请填出您关心的问题)

17. 您对××区产业结构调整有什么希望和建议？

案例思考题

1. 这份调查问卷存在哪些问题？
2. 如果让你设计这份问卷，你将会如何着手？

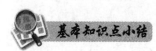

1. 办公室调研是指搜集、记录、整理、分析、研究行政对象的各种基本状况以及影响因素，并得出结论的活动与过程。

2. 在实际办公室工作中常用的调研组织方式主要为非全面调研方式，有抽样调查、典型调查、重点调查、文献调查 4 种。普遍调查是经常使用的全面调研方式。抽样调查是从调查对象的总体中随机抽取一部分单位作为样本进行调查，并根据样本调查结果来推断总体数量特征的一种非全面调查。典型调查是对考察的对象在初步了解的基础上，从中选取少数具有代表性的单位或个人，进行周密系统的调查，借以认识事物的本质以及发展变化规律性的一种调查研究的方法。重点调查就是在研究对象的总体中，选择其中的重点单位进行调查，借以了解总体基本情况的一种非全面调查。文献调查法又叫历史法，它是间接收集思想信息的一种方法，是利用第二手材料的方法。普遍调查简称普查，或叫全面调查，是对所要调查的总体，逐一不漏地进行调查。

3. 办公室工作人员经常运用的办公室调研方法包括：观察法、访问调查法、书面调查法、态度量表法。观察方法，就是人们有目的、有计划地在自然发生的条件下对现象进行考察的一种方法。访问调查主要有开调查会和个别访问两种方式，它可以把问、听、看三者结合起来，即可以根据当地的具体情况和被调查者的特点，听其言，观其行，随时改变提问方式，采用不同的谈话技巧。问卷调查是在行政调研中一种以表格形式了解调研对象状况，有效搜集行政信息的工具。问卷调查法实施能否能否成功实施，调查表的科学设计非常关键。态度量表是通过被调查者回答某些问题或填写问卷的自我报告形式，将态度转换为可以度量的数字或等级的测定表格。它是通过逐个问题的提问，获取整个态度的总分，是量化主观态度的有效工具。

4. 办公室调研统计数据的整理主要包括分类数据和顺序数据的分类整理，数值型数据的分组整理，数据经过整理后，主要是通过统计表和统计图显示出来。分类数据的整理通常要计算频数、频数分布、百分比、比例、比率等指标。顺序数据的整理除了运用分类数据的整理方法外，还可计算累积频数和累积频率。数值型数据在整理时通常是进行数据分组。它是根据统计研究的需要，将数据按照某种标准化分成不同的组别。分组后再计算出各组出现的次数或频数，就形成了一张频数分布表。分组的方法通常是进行组距分组。统计数据的显示常用统计表和统计图。常用的统计图包括条形图、圆形图、柱形图等。

5. 在办公室调研统计工作中的常用统计指标计算包括总量指标、相对指标、平均指标和标志变异指标。总量指标就是反映在一定时间地点和条件下的社会经济文化现象总体规模或水平的统计指标。总量指标按其反映内容的不同，分为总体总量和标志总量。由于统计分析目的不同，两个相互联系的指标数值对比可以采取不同的比较标准，从而形成了计划完成情况相对指标、结构相对指标、比较相对指标、动态相对指标和强度相对指标。平均指标表示在同类社会经济文化现象在一定时间、地点条件下所达到的一般水平的综合指标。在行政调研统计中，采用的平均数通常有算术平均数、几何平均数、众数和中位数。

1. 如何撰写办公室调研方案？
2. 办公室调研工作中会经常用到哪些方法？

第十二章

办公室机构的内部管理

> **本章提要**
>
> 办公室机构的内部管理主要是指对办公室内的工作人员进行管理。办公室内部的管理方式是办公室管理体制的表现形式,它有集权和民主之分。办公室的基本活动方式主要有现场的方式、会议的方式和文件的方式三种。办公室内部既有考勤制度又有绩效评估制度。绩效评估制度是对办公室人员的工作行为和结果进行评估,使其能在实现组织目标的同时自身也得到提高。办公室是为领导服务的辅助机构,因此在人员配备上要遵循精兵简政、优化组织、健全制度、优质服务等原则。

办公室是为领导开展工作而设置的辅助性机构,它在任何一个公共组织和企业组织中都有着重要而特殊的地位。办公室是否能高效运转,取决于办公室的内部管理体制与效率。办公室的内部管理就是对办公室工作人员进行的管理,它涉及管理的方式、办公室的考勤和绩效管理制度,办公室人员配备的要求以及办公室主要工作人员岗位职责的制定等内容。

第一节 办公室内部的管理方式

一、办公室管理体制

办公室内部管理体制是指办公室内部围绕权力的划分和运行而形成的制度化的关系模式。它主要解决办公室内部如何管理,以及内部结构在纵向、横向之间的关系。办公室内部管理体制的核心问题是权力的划分问题。办公室由于其产生的社会背景不同,所处的环境不同,以及领导机构的差异,所形成的管理体制就不尽相同,但就办公室管理的总体而言,可以分为集权体制和民主体制两种形式。

(一) 集权体制

这是以完成任务为直接目的,以采用权力控制手段为主要形式的一种管理方式。表现为管理者在决策过程及实施过程中凭借自己的意志力量执行各种管理行为。

1. 集权体制的特点:确定明确的目标,提出确定的要求,有严格的组织制度,严密控制下级行为过程,注重物质成果,行为方向是单向的自上而下。

2. 集权体制的作用:从管理者的角度看,可以增强实施的协调性,步调整齐,令行禁止;从被管理者的角度看,可以强化行为的规范性,矛盾较少,可控性好;从整体效果看,可以减少任务的复杂性,目标清晰,时效性强,起步快,近期效果明显。

3. 集权体制也有不可避免的缺点:如压抑员工的个性表现和自我发展,影响其积极性的发挥;削弱下级或组织的作用,容易造成职能上的矛盾;或是由于集体障碍,或是由于下级产生对抗,可能造成决策和执行过程的失误或失败;长此以往,办公室中的下级会产生依赖性,办公室领导从事协调工作,用于调节上下级矛盾的工作量也会很大,导致工作上的劳累和沉重负担。

(二) 民主体制

这是以调动人的主动性为直接目的,以采用刺激手段为主要形式的一种管理方式。表现为被管理者对决策目标的自觉接受、对决策实施方法的自主选择。

1. 民主体制的特点:给予感情支持,进行心理渗透,提供参与机会,实施能力培养,注重思想教育,行为方向是双向的上下结合。它的显著特点是让被领导者积极参与决策和执行过程,充分调动大多数办公室工作人员的积极性。

2. 民主体制的作用:从管理者的角度看,可以增强决策及实施的科学性和可行性,获取的信息比较完整,决策结果比较可靠,员工的心理状况和工作氛围比较宽松;从下级角度看,可以增强个体的主观能动性,员工的潜力能够得到较好的发挥,可以激发起办公室人员的成就意识,有利于互补协作;从整体效果看,可以增强群体的凝聚力。民主体制建立时虽然起步慢,但长期效果显著。

3. 民主体制的难点:要求管理者有较强的影响力,同时下级具有较高的素质和成熟度。没有这个基础则不容易成功。在民主体制的实施过程中,常常会导致对员工的规范性差、多样性强、调控难度大的弊病。广泛的民主参与渠道容易模糊和淡化直接的工作任务目标,不容易处理好直接目标和长远目标的关系。民主体制刺激了员工的成长意识,使办公室人员的成就欲望增强,自我意识膨胀,在一定程度上加大了领导的工作难度。

二、办公室内部管理的基本方式

办公室内部管理的基本方式,是指办公室在日常的内部活动中所采用的运作模式,即办公室实现日常管理的具体形式。办公室实施内部管理的方式大体可以分为三个层次。

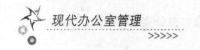

（一）现场的方式

现场的方式就是管理者直接面对下属及其他人员，通过语言的传递和交流，及时、准确地将自己的意志传达给受众，并力求对其产生影响。这种管理方式的优点在于管理的直接性，它可以在几乎没有中间环节的情况下实现有效的管理。目前备受社会推崇的领导现场办公就属于这种模式。但此种方式也有一个致命的弱点，就是它受到管理者数量的限制。随着管理幅度的不断扩大，管理者几乎不可能在同一时间出现在每一个需要的角落，这就难免会出现顾此失彼的情况，使有效的办公室内部管理大打折扣。

（二）会议的方式

会议作为一种管理的方式，在聚众议事时，实际上完成了这样一个过程，即受众主动或被动地聚集到管理者的身边，能够当面聆听领导的指挥，交流不同意见并当场拍板决定实施细则。会议的方式一方面能够克服管理者数量的不足，另一方面又可以使思想（包括决策、想法等）在更大的范围内传播，便于会后统一思想，统一行动。但会议也不能不受到召开的地域、时间和经费的影响，因而使受众因各种原因受阻，无法亲自到场，使有效的办公室内部管理难以实施。

（三）文件的方式

文件的最大优势在于突破了管理活动的地域、层次和时间等因素的限制，更加准确、规范地传递管理指令及各种信息。也就是说，它之所以成为办公室有效的管理工具，是因为文件可以克服现场方式和会议方式的时空限制，为管理活动营造一个广阔的空间。此外，文件还具有很强的可塑性，即可以把组织的法定地位、管理风格、办事程序等要素通过每一份文件表现出来，使管理更具权威性。正是由于文件的这些特征弥补了其他方式的不足，才赢得了它在办公室内部管理活动中的重要地位。

办公室内部管理方式对办公室管理有着至关重要的作用。从总体上看，办公室内部管理方式是连接办公室管理目标和管理结果的纽带，是提高办公室管理效率的基本途径，是办公室管理正常运转的框架和"轴承"。一句话，是办公室管理得以实施的根本保证。从内容上看，办公室内部管理方式实际上所要解决的是办公室内部管理权力的归属、控制、分配、调节和使用的问题。这些一般都用办公室管理"组织工作制度"的形式固定下来，并带有一定的强制性。

此外，虽然从理论上来讲，办公室内部管理方式要受到各种环境因素的影响并随之变化，但在实际工作中，这种变化则是比较缓慢和渐进的。其原因在于，办公室内部管理方式的特征决定其存在具有相当的稳定性（惰性），它可以同一些工作习惯、规则等共同构成一种"文化"现象。其积极意义在于可以保证办公室管理按照所谓"一定之规"进行长期的有序性发展；其消极性则表现在"形式化"和惰性等方面，如果处理和使用不当，反而会阻碍办公室管理的发展。①

---

① 胡鸿杰、马仁杰、魏芬：《办公室管理》，安徽大学出版社2005年版，第71—73页。

第二节 办公室内部的考勤与绩效考核

一、办公室考勤制度

办公室内部管理中一项重要的工作就是要对办公室人员实行严格的考勤制度。严格考勤制度是强化管理、提高工时利用率、考核劳动效率的重要措施,是计发员工工资、奖金等的重要依据。落实好办公室的考勤制度一般要做到以下几点:

1. 除特定人员外,办公室人员上下班均须到门卫室打卡。

2. 门卫人员应当认真检查、监督,如果发现有员工在考勤时有作弊行为,出现托人打卡或代人打卡的情况,应该一律严肃处理。

3. 如需变更出勤或轮休时间,或补充新进人员出勤时间,应填"出勤时间调整单",经办公室主管批准后交人事部门备案。

4. 员工因故延长上班时间或于假日出勤,都应先至人事部门领取"加班报告单",经相关主管批准后转人事部门核查并登记于考勤表上。

5. 员工如果因公于上班时间外出,应填写"公出单"送单位一级主管核准后,交门卫室登记。

6. 针对全体员工当月的出勤情况,人事部门应于每月终了后,编制统计表两份,一份送会计部门核计薪资加扣,一份对外公布,并在3日内接受所有员工提出的更正申请。

二、办公室绩效考核

绩效,根据《现代汉语词典》上的解释,是"成绩、成效"的意思。[①] 绩效概念最早运用于社会经济管理方面,后来逐步引入到组织人力资源管理方面。目前人们对绩效的理解大致有两种观点:一种观点认为绩效是工作所达到的结果,是组织、群体或个体工作成绩的记录。贝尔纳丹等人认为,"绩效应该被定义为工作的结果,因为这些工作结果与组织的战略目标、顾客满意感及所投资金的关系最为密切"。另一种观点则认为绩效是达到组织、群体或个人目标的行为。

办公室的绩效考核是指上级机关按照法定管理权限,依照一定程序、方法及绩效标准,对办公室人员的工作行为及任务完成情况进行科学评估,及时将评估结果反馈给被评估者并以此作为奖惩、培训、辞退及调整职务、级别和工资的依据的制度。

(一) 办公室绩效考核的宗旨

1. 使办公室员工的绩效考核达到授权合理化、分层负责化、管理制度化的目的,以

[①] 中国社会科学院语言研究所词典编辑室:《现代汉语词典(修订本)》,商务印书馆1996年版,第602页。

公平合理的方式对每一位员工进行公正的评定。

2. 建立相关的考核机制,使员工能够通过适当的途径及时了解自身的绩效情况。

3. 提供办公室主管与员工双向沟通的渠道,在考核过程中通过一系列的互动方式增进彼此间的了解。

4. 确定办公室每一位员工的个人专长和兴趣,使其能适才适用。

5. 对办公室员工所作出的贡献与取得的工作成绩,应切实加以衡量,为绩效核定提供公平合理的依据。

(二)选择绩效考核方法应考虑的因素

1. 适应性。绩效考核方法的适应性是绩效考核方法的重要因素之一。绩效考核方法的适应性是指某一种绩效考核方法能适用于哪些人员。一般情况下,不同的绩效考核方法其适应性也不一样,某一种绩效考核方法可能仅适用于某一类或某几类人员。通常,为了取得较好的绩效考核结果和效果,对不同人员采用不同的考核程序、考核方法、考核标准是较好的。

2. 易于操作。选择绩效考核方法时另一考虑因素是:该考核方法是否易于操作。如果考核方法涉及非常多的指标,完成全部考核工作耗时甚多且不易操作,那方法再好也没有多少利用的价值。选择绩效考核方法一定要保证绩效考核具有相当大的可操作性。

3. 绩效考核的精度。不同的考核目的,不同的考核方法,其精度也是不一样的。可以根据考核目的的精度要求,选择符合精度要求的绩效考核方法。当然绩效考核并不是精度越高越好。因此,绩效考核的精度是绩效考核结果反映考核者绩效的详细程度。

4. 考核信度和考核效度。考核结果的信度和效度是选择绩效考核方法的一个重要因素。考核信度是指考核结果的前后一致程度,即考核得分的可信程度有多大。考核效度是指考核所得结果反映客观实际的程度的有效性,也就是考核本身所能达到期望目标的程度有多大。一般来说,考核的效度高,信度也高;而信度高的考核,效度不一定高。信度和效度是反映考核效果的最重要的指标,而不同的绩效考核方法所产生的考核结果的信度和效度也是不同的。

5. 绩效考核所花费的时间和费用。绩效考核方法的选择必须考虑其所投入的时间和费用。投入的时间和费用是选择绩效考核方法的重要因素。与企业中其他工作一样,企业中的任何工作都有一个投入与产出的问题,企业要实现利润最大化目标,就必须使每一项工作的投入尽可能少,而产出尽可能多。绩效考核工作也不例外,如绩效考核工作的投入大于产出,那还不如不进行绩效考核。绩效考核方法不同,其投入的时间和费用也不同,效果当然不同。

(三)绩效考核的方法

1. 分级法。也称排队法,即将全体办公室工作人员按工作成绩进行最优至最劣的排序。其中又可以选择一个特定的方面进行排列,如技能和知识,或态度和作风。这种做法在实际操作中又可以演化为"冒泡法"和"剔除法",如办公室有五名工作人员,设立五个等级,优、良、中、差、劣,而且基本上要求每个人各就其位。在这五个人当中,只排一名最好的,给予奖励,或者选择一名最差的,给予处罚。

2. 清单法。即事先拟就一份考核清单,以明确的评估标准与被考核者的工作实际相对照,让考核者自行选择。如:工作能按时完成任务;能与同事合作共事;脾气不好,较易发火;技能娴熟;写作能力有欠缺,等等。考核者只要照单打勾或打叉,即可填好清单,便捷易行。最终结果,也可以加以分析统计,折算成分数定优劣。

3. 关键事件法。即为每一工作人员设立"考绩日志"或"绩效记录",由考核者(如办公室主任)随时记录。选择与其岗位工作直接相关的突出事件,进行记载。如,张三某日提出一项重要的报告和建议,被领导采纳推行,收到良好的效果。有了事实作为依据,经过整理、归纳,得到充分可信的考核结论,这样有利于考核者克服主观倾向,进行抽象的评价,还有利于被考核者接受。但此种方法操作起来程序较为繁琐,而且不能真正完整地反映员工的全貌。

4. 评语法。就是以最常见的一篇简短的书面鉴定来进行考核。考核的内容、形式、篇幅都没有专门的标准要求,只要谈出被考核者的优点和缺点,给出一个较为全面的评价即可。这种考核方法近似于组织人事部门对干部和员工所做的简介。整篇评语几乎全部使用定性描述,没有量化数据。但此法明确灵活,便于操作,也颇受欢迎。

第三节 办公室人员配备

一、配备原则

由于办公室是为领导开展工作而设置的辅助性机构,因此,在选择和配备办公室人员时,必须突出精兵简政、优化组织、健全制度、优质服务等原则。

(一) 精兵简政原则

这是中国共产党人在革命战争时期形成的行之有效的做法,从现代行政管理来看也应是如此。一个办公室中如果人员过多,势必造成工作相互推诿、扯皮的现象,不可避免带来官僚主义的弊病。只有人员组合精干,才能有效地提高办公室工作效率,使上情下达和下情上达,并使前后左右的联系渠道畅通无阻。通常一个较小的组织和单位,办公室人员应当限制在五人以内,稍大一点的单位也不宜超过十人。否则,就要在办公室内设若干处、科,加以分解。当然,这就要求这些人属于精兵强将,一般来说,办公室工作不适宜老弱病残者担任。

(二) 优化组合原则

现代化的生产、管理和服务的基本特点就是分工协作。这就要求办公室人员配备

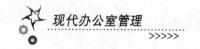

要强调科学合理,从年龄、知识、技能、性格、特长甚至性别等多方面综合考虑。优化组合原则表现在工作安排中,就是要根据各人的长处和优势,进行合理分工,要求相互配合,强调从全局着眼实现通力合作。

（三）健全制度原则

办公室工作承办各种行政事务,涉及面非常广泛,包括许多有关组织和个人的利益和荣誉的具体问题。应当建立健全严格、细致、明确的规章和制度,使办公室人员工作起来有章可循。倘若规章中有不尽合情合理的内容,在执行中发现问题,应当及时向领导提供合理化建议。而不应借口拖延甚至放弃工作,更不能凭主观情绪和旧有经验对规章和制度视若无睹。

（四）优质服务原则

在中国,各种公共部门和机构设立的根本目标都是为人民服务。办公室作为领导工作的辅助机构,主要目标也是服务,即为领导、为机关、为基层提供服务。怎样提供优质服务应当成为办公室人员明确的指导思想和信念,不能做到这一点者坚决不应让其进入办公室人员队伍。优质服务应主要把握三点：(1)平等。要求办公室人员对领导和基层员工一视同仁,确立对上负责和对下负责实质上是一致的观念。(2)及时。办公室承办的行政事务大多具有时效性、临时性等特点,要求办公室人员具有时效意识,努力提高工作效率,使办公室工作正常运转并取得成效。(3)严格。办公室工作头绪很多,事务庞杂,容易导致"跟着感觉走"的倾向,应当严格按照规章办事,防止发生不讲原则、亲疏有别的现象。遇到问题应多请示汇报,主动向其他部门请教和协调。①

二、配备要求

办公室的特殊地位决定了对办公室人员的配备要求,主要是政治可靠、谦虚好学、工作勤奋、廉洁奉公。

（一）政治可靠

办公室人员为领导工作提供辅助,是领导同志的助手和参谋,岗位的重要性不言而喻。这就要求他们自觉学习马列主义经典理论以及党和国家的路线、方针、政策,在工作中保持清醒的头脑和正确的方向,并提醒和协助领导把握方向。此外,还要坚决服从领导,严格遵守纪律,不能脱离领导的意图自以为是,自行其是,这是办公室人员应有的政治责任感。办公室人员在工作中经常接触领导、组织会议、处理公文、保管文件、对外联络及处理内部事务,等等,耳闻目睹大量的机密信息,必须自觉防范失密、泄密的发生。

（二）谦虚好学

办公室是领导机关的窗口和门面,办公室人员则是领导身边的"近臣",被他人视为

---

① 孙荣:《办公室管理》,复旦大学出版社1999年版,第46—49页。

领导的代表或代言人,其行为直接关系到领导的形象和威信。这就要求办公室人员充分认识自己所处的特殊位置,尤其注重谦虚谨慎,平等待人,尊重他人,不能上恭下踞,傲气凌人,以势压人。同时也不应认为自己掌握情况多,接触事务早而沾沾自喜,而应该自觉地向群众学习,向实际工作者学习,不断提高自身的知识素养和工作技能。

(三) 工作勤奋

办公室人员工作点多面广,许多工作必须埋头苦干才能取得好的业绩。好出风头、信口开河是办公室人员工作时的大忌。无论组织会议,安排会场,还是接待来宾,管理文件,人们能看到的只是场面隆重的会议,印制精美的文件和资料,舒适的食宿和交通,等等,而很少了解办公室人员为此所进行的紧张繁忙的工作,甚至加班加点、通宵达旦的努力。许多细小甚至琐碎的具体事务要办公室人员承担,所以办公室人员应当发挥兢兢业业、默默无闻、埋头苦干、不计名利的优良传统。

(四) 廉洁奉公

廉洁是共产党人执政的本质特征。在党中央大力推行反腐倡廉的今天,各级各类机关都应强调这一点。一个组织对内对外的行政事务大多要由办事机构及人员承担,办公室人员首当其冲,尤其要注意这一原则。办公室人员的工作特点,经常是对上靠近领导,对下管理许多的人、财、物,如果没有廉洁奉公的基本素质和要求,不仅容易发生"近水楼台先得月"的行为,而且将严重影响整个组织的对内对外形象。

第四节 办公室内部各类主要人员的岗位职责

一、前台文员的岗位职责

前台文员主要负责办公室的接待工作。接待工作是一个单位联系各方,树立良好社会形象的主要环节。改革开放以来,人员之间的参观、学习、交流日益增多,各单位的接待事务也愈益繁重。在接待工作中,办公室前台文员扮演着十分重要的角色,他们既是领导人或本组织的代表,同时也是接待事务的主要承担者。

接待,通常包含对来宾的迎送、接洽和招待,它一般包括五个要素:来访者、来访意图、接待者、接待任务、接待方式。办公室前台文员从事接待任务时,应注重以下的接待原则:以礼待人,互相尊重;俭省节约,细致周到;遵守制度,按章办事;安全保密,内外有别。

具体说来,办公室前台文员的岗位职责主要包括两个方面。

(一) 接待收发工作

1. 前台文员接待来访时,应尽快了解来访者的情况,判断来访者的意图,这是做好接待工作的基础。凡是外来人员来访时,首先应了解对方的姓名、单位、来访目的等。有些来访者用意很明确,如上级交派的重要接待活动,上级部门会有明确的交代;有的来访者用意藏而不露,如打着参观学习、友好访问的旗帜,实质上是要窃取情报的。对于来访者的用意,前台文员一般可通过对方的证件、信函、收集到的来访者的情况,来访者的自我介绍以及同来访者的交谈等多种渠道来判断。对于未约而来的"不速之客",更应该在短时间内掌握上述情况,判断来访者的用意,以便使后面的接待工作做到心中有底。在弄清了来访者的意图以后,必须礼貌性地了解对方所要找的人员,在征得相关人员同意后,方能带来访者进入办公室。待双方见面寒暄并就座完毕后,应礼貌性地端茶递水,送到主人和客人面前的桌上,并礼貌地退出。等到客人走后,应及时地清理主、客双方的茶具,并礼貌送客。

2. 负责办公室文件和信件的收发,以及文件资料和文书档案的收转、登记、打印及报纸的收传和废报纸的处置等工作。前台文员可能每天都会收到一大堆邮件、报纸、杂志、信件、印刷品、包裹,等等,什么都有,也可能每天要寄出一些信函或包裹。这些收收发发的工作看来容易,但要做得干净利落,不出差错,除了细心与熟练之外,也需要掌握一定的程序和方法。如邮件收进后第一步工作是根据其性质大体分为急件、政府部门或上级公司文件、业务往来公函、汇票、包裹、印刷品、报纸、杂志、私人信件等不同的种类,然后按照其轻重缓急分别进行处理。除私人信件外,公文、公函、汇票、包裹、杂志等均需分别登记,以便管理。登记时应写明:编号、收到日期、发出日期、发出单位、收阅人或部门、信件种类、处理办法、办理日期等。对办公室领导的亲收件应立即呈送,归部门办理的文件信函要及时送交各部门,需由多人阅办的文件可按常规程序传阅或分送复印件。同事的私人信件可放入指定信箱或转交。报章杂志则分别上夹或上架。对于本单位将要发出的文件和信件等,前台文员应在发出前完成下列工作程序:内容校核,信封、封皮查对,邮件寄发等。

3. 电话转接。在现代社会中,每天有许多事情,都要通过电话来商谈、询问、通知、解决。接打电话的工作虽然普通平凡,但它却是前台文员工作的重要内容。前台文员接打的电话多是公务电话,与私人电话的接打是完全不同的。前台文员的电话接打也是一个反映单位形象的"窗口",因此,必须学会规范地接打公务电话。如每当听到电话铃声时,一般不得超过第三声就应及时地拿起电话接听,在接听电话时,应保持热情、愉快、适中的语调,说话速度要略微缓慢些,必要时把重要的话重复两次,在提到时间、地点、数目时,一定要交代得非常仔细。前台人员要做到在最短的时间内说清所要说的内容,既可节省时间和费用,又不至于因长时间占用电话机而耽搁别人使用或单位的业务往来。切忌在公务场合大打私人电话,也不能用电话闲聊,更不能用普通电话谈及机密,重要通话一定要做好电话记录。

4. 对公司内部员工迎送礼仪,每天上班和下班时,前台文员对办公室领导、员工及同事应主动打招呼问候,待人接物要亲切,礼貌周到,给办公室人员留下美好的印象。

(二) 前台事务工作

1. 做好办公室人员的考勤监管工作。每天应提前十分钟到岗并做好办公室人员的打卡签到及监管工作。凡是已到了所规定的单位上班时段,办公室人员还没有到岗打卡和签到时,应用红笔画横线并确认其未到岗原因。

2. 用餐统计工作。每天晨会完毕后,前台文员应统计当天午餐的用餐人数,并在11:00前确认外出人员是否回来用餐,同时做好备餐准备,并通知食堂。

3. 安排人员招聘事宜。如本单位已在网上登出招聘信息,前台文员每天应按时登陆公司招聘网站,浏览招聘信息,如发现有符合条件者,应及时通知其参加面试。对于到本单位参加面试的人员,应做好接待工作,安排他们就座,等待相关人员的面试。如需填写表格,则应告知应聘者必须按照规范填好表格,不得缺项,并进行表格的初审。

4. 协助后勤管理员做好办公室各区域的环境卫生工作,注意及时清洁和更新用于办公室内外环境美化的标语、画框或摆设等,并配合相关人员对各办公区域的花草进行维护、保养和定期浇水等。

二、秘书(领导秘书)的岗位职责

秘书(领导秘书)是指以全面处理信息和事务的方式直接辅助领导者实施管理的人员。秘书服务的对象大体有三类:一是直接领导,如对厂长的秘书来说,厂长就是他的直接领导;二是相关领导,如厂长的上级领导及厂长下属的部门领导,都是秘书的相关领导;三是普通群众,如本厂的职工和来访的人员等。

秘书作为一种社会职业,与其他职业相比,有它自己的特征。无论是哪种服务类型,秘书为领导所提供的服务都具有直接性,主要体现在:一是行政组织上,秘书直接隶属于领导者或领导层;二是岗位设置上,秘书直接在领导者身边工作;三是在工作程序上,秘书直接听命于领导者。也就是说,职务再高的领导人和秘书之间,没有中间层次。此外,秘书是以全面地处理信息和事务辅助领导进行管理的,因此,无论是哪一层次的秘书,都是以他们的知识和技能为领导服务的。中高级秘书更是学有专长,能在某些方面为领导出谋划策,因此,秘书常被称为领导者的"智囊、参谋和顾问"。[1]

在一般情况下,秘书(领导秘书)的岗位职责包括以下一些重要内容。

(一) 管理文件

要做到文件不丢失、不混乱、不积压、不损坏,这是秘书的基本工作。管好文件必须注意三个基本方面:第一是要有详细、科学的文件登记方法和分类方法;第二是要详细阅读文件,最好能做到烂熟于胸,起码要能及时、熟练、准确查询;其三是要善于沙里淘金,把重要的文件挑选出来,供领导随时根据需要参阅。

(二) 安排活动

办公室秘书安排活动一般涉及几个层次:首先是日常活动,其次是特殊活动,如开会、约谈、会见等,再次是安排出差。各类活动的安排要有张有弛,衔接合理,科学巧妙,

---

[1] 杨蓓蕾:《现代秘书工作导引》,同济大学出版社2004年版,第14页。

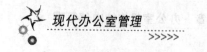

关键是要适合领导的工作特点和性格特点,这样既能提高领导的工作效率,又能使领导有尽可能多的机会了解和掌握各种情况,接触本单位和外单位的各级干部和广大群众,使领导能够劳逸结合又不至于疲于奔命。

(三) 对外联络

领导不可能也毋需事必躬亲,很多事情都要靠秘书去联络。如在领导与领导之间,领导与其秘书人员之间,领导与机关之间,领导与本系统内、外单位之间,都应当有广泛的联系,需要广交朋友,不能做孤家寡人。领导亲自开拓对外联络途径是一种方法,但是更多的对外联络工作需要秘书作为桥梁。领导秘书应该为领导广交朋友,其交友的基本原则是:既要热心、诚心、真心,又不要搞得非常庸俗,拉拉扯扯,丧失原则。

(四) 了解情况

秘书应当是领导的情况采集器,他应该随时随地在领导需要的时候提供相关的信息。办公室秘书了解情况的渠道主要有看文件、听汇报、交朋友等,或者通过各种途径收集信息。另外就是搞调查。秘书要成为领导的一个重要、可靠、准确、及时的信息源,成为本单位重要的信息收集器。

(五) 起草文件

一般来说,领导的讲话稿应当由自己来写或组织专门人员起草,但是秘书并不是无事可做。如事先参与研究讨论酝酿提纲,这就是很重要的事情。形成统一的思路后,有些比较正式的讲话,要由秘书或专门人员形成文字稿,经领导审查同意后形成正式的发言稿。此外,每次在领导讲完之后,都应把他的讲话内容整理成文,或者对别人整理好的材料进行加工核准,形成一个比较准确的材料归档。

(六) 参谋咨询

秘书知道的事情很多,除个别绝密亲启文件外,领导知道的,秘书大多知道。所以说秘书有条件发挥重要的参谋和咨询作用,在领导进行重要决策时提供若干备选方案供领导作为决策参考。不过,在提供咨询意见时一定要把握好分寸,不能把自己的观点强加给领导,也不能因为提出的方案不切合实际而使领导为难。

(七) 把关堵漏

在办公室具体工作的落实中,领导往往只抓一些大的方面,那些小的方面就要由秘书来把关堵漏。比如有时候情况比较紧急,领导批评人过头了,秘书就要起缓冲、安慰的作用;在会议上布置工作时,领导讲话讲得不全面或不准确,秘书就要把它补齐补全补准。总之,秘书的把关堵漏工作就是要通过自己的努力,把所有的事情都做到尽可能的完美。

(八) 处理事务

办公室秘书日常工作时有很多事务性的事情要做,比如接待客人、拆阅书信以及领取资料、安排领导出访和日常用车等。从某种程度上说,秘书要起到领导管家的作用。

（九）管理随员

虽然从行政关系上看，领导的随员不属秘书管，但领导的司机、保姆等，其有很多事情都需要秘书来管理和协调。特别是领导外出访问时所带的随员，主要靠秘书来组织和协调。[①]

三、办公室行政人员（后勤人员）岗位职责

办公室行政人员（后勤人员）是办公室人员中的管家，办公室工作头绪繁多，涉及面广，要求行政工作人员具有尽可能广博的知识，做一个"通才"和"杂家"。办公室行政人员既要及时而准确地为领导提供各种服务，还要努力为本单位的全体人员提供各种服务，办文要及时、简洁，办会要有序、有效，对于领导交办的其他事务要准确、踏实地去完成。反应迟钝、办事拖拉、遇到困难一筹莫展的人，即使是忠诚老实，也因缺乏基本能力，而绝不会成为一个称职的办公室行政人员。

从一般意义上说，办公室行政人员（主要指负责办公室后勤工作的人员）的岗位职责通常包括以下方面：

1. 做好本单位每月的出勤汇总统计工作和用餐统计工作，获得准确的统计信息并通报确认后再报财务部门审核。

2. 对本单位的食堂或挂钩的午餐供应单位进行每天的物品购买确认工作。

3. 认真完成每周一次的卫生检查工作，检查重点包括：食堂餐具、炉具，各办公区域的门窗和设备，包括办公桌、椅、文件柜、饮水机等是否安全、清洁、工作完好，如发现有受损和受污染的情况应及时地安排相关人员进行清洗和保养。

4. 对本单位各部门所配备的各种办公设施和物品（包括桌椅、文件柜、复印机、打印机等）应确保完好，如有问题应及时请人进行维修和保养，对所管辖区域的各种办公设施应学会熟练使用并保证这些设备在日常工作时保持良好的待命状态。

5. 传真的收发：负责收发各类传真，对每天收到的各类传真应进行分类、登记并拟定出传真内容要点及处理意见，及时送达相关部门及领导的手中。对于所要发送的各类传真件，都必须准确无误地传送到相关单位和个人，并做好是否传送到对方的确认工作。

6. 做好收发各种文档、资料、外来文件、交办单等流转工作。

7. 做好单位领导与各部门间信息的上传下达工作，根据单位领导的要求做好各部门之间的上情下达工作并及时做好部门间的沟通协调及信息反馈工作。

8. 配合并协助上级领导部门或总经理办公室及其他部门的日常事务工作。

9. 注意工作中的保密，不与无关人员谈论本单位的工作事宜，不随意透露自己所知道的办公室内部秘密。

[①] 江永海：《新世纪办公室管理规范全书》，吉林大学出版社2001年版，第389—390页。

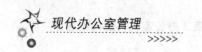

10. 每周不少于两次与自己的主管领导汇报工作情况,并做好每周的工作计划安排。

四、司机的岗位职责

目前,不少行政机构和事业单位中配备了专门的司机,负责为领导和单位人员提供外出时的车辆服务。对于司机来说,基本的岗位职责一般包括:

1. 出车前要搞好车容卫生,车外要擦洗干净,打蜡抹亮,车内也要勤打扫,保持车辆的整洁美观。

2. 经常性地检查车用燃料、润滑油料、冷却液、制动器和离合器总泵油量是否足够;检查轮胎气压及轮胎紧固情况;检查喇叭、灯光是否良好,路单、票证是否齐全;检查随车工具是否齐备。

3. 按照车辆技术规程启动引擎,查听声音是否正常,检查引擎连动装置紧固情况,查看有无漏油、漏水、漏气情况,如有故障应予以排除并报车管部门或人员。

4. 出车前严禁饮酒,行驶中注意力要高度集中,严禁抽烟、谈笑及做其他有碍驾驶的动作。

5. 客人上车时要立在车门前为客人拉门请客人上车,并提醒客人小心碰头。若客人带有行李,应帮助客人将行李搬上车,放进行李箱中。

6. 开车时密切注意道路上的车辆及行人动态,注意与前车保持一定的安全距离。通过十字路口、繁杂地段以及转弯时要严格执行有关交通安全规定。遇到对方车辆违章行驶时,应主动避让,以避免发生交通事故。

7. 接送客人到达终点后,在客人离车时要照料客人下车,提醒客人带齐随身行李物品。

8. 收车后要将车身、车轮挡板、车底等全面冲洗干净,并抹干车身上的水渍;清洁车厢内壁、沙发、脚垫,清倒烟灰缸,使车辆保持整洁美观舒适。

9. 一至两周将车面打一次蜡,保持车容的光亮美观。①

五、保安的岗位职责

行政机构中的保安人员是办公室的卫士,负责保护行政机构和办公室人员的日常安全,承担夜间安全保卫和防盗工作,是办公室中不可缺少的重要岗位。保安人员应具备忠诚、热情、无私、无畏的道德品格,认真、细致的工作作风,以及强健的体魄,随时在本单位及其工作人员面临危险时挺身而出,维护正义,打击犯罪,保证办公室工作的正常运转。

办公室保安的岗位职责一般包括以下方面:

---

① 张浩:《办公室内部管理制度范本大全》,蓝天出版社 2005 年版,第 67—68 页。

1. 对工作认真负责,具有强烈的责任心,能坚持原则,秉公办事,大胆工作,不徇私情,保持高度的警觉性,敢于同违法犯罪分子作斗争。

2. 具有良好的服务意识和安全意识,仪表端庄,干净整洁,礼貌待人,在保安服务中真正体现"警惕、温暖、敏捷、周到"的服务风格。

3. 掌握保安工作的服务技巧,努力钻研保安服务的业务知识,当班时要保持旺盛的斗志和良好的精神状态。

4. 服从上级的指令和工作安排,熟悉本单位各种岗位的任务和要求,确保办公室安全,认真贯彻执行安全岗位责任制,做好本职工作。

5. 要熟悉岗位的分布,爱护通讯器材和岗位上各种设施,处理在单位内发生的非常事件并采取行动及协助单位各部门处理员工和客户的安全问题。

6. 在公司范围内外巡查,果断处置本岗位发生的问题,发现可疑的人和事要礼貌进行盘查、监控。

7. 巡视单位的员工聚集地点,制止赌博、打斗及偷窃客人财物情况发生。协助有关部门保卫重要宾客进出本单位及做好大型会议的保卫工作。

8. 经常对要害部位和储存大量钱物的场所进行安全检查,发现问题应及时提出,护卫财务部收银员将现金存入或提出。

9. 定期检查报警系统、安全系统及消防系统,严密控制建筑物周围之门户、服务区、工程交货区的安全情况。

10. 完成领导交办的其他辅助性工作。

六、保洁员的岗位职责

在不少行政机构中,保洁员采用外聘的方式,他们的日常管理工作由专业的保洁公司进行。对于本单位自己聘用的保洁人员,应该制订严格的工作规程,并明确其基本的岗位职责。一般而言,保洁员的岗位职责包括以下一些内容:

1. 热爱卫生清洁工作,坚持卫生工作经常化、制度化、标准化,为保持文明、整洁、优美的单位环境而努力工作。

2. 负责办公室场所的卫生清洁工作,保证分管卫生区域达到有关卫生标准和要求。

3. 对所负责的卫生区域除按规定进行清洁外,要及时清理杂物,随脏随扫,保持良好的卫生状态。

4. 正确使用和爱护卫生工具设备,并能够对卫生工具设备进行日常保养及维修。

5. 掌握正确的卫生操作方法及程序,防止在清洁过程中造成环境和食品等污染。

6. 合理使用各种卫生清洁用品,努力降低各种清洁用品的消耗。

7. 将垃圾、废物倒在指定地点,清洁完毕后将卫生工具和用品等放到指定地点,不得将卫生工具、用品乱堆乱放于公共场所。

8. 按照主管人员的工作安排，定期进行灭鼠、灭蚊蝇工作。完成领导交办的各项工作，虚心接受有关领导对卫生工作的检查指导。

9. 严格遵守单位各项规章制度，不准擅离职守、串岗，不干私活，按时上下班，尽自己最大努力把工作做好。

某开发区管理委员会机关工作人员考勤制度规程[①]

1. 自觉遵守上下班作息时间，严格执行上班考勤点到制度，考勤由各部门负责，办公室负责抽查。

2. 机关人员除按国家已明确规定的各种节假日休假外，如个人有特殊情况，需暂时离开工作岗位的，要严格履行请假手续。两天内由部门负责人批准，三天以上须分管负责人批准，部门负责人请假需报请主要负责人批准，请假报告由负责人审批后交办公室统一保管。假满返回工作岗位要及时销假。

3. 违反请假制度的处理办法

（1）未请假或请假未经批准擅自离岗者，以旷工论，年终一并考核；

（2）逾假者，事后须尽快向领导陈述理由，征得同意后，可按事假对待，否则按旷工论处，无正当理由逾假不归超过3个月者，按自动离岗处理。

（3）机关工作人员全年累计旷工超过三天者，取消机关年终评先进资格，一年内旷工累计超过三十天的应予辞退。

（4）利用事假违反党的政策谋取私利的，扣发请假期间工资、奖金和各项福利待遇，并依据情节轻重对其进行批评、教育或处分。

（5）探亲假、年休假、婚假、丧假、产假、病假按照国家和省有关规定执行。

（6）各部门要严格考勤，考勤情况由专人负责汇总。对违反组织纪律的，视情节轻重，按有关规定处理。机关工作人员无故缺席，按旷工处理。

4. 机关工作人员每天要做好工作日记，每季度送分管负责人签评意见。

5. 负责人外出要向办公室说明去向，以便联系。

某国有企业总经理办公室秘书小沈正在看当天准备上报的统计报表，这时，本公司

---

① 江苏海安经济开发区管委会网站：kfg.haian.gov.cn。

一位实习生——刚从大学经济管理专业毕业的小林走了进来,小林针对该公司管理写的毕业论文中的某些观点和见解很受指导老师的赏识,他本人也认为其提出的改革设想对公司改革有一定的作用,因此特意赶来准备找总经理谈谈。小沈客气地请小林坐下,说:"总经理外出了,有什么事请跟我说吧"。小林就滔滔不绝地讲了起来。小沈一边听,一边看报表。小林言谈中常带"像我们这样的小公司……"的句子,小沈越听越不高兴,结果没等小林把话说完,他便满脸怒气地说:"公司小是否埋没了你的才能?你是大材小用,为什么不去大公司呢?"小沈的冷嘲热讽,激怒了小林,引起了激烈的争执,最后小林气愤地离开了办公室。

小沈还在闷闷不乐时,三名被解职的职工吵吵嚷嚷地进来了,他们因平时工作不遵守纪律,完不成任务而被解职,此刻要找总经理解决他们的问题。小沈说总经理不在,想请他们坐下来慢慢谈,他们不相信,非要找总经理不可。正好总经理走了进来,他们怒气冲冲地推推搡搡,揪住总经理的衣服不放。小沈在一边干着急,不知道该怎么办才好……

案例思考题

你认为作为秘书人员的小沈在处理上述两件事情时做得怎么样?他的工作方法有哪些失误,他应该怎么做才是正确的?

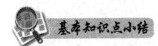

1. 办公室管理体制可以分为集权体制和民主体制两大类。
2. 办公室的基本活动方式分为现场的方式、会议的方式和文件的方式。
3. 办公室绩效的考核方法:(1)分级法;(2)清单法;(3)关键事件法;(4)评语法。
4. 办公室人员配备原则:精兵简政原则,优化组合原则,健全制度原则,优质服务原则。
5. 办公室人员的配备要求:政治可靠、谦虚好学、工作勤奋、廉洁奉公。
6. 办公室各类人员(前台文员、领导秘书、行政人员、司机、保安、保洁员)的岗位职责。

1. 办公室管理体制有哪些形式?办公室内部管理方式主要有哪些?
2. 何谓绩效和绩效考核?办公室绩效考核的主要方法有哪些?
3. 办公室人员的配备原则是什么?
4. 秘书(领导秘书)的岗位职责是什么?

第十三章

办公经验积累

> **本章提要**
>
> 邮件收发、领导活动安排是办公室工作人员日常性、程序性工作,而记录、校对、文件装订等的方法和摄影、摄像、复印机、微型胶印机等机器设备的使用则是办公室工作人员必须具备的常用基本办公技能。这些工作流程规范和操作技能是办公室工作人员长期经验积累、总结、归纳的结果,具有科学性和规范性。它们能有效提高办公室工作人员的工作质量和效率,需要每一个办公室工作人员认真掌握。

办公室行政工作内容繁杂,办公室工作人员经常是手忙脚乱,顾此失彼。要把办公室工作做好,需要一定的经验积累和掌握流程规范及基本技能。本章就具体介绍邮件收发、领导活动安排的基本程序;记录、校对、文件装订等具体方法和摄影、摄像、复印机、微型胶印机等机器设备的使用,以使办公室工作更加有效、高效。

第一节 办公室邮件收发

一个组织每天都会收到或发出大量的邮件,办公室工作人员要做好收收发发的工作,不仅要细心与熟练,也需要掌握一定的程序和方法。

一、邮件收进的程序

(一)分类

邮件收进后第一步工作是根据其性质大体分为电报、特快专递、航空信等急件;政府部门或上级公司文件;业务往来公函;写明上级亲启的信函;汇票、汇款单;包裹、印刷品;报纸、杂志、私人信件等七类,然后按其轻重缓急分别处理。

(二) 拆封

对于属办公室工作人员管理范围内的邮件进行拆封。开拆时不可随手就撕,要注意原件的完好、整洁,不受破损。邮件内附着的小附件、单据、名片等勿遗漏。信封应与信纸、附件等订在一起。

(三) 登记

除私人信件外,其他公文、公函、汇票、包裹、杂志等均需分别登记,以便管理。登记时应写明:编号、收到日期、发出日期、发出单位、收阅人或部门、信件种类、处理办法、办理日期等。表13-1为某服装公司的信件登记表。

表13-1 信件登记表

序号	收到日期	发出日期	发出方	收阅方	来件种类	处理日期	备注
1	2008.9.10	2008.9.8	梅花服装公司	总经理	邀请函	2008.9.10	应邀
2	2008.9.10	2008.9.6	浦东衬衫厂	王化总经理	加工意愿信	2008.9.10	
3	2008.9.10	2008.9.10	MR·BROW	王化总经理	电报	2008.9.10	下午2点收到
4	2008.9.10	2008.9.7	菊花服装店	总经理	订货单	2008.9.10	
5	2008.9.10	2008.9.9	轻工业局	总经理办公室	会议通知	2008.9.10	通知程副总参加

(四) 分送

上级亲收件应立即呈送,应归部门办理的文件信函要及时送交各部门,需由多人阅办的文件可按常规程序传阅或分送复印件。同事的私人信件可放入指定信袋或转交。报章杂志则分别上夹或上架。

(五) 阅办

办公室工作人员阅看文件、信函应仔细、认真。内容复杂的邮件要做摘要,有的还要提出拟办意见置于邮件前,然后分送上级或有关部门处理。

二、邮件发出的程序

邮件发出前要完成如下各道工序。

(一) 内容校核

由办公室工作人员拟写的信函,在发出前必须仔细校核,务必格式正确,文句无错意,无错、别、漏字;签名、盖章清晰无误。如有附件,必须收齐无遗漏。

(二) 信封、封皮查对

凡寄出的信件和邮件,信封与封皮必须查对,如地址、收件人姓名或单位、邮政编码,寄方单位地址、邮政编码,以及附加符号如"急件"、"秘密"、"挂号"、"亲启"等。信笺及附件折叠时应小于信封周边各一公分左右,不可撑满,以免对方拆封时损坏。信封封口及印刷品应包扎牢固,以免寄送途中松开、破损。

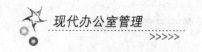

（三）邮件寄发

寄发邮件时应将邮件分类，如先将信件、印刷品、包裹等区分开；信件则进一步分为境内平信、境内航空、港澳台航空、国际航空、特快专递等。同等邮资的信件一起寄，这样计算邮资和粘贴邮票都更方便些。

第二节　领导活动安排

办公室工作人员要将工作做得更有条理、更富效率，就需要合理地进行时间安排和规划。办公室工作人员不仅要安排好自己的工作计划，还要协助领导安排好日程，协调各部门工作规划的实施，真正发挥参谋和助手的作用。

一、时间安排和规划

（一）时间安排的原则和要求

1. 时间安排的原则。

一要周详考虑。各项时间安排和规划均要细致考虑，勿草率行事。事项安排要能有效衔接和相互联络。计划和安排如果规划得不切实际，既妨碍了各项工作的顺利推进，更会挫伤执行者的积极性，还会带来较大的精神压力。

二要妥善协调。进行时间安排时，经常会遇到诸如个人计划与组织计划存在冲突，领导日程安排太密，没有留出足够的弹性兼顾到领导的健康，各部门之间的会议时间、场地安排也存在冲突等问题，这些均须办公室工作人员妥善调整，以保证计划如期完成。

三要严格实施。计划一经确定，一定要严格执行。因为它会涉及许多相关部门和人员，若不如期实施，将会带来一系列的问题。以公司部门经理会议为例，改期举行，不仅要分别通知，重新确定开会日期、地点，还要考虑是否影响经理们的后期工作。当然，碰到万不得已不得不变更计划安排时，一定要事先向相关部门和人员解释，以取得谅解。

四要适当保密。部门的活动安排、领导的行程往往与组织的经营动向有关，从而成为竞争对手刺探的情报。为此，办公室工作人员在时间安排和规划时要注意适当保密。以会议安排为例，可制定"本周会议安排表"，只涉及时间、地点与与会人员，其他一律删除，发给相关人员和部门。

2. 时间安排的基本要求。按照时间安排和规划的原则，在具体操作时有如下四条基本要求：

一是时间安排要服从于组织的总目标和整体计划。任何时间安排和规划都只是整个组织工作的一部分。因此时间安排要服从组织的总目标、总任务和整体计划，要顾及上下左右的工作配合和工作制约,如发现有冲突,要及时进行协调、解决。

二是时间安排要兼顾工作效率和身心健康。在安排时间时,既要注意事项的前后衔接,又要注意劳逸结合,不满打满算,留有充分的余地,能随机应变,这样才能保护工作人员的身体健康和情绪稳定。

三是时间安排要得到事先确认。时间安排和规划确定后,一定要得到相关部门和人员的确认。办公室工作人员有责任及时提示和督促实施日程安排。在一些重要活动前,办公室工作人员还有责任事先做再次确定,以使安排准确无误。

四是时间安排要做到编填规范。时间安排和规划主要通过日程表来体现。日程表制作时要注意年、月、周、日的计划表要分别制作,彼此衔接,均须有备注栏,时间刻度要早于上班时间,晚于下班时间,每一事项要表明时间耗费。填写时要留有余地,能适应变动。

(二)日程安排的主要内容

许多组织都有三年、五年甚至十年的发展规划与工作计划。长期计划是通过年度计划来逐步具体化、详尽化的。无论是组织整体、部分(如各个部门)还是员工个人的工作计划,除了要符合上述的原则和要求外,还要融合长短,区分轻重缓急来制定。

工作计划表一般分为年度计划表、月计划表、周计划表和日程表四种。办公室工作人员在编制时,无论是整体计划还是个人计划,首先应对工作目标和工作任务,如上级验收检查、各种会议、计划中的出差、新产品宣传活动等进行全面了解并作记录。然后根据长期计划和短期安排相结合、区分轻重缓急的原则,先远后近,先重后轻,先外后内,按年、月、周、日作出初步安排。使年、月、周、日的计划表相互结合,注意日程编排从长到短,由粗及细,不断详尽。

二、约会安排

约会是组织中的人员因公务与他人会见所作的预先约定,包括接受邀请出访或同意客人来访两种类型。它是组织与外界交往和联系的常用方法,属于时间安排和规划的一部分。办公室工作人员经常要为各级领导和员工安排约会,安排约会除了需遵循时间安排的原则和要求外,具体操作时还应注意如下几点。

(一)养成订约习惯

要与他人见面,不可贸然造访,要养成事先约定的习惯,使双方都能做好准备,这是一种交往礼仪,也是提高工作效率的良方。

(二)恰当安排约会

无论是发出邀请或是否接受来访要求,都要事先征求相关人员的意见,做好记录,才可办理。安排约会须问明:对方公司的名称、受邀人(或访客)的身份和姓名、约会时间、地点、会晤的主要内容等。

发出邀请通常有两种形式:一种是对贵宾的正式邀请,应写请柬,可通过邮寄或派

专人送达；另一种是对较熟悉的客人，可以电话邀请。

接到请柬或要求来访的电话，也应征求当事人的意见后才能答应或婉拒。

约会一旦确定，就要纳入计划和日程表。

（三）约前再次确定

凡三天后的约会，要在约会前一天打电话给对方再次确定一下。如有变更，应即刻告知相关人员另作安排；如无变更，应及时提醒，准时赴约或等候来宾。

（四）善用台历和备忘录

由于约会往往事先难以预料，所以办公室工作人员不妨在办公桌上放一本台历，以便每天都可随手记下电话约会的内容。如能备一本小小的备忘录，随身携带则可以在办公室之外的任何地方、任何时间做记录。有时候，办公室工作人员还要为出差的领导和员工准备约会卡片，以方便他们的工作。

第三节　常用办公技能

一、校对的程序和方法

（一）校对制度

文稿在缮印过程中要进行多次校对，通常执行的是三校制度。

一校必须按照原稿逐字逐句地校对，把文字、标点符号等方面的错误基本消除，如：错别字、多字、坏字、颠倒字、错体字、图版不正等，予以大体解决。一校后，校对者应在校样上签上名字和校对时间。

一校有两种办法，一种是打字人员对着原稿自校。另一种是由起草者进行一校。两者相比，后一种方法较好。主要是起草者对文稿较熟，便于发现错误，通过校对，也能及时纠正原稿中存在的质量问题，以及了解已被修改的部分。

二校一般由总核稿员进行。同样应按原稿校对校样，逐字逐句地进行校对。除消灭一校时发现应予消除的各种错误外，还要协同文印部门进行有关版面、规格的检查，统行、缩面的检查和调整。在校对文字、检查版式时，还要注意前后字体的用法和规格的统一。核稿员校对后，交文印部门改正。改正后，还需从头至尾默校一遍，在确认无差错后，在校样上签上姓名和校对时间。

三校是最后一次校对，最好由部门负责人进行。这次校对，注意力应遍及全部排样，包括封面、目录。注意封面、扉页等的统一，注意目录、正文标题、附件序码等的统一，对整个印件的各个组成部分作通体全面检查，必要时还需再通读一遍，以求内容正确，无所缺漏。

（二）校对的方法

校对经常使用的方法有读校、对校、折校、看校等四种方法。

1. 读校法。就是两个人合作,一人读原件,一人看校样。然后两人互换,再读校一次。读时需逐字逐句连标点符号都读清楚,速度、音量均适当。如有紧急情况,亦可一人读,二人或三人看校样。这种方法适宜在原稿混乱、竖排横排与原稿不相吻合的情况。

2. 对校法。就是一人既看原稿又看校样。一般原稿放在左边,校样放在右边,先看原稿,后对校样;左手指原稿,右手执笔,点着校样,逐字逐句地校对。这样做,既能保证质量,又不影响别人办公,利于保密,但速度较慢。

3. 折校法。即目前通用的单人校对法。亦称比较法。就是把原稿放在桌上,把校样轻折一下,用两手手指夹住压在原稿上,逐字逐行对齐对准原稿校对。做到能一眼同时看清楚原稿与校样的字句。发现差错,及时在校样上改正。这种方法需校样和原稿上的文字相互紧靠,眼明手快,才能保证质量。

4. 看校法。这是校对工作的最后一道程序。即在认真进行一校、二校无误的情况下,离开原稿再认真默读细看一遍,这比较容易发现错误。如遇疑问,再看原稿。经过全面检查,如确实无问题,即可在大样上签字付印。

二、记录的方法

记录工作主要分为手工记录和机器记录两部分。

手工记录主要包括电话记录、值班记录、会议记录等,其每一项工作都有自己不同的要求和特点。本书的其他章节已有介绍。记录的方法包括人工记录方法和机器记录方法两种。人工记录以速记用得较多,机器记录中最常用的是录音整理。

(一) 速记

对办公室工作人员来说,记录除了一般的文字记录即摘记外,还有一种较为常用,高速度、高效率记录语言信息的方法,那就是速记。

速记是指使用特别简单的记音符号和词语缩写符号迅速记录语言的方法,它与一般文字不同,在记录语言时有文字的作用,但不像文字那样具有严格的社会性、规范性和明确性,可以任意简化,只要使用者能识别即可。速记是采用拼音方式写成音符,然后加以简化,因此,速记记录一般要经过整理,将速记符号转写为通用文字后,别人方可使用。

速记符号的设计有多种。主要有:

斜体式速记,也叫草书式速记,是世界上最古老的速记,符号源于字母草体笔画。此方式流行于奥地利、匈牙利、芬兰、俄国。

几何体速记,这种速记符号取自正圆正米字型,最早由英国人创立,现流行于英国、日本、法国等。

流线型速记,这种速记符号取自椭圆斜米字型,产生于19世纪80年代,流行于美国。

综合型速记,此种速记打破了体系的限制,博采众长而成。

目前汉语速记多使用线条式速记。各种流派相得益彰,可根据各自的需要和喜好

而选择不同的方式。

速记不仅是一种专门的学问,也是一种技巧性较强的技术,它的功用极其广泛。对于办公室人员来说,速记有多方面的用途,如,可用于会议记录,用于接待记录、电话记录、摘抄资料、起草文稿等。学会速记,不仅可以节省大量时间,提高效率,而且能锻炼捕捉语言,追及思维的能力。因此,办公室工作人员不妨利用业余时间学学速记,只要能坚持不懈,刻苦练习,必然熟能生巧,掌握这一技能。

(二) 录音整理

机器记录主要是录音记录。录音也是办公室工作人员的必备工作技能,在大型会议、外出调研、采访、接待及领导人有特殊需要的情况下,一般都采用录音记录。

录音记录大多采用的是口授记录机。

口授记录机主要有三大类:

1. 供大的组织机构使用的中心口授记录网络系统,或是使用电话网,或是使用单设的线路网。

2. 放在案头的口授记录机。

3. 手握式(可装在衣服口袋里)录音机。

远距离口授记录系统,包括一台录音机,通常是用几台录音机,通过安装在其他办公室里的口授器远距离操作。这种系统特别适合于大的办公机构使用。

远距离口授记录系统通常传送的口授内容都是较平稳地说出的,这使得打字员较容易就能控制打字速度,均匀地打字记录。

中心式口授记录设备可分为三大类:

录音库式:一组录音机设置在打字中心,通过电话与整个机构中的各个授话点连接起来。打字员的桌上都配备有记录打字机,口授者与打字员的通讯联系都是通过一名主管人员进行的,因而口授者和打字员不能直接通话。

串联式:记录打字员的桌上配有一套"串联式"录音装置,口授点与该录音装置用电话接通,口授者可与打字员进行直接通话。

直通式:通过直接传话设备,远距离控制的口授点将口授材料直接传给打字员。口授和记录可同期而且相互独立进行。

将录音材料整理成文字时,一般分为三个步骤:

第一步:弄清讲话者的身份和要求。

1. 注明讲话者的姓名、职务和所在部门;
2. 讲话者是否希望某一内容被优先处理;
3. 讲话者是否需要副本,并附上有关文件;
4. 该内容的文字记录应发送的对象的姓名、地址。
5. 该份材料是否急要,若急需的话,一定要尽快整理出来。

第二步:录音内容的归纳整理。在录音内容的归纳整理过程中需注意:

1. 录音内容将作何种文件处理,是内部使用还是对外使用;
2. 注意段落的分割;
3. 注意口授信函中使用的称呼;
4. 整理过程中注意使用符合讲话者愿意的标点符号;
5. 注意领会讲话者语言、语速变换的含义,尤其注意录音中的特殊指示和连同录音材料一起的更改的指示。
6. 注意采用适当的合乎规范的结束语。

第三步:录音整理后的文字材料的核实。
1. 对录音材料中的任何有疑问之处都应与口授者或领导人进行核对;
2. 对任何一个词的书写有怀疑时,应与字典查对;
3. 检查是否填入适当的标点符号,并适当地加以分段;
4. 每件记录稿件一定要打印正确,在正式打印前,一定要把每一个字都检查一遍,以确保准确无误;
5. 对急要的材料应以最快速度整理成文,并经核查交给有关人员。

录音记录的优点是:
1. 可以节省速记打字员的时间;
2. 录有口授材料的盒式磁带可以邮寄,这样,连打字工作也可以被省略掉。
3. 口授录音机可以用来对整个会议、讨论或讲座的进程进行录音;
4. 可以选择任何时间进行口授录音;
5. 打字员无须再面对一份书写极乱的草稿进行破译,任何不熟悉的词可以在机器上反复播放,直至听懂为止。

当然,它的缺陷也十分明显,主要有:
1. 录音机不能自动标明说话者的姓名,因而在有几个人讲话的会议上使用录音机作记录就会造成不便;
2. 录音材料中的疑点、疑问,在文字整理中往往难以及时搞清,不像手工记录,常常可当场解答;
3. 在录音材料的整理过程中,某些字、词、标点的使用及分段,对整理者而言不如手工记录来得明晰;
4. 录音记录需要一套相当完备的设备及相关操作人员,相对手工记录而言,是不经济的。

因此,一般情况下,办公室工作人员的记录仍以手工为主。

三、摄影与摄像

(一)数码相机的使用

数码相机与普通照相机一样,要用它拍出一张好的照片,并不是一件容易的事,往

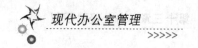

往需要满足良好的光照度、正确的曝光量、合适的分辨率、良好的取景和准确的调焦等条件。

1. 设定数码相机的参数。

数码相机在其设置菜单中,一般都提供多种设定参数,其中包括图像分辨率、聚焦方式、光圈、快门等。对于数码相机来说,最主要、最常用的是图像分辨率的设置。大多数数码相机都提供了多种分辨率选择,如 EPSONPhotoPC800Z 数码相机就有五种分辨率设置,分别是 640×480 dpi、1 024×768 dpi、1 280×960 dpi、1 600×1 200 dpi、1 984×1 488 dpi。由于数码相机有多种参数设置,因此,每次拍摄之前,必须检查相机的设置菜单,以确认分辨率、快门等参数是否设置正确。否则,拍出的照片可能达不到预期效果。设置数码相机的分辨率,应尽量使用最高分辨率这一档。

2. 尽量使被拍对象主体充满取景框。

使用数码相机时,为取得更好的效果,应尽量选择最高分辨率,并使被拍对象主体充满取景框。对于传统相机,拍摄时主要考虑的是取景、构图、对焦。对于数码相机,所有的摄影基本原理同样适用。但是如果只是拍摄一个单独的对象,例如一个手术部位,一个标本,这时应将被拍对象主体充满取景框,至于照片的构图,可以不作重点考虑。这样只是为了将最大分辨率用在所摄对象主体上。

3. 正确运用光照度和闪光灯。

由于数码相机是由内置图像传感器(CCD 芯片)拾取图像的,因此,只有在合适的光照条件下才能拍出好的照片。在拍照之前,应尽可能创造出好的光照条件。常规的胶卷虽然也受光照度影响,但是曝光稍不足的底片,可在后期制作中校正,其色调和色彩质量则较少依赖光照强度。由于 CCD 芯片的特点,数码相机是完全依赖光照条件的。如果光照太强,数码相机拍出的照片会受到难以消除的带状干扰。另一方面,由于 CCD 芯片有一定的感光阀值(敏感度),如果光线太暗,达不到数码相机要求的最低光照度,拍出的照片效果极差。即使光照度满足数码相机的最低要求,但也会严重地影响数码照片的清晰度。数码摄影与传统摄影一样,不同类型的照明灯光,会对照片产生不同效果的影响,但是由于两种相机的感光性质不同,相同的光照条件对数码相机的影响和对传统相机的影响是不同的。例如光谱不连续的日光灯会对数码相片产生亮度和色彩方面的影响。由于数码相机的图像传感器(CCD 芯片)与摄像机的传感器(CCD 芯片)相同,为了取得最佳的光照效果,可以使用拍电视的新闻灯。对数码相机来说,自然光也是最好的光源。利用日光拍摄时,要避免直射的太阳光线,完全或部分云遮的日光(散射光)是数码相机的理想光源。

大部分数码相机都设内置闪光灯,一般有四档:闪光、不闪光、防红眼闪光和自动闪光。自动闪光这一档是指由相机对被拍对象光照度进行检测,决定是否需要用闪光来补充光线。闪光灯不像其他光源那么容易控制,闪光灯射出的光线容易被周围附近的物体反射回来,在照片上形成不均匀的光斑。因此,使用闪光灯极有可能会破坏一幅完美的照片。在室内拍摄时,应尽量关闭闪光灯并提供足够的光照度。

4. 色温的调节。

我们都知道彩色胶卷有日光型和灯光型之分,目的是为了适用于不同光源的光照环境,日光色温是 5 400 K,灯光色温是 3 200 K。数码相机用 CCD 芯片作为传感器,没有光源类型之分,为了适应不同的光源环境,采用白平衡调节方法校正照片的色温。数码相机的白平衡调节分为手动和自动两种模式,手动调节具有更多的灵活性,能创造出意想不到的艺术效果,令数码照片的白平衡更加精确,但手动调节比较难掌握。自动调节可以保证拍摄的效果不会偏差很大,但难以创造出特别的艺术效果或精确的白平衡。光源的色温对数码照片的影响很大,用数码相机拍摄时,必须针对不同的摄影环境调节好白平衡。

5. 把拍好的照片下载到电脑硬盘上。

数码照片一般以 JPEG 格式储存在储存卡内。在删除照片之前,应将原始照片下载到电脑的硬盘上,并从电脑上观看,然后再决定照片的取舍

6. 修饰原始图像及应用。

把数码照片保存到电脑硬盘上,我们就可以通过图像处理软件包,如 Photoshop、Photo-Deluxe 等,对数码照片进行系统处理。这是一项极其细致的工作,首先仔细检查照片,看看存在什么缺点,然后针对这些缺点逐一进行修正,直到效果满意为止,然后将其保存下来备用。

(二) 摄像机的使用方法

摄像机是录像系统中的基本设备之一。它是把景物的光像通过光—电转换过程变成电信号,然后经过信号处理,最终输入到录像机中。摄像机由镜头、摄像管、预放器、图像信号处理、电源及话筒、音频放大器等组成。各种摄像机有各自的光谱响应特性,在录像系统中所选用的摄像机要注意它和接收机的光谱响应匹配。摄像机的光谱响应特性还与照明光源有关,在采用日光照明和人工照明进行摄像时,应使用滤色片和放大器的增益进行调节。只有选择合适的摄像机才能获得更好的艺术效果,图像才能更真实地重现彩色画面。

摄像机要取得较好的使用效果,必须要有正确的使用方法,主要是:

1. 接线。将摄像机上的视频、音频输出与录像机上的视频、音频输入连接好。

2. 打开电源开关。

3. 将录像器连接电缆接到摄像机头上后,录像机开始工作,出现图像。

4. 调整色温滤色片开关。

5. 调整光圈调节开关。应根据光照调节决定使用位置。有自动位置、背景光线补偿位置、手动位置。光圈数值应由摄像人员按需自己调整。

6. 调整白平衡开关。置于何种位置也应视光照条件而定。

7. 调聚焦。与照相机摄影的调聚焦方法基本相同。

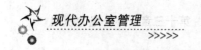

在上述准备工作完成之后，即可正式开始拍摄。

四、复印机的使用

复印机使用方便，所复印的资料能高质量还原，因此是办公室不可缺少的设备。

（一）复印机的种类和特点

复印机可分为热敏式、双光谱式和静电式。办公室通常使用的是静电复印机。它采用四种技术，即机械技术、电子技术、电摄影技术以及光学技术。其原理具体可分为充电、曝光、显影、静电转印、定影和清洁六个步骤。使用者还可根据需要选择复印的份数，放大、缩小的比例。

复印机和其他照相设备相比具有速度快、污染小、功能多、适应性强、复印品耐久性好、可制作二底图和胶印版、成本低、操作简单等优点。但复印机的不足之处是：机器结构复杂，维修技术难掌握；复印品层次不好，反差较小；机器体积大。

（二）复印机的使用步骤

正确使用复印机，一般有如下几个步骤：

1. 预热。按下电源开关，机器开始预热，预热结束后，面板上将出现"准备好"信号。

2. 放置原稿。放置前要查看原稿上的字迹、图像的清晰度和色调；装订件应尽量拆开。放置时，应检查所选用的复印纸尺寸及纸张是横放还是竖放。盖板时要尽量盖严。

3. 设定复印份数。将复印份数输入到控制面板中。

4. 设定复印倍率。复印机一般有固定的缩放率和可调节的缩放倍率两种，可按需调节。

5. 选择复印纸尺寸。根据原稿尺寸、缩放倍率选取复印纸尺寸。

6. 调节复印浓度。根据原稿纸张、字迹的色调深浅，注意调节复印浓度，复印图片和印刷品时一般应将浓度调浅。

值得注意的是，在文书处理过程中，有些非原始打印件，其空白处常有钢笔、铅笔、圆珠笔的字迹或符号，遇到这种情况，可采取增大复印曝光量的办法来弥补，即用"手动控制"来增大反差。使字迹显出，宁深勿浅。

当复印那些纸张较薄而两面均有文字的底稿时，要使用手动调节将曝光量减小，一般是在该页背后垫上一张厚纸防止背面的字迹透印出来。

当复印无法拆开的厚本文件和书籍时，可两页中间夹一张厚白纸，遮挡暂不印的一页和中缝。必要时可进行二次复印。

当复印彩色图片、照片、选票或年代久远的历史档案资料时，因字迹和纸张的曝光亮较小，复印后易发黑，可采用减少曝光量的办法。

当复印大幅面的文件或底稿超出复印机稿台的容纳范围时，可将原稿缩印成小幅复印，亦可采用多次缩印的办法，直至达到要求为止。

复印机在使用过程中应注意通风,周围环境温度应在10℃—30℃为宜。

五、打印机的使用

打印机是微机的外部设备中的输出设备之一,也是现代办公室的必备设施。打印机的种类主要有三种:点阵打印机、喷墨打印机和激光打印机。使用时,在硬件上要与主机相连并接通电源,在软件上要安装相应打印机的打印驱动程序,以便在操作中能够正确打印。

点阵打印机按打印的宽度可分为宽行打印机和窄行打印机,目前市场上的点阵打印机一般是24针的打印机,此机性能价格比较高,大多数可以打印汉字。其工作原理是通过打印头上的24根针来形成和打印字符、图形。一些点阵打印机使用彩色色带可打印彩色的文本和图形。点阵打印机能进行连页打印,适合于打印大型表格等。但它也有明显的不足:分辨率不高,打印速度较慢,且打印的时候有噪声。

市场上常见的点阵打印机有 EpsonLQ-1600K、StarCR3240、OKI5320等。

喷墨打印机使用喷墨来代替针打,其原理是利用特制技术将带电墨水泵出,由聚焦系统将其微粒聚成一条射线,由偏转系统控制微粒线在打印纸上扫描,绘出各种文字符号和图形。它是一种非击打式的打印机,体积小、重量轻,噪声小,价格低于点阵打印机,打印分辨率高于点阵打印机,清晰度可与激光打印机相媲美。

市场上常见的喷墨打印机有:CanonBJ-200ex、HPDeskletPlus、HPPaintlet等。

激光打印机是页式打印机,它有很好的打印质量,实际上是复印机、计算机和激光技术的复合,聚焦了光、电、机等技术,其特点是速度快、分辨率高、噪声小,但价格较高。

六、激光照排的使用

激光照排是一种用电子计算机及激光照相制版设备进行排版制版的方法。其工作程序是:

1. 操作员将需要排版的文稿输入微机,进行文稿编辑、修改等处理工作。

2. 文稿编辑好后,操作员在微机上发出联机命令,指令激光照排系统的主机和照排控制机按照给定的公文格式自动进行排版,并打印出大样。人工校样后,操作员在微机上发出照排命令,激光照排机便制作出记载有文稿的软胶片。

3. 软片经过冲洗机或人工冲洗和拼版,在PS版上曝光、显影、定影和烘干,便可将制好的PS版作为上轮转式平版或胶印机进行胶印的预制版。

激光照排出来的文字非常清晰,而且修改版面容易,排版速度快,自动化程度高,印刷效果好,字体选择灵活,没有铅中毒问题,还能减轻劳动强度,是一种先进的排版方法。

七、微型胶印机

微型胶印机是适于各种类型办公室使用的一种小型胶版印刷设备。其印版不直接与纸张接触,而是先将油墨从印版移印到有弹性的胶布面,再从胶布面转印到纸上。微型胶印机主要由供墨装置、印刷装置、输纸装置三个部分组成。

微型胶印机的工艺过程包含以下两项。

(一)制版

它是胶印的准备工作之一。如何制版取决于使用何种版材。目前常用的有:预制感光版、氧化锌版和水性版,三者各有特色。

(二)印刷

它是指利用预先制好的版,在纸张上印出字迹图像的过程,可按下列步骤进行:(1)加入油墨和润湿溶液;(2)装版;(3)上纸;(4)试印;(5)连续印刷。结束时,输纸杆会自动回到停止位置,然后将操作杆回到停机位置,并关掉电源开关,即可停机。使用胶印机时一定要注意安装安全和操作安全,严格按照有关规定安装和操作。

八、印刷用纸

纸张的种类很多,通常用于印刷的有新闻纸、凸版纸、胶版纸、铜版纸、字典纸、毛边纸、书皮纸、打字纸、牛皮纸9种。此外,拷贝纸、书写纸、有光纸等也是办公室常用的纸张。

新闻纸亦称白报纸。质地松软,利于工艺操作,抗水性能差,不宜钢笔书写,日久会变黄。主要用于报刊、杂志等无须长期保存的印件。

凸版纸是凸版印刷专用纸张,质量均匀,不起毛,略有弹性,不透明,稍有抗水性能,有一定的机械强度,是印刷普通书籍和高级书籍的常用纸张。

胶版纸亦称道林纸,伸缩性小,吸收性均匀,平滑,质地紧密不透明,白度好,适用于平版印刷印制多色产品及封面、插图、画报等。

铜版纸白度高,表面平滑、无斑点气泡,是印刷高级精细产品的纸张,适用于精美封面、画册、样本等美术印刷品。

字典纸表面洁白,质地紧密平滑,薄而有韧性,稍透明,有一定的抗水性能。

毛边纸质薄而松软,呈淡黄色,无抗水性能,吸墨性好,只宜单面印刷,是线装书籍的常用纸张。

书皮纸本身有颜色,可省去印刷次数,用作书籍、杂志、文件等的封面。

打字纸质地细白,一般用于打印各种文件、印制信纸和稿纸等。

牛皮纸一般用作书籍的封面、信封、卷宗袋和包装用。

九、装订方法

装订是将印刷好的单页纸张加工成文件成品的技术工序。按照一般的阅读习惯,横排的文件必须在左边装订,竖排的单面印刷的文件在上端装订,双面印刷的则要在右边装订。文件装订有涂胶装订、钉针装订、线装等多种。

(一) 装订的具体方法

1. "一条龙"装订法。分拣纸、戳纸、订钉三道工序。操作方法是：将印好的各页横竖戳齐后，由最末页开始，从右至左依页次进行排列，且上页要压住下页的三分之一。排好后，由第一页开始，依次向右拣，直到最后一页，拣完后递给订钉人戳齐后订钉。

2. 综合装订法。这种方法既适用于份数、页数少的文件，也适用于份数、页数多的文件。具体操作方法是：如上述将印好的各页横竖戳齐后，由最末页开始，从右至左依页次进行排列，且上页要压住下页的三分之一。排好后，由第一页开始，依次向右拣，直到最后一页。一份文件配好，拿在左手，不要放下。直至把该份文件全部配好后，摞在一起，横竖戳齐，并在上面放一张白纸。操作时，左手手心向下压在文件的右上角，右手食指戴一指套，食指以外的4个手指握住订书机。装订时，先用右手食指捻文件的右上角，每捻一页，左手大拇指跟随着接住这一页，当捻完一份文件后，右手在需要订钉的位置订一书订，这样一份文件就装订完了。一份文件订完后，要用左手食指把这份文件翻上去接住，腾出左手大拇指以便继续接页装订，依此类推。

(二) 装订注意事项

1. 各种装订都要毛天齐地，毛左齐右，切忌多页、少页、倒页。

2. 文件印好后，要等油墨干后再装订，装订时手不要直接与印处接触，以免油墨沾污文件。

3. 订钉位置既不能太靠上，也不能过于靠下，一般在文件正中距上边1.5厘米处。有条件的，最好左边装订，便于阅读。

阅读参考

邮件收进的程序[①]

沈小姐是某公司总经理的秘书，一清早进入办公楼，就到公司租用的信箱中把邮件取了出来，用专用信袋装好，提着走进了自己的办公室。略微整理了一下，就坐在自己的办公桌前开始工作了。

沈小姐数了数信件的数量，一共21件。她先把公函和私人信函分开，把有密级要求的、标有"某某亲启"的信件分开。然后她根据收件部门的名称分类：有5封信是人事科的；7封信是销售科的；1封是财务科的；1封写着给教育科，但公司没有这个部门，她把这封信归到培训部去了；1封信上写总经理亲启；另2封是总经理办公室的；剩下的4份是报纸杂志。

沈小姐拿出邮件登记簿，边登记边分检。所有的来函和邮件都登记在册了，也按部

[①] 改编自孙荣等：《秘书工作案例》，复旦大学出版社2005年版，第97页。

门分检归类了。接着沈小姐把总经理亲启的那封信放在总经理的办公桌上,把其他信放到各个部门的专用信格里,留下了2份报纸、2封总经理办公室的信。

在拆信前,她先把信拿到光亮地方照了一下,一封信的信纸折得几乎与信封一样大小,沈小姐只好把信在桌上磕了十几下,尽可能使信纸沉落下去,然后取出剪刀,小心翼翼地剪开了信口,并将信封内的信纸一一展开,盖上日戳,再用回形针把信纸和信封一一别住。这封信写明有3份附件,但沈小姐仔细检查,只找到2份附件,她用红笔在信纸上写下:"缺少一份附件",然后签了自己的姓名。她想,这封信让总经理来处理吧。

另一封是对本公司提出业务方面意见的客户来信,按照惯例,沈小姐决定立即复信。她写到:

郭思源先生:

非常感谢您对我公司的关心。您所提到的服务质量和态度问题,我们正在研究改进,希望在不久之后,您看到的将是新的面貌。希望我们继续合作。再次向您致谢。

敬请

安好

奇斯公司敬上

2000.5.6

拟好复信稿,本已坐到电脑前的沈小姐想了一下,还是拿出了钢笔,手写誊抄了一遍,并写好了信封,填好了发函登记。

案例分析

小林是某公司总经理秘书,她只有大专文凭,最初在公司前台从事接待工作。原老总秘书突然辞职,急需一名秘书人员代替。因小林形象甜美,工作努力、热情,被总经理看中担任他的临时秘书。

小林非常紧张,觉得自己要学的东西很多,如速记、办公设备的操作,她都不熟练。令她最担心的是,她从来没有秘书工作经验,担心把工作做砸了。可是,越担心就越出差错。如,有次总经理告诉她要午休一会儿,下午2:30有个重要会议,务必2:00叫醒他。结果小林因忙于整理上午会议的速记资料而忘记了,直到2:25分总经理自己醒来,发现时间马上到了,很是着急,没来得及批评她就赶去开会了。

事后老总狠狠批评了小林,小林也通过反思发现了自己工作方法上的问题,很快进行了改进。经过努力,聪明好学的她胜任了秘书工作,一年后成为总经理的正式秘书。

案例思考题

1. 小林在工作中犯了什么错误?后来她应该怎样改进自己的错误?

2. 你在工作中有没有遇到过类似的问题,你是如何改进的?

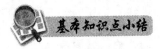

1. 邮件收进的程序包括分类、拆封、登记、分送、阅办。
2. 邮件发出的程序包括：内容校核，信封、封皮查对，邮件寄发。
3. 时间安排的原则有：周详考虑、妥善协调、严格执行、适当保密。
4. 时间安排的基本要求：一是服从于组织的总目标和整体计划；二是兼顾工作效率和身心健康；三是要得到事先确认；四是要做到编填规范。
5. 日程安排的主要内容就是制定工作计划，工作计划一般分为年度计划表、月计划表、周计划表和日程表四种。
6. 安排约会除了需遵循时间安排的原则和要求外，还应注意：养成订约习惯，恰当安排约会，约前再次确定，善用台历和备忘录等。
7. 秘书常用办公技能有：校对，记录，摄影与摄像，复印机、打印机、激光照排设备、微型胶印机的使用，还要了解印刷用纸和装订方法等。

1. 办公室工作人员邮件收发的程序和要求是什么？
2. 办公室工作人员日常安排和订约应遵循哪些原则？
3. 你认为除了本章介绍的办公技能，办公室工作人员还需要掌握哪些基本技能？

第十四章

办公室沟通技巧

本章提要

办公室沟通就是指信息在办公室内部以及在办公室内外部之间的交流。依据不同的标准,沟通可以分为语言沟通与非语言沟通、正式沟通与非正式沟通、单向沟通和双向沟通等。办公室内部的有效沟通是沟通的最高境界,表现为彼此理解对方的真实意图。有效沟通的基本步骤包括明确沟通目标,确立观点,选择沟通内容,调整信息结构,选择沟通渠道等。有效沟通的障碍又称沟通障碍,即各种影响沟通过程,影响信息传递真实性、准确性、完整性等的各种因素,包括个人因素、人际因素和结构因素等。要提高办公室沟通的水平,努力消除沟通障碍是十分重要的任务,其技巧主要包括:提高信息发送者和接收者的素质,加强人际交往,精简机构,减少沟通层次,积极开发多种类型的新型沟通渠道等。办公室沟通技巧具体可分为:听的技巧、说的技巧、表扬的技巧、批评的技巧,等等。

随着现代社会进入全新的"信息时代",办公室工作中也大量采用了先进的通讯设备和信息交换处理设备,使办公室信息沟通的技术和手段有了长足的进步。如何更好地建立高效能的办公室信息系统,使办公室人员掌握最新、最全、最准确的信息,成为现代办公室管理工作中一个极为重要的内容。为了提高办公室的工作效率,使办公室释放最大限度的能量,应当不断改善信息沟通渠道,使沟通的信息更加准确、迅速,使沟通人员更加心情舒畅,从而实现工作的优质高效。然而,办公室的信息沟通常常会遇到一些障碍,从而大大影响了沟通的质量。为了克服这些障碍,提高沟通的效果和质量,积极探索办公室信息沟通技巧就显得十分重要。

第一节 沟通概述

一、沟通的含义

对于沟通的含义,可以说是众说纷纭,莫衷一是。《大英百科全书》对于沟通的定义为"沟通就是用任何方式,彼此交换信息。即指一个人与另一个人之间用视觉、符号、电话、电报、收音机、电视机或其他工具为媒介,从事交换信息的方法"。《韦氏大字典》的定义为"文字、文句或消息之交换,思想或意见之交换"。

可以看出,沟通就是信息的交流。可以把它综合定义为:沟通是为了一个设定的目标,把信息、思想和情感在个人或群体间传递的过程。从这个定义可以看出,沟通有两个重要的要素:一是沟通有明确的目标。例如发生在办公室内的谈话并不全都是沟通,只有具有明确的目的才称为沟通,否则称之为闲聊。二是沟通的内容不仅是信息,还包括思想和情感。

二、沟通的类型

依据不同的标准,沟通可以分为不同的类型。

(一)语言沟通与非语言沟通

根据信息载体的不同,沟通可以分为语言沟通和非语言沟通两种形式。语言沟通表现为利用语言、文字、图画、表格等形式进行,可细分为语言沟通、书面沟通和图片沟通(见表14-1)。

表14-1 语言沟通的渠道

语言沟通	书面沟通	图片沟通
·一对一(面对面)	·信	·幻灯片
·小组会	·电报	·电影
·讲话	·出版物	·电视/录像
·电影、电视、录像	·传真	·投影
·电话(互联网)	·广告	·照片/图表
·无线电	·计算机	
·视频会议	·报表	
	·电子邮件	

非语言沟通是指通过某些媒介而不是文字来表达和传递信息,它的内涵十分丰富,包括身体语言沟通、语调甚至空间距离等多种形式(见表14-2)。

表 14-2 非语言沟通的渠道

非语言的表述	行为含义
手势	柔和的手势表示友好、商讨;强硬的手势则意味着:"我是对的,你必须听我的"
面部表情	微笑表示友善礼貌,皱眉表示怀疑和不满意
眼神	盯着看意味着不礼貌,但也可能表示兴趣,寻求知识
姿态	双臂环抱表示防御,开会时独坐一隅意味着抗拒或不感兴趣
声音	演说时抑扬顿挫表明热情,突然停顿是为了造成悬念,吸引注意力

（二）正式沟通和非正式沟通

根据沟通的途径不同,可以分为正式沟通和非正式沟通两种形式。

正式沟通是通过组织明文规定的渠道进行信息传递和交流的方式。如组织规定的汇报制度、例会制度、报告制度及组织与其他组织的公函来往。它的优点是沟通效果好,有较强的约束力,缺点是沟通速度慢。

非正式沟通是指在正式沟通渠道之外进行的信息传递和交流。如员工之间的私下交谈,小道消息等。这种沟通的优点是沟通方便,沟通速度快,且能提供一些正式沟通中难以获得的信息,缺点是容易失真。其沟通途径是通过各种社会关系进行信息的传递,这类社会关系超越了部门、单位以及办公室内部的各个层次。

在任何一个办公室环境中,任何一个成员所进行的沟通,都可以表现为通过正式组织沟通渠道进行的正式沟通,也可以表现为通过非正式组织传达途径进行的非正式沟通。

（三）向上沟通、向下沟通与水平沟通

根据信息流向的不同,沟通可以分为向上沟通、向下沟通与水平沟通三种形式。向上沟通是指信息从基层部门向高层部门流动的沟通,通俗地说就是办公室中下级部门或人员向上级部门或人员反映意见和建议。

向下沟通是指信息由高层部门向基层部门流动,如上级机关将项目目标、计划方案等传达给基层,发布组织的新闻消息,对面临的一些具体问题作出处理意见,等等。

平行沟通是指各同级部门之间的信息和意见交流。

（四）单向沟通和双向沟通

根据信息发送者与接收者所处地位、主动性的异同,沟通还可以分为单向沟通和双向沟通两种形式。单向沟通是指发送者和接收者两者之间的地位不变（单项传递）,一方只发送信息,另一方直接接收信息。双方无论是在感情上还是在言语上都不需要信息反馈。如作报告、发布指令等。这种方式,信息传递速度快,但沟通有效性较差,有时还容易使接收者产生抗拒心理。

双向沟通是指发送者和接收者两者之间的位置不断交换,且发送者是以协商和讨论的姿态面对接收者,信息发出后还需要听取反馈意见,必要时双方可进行多次重复商谈,直到双方共同明确和满意为止。如交谈协商等。其优点是沟通信息准确性较高,接收者有反馈信息的机会,产生平等感和参与感,增加自信心和责任心,有助于建立双方的感情。

第二节 有效沟通

一、有效沟通的特征

有效沟通是沟通的最高境界,表现为彼此理解对方的真实意图。作为有效沟通的信息发送者应该具有以下几项特征。

（一）准确

准确是有效沟通的首要特征。不准确的信息容易让对方产生不信任感,使沟通陷入困境。在办公室的沟通过程中,不准确有以下典型的特征：数据不足、资料解释错误、对事件关键因素的无知、偏见以及夸张的信息内容等。

（二）清晰

办公室的有效运作需要准确的和完全的信息、可理解的指令、具有指导性的政策等。沟通中的模棱两可和彼此混淆会浪费时间和资源。要达到沟通过程中的清晰,对沟通主题需要进行总结、理解和组织。具体来说,沟通清晰的基本要求应包括两方面：逻辑清晰和表达清晰。

逻辑清晰非常重要,因为缺乏逻辑的建议和行动计划容易导致听众的思路混乱,大多数糟糕的文章和讲话往往就是糟糕的推理和草率准备的结果。

表达清晰也很重要,要做到这一点,最基本的要求是要做到发音清晰和拼写清晰,尽量减少拼写和句子结构的错误,只有这样才能确保在日常指令、政策和报告等方面信息沟通的清晰和防止被误解。

（三）简洁

有效沟通追求简洁,因为每一个人的时间都是极宝贵的,没有人会喜欢不必要的繁琐沟通。如P&G等公司对简洁作了规定,高级经理审阅报告不得超过两页,这样的限制就需要沟通主体用有限的笔墨完整地表达想要表达的意思。当然,简洁并不意味着绝对地采用短句子或省略重要信息,它是指字字有力,简洁明了。

（四）活力

活力意味着生动和易记。日常的办公室工作中有许多责任,并且每天要进行许多沟通,因此人们对于某个信息、念头和信念一般只能集中很短的时间。一旦遇到打扰,很容易分神,而生动的风格有助于人们集中精力,并且使信息容易被记住。当然在沟通中要做到充满活力,前提还是准确、清晰和简洁。

二、有效沟通的基本步骤

信息发送者必须首先明确沟通的目的,明确了沟通的目标之后才能勾勒沟通的具体内容;信息的发送者还必须系统思考,充分准备。在进行沟通之前,对想要传递的信息进行逻辑的、系统的、详尽的准备,并据此选择适宜的沟通通道、场所,以及最佳的信息传递时间。同时,信息的发送者必须以自己的行动支持自己的想法和说法,前后言行一致,因为有效的沟通是"行"重于"言"。

(一) 明确沟通目标

所谓沟通目标,就是在沟通之前,信息发送者需要清楚自己沟通的真正目的是什么,动机是什么,需要向对方解释什么,需要对方理解什么。这种目标可以分为三个层次,分别为总体目标、行动目标和沟通目标。总体目标:是指信息发送者期望实现的最根本结果;行动目标:指导信息发送者走向总体目标的具体的、可度量的、有时限的步骤;沟通目标:信息发送者就受众对笔头、口头沟通起何种反应的期望。

例如,某公司为了实现研发部门、制造部门和市场部门的有机协调,公司总经理决定这三个部门的负责人每月举行一次例会,共同讨论彼此之间如何高效协调的对策。在这个协调会议上,总经理的总体目标就是为了实现公司内部各部门之间的沟通;行动目标就是要求各部门每隔一个月协调讨论一次;而沟通的目标就是要求各部门之间的负责人能够了解各个部门之间工作的实际情况。

(二) 确立观点

沟通中的观点就是指信息发送者衡量形势和向听众陈述和建议的角度。无论是向下沟通还是向上沟通的过程中,明确观点都是沟通的基础。

在向下沟通的过程中,明确说明立场和观点非常重要。在与下属沟通前,应该先了解下属与你的观点之间的分歧之处与原因,如果对方的观点是对的,需要修正自己的立场;如果对方是错的,应该解释给对方听。

在向上沟通的过程中,明确立场同样重要。在提建议前,应预先陈述自己偏爱的解决方案,这有助于听众把注意力集中于你的方案的优点上。在很多情况下,缺乏观点是许多乏力的报告、演示和信件的共同缺憾,他们往往倾向于在资料与可能的解决方案之间徘徊。

(三) 选择沟通内容

在确立观点之后,需要选择支持该观点的论据,尽量减少不相关的信息量。这里介绍常用的几种论据。

事实和数字大多数是论证的核心。它们能给人留下清楚直观的印象,使沟通的表达过程显得明确。随着管理科学的发展,数据库、决策树、回归分析或计量经济模型越来越广泛地得到运用。在引用对听众有说服力的事实和数据的时候,应该适当地解释他们的论证过程,这样听众才能很好地消化。

举例说明也是一种很好的论据。不过要保证两个前提：一是具有较广泛的代表性，二是与当前听众关心的事相关。相反，不适当的举例，会让听众产生厌烦和不信任的感觉。

除此之外，求助于权威也是一种很好的论据，听众往往对权威有较强的信任感。

（四）调整信息结构

选定沟通内容之后，就要对信息的结构进行设计。根据沟通目的和内容的不同，可以采用不同的结构。

如果是较长的报告、备忘录、讲话或一份电子邮件，可以采用三段论的结构。该结构由建议、理由、实施三个部分组成。建议的内容指"是什么"，阐明信息发送者所希望达到的目标；理由是指"为什么"，是用来支持建议部分的历史和事实；实施是指"谁、什么时候、怎样实施"，也就是一份如何具体执行、职责分工的安排。这种结构的好处在于能使听众清楚地明白信息发送者所要表达的逻辑。

如果沟通的目的在于让对方了解事实，并且接收信息发送者的论点，可以采用**两方面陈述法**，即分别讨论有益或有害的问题，这样能够为论点提供更加充分的论据，而且也预料到了持不同意见方和听众可能的想法，这样可以起到很好的说服作用。

（五）选择沟通渠道

在沟通的过程中，可以采用不同的沟通渠道，这些渠道各有特点，应该根据实际情况选择采用。

1. **面对面谈话**。最有效的沟通建立在面对面谈话的渠道基础上，虽然要做到与每一个沟通对象单独谈话是不可能的，但对于关键性的决策者，或者受委托将信息传达给更广泛的听众的这些人，应该采用面对面的谈话来进行沟通。办公室工作中常见的会谈主要包括上下级之间的交谈和两个或多个同级部门之间因沟通信息的需要而进行的会谈两种方式。面对面谈话需要一些基本技巧，如在对方说话时必须悉心倾听，不随意插话，不要迫不及待地解释和申辩，善于捉摸对方没有说出的意思，等等。有些办公室领导者在与下属谈话时，往往同时批阅文件，寻找材料，或乱写乱画，左顾右盼，注意力不集中，神情不耐烦。其结果不仅不能了解对方的思想，反而会伤害对方的自尊，失去下属对自己的尊重和信任，甚至还会造成冲突和隔阂。

2. **群体沟通**。群体沟通是指与沟通对象以小组会议的形式见面，这种情形比一对一的会见在规模效率上会好些，但个体之间交流的充分性比一对一的谈话要低些。举行会议是办公室工作中最常见的沟通方式之一，也是实施办公室管理的重要手段。在中国各级政府的工作中，大量的会议事务通常由办公室来承担。机关内部经常召开的各种类型的会议，究竟哪些一定要开，哪些是可开可不开，哪些没有必要而不应当开，哪些可以合并起来开？某一会议究竟需要请哪些部门的人员参加，才能做到既精简又收到实效？对于这些问题，有关会务人员必须事先认真进行考虑，加强管理，对确有必要召开的会议，必须综合协调，统筹安排。

3. 电话口头沟通。电话是人们工作生活中最常见的电子化口头沟通媒介,电话传递信息比面对面的会见花的时间要少,而且便捷,但由于不能看清楚对方的表情,沟通的反馈效果会有缺失。实况广播,这一般是通过室内广播网、卫星联播或公共广播做到的,虽然信息传递相对非个人化,但能传递即时、一致的信息。如果是录像带,观众不仅能听到声音,还能看到说话者的脸和肢体语言,对信息的有效传递是非常有益的。有效地采用电话方式进行上下级和同级之间的沟通,能够大大地减少沟通的环节,节约沟通的时间,对提高办公室工作效率十分有利。

4. 笔头沟通。笔头沟通分为书信等手写信息和电子邮件的笔头沟通两种形式。手写书信,是办公室传统的人性化的笔头沟通方式。这种方式可以使领导和听众分享特定决策的信息及分析,而且具有长期性、可查性,并且方便携带。电子打印的文件和电子邮件都是非个性化的笔头沟通的代表。电子化的笔头沟通信息传递快捷而且广泛,是现代社会中信息传播最迅速、最广泛的一种途径,能够有效地克服时间和空间的障碍,把重要的信息在很短的时间内传达到所有需要的人员电脑中。但是,电子化的笔头沟通缺点是针对性不强,使接收信息的受众接收意愿不强,接收效果容易受到影响(见图 14-1)。

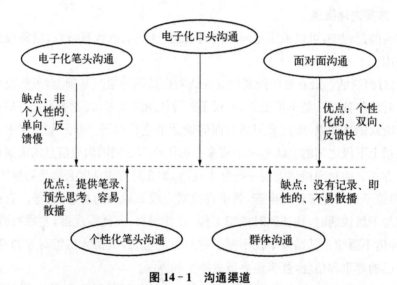

图 14-1 沟通渠道

(六)选择合适的沟通语气

除了需要具备清晰、生动、有力的文风以外,沟通的语气也很重要。在谈话中控制语气要比在写作中或书信中更加容易。当面对面谈话时,人可以用表情、声音强调语气,还可以用肢体语言补充未能表达的意思。如果是一份文件或邮件,内中的语气需要经过沟通对象的阅读、研究和传阅才能被领会。以下有一些沟通语气的建议可供参考。

1. 避免带有优越性的关心及职责。没有什么比一种带有优越感的关心及职责的语气使听众疏远的更快了。如果稍加注意,许多日常的对话中就传出了带有优越感的关心语气:"如果……,请不要客气,给我打电话";"如果……,请不要犹豫与我联系"。这些话暗示着说话者是很可敬且具有一定地位的人,听众在打扰之前将会三思。要避免这种状况的出现,下述的表达方式可能会更好些:"如果……,请给我打电话";"我肯定你将会理解";"我知道你将会同意"……这些话可以用于一个有争议的主张提出来之前。

2. 避免排斥性的语言。在办公室里。一个总是称"我的计划"的经理比一个总是称"我们的计划"的经理传递的信息是不同的。包容的语言将有利于获得听众的支持。同样的,歧视性的语言会将一部分听众排斥在外。当我们说,"如果经理想要实现他的目标,他必须……"我们真正的意思是"他或她必须"。然而过多的使用"他或她"会不方便,但有许多方法可以避免它,"每一个经理在月末提交他的销售报告"可以改为"每一个经理在月末提交一份销售报告"。

3. 避免阿谀奉承。上级像下级一样也希望得到表扬并且感激赞赏,但对此一定要保持适当及得体。否则,上级或许会认为你不诚实,而合作者可能开始讨厌你。

4. 在合适的时候运用幽默。在非正式场合,比如像婚礼这样的社交聚会或俱乐部会议上与朋友谈话,幽默应该得到很好的运用。没有什么能比一个好的笑话更能将人们聚在一起或使他们被听众所喜爱的了。在一些比较严肃的场合或提出一个重要的建议时,幽默也能发挥作用,在这种情况下最普遍的幽默战略是自嘲;特别是如果你是上级,下属们将会喜欢看到领导能认识到自己的弱点这一事实。不过,如果你不能肯定这样的幽默会奏效,不要运用笑话或自我贬低的介绍。另外,笑话的运用在口头表达上比书面表达中的效果会更好。

三、有效沟通的障碍及处理技巧

(一)何谓沟通障碍

有效沟通的障碍又称沟通障碍,即各种影响沟通过程,影响信息传递真实性、准确性、完整性等的各种因素。常见的沟通障碍主要有下列几项。

1. 个人因素。这包括有选择地接受和沟通技巧差异两大类。所谓有选择地接受是指人们拒绝或片面地接受与他们的期望不相一致的信息。研究证明,人们往往愿意听或看他们想听或想看的东西,而拒绝不中听的信息。除了人们接受能力有所差异外,许多人运用沟通的技巧也很不相同。例如,有的人不能口头上完美地表述,但却能够用文字清晰而简洁地写出来;另一些人口头表达能力很强,但书面表达能力则很差。所有这些问题都妨碍进行有效的沟通。

2. 人际因素。这主要包括沟通双方的相互信任,信息来源的可靠程度和发送者与接收者之间的相似程度。沟通双方的诚意和相互信任至关重要,上下级之间的猜疑只会增加抵触情绪,减少坦率交谈的机会,也就不可能进行有效的沟通。另外,信息来源的可靠性实际上是由接受者主观决定的,当面对来源不同的同一问题的信息时,人们最可能相信他们认为最诚实、最客观的那个来源的信息。沟通的准确性与沟通双方间的相似性有直接的关系,沟通一方如果认为对方与自己很相近,那么他将比较容易接受对方的意见,并达成共识;相反,如果沟通一方视对方为异己,那么信息的传递将很难进行下去。

3. 结构因素。这主要包括地位差别、信息传递链和团体规模等。研究表明,地位的高低对沟通的方向和频率有很大的影响。例如,人们一般愿意与地位较高的人沟通;地位较高的人则更愿意相互沟通;地位悬殊越大,信息趋向于从地位高的流向地位低的。此外,所谓信息传递链现象表明,信息通过的等级越多,它到达目的地的时间也越长,信息失真率则越大,当组织规模较大时,人与人之间的沟通也相应地变得较为困难。

(二)处理沟通障碍的技巧

对于沟通障碍,人们想出了不少处理的技巧。在办公室信息沟通的过程中,以下一些方法在解决沟通障碍方面是行之有效的。

1. 提高信息发送者与接收者的素质。信息不管多么重要,都是要由人来掌握的,因此提高信息掌握者的自身素质十分重要。只有当信息的发送者和接收者都具有较高的文化素养和知识水平,都掌握了现代化的信息传输技术,才能在最短的时间内以最好的质量完成信息的传输任务,有效地避免信息的失真和误导。

2. 加强人际交往,建立相互信任与合作的关系。办公室信息沟通是一项涉及许多人的系统工作,它要求在整个沟通过程中保持连续性和完整性,为此,努力扩大办公室人员的相互熟悉和交往,建立彼此间相互信任与合作的关系非常重要。只有相互信任,领导与下属之间才能推心置腹地交换意见,共同为完成组织的使命而献计献策;只有相互信任,同事之间才能友好交往,建立起一种融洽的关系,保证每一项工作的顺利进行。

3. 精简机构,减少沟通层次。根据信息传递链的原理,机构的层次越多,信息的失真率越大。因此,努力减少行政机关的机构层次,简化信息的传递渠道,才能真正做到减员增效,把办公室的信息沟通工作提高到一个新的台阶。

4. 积极开发多种类型的新型沟通渠道。随着现代信息沟通技术日新月异的发展,新的沟通渠道不断涌现。如移动通信方式的普及,使人们可以在任何时间、任何地点几乎不受限制地进行信息传递。尤其是随着计算机大规模地进入办公室,使原先需要大量工作人员进行分工合作才能完成的信息收集、处理、储存、传输等工作只要由少数办公室人员通过计算机就能轻而易举地完成。特别是近年来计算机网络的迅速扩展,使办公室之间的信息联网成为可能,大量有用的信息可以借助于网络从世界各地以最快的速度传输进来。可见,只要办公室人员积极开发利用多种新型的沟通渠道,一定能有效地克服各种现存的沟通障碍,为更好地提高沟通质量作出贡献。

第三节　办公室沟通技巧

一、倾听的技巧

所谓倾听,就是用耳听,用眼观察,用嘴提问,用脑思考,用心灵感受。换句话说,倾听是指对信息进行积极主动的搜寻行为。

要提高办公室信息沟通技巧,首先就必须学会"听"。人都长有两个耳朵,对于听力正常的人来说,能"听"并不难,但要准确把握听到的内容,了解说话人的意思,从"听"中揣摩对方的意图,这些技巧,却不是人人都会的。

有些人认为倾听能力是与生俱来的,那是因为他们把听到和倾听混作一谈。事实上,听只是一个生理过程,它是听觉器官对声波的单纯感受,是一种无意识的行为。倾听不仅仅是生理意义上的听,它更应该是一种积极的有意识的听觉与心理活动。通过倾听,不仅可获得信息,而且还能了解情感。常言道,洗耳恭听,便是倾听的一种表现,这也是一种可训练的技巧。听与倾听的区别可用图14-2来表示:

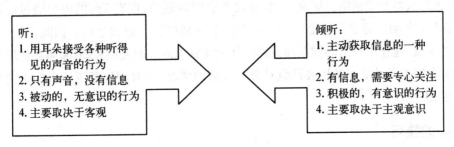

图14-2　听与倾听的区别

倾听的技巧主要包括以下几项内容。

（一）准确把握对方的语言内涵

办公室人员在通常情况下进行沟通,都必须借助于语言。由于语言只是个符号系统,本身并没有任何意思,它仅仅是说话者描述和表达个人观点的符号或标签。因此,大多数沟通的准确性依赖于沟通者赋予字和词的含义,而语言极少对发送者和接收者双方都具有相同的含义。其原因在于:

1. 语言是静态的,实际是动态的。行政活动处于实际的运动过程中,而人们用以描述它们的语言则是凝固的、静态的。对于同一种物质不断变化的情况,人们往往只能用一个词去描述,因而不准确。

2. 语言是有限的,而实际是无限的。语言是用来指称事实、经验和关系的,可是语言直到现在还远不能表达人们想要表达的一切事物。对事实的描述、对经验的总结、对关系的概括都非常不完善。

3. 语言是抽象的,事实是具体的。抽象是语言的重要特性,它帮助人们归纳问题。然而,在抽象的过程中,人们总有所选择,有所舍弃,这样就不可避免地造成对某一事物认识不足的问题。

针对这些情况,对一个好的听者来说,他首先应该静心倾听,力争把对方所说的每一句话、每一个字都听得清清楚楚,然后细心琢磨对方说这些话的主要意图,这些话到底有没有"弦外之音",对方对一些问题的理解是否和自己完全相同,如有不同,那区别主要在哪里?同时,在听的态度方面,应表现得十分真诚和认真,应尽量直视对方的眼睛,不随意打断对方的话,当对对方说的意思表示赞同时,应通过点头等动作让对方看到你的反应。当然,要做一个好的听者,自己的内在修养十分重要,良好的涵养能使听者表现得谦逊而有风度,使对方产生一种亲切感,更有利于对方说出自己的真实感受。

(二) 努力把握非语言暗示的含义

当人们进行交谈时,常常伴随着一系列有含义的动作,如身体的姿势、头的偏向、手势、面部表情和眼神等。这些无言的信号强化了所表述的含义。例如,沟通者双方的眼神交流,可能会表明相互感兴趣、喜爱或者厌恶。面部表情会表露出惊讶、恐惧、兴奋、悲伤、愤怒或憎恨等情绪。研究表明,在面对面的沟通中,仅有7%的内容通过语言表达,另外93%的内容是通过语调(33%)和面部表情(55%)来表达的。因此,对一个好的听者来说,应在用耳听的同时注意用眼仔细观察说话者的表情和动作,体会他所要表达的意思究竟是什么。特别要注意对方说反话的情况,要时刻注意说话者的表情和语言是否相一致。

二、说的技巧

要提高沟通的水平,就必须学会说话的技巧。话人人会说,但能否说得好,说得准确、生动、吸引人,却不是人人都能掌握的。要学会说话的技巧,必须掌握以下几个要点。

(一) 注意语言用词的准确性

要能说好话,必须具有一定的遣词造句的能力,具有较好的语言表达功底。说话时应用词准确,直截了当,杜绝使用含糊不清的词语和概念,特别是对模棱两可、容易产生歧义的语词更是切忌使用,要让听者一下就明白你所要表达的内容。

(二) 注意说话时的心态和情绪

要能说好话,必须在说话时具备一种良好的心态,既要做到不卑不亢,又要切忌骄妄和浮躁,只有从容不迫,平静沉着,才能充分发挥出内在的潜能,把所要表达的意思说清楚。此外,在说话时,说话者的风格对听者接受和认可所传递的信息影响很大,若亲切和气,言语坦诚,听者往往易于接受说话者的观点;若是态度冷淡,语言生硬死板,则容易使听者产生反抗心理和抵触情绪。

(三）注意语言表达的生动性

有些办公室领导说话时，往往用词准确，心态平和，但听者对其反应并不佳，究竟是何原因呢？原来他说话平铺直叙，老是一点、两点、三点说不完，语调缺乏应有的变化，就像一杯白开水，又像一首乏味的催眠曲，听的人开始还能接受，到后来就觉得有点昏昏欲睡了。对于那些善于表达的人来说，把握语言的生动形象是十分重要的，好的演说者往往一开口就能把人"抓"住，凭的就是其风趣幽默、抑扬顿挫的表达风格。因此，对每一个想说好话的人来说，学会控制语速的变化，做到张弛有度是非常重要的。

（四）注意提高语言的知识含量

许多人往往有这样的体会，与一位博学的长者交谈一番，常会感到受益匪浅，常言说"与君一席话，胜读十年书"就是这个意思。要想把话说好，最要紧的还是要从自身的知识修养方面下功夫。因此，要学会说的技巧，多读点书，多开阔自己的眼界是十分重要的。常言说得好"取之于江河，杯杓皆是波涛"，一个人的知识面广了，自然能在交谈时旁征博引，滔滔不绝，也更能使语言富有表现力且容易被听者接受。当然，这种能力不可能一蹴而就，俗话说"厚积才能薄发"，一个人只有经过多年的努力，才能成为一名语言艺术的大师，但对普通人来说，努力提高语言的知识含量，是掌握说的技巧的关键所在。

三、表扬的技巧

赞美他人，是我们日常沟通中常常碰到的情况。要建立良好的办公室人际关系，必要的赞美他人是必不可少的。心理学家马斯洛认为：荣誉和成就感是人的高层次的追求。一个人具有某些长处或取得了某些成就，他必然会寻求得到别人的赞扬和承认。如果你能以诚挚的敬意和真心实意的赞扬满足一个人的自我，那么许多人都会更容易变得通情达理，更乐于与人合作。因此，作为领导者，应该努力去发现能对部下加以赞扬的方面，形成一种赞美的习惯。赞扬部下是对部下的行为、举止及进行的工作给予正面的评价，赞扬是发自内心的肯定与欣赏。赞扬的目的是传达一种肯定的信息。被表扬的部下会更自信，想要做得更好。赞美部下作为一种沟通技巧，不是随意说几句恭维话就可以奏效的，以下四点值得特别注意。

（一）赞美必须要真诚

真诚是人际沟通中最基本的尺度。古人就曾说过"精诚所至，金石为开"。如果赞美别人的时候不是真心诚意，那么不能起到预想的沟通效果。所以在赞美别人的时候，必须确认你赞美的人的确有此优点，并且要有充分的理由来赞美。

（二）赞扬的内容要具体

除了赞美中广泛的用语如："你很好！"，"你表现得很棒！"以外，最好加上具体的事实评价。例如："你这次处理客户投诉的态度非常好，自始至终婉转诚恳，并且对问题提出了解决方案。你的做法正好是我们期望的标准典范。"这种赞扬一定会使下属在今后

的工作中表现得更加出色。

（三）注意赞美的场合

在众人面前赞扬部下是一个很好的方法，但是在采用的时候要慎重。因为被赞扬的表现若不被大家认同，其他人难免会有不满的情绪。因此公开赞扬的最好是能被大家公开评价的事项，例如：受到社会大众认同的义举、对公司产生重大贡献、业务竞赛前几名等，这些值得赞扬的事情，都是在公开公平的竞争下产生的，或是已被社会大众和全体员工认同的，在公开的场合进行赞扬，能大大提高被赞扬者的工作热情，对提高全体人员的士气也有很好的作用。

（四）适当运用间接赞美的技巧

第一种间接赞美的情况是指借第三者的话来赞美对方。这样比直接赞美对方的效果往往要好。间接赞美的另一种方式就是在当事人不在的情况下赞美。一般来说，背后的赞美往往能传达到本人。这除了能起到赞美的作用外，更能让被赞美者感到对他的赞美是真挚的。

总之，赞美是人们的一种心理需要，是对他人敬重的一种表现，恰当地赞美别人，会给人一种舒服感，同时也能改善与同事的人际关系。

四、批评的技巧

俗话说"良药苦口，忠言逆耳"，有些人认为批评就是"得罪人"的事情。所以在办公室中有些领导从不当面责备部下，因为不知道该如何掌握批评他人的技巧，因而使得有些不当行为一直无法得到纠正。也有些人在指责部下后，反而没有达到改善部下行为的目的，反而使对方产生更多的不满和不平。事实上，之所以产生这样的后果，原因还在于没有掌握批评部下的技巧。

（一）以真诚的赞美作为开头

一个人犯了错误并不是说他一无是处，所以在批评他人时，只提他的短处而不提长处，他就会感到心理上的不平衡，感到委屈。心理学的研究表明，被批评的人最主要的障碍就是担心批评会伤害自己的面子，损害自己的利益。所以在批评前帮他打消这个顾虑，被批评者就会主动放弃心理上的抵抗，对批评也就更容易接受。

（二）尊重客观的事实

批评他人通常是比较严肃的事情，所以批评的时候一定要客观具体就事论事。要清楚地知道批评他人并不是批评对方本人，而是批评他的错误行为。千万不要把对错误行为的批评扩大到对部下本人的批评。更不可以否定部下的人品人格，这样容易产生不可调和的矛盾。

（三）不要伤害部下的自信和自尊

不同的人由于经历、知识、性格等自身素质的不同，接受批评的能力和方法也不同。应该根据不同的人采用不同的批评技巧，但是要有一个核心的原则就是不伤对方的自尊和自信。指责是为了让部下做得更好，若伤害了部下的自尊与自信，反而会适得其反。因此可以采用这样的说法："我以前也会犯下这样的过错"，"每个人都有低潮的时候，重要的是缩短低潮的时间"，"你以往的表现都优于一般人，希望你以后不要再犯这样的错误"……

（四）友好地结束批评

批评部下，对方或多或少会感到压力，如果一次批评弄得不欢而散，对方会产生消极情绪，甚至产生对抗情绪，这会为以后的沟通带来障碍。所以每次批评都应尽量在友好的气氛中结束。这样才会彻底解决问题。比如对他说"我想你会做得更好"、"我相信你"，并报以微笑。这样会帮他打消顾虑，增强改正错误、做好工作的信心。

（五）选择适当的场所

不要在大庭广众之下批评别人，最好选择在单独的场合。比如说独立的办公室、安静的会议室，或者附近安静的咖啡厅都是很好的选择。每个人都会犯错，要有宽广的胸襟包容别人的过失，本着爱护别人的心态，同时注意以下几个要点：当部下需要批评时，不要犹豫，正确适当的指责和批评，对部下和对部门工作都会有积极的效果。

礼貌请求的 30 种方法

1. 间接法：通过间接的表达方式，以商量口气提出请求，令人易于接受。例如：

好的表达：你能否尽快帮我一个忙，把这件事情处理好？

对照表达：尽快替我把这件事办一下。

2. 缓言法：借助于辅助语来减缓话语的压力，避免唐突，充分维护对方的面子。例如：

好的表达：小王，不知你可不可以把这封信带给他？

对照表达：小王，把这封信带给他！

3. 悲观法：通过流露不太相信能成功的想法把请求表达出来，给对方和自己以退路。例如：

好的表达：你可能不太愿意，不过我还是想麻烦你一趟。

对照表达：你去一趟！

4. 缩小法：把要求说得很小，以便对方接受，从而达到满足自己的愿望和要求的目的。例如：

好的表达：你帮我这一步就可以了，其余的事情我自己来做。

对照表达：（前提是这件事有些为难对方）这件事就全靠你了。

5. 谦恭法：通过抬高对方、贬低自己的方法把请求表达出来，显得彬彬有礼。

例如：

  好的表达：您老就别推辞了，我们都在恭候您呢。

  对照表达：请您出席我们的会议。

 6. 明知错法：表明自己知道不该提出请求，只是出于无奈。例如：

  好的表达：真不该在这个时候打扰您，但实在没有办法。

  对照表达：麻烦您去一趟。

 7. 体谅法：先说明自己体谅对方的心情，再提出请求。例如：

  好的表达：我知道你手头也不宽裕，不过实在没有办法，只好向你借一借。

  对照表达：请你借一点钱给我。

 8. 迟疑法：首先讲明自己本不愿打扰对方，再提出请求，缓和语气。例如：

  好的表达：这件事我实在不想多提，可你一直没有帮我办。

  对照表达：你怎么一直没有替我办？

 9. 述因法：提出请求时把具体原因讲出来，使对方感觉很有道理，应该帮助。例如：

  好的表达：隔行如隔山，我一点儿也不懂那里的规矩，你是熟悉的，就替我办了吧。

  对照表达：你帮我办吧！

 10. 乞谅法：先请对方谅解，再提出请求，显得友好、和谐。例如：

  好的表达：恕我冒昧，又来麻烦您了。

  对照表达：我又来麻烦您了。

 11. 被动法：通过运用被动句式，避免提及对方，来婉转表达请对方帮助办事的有关意图。例如：

  好的表达：如果事成了，不会让你白操心的。

  对照表达：如果按时完成，我就奖励你。

 12. 不定法：运用不定代词代替"你"、"我"来表达相关意思，使话语平和。例如：

  好的表达：谁求不着谁？任何人都会这样做的。

  对照表达：我只好这样做了。

 13. 复代法：用"我们"来代替"我"，来表达自己的意愿，以免显得武断。例如：

  好的表达：我们是实在没有办法了才来找您帮忙的。

  对照表达：我是没法子才来找您帮助的。

 14. 谦称法：用谦虚的自我称号来代替"我"，显得谦和有礼。例如：

  好的表达：晚辈失礼了，这点儿小事还来打扰您。

  对照表达：我失礼了，这点小事还来打扰您。

 15. 远视法：用指示代词等把时间、地点等方面的视点推远，使语句婉转，减轻对方的心理压力。例如：

  好的表达：那种事情费不了你多大的劲儿。

对照表达：这件事你肯定办得了。

16. 定规法：通过讲述有关的规定来表达有关意思，避免直接指明对方，减少个人发号施令的口气。例如：

好的表达：上头规定此事由你负责，所以我非求你不可。

对照表达：这件事由你负责。

17. 感激法：提出请求时表示自己对人家的感激之情，显得尊重人家对自己的帮助。例如：

好的表达：如蒙鼎力相助，我们将不胜感激。

对照表达：我们会感激你的帮助。

18. 暗示法：通过暗示语句来表达有关意思，以免直接驱使对方，而使对方感到面子难下。例如：

好的表达：我要出差了，那件事来不及办了，可没人接手不行。

对照表达：那件事你接着办吧。

19. 线索法：通过提供有关线索，间接引导对方考虑自己的请求，给对方留下余地。例如：

好的表达：我们公司离你家很近，几步路就到了。

对照表达：请你到我公司来谈。

20. 预设法：通过蕴涵的前提来暗示有关意思，使对方自然而然地按照自己的要求去做。例如：

好的表达：上周是我值的班。

对照表达：这周该你值班了。

21. 淡化法：有意用轻描淡写的语言表达有关意思，使请求易于让对方接受。例如：

好的表达：请你帮助我把这间房间稍微粉刷一下。

对照表达：请把这房间彻底粉刷一下。

22. 夸张法：用夸张的语言把有关意思表达出来，求得对方的谅解。例如：

好的表达：我是上天无路，入地无门了。

对照表达：我只能给你添麻烦了。

23. 重言法：借助同语反复句式来表达请求，显得较为通情达理。例如：

好的表达：领导毕竟是领导。

对照表达：这事非你不行。

24. 矛盾法：用自相矛盾的语言来表达有关意思，在模棱两可中提出请求。例如：

好的表达：我本来不想跟你提这件事，可还是提了。

对照表达：请你帮我忙。

25. 反语法：用反话来密切双方的关系，表达自己的请求，显得轻松愉悦。例如：

好的表达：朋友说你帮人很热心的（实际上很冷淡）。

对照表达：你怎么对这事不热心？

26. 反问法：通过反问句表达有关意思，避免直陈己见而显得缺乏涵养。例如：

好的表达：除了请你帮忙，我还能怎么办呢？

对照表达：我没办法了，只好请你帮忙。

27. 歧义法：使用多义语言来表达混夹多种意思的请求，以免与对方产生直接分歧。例如：

好的表达：这可是一件见仁见智的事情。

对照表达：这件事是好事。

28. 笼统法：用笼统的语言来表达有关请求，避免令人反感的直接吆喝，效果会更好。例如：

好的表达：这里需要盖个章。

对照表达：请您给我盖个章。

29. 含糊其词法：用不点名道姓的办法来表达请求意思，照顾人家的面子，对自己有益。例如：

好的表达：好像有人在为难我们。

对照表达：你在为难我。

30. 不言自明法：用说半句、留半句的方法来表达请求，点到为止。例如：

好的表达：我已在这个岗位干了八年了⋯⋯

对照表达：我想换个岗位。

成东与于泳的工作危机

成东主管汽车电子设计部，于泳负责工程部。他俩是大学同班同学，都已在本公司任职6年，职位相同，薪水也相差不多。

成东与于泳对主管生产副总监林达负责并向他汇报工作。林达对设计部和工程部的工作看似很放心，并很少关心部下的工作。林达常对别人说："成东和于泳都是非常优秀的，我完全信赖他们。"

成东与于泳曾是好朋友，但自两人分别担任部门主管以后，由于工作职责与风格的不同，经常发生一些冲突，甚至激烈的争论。林达对这一情况略有所知，但没有过多地关注事态的发展，因为这一问题还没有提交到他面前由他处理。

成东最近刚为一款新的越野车设计了电子安全装置，他将设计图纸递交给于泳，由其完成试制。这一项工作花费了350个工时。但是当成东从国外出差回到公司，看到样品时,他发现了几处差错,因而这一工作需要重新做一次。这不仅成本高,而且客户也催得很紧。

当林达召集成东、于泳及其相关人员开会时,他们俩开始互相责备对方。成东说:"我在出国之前都已对他说明了,当时走得急,我来不及校对。于泳如果细心一些的话,会及时发现问题并与我联系。"于泳则辩解道:"这是成东的错,是设计部出了差错反而让我们背黑锅,我们是完全依据他们提供的图纸进行加工的。"

案例思考题

1. 出现这个问题的关键原因是什么?
2. 成东与于泳之间沟通失败的状况是如何形成的?
3. 如果你是林达,会如何处理这一事件?

1. 沟通是为了一个设定的目标,把信息、思想和情感在个人或群体间传递的过程。
2. 依据不同的标准,沟通可以分为语言沟通与非语言沟通、正式沟通与非正式沟通、单向沟通和双向沟通等。
3. 办公室内部的有效沟通是沟通的最高境界,表现为彼此理解对方的真实意图。有效的沟通以准确、清晰、清洁、活力为特征。
4. 有效沟通的基本步骤包括明确沟通目标,确立观点,选择沟通内容,调整信息结构,选择沟通渠道等。
5. 有效沟通的障碍又称沟通障碍,即各种影响沟通过程,影响信息传递真实性、准确性、完整性等的各种因素,包括个人因素、人际因素和结构因素等。
6. 要提高办公室沟通的水平,努力消除沟通障碍是十分重要的任务,其技巧主要包括:提高信息发送者和接收者的素质,加强人际交往,精简机构,减少沟通层次,积极开发多种类型的新型沟通渠道等。
7. 办公室沟通技巧具体可分为:听的技巧、说的技巧、表扬的技巧、批评的技巧等。

1. 什么是有效的沟通?进行有效的沟通需要经过哪些基本步骤?
2. 结合实际,谈谈应如何在工作中学习和运用表扬和批评的技巧。

第十五章

办公室接待工作与职业礼仪

> **本章提要**
>
> 接待工作是一个组织协调联系各方,树立良好社会形象的主要环节。作为接待任务的主要承担者,办公室工作人员要了解接待的类型,清楚接待的原则和要求,按照接待的程序一步步落实接待工作。在具体的接待活动中,办公室工作人员要了解接待禁忌,注重个人礼仪、工作礼仪和活动礼仪,以体现个人良好的风度修养和组织的精神风貌。

接待工作是办公室的一项常规性工作。做好接待工作必须有一定的准备,包括环境、心理、态度等诸方面。对待不同的来访者,应该用不同的方式、步骤进行处理,目的都是为了提高工作效率,为组织的形象和利益服务。

第一节 办公室接待工作概述

一、办公室接待的含义和基本要素

接待,通常包含对来宾的迎送、接洽和招待,办公室人员的接待不同于某些机关的信访接待,主要区别在于两者的接待对象不同,信访接待的对象是人民群众,而办公室接待工作的对象是具有公务关系的社会组织的代表。据此,我们认为接待的具体含义是指对因公务活动而来的内外宾客的接洽和招待,是一种有着公共关系职能的活动。

一项接待活动通常包括五个要素:

1. 来访者,即接待对象,可以是一个人、数人,也可以是一个代表团。
2. 来访意图,即来访者通过来访而要达到的目的。
3. 接待者,即对来访者进行接洽招待的办公室人员或其他相关人员。接待活动的

接待者一般包括：领导人、专职接待人员、业务部门的人员和行政部门的人员

4. 接待任务，即根据来访者情况而确定的接待方针和安排，多由接待计划来体现和固定。

5. 接待方式，即根据接待任务而确定的接待的规格、程序、方法等。

二、办公室接待的类型

1. 按接待对象划分，可分为：外宾（境外客人）接待、内宾（国内除本系统外的客人）接待和家宾（本系统、本单位的客人）接待。

2. 按相互关系划分，可分为：上级来访接待、平级组织来访接待和下级组织来访接待。

3. 按接待的内容，可分为：工作接待（围绕某一方面的工作而展开的接待）、生活接待（以安排吃、穿、住、行为主要内容的接待）、事务接待（以处理临时性的事务为主的接待）。

4. 按公开程度，可分为：公开接待、半公开接待、秘密接待。

5. 按来访意图可分为：务虚性接待（以友好访问、参观、学习为目的的接待）、务实性接待（以通过会见、会谈等方式解决实际问题的接待）。

三、办公室接待的原则

（一）以礼待人，互相尊重

我们中华民族历来是重交往、讲礼节的民族，接待活动作为一种典型的社会交际活动，务必以礼待人，相互尊重。尤其是在涉外接待中，由于各国有着不同的习俗做法，办公室人员必须尊重对方的礼节、民族、宗教、语言、风俗习惯，以免伤害对方的感情；要体现中华民族的道德风尚和文明素养，以增进彼此间的友谊，维护中国的形象和声誉，体现我们办公室人员较高的礼貌素养。

在接待事务中，办公室人员作为组织的代表，对于任何来访者，不管是上级机关来的，还是下级单位来的，也不管其身份、地位、资历、国籍如何，都应该平等相待，热情诚恳。

以礼待人主要表现在四个方面：一是在态度方面，要不亢不卑，稳重自然，落落大方。在整个接待过程中，要始终给来宾以亲切、温暖、舒适的感觉，对于那种"门难进、话难听、事难办、脸难看"的衙门作风应坚决摒弃；二是在仪表方面，要面容清洁，衣着得体，和蔼可亲；三是在举止方面，要稳重端庄，风度自然，从容大方；四是在言语方面，要声音适度，语气温和，礼貌文雅。

（二）俭省节约，细致周到

接待事务在某种意义上也是一项消费活动，需要人力、物力、财力的大量投入。作为负责接待工作的办公室人员，无论是对内还是对外，对上还是对下，都要坚持精打细

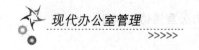

算、勤俭节约,不搞摆阔气、讲排场、大吃大喝、铺张浪费的不正之风。

同时,接待工作的内容往往是具体而琐碎的,涉及方方面面的部门和人员,这就要求办公室人员在工作中要做到耐心、细致、周到,要善于统筹计划、总结经验、摸索规律,不断提高办事能力。

(三) 遵守制度,按章办事

在日常接待中,不少来访者会向办公室人员请客送礼,以期获得办公室人员的好感。作为承担接待工作的办公室人员,一定要严格遵守单位制定的有关接待方面的规章制度,婉拒对方的好意。当然在具体操作的时候要分清情况。如果对方送的是联络感情的小礼物(挂历、对方公司的徽章等),可以收下,但如果是价值昂贵的礼物,一定要退回,同时可附上一张便条表示感谢,并向对方解释单位有纪律规定不许收礼。

在规模较大、时间较长的团体接待中,办公室人员同样要严格按制度办事。不要搞超标准接待,避免计划外开支,更不可把开支转嫁给下级单位。有时领导人不熟悉有关财务规定,任意批条子,办公室人员有责任加以提醒、监督。

(四) 安全保密,内外有别

接待活动尤其是重要的接待活动,要注意做好安全工作和保密工作,同时注意内外有别。安全包括:饮食安全、住宿安全、交通安全,为了保证接待的安全,必要时可同有关安全保卫部门联系,采取严格的防范措施,消除一切不安全的隐患,确保整个接待活动的顺利进行。保密包括:会谈保密、文件保密和某些活动保密。这要求办公室人员在接待各色人等、迎来送往的过程中,应注意言谈举止的分寸,严格遵守保密纪律,不泄露国家和单位的机密。如,在接待来访者时,应遮盖住办公桌上的重要信函与文件;与来访者交谈时,一般不要先提及单位的业务状况和领导人的动向。要记住,办公室人员的任务是为来访者和领导人讨论安排一个合适的时间与场所,而不是与来访者讨论问题的。

四、办公室接待的要求

接待工作大多要经过"迎宾"、"会宾"、"送宾"三个阶段,对办公室人员而言,无论是接待内宾还是接待外宾,接待活动都必须按照以下五个基本要求来操作。

(一) 要掌握来宾情况和用意

尽快了解来访者的情况,判断来访者的意图,这是做好接待工作的基础。来访者的情况具体包括:来访者的国别、地区、所代表的机构或组织,来访者的人数、身份、职务、性别、民族、宗教信仰、生活习俗,抵离的时间、交通工具、来访的目的、任务及有关的背景材料等。

不同的来访者来访的用意也不同。有些来访者用意很明确,如上级交派的重要接待活动,上级部门会有明确的交代,有的来访者用意是藏而不露,如打着参观学习、友好访问的旗帜,实质上是要窃取情报的。对于来访者的用意,办公室人员一般可通过对方的证件、信函、收集到的来访者的情况,来访者的自我介绍以及同来访者的交谈等多种渠道来判断。对于未约而来的"不速之客",办公室人员更需要在短时间内掌握上述情况,判断其用意,以使后面的接待工作心中有底。

（二）要拟定接待方案

"凡事预则立,不预则废"。在充分掌握来宾情况和意图的基础上,办公室人员还要制定切实可行的接待方案。接待方案的内容包括：

1. 接待方针,即接待的指导思想和总原则。一般根据来访意图和双边关系来制定。如有的接待应当热情友好,有的接待则应不亢不卑,有的接待还要故意冷落。

2. 接待规格。接待规格往往体现了对来访者的重视和欢迎的程度。根据来客和陪客的职务、级别,接待规格可分为高格、低格、对等三种。高格接待就是陪客比来客职务要高,低格接待就是来客比陪客的职务高,对等接待就是陪客与来客的职务、级别大体一样。基层接待多采用低格和对等。

注意,接待规格应当恰当,并非越高越好,规格过高,影响组织的正常工作,接待规格过低,影响上下左右的关系。外宾接待要严格按照国家的有关规定来执行。作为办公室人员,要为领导当好这个参谋。

确定接待规格,也就为接待工作定了基调,就可以确定以下的接待内容：一是迎送、陪同的我方领导人的级别；二是客人吃、住、行的标准；三是迎送仪式的规模；四是接待活动中礼仪活动的次数和隆重程度。

3. 接待方式。包括迎送、宴请、会见、会谈、观看文艺演出、参观游览等。

4. 接待日程。根据接待活动,安排具体的接待时间表。

5. 接待经费预算。接待经费有的是主方提供,有的是客人自理,也有的可双方共同负担。在涉外接待中,应按国际惯例来操作。如,以部长、副部长级为例,访华随员在10人以内,我方免费招待,凡超过限额者,其费用自理。方案中对经费的来源和支出都应当具体说明。

拟出接待方案后,应交主管领导审批,也可征求来访者的意见。日程确定以后,应抄送给来访者。

（三）要撰写有关材料

在接待过程中,办公室人员还要负责撰写大量的材料。这些接待材料包括：汇报材料、发言材料、参考材料、欢迎词、欢送词、祝酒词、答谢词、协议书、会议纪要、视察纪要等。这些材料,有的需要事先撰写,有的则是接待过程中撰写,有的是事后撰写。材料准备要注意内外有别,涉外材料要做到口径统一,注意保密。

（四）要落实接待事项

对于已经拟订并经主客双方同意的接待方案,办公室人员要精心组织实施。如安排迎接、拜会、宴席、会谈、参观、游览、送别,以及安排住宿、准备礼物、安排交通工具、联系

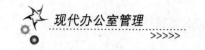

新闻报道、布置安保工作等,都是接待活动的重要内容。落实各项接待事项,是接待活动的主体,直接关系着接待工作的质量和效率。这部分内容将在接待程序中具体介绍。

（五）要处理好后续工作

一项接待工作完成后,还要认真做好各项后续工作。如,及时进行接待工作总结,向领导汇报接待情况,进行经费结算,有关材料立卷归档等,以便总结经验、吸取教训,改进工作。

这五大要求也是接待过程的五个基本步骤,因此,在具体操作时,要注意先后顺序不可颠倒。

第二节　接待工作中的有关禁忌

礼仪是社会的规范,也是办公室人员的常务工作。学习、掌握和运用礼仪,不仅是个人修养的体现,而且是办公室人员办事能力的反映,工作艺术的体现,对工作总体效益的提高大有帮助。如在辅助领导进行决策的过程中,对礼仪程序作妥善安排,就能使领导在具体的活动中既体面又掌握主动;在与"人"打交道时,如果能恰当地运用礼仪来理顺人际关系,就能消除隔阂,增进理解,使工作顺利进行。办公室人员知礼、懂礼、重礼,不仅有利于工作,还能由此推动社会的文明与进步。

禁忌是人们对某些言行的自我限制,它不仅来源于人们对某种神秘力量的畏惧,也包含着人们在与大自然作斗争中长期积累的经验,以及在长期的人际交往中所形成的社会礼俗。禁忌在人类的社会交往中几乎是无处不有、无处不在。接待是办公室日常交际活动中的一项经常性工作。接待中触犯禁忌就可能带来难以挽回的损失。从接待的全过程看,我们可以发现,几乎每个环节都有必须注意的禁忌。这里主要介绍拜访禁忌、言谈禁忌、公共场所举止禁忌及送礼禁忌等四个方面。

一、拜访禁忌

拜访某人需事先预约,忌突然造访。否则,受访者会感到不快。甚至拒绝晤谈。因为这突如其来的拜访往往打乱了受访者的工作安排,会给他造成极大的不便。预约好的拜访一般要准时,不可提前或迟到。但在习惯上,尤其是宴请或聚会,美国人习惯晚3—5分钟到达。一般说来,比预定的时间晚10分钟到达是没有问题的。如果早到了,最好等一会儿,因为女主人忙于准备饭菜,直到开饭前5分钟才有时间换装,早到会使主人感到难堪。迟到自然会使主人或其他客人久等,也是一种失礼的事。英美国家的这种习惯和中国人的做法正好相反。

我们通常习惯于早3—4分钟到达以示尊敬,对年长或位高者尤其如此。预约好的拜访忌无故取消或推迟。如果有了突发事件,如灾病事故而实在不能前往时,要提前通知,事后要表示歉意,以弥补给主人造成的不便。

二、言谈禁忌

主要表现为:称呼禁忌和说话禁忌。

接待场合称呼的禁忌主要有:使用错误的称呼。如误读客人的姓名或误会对方的年纪、辈分、婚否以及与其他人的关系,都是令人尴尬的事情。使用过时的称呼。如称官员为"大人"、"老爷"等。使用庸俗低级的称呼,如在正式场合称兄道弟、使用绰号作为称呼等就显得不伦不类。

办公室人员在接待场合说话谈话要得当、适宜,这样才能更好地互相传递信息和情感,增进彼此的了解和友谊。而要达到这种效果,谈话时便要注意一些禁忌。言谈中要注意不要东张西望,不要耳语,不要饶舌,不要太沉默,不要矜夸,不要多用"我"字,不要用不雅的字眼,不要随意打断对方谈话,不要始终使自己处在讲话的位置,不要乱用手势,不要冷落他人,不要涉及他人隐私,不要做傲慢无礼的动作,不要当众批评他人等。

三、公共场合举止禁忌

接待场合需要办公室人员有发自内心的真诚的微笑,忌讳假笑、冷笑、怪笑、媚笑、怯笑、窃笑、狞笑等让人不舒服的表情。

人们在公共场合活动要严格按照先来后到的顺序,严禁别人打扰。比如到银行办事或到某处参观,我们应根据先来后到的顺序排队,并保持一定的距离。到餐馆用餐,如果人多客满,后到的人不能打扰先到的人,必须在门口等候,也不可到餐厅内任意游走,或自己找位子。在公众场合不能排队加塞儿、上公共汽车拥挤抢座、围观看热闹等,这都是不文明,不礼貌的举动。

说话声音低也是不想打扰别人的一种表现。在公共场合与他人交谈时,应避免大声喧哗。另外,在众目之下涂脂抹粉、忸怩忐忑同样是举止不当的表现。

四、送礼禁忌

在接待过程中,人们往往通过送礼表示友好,增进感情。但送礼同样要讲究得当,否则有可能弄巧成拙。

在接待过程中,如果遇到客人的传统节日,彼此之间送些小礼品是常有的事,但忌送重礼。因为花费较多送重礼可能被认为是一种贿赂行为。另外,送重礼意味着还礼时也要还重礼,送礼体现的是"千里送鹅毛,礼轻情意重"的意蕴。

当今社会,以花送礼是一种高雅文明的礼仪行为,但须明白什么场合对什么人需送什么花,千万不可弄错。送花必须是鲜花,不能用绢花、纸花、塑料花。花束要整洁、鲜艳。花的品种和颜色要根据不同的对象来选择。一般忌用菊花、杜鹃花、石竹花以及黄色的花。因为菊花在法国等一些国家是用作吊唁死者的,黄色被许多国家和民族视为

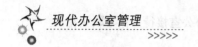

不吉利而受到厌恶,因此,给什么人送什么花要酌情而定,不可按自己个人的意愿行事。

在送礼时还要注意"对外交往九不送"[1]:一是不送现金、有价证券;二是不送天然珠宝、贵金属饰品及其他制成品;三是不送药品、补品、保健品;四是不送广告性、宣传性物品;五是不送冒犯受赠对象的物品;六是不送易引起异性误会的物品;七是不送以珍稀动物或宠物为原料制作的物品;八是不送有悖现行社会规范的礼品;九是不送涉及国家机密、行业机密的物品。

接待禁忌都是些言谈举止中的小节,可是对每一个办公室人员都很重要,如果能在接待工作中注意这些禁忌,相信一定能圆满完成接待任务。

第三节 办公室人员的仪表、着装和语言

一、办公室人员的仪表

办公室人员的仪表指其的面容、发式、气味及总体精神面貌。仪表美了,给人的第一印象就好了。

办公室人员仪表的基本要求是要做到昂扬健康、和谐自然、清洁卫生。具体可从发型和面容来体现。

(一) 发型

发型是人的仪容美的关键,俗称"发式是人的第二面孔"。恰当的发型会使人容光焕发,风度翩翩。发型设计要与脸型、体型、季节、年龄、职业、气质等因素相适应,体现和谐的整体美。

不论男女,头发都应该是清洁、蓬松、无头屑,并散有淡淡的香味。青年男性办公室人员宜梳理短发,一般多以三七开的分头为主,不留鬓角,也不要擦油太多显得太亮太滑。年纪稍大的男性办公室人员可留背头,但也应勤剪勤洗,保持整洁。女子的发型除了清洁之外,同样要注意与脸型身材相配,并根据不同场合调整改换发型,以适应环境气氛。一般说来女性办公室人员在日常工作时不宜长发披肩,宜将头发扎、编或盘起来,会更显精神、干练。参加礼仪活动,则可精心制作,使发型高贵雅致。

(二) 面容

面容是仪容美的根本,美容就是通过对面部的改善美化,达到美的目的。要对面部进行美容,需注意以下五个基本准则:

一是正确认识自己,保持面容清洁。化妆的目的是要突出优点,修饰缺点,就是要依据本人的脸相特点来确定怎样美容才能做到"五官端正"。要修饰面容,首先也是清洁,一个人要给人清爽干净的感觉。眼角不能有眼屎,鼻腔要干净,耳朵的凹槽里也不

---

[1] 金正昆:《外事礼仪》,首都经济贸易大学出版社 2002 年版,第 305—306 页。

该有积垢,牙齿应该洁白光亮,不能有口臭,工作时不该吃葱蒜辛腥食品,不应留长指甲,甲缝更不能有积垢。干净的人才能给人容光焕发的感觉。

二是以修整、自然为准则。生活中的美容化妆,以修整统一、和谐自然为准则。恰到好处的化妆,给人以文明、整洁、雅致的印象,浓妆艳抹,矫揉造作,过分的修饰、夸张,是不可取的。

三要正确选择使用化妆品。化妆品是美容化妆的物质条件。化妆品虽琳琅满目,种类繁多,但其功用可分为三大类,即清洁类化妆品,用于清洁皮肤;护肤类化妆品,用于保养皮肤;修饰类化妆品,用于修饰化妆。使用化妆品要注意,一是根据自己的肤色选择,二是根据自己皮肤的性质选择,三是要注意化妆品的质量,四是不要频繁更换化妆品。

四是不同的场合,不同的妆色。化妆的浓淡要视时间、场合而定。在白天日光下、工作时间、工作场合,适合化淡妆。浓妆艳抹,厚厚的粉底,重重的唇膏,与周围的工作气氛不相宜,让人感觉你不是在认真地工作,甚至认为你不稳重。在这样的环境中,应当力求表现自然、质朴,采用不露痕迹的化妆手法。晚上,参加舞会、宴会等社交活动,可穿着艳丽、典雅的服装,在灯光照耀下妆色可浓些,可使用发亮的化妆品。外出旅游或运动时,不要化浓妆,在天然秀丽的风光中,最宜表现一个人的自然美。

五是化妆时应避免的细节。如一般不要在众人面前化妆,因为那是非常失礼的;不要非议他人的化妆,每个人都有自己的审美情趣和化妆手法,一定不要对他人的化妆品头论足;不要借用别人的化妆品,这既不卫生,也不礼貌;男士的化妆要能体现男子汉的气质,不可搞得油头粉面,花里花哨。

二、办公室人员的着装

办公室人员的着装打扮既是自尊自爱的表现,也体现了对交往对象的尊重。在公务场合办公室人员的服饰装扮不可随意,需遵守一些基本的规范。

(一) 符合身份

办公室人员是为整个组织提供综合服务的工作人员,因此其服饰装扮应以朴素简约为主要风格,中规中矩。朴素简约不是土里土气,繁琐浮躁,而是穿着打扮简单实用,大方干练,这既有利于做好具体工作,又有利于赢得各方人士的信任。如在办公场所,办公室人员的服饰应显得自然、端庄、大方。外出考察、参观则要入乡随俗,不喧宾夺主。

(二) 区分场合

办公室人员的穿着打扮要与自己所处的具体场合相适应。在不同场合,穿着打扮应有所变化。这些场合主要有公务场合、社交场合与休闲场合。

在公务场合,办公室人员的穿着打扮基本要求是:正统、端庄、规范,即要中规中矩。着装宜为制服、西装、套裙,或者长袖衬衫配以长裤、长裙,饰物以少为佳,女性以淡

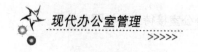

妆为宜。

社交场合如聚会、宴会、拜会、舞会、音乐会等,办公室人员的穿着打扮的基本要求是:时尚、典雅、个性。着装以时装、礼服、民族服装以及个人制作的服装为主。社交场合不宜着过于正式的制服或过于随意的便装。在社交场合中,可适当佩戴饰物。饰物讲究档次高、款式新、做工精。忌佩戴低档、过时、粗糙的饰品。在社交场合中,女性要化妆,化妆的浓淡应与所处场合相协调。头发应精心修饰。

休闲场合如居家、健身、旅游、逛街等,办公室人员穿着打扮的基本要求是:舒适、自然、方便。着装以家居装、运动装、牛仔装等为宜。切莫选择制服、套装、套裙、时装、礼服等各式适用于正式场合的服装,否则会显得不协调。在休闲场合中,头发只要干净整洁即可,一般没有必要佩戴饰物和化妆。

(三)遵守常规

办公室人员的穿着打扮有一些基本常规,须自觉遵守。这些常规主要包括专业规范、内部规范与社会规范。所谓专业规范,指的是有关穿着打扮的技巧与方法。如男士穿西装套装要遵守"三色原则"这一专业规范,女士戴两件以上的饰物时,须遵守"质色相同规则",违反此常规,即使档次再高,也会显得不协调和粗俗。所谓内部规范,是指办公室人员所在单位内部的有关穿着打扮的具体规范。如一些单位要求其全体员工在工作之中必须选择正装。禁止男士蓄留长发或蓄须等(有宗教信仰的除外)。所谓社会规范,是指社会上对办公室人员穿着打扮约定俗成的看法或惯例。包括国内社会规范,如在国内,社会上对办公室人员的穿着打扮都强调朴实无华、典雅含蓄。国际社会规范,如出席宴会或观看正式演出时,要求出席者身着正规的礼服。两者若发生冲突,则以国际规范为准。

三、办公室人员的言谈

有道是"言为心声",一个人谈话的具体内容可以反映出其教养、情趣、品位、阅历。在公务场合,作为工作人员进行较为正式的交谈时,办公室人员有必要视谈话的时间、地点和场合,对交谈的具体内容进行斟酌,以确定哪些内容适宜交谈,哪些内容不适宜交谈。确定了这两个要点,交谈便有章可循了。

应回避和不宜涉及的交谈内容有七处,也叫"公务七不谈"。

1. 不泄密。就是不要泄露国家机密、行业秘密和单位秘密。
2. 不非议自己的国家、民族和政府。
3. 不对交谈对象的内部事务随意干涉、发表意见。
4. 不对自己的领导、同事、同行说三道四。
5. 不涉及格调不高的话题。
6. 不谈论交谈对象本人的弱点、短处或其他不足之处。
7. 不触及交谈对象的隐私。

可主动涉及的交谈内容主要有六项：

1. 交谈双方所正式拟议的内容；
2. 有助于双方进一步相互了解的内容；
3. 对交谈对象所属的国家、民族、单位以及其本人表达敬意的内容；
4. 交谈对象本人确有所长的内容；
5. 格调高雅的话题；
6. 令人轻松愉快的内容等。

与他人交谈，既要注意交谈的内容，也要注意表达的方式。在具体陈述时，办公室人员要在语言、语态、语气、语音、语速等方面多加注意。

1. 正确使用语言。如与外宾交谈，一般活动可使用外语，官方活动，应当使用中文。与外地客人交谈，宜用普通话，与本地客人或家乡人交谈，可使用方言。
2. 语态亲切，不亢不卑。充当"说"者时，不指手画脚，咄咄逼人。充当"听"者时，不三心二意、用心不专。
3. 语气平和礼貌。也就是平等、和气，尊重对方。
4. 语音纯正、适度。即无论中文、外文，力求发音纯正，不带乡音、土音，以免产生误解，音量适中，忌高声大嗓。
5. 语速轻快。也就是讲话的节奏均匀，不过快、过慢或忽快忽慢，而是让人感到轻松愉快。
6. 陈述有度。即具体交谈时，要注意双向交流，委婉表述，礼让对方。不我行我素、强人所难或一言不发。

第四节　使用电话、手机、E-MAIL 的礼仪规范

一、使用电话的礼仪规范

在现代社会中，每天有许多事情，都要通过电话来商谈、询问、通知、解决。接打电话的工作虽然普通平凡，但它却是办公室工作的重要内容。办公室人员电话接打的水平也是一个反映单位形象的"窗口"，因此，办公室人员要学会电话使用的礼仪规范。

（一）使用电话的基本礼仪

1. 语调热情、愉快、适中。接打电话时口要正对着话筒，唇要离开话筒大约半寸，咬字要清楚，说话速度要略微缓慢，必要时把重要的话重复两次，提到时间、地点、数目字，一定要交代得非常仔细。如果再能在接听电话时带点微笑，那电话中的声音就会悦耳动听。

2. 规范使用讲究效率。办公室人员要做到在最短的时间内说清所要说的内容，既可节省时间和费用，又不至于因长时间占用电话机而耽搁别人使用或业务往来。

3. 电话用语文明。电话，既是通讯工具，又是人际交往的工具，使用时应讲究礼貌。这就要求通话以"您好"开始，以"谢谢"或"再见"结束，语言规范、得体，不可粗俗无礼。措辞和语法都要切合身份，不可太随便，也不可太生硬。称呼对方时要加头衔。如："博士"、"经理"等。有的妇女喜欢被称为"小姐"，就不要用"夫人"来称呼。切不可用"亲爱的"、"宝贝"之类轻浮的言语。无论男女，都不可直呼其名。即使对方要求如此称呼，也不可用得过分。说"你"字开头的话时应慎重。像"你忘了"、"你必须"、"你忽略了"之类的话，即使语调再平和，在电话中听来也使人有被质问的感觉。提意见时不妨用发问的形式，比如："您能不能在星期四把那份材料送来？"或"那份报表您搞完了吗？"等。或者用"我"字开头，说："我星期四需要那份报告。"听话时，最好插用一些短语以鼓励对方。如，"嗯，嗯"、"我明白"、"我理解"，或"好，好"等。对对方的要求作出反应或对方提出要求时，态度应积极而有礼貌，比如："我将乐于关注那件事"或"请别忘了……"，等等。接打电话忌讳用命令方式，如一接电话马上说："说"或"讲"，或者多加一两个字"听到，说！"或干脆一声不吭将电话挂了，这样是非常失礼的。

（二）接听电话的规范

1. 铃响即拿话筒，主动自报家门。电话应该在铃响三、四声之内接听。即使电话离开自己的位置很远，我们也应立即赶过去拿起话筒。接听电话时，应立即停止与旁人的对话，主动自报家门，如"您好，这里是XX单位，请讲。"

2. 掌握电话内容，做好电话记录。要问清是何时何人来的电话？有何要事？需要回电话吗？回电话的对象是谁，如何称呼？是否再打过来？对方电话号码，等等。听话时，一边将主要内容重复，一边将人名、地名、时间、数字等记录准确，记录后由接听人复述一遍，让对方核实无误。若有疑问，应询问清楚。办公室人员应养成随时做电话记录的良好习惯。电话铃一响，办公室人员应一手摘机，一手拿笔，做好记录准备。通话完毕，应说"谢谢"或"再见"，接听人等对方先挂断电话才可挂断，也可按"谁打出电话谁先挂断"的原则来操作。

3. 几种电话的处理礼仪。

第一，打给领导的电话。如果电话是打给领导的，应先了解来电者的身份、意图，然后请对方稍等，将外线电话闭音，用内线电话请示领导，再作处理。若熟人找领导且领导在的话，就立即转告，让领导接电话。接通以后，办公室人员应立即挂断，不应再听。若是领导不愿接的电话，需要办公室人员应付时，则应恰当地把握讲话的分寸，按领导意图妥善处理；如说："对不起，先生。领导刚离开办公室。"或："我不知何时能找到他。"若领导正忙或已出差无法接电话时，可让对方留话，表示会主动联系。

第二，打给同事的电话。若对方要求找同事通话时，应马上帮助传达，但不可大声喊叫。若对方要找的同事不在时，应温和地转告对方，并可主动提出是否需要帮助，是否可找别人讲话以及对方的电话号码等，以便再与其联络，绝不要简单答"他不在"。

第三，几个电话铃同时响起。如果办公室人员刚接听一个电话，另一个电话铃声又响时,应请前者稍等,并闭音,再接另一个电话,区分轻重缓急,分别及时处理,切不可让一方听见办公室人员与另一方的谈话。

第四,对打错的电话。对打错的电话,办公室人员应礼貌地说明,而不可粗暴地挂断或加以责备。

第五,对喋喋不休的电话。当对方喋喋不休、不挂电话时,办公室人员应得体地向对方说再见,或者直截了当地向对方讲明你还有很多事情要做,或者简单地说"谢谢你打电话来"并挂机。

(三) 打出电话的规范

1. 充分准备。打出电话前应做好准备,调整好自己的思路,准备好相关的资料。重要电话应列出提纲,人名、地名、时间、事实、数据要核实无误,必需的资料应放在手边。打电话前应考虑对方上班时间,尽量找合适的时间。国外电话要考虑时差。

2. 正确拨号。拨打电话时,应先熟悉一下对方的号码,或在电话簿、名片上做记号,以免看错、拨错。境外或国际电话号码多达十几位,也应在14秒内连续、准确拨完,号码之间间隔不能超过3秒。

3. 通话规范。拨通电话后应先问好,接着自报家门、姓名,要请谁接电话等。说话应吐音清晰,音量适中,速度不紧不慢。重要内容提请对方记录,记完再请对方复述核实。

4. 请人转告。如果要求的通话人不在或不便接电话,简单事项可请接听人记下转告,或者请转告回电或另约时间再打。请人转告要留下对方的姓名、电话。通话结束,应说"谢谢"或"再见",方可挂断。

注意,若打电话给职位较高的人,应先与他的秘书联系,特别要注意语气的尊重和恭敬。

二、使用手机的礼仪规范[①]

随着手机的日益普及,手机礼仪越来越受到关注。

(一) 手机的放置位置

在公共场合,手机要放在合乎礼仪的常规位置。放手机的常规位置有:一是随身携带的公文包里(这种位置最正规)。二是上衣的内袋里。有时候,可以将手机暂放腰带上,或是开会的时候交给秘书、会务人员代管,也可以放在不起眼的地方,如手边、背后、手袋里,但不要放在桌上。无论如何,都不要在并没使用的时候放在手里或是挂在上衣口袋外。

(二) 公共场合下手机的使用礼仪

在会议中或在和别人洽谈的时候,在餐桌上,以及在看电影或在剧院时,最好的方

---

① 整合自《中国大学生创业网》,时间:2007-02-27。

式还是把手机关掉,或调到震动状态。这样既显示出对别人的尊重,又不会影响他人。

在公共场合使用手机,应尽可能把自己的声音压低一些,绝不能大声说话,妨碍他人。

在楼梯、电梯、路口、人行道等地方,不可以旁若无人地使用手机。为了自己和其他乘客的安全,在飞机上不要使用手机。

(三) 手机短信的收发礼仪

随着手机短信的广泛使用,收发短信也要注意礼仪。一定不要在别人能注视到你的时候查看短信;或一边和别人说话,一边查看手机短信,这显示你对他人不够尊重。

在短信的内容选择和编辑上,应该和通话文明一样重视。因为通过你发的短信,意味着你赞同至少不否认短信的内容,也同时反映了你的品味和水准。所以不要编辑或转发不健康的短信,特别是一些带有讽刺伟人、名人甚至是革命烈士的短信,更不应该转发。

三、使用 E-MAIL 的礼仪规范①

在如今的网络时代,办公室人员在工作中使用 E-MAIL 日益频繁,E-MAIL 收发是否合乎规范,同样也反映了一个组织工作人员的修养和组织的形象,因此使用 E-MAIL 也要注意礼仪规范。

1. 使用 E-MAIL 不要设置自动回复。自动回复话语统一单调,对对方欠缺尊重和关心。

2. 发送 E-MAIL 一定要写主题。不写主题会增加被对方判定为垃圾邮件的可能性。

3. 发送 E-MAIL 别忘了署名。这是起码的礼貌和尊重。

4. 发送 E-MAIL 不要用花哨的信纸。花哨的信纸非常影响阅读,有时换了不同的邮件阅读器会发现内文变得一团糟。

5. 不随意转发无聊的 E-MAIL。这种邮件的转发只能显示发件人的素质低下,会给自己和组织带来负面的形象。切忌勿为。

第五节 宴请、参观游览的礼仪规范

一、宴请的礼仪规范

在国际、国内交往中,宴请是一种重要的礼仪活动,也是最常见的接待形式之一。搞好宴请,可以融洽双方感情,有利于达成共识,取得谅解和一致。

---

① 整合自《中国大学生创业网》,时间:2007-02-27。

宴请一般包括国宴、正式宴会、便宴、冷餐会、酒会、茶会、工作进餐和客饭等。

（一）宴请前的事务工作

1. 确定宴会的邀请范围。应按国际惯例，一般主方人员人数不宜过多，应大致与来宾相同或稍多。

2. 确定邀请的规格。原则上按接待计划来执行。一般凡公费招待的对外宴请（中菜），通常为四菜一汤，冷盘和点心除外。

3. 确定宴请的时间和地点。时间安排应考虑对方的禁忌，如宴请基督徒不宜选择十三日。宴请的地点一般在宾馆内进行，也可根据需要选定。如冷餐会可在露天举行。

4. 确定菜单。菜单应考虑主客双方的喜好与禁忌，如宴请伊斯兰教徒应用清真席，印度教徒不用牛肉，回教徒不食猪肉，佛教徒用素食等。无论哪一种宴请，均应事先开列菜单，并征求领导意见。

5. 发出邀请。正式宴会一般应事先发出请柬，涉外宴请以主人名义发出，国内宴请，可以单位名义发出。

6. 现场布置。正式宴请活动应体现严肃、庄重、大方的气氛，酒会、茶话会则可轻松活泼些。大型宴会有讲话、致辞，要准备好扩音设备。布置好桌次和席位。安排桌次，应先确定主桌，只有两桌，主桌一般设在进门的右侧或里侧。桌次多时，主桌应围在次桌中间或面向次桌。次桌的位次高低以离主桌的距离而定，距离相同时，涉外宴请应按国际惯例，即右高左低，右客左主。

席位的位次高低以离主人的座位远近而定。距离相等时，涉外宴请按右高左低，右客左主来安排。席位排妥后，应制作席位卡，写上姓名，置于桌上。涉外宴请，应用中外两种文字书写，中文在上，外文在下。重要的宴请还要安排好休息室。

（二）宴请的程序

1. 迎宾。宴会开始前，主人一般站在门口迎接客人。重要的宴请，还可由主人带领排成迎宾线，列队迎候。主宾到达后，由主人陪同进入休息室或宴会厅。主人陪同主宾入座后，全体人员就座，宴会即开始。若宴会规模过大，则主桌以外的人员先入座，主宾由主人陪同最后入座。

2. 讲话。涉外宴请，讲话的时间应在热菜之后，甜食之前，先主后客。一般事先交换讲稿。国内宴请，则是在宴会开始之前。

3. 宴请的时间一般可掌握在一个半小时左右。宴请时，要注重礼仪礼节，尤其是涉外宴请。我方办公室人员应主动关照来宾，尽可能普遍地与同桌来宾交谈，不要只和自己人长谈而冷落了来宾。主人应向来宾敬酒，但不要劝酒，我方办公室人员饮酒不要超过自己酒量的1/3。

4. 送宾。宴会结束后，让来宾先退席，主宾告辞，主人送至门口。主宾离去以后，原迎宾人员按顺序排列，与其他客人握手告别。

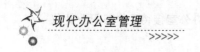

二、参观游览的礼仪规范

每个地区都有自己的工农业建设特点和名胜古迹、疗养胜地和纪念遗址。选择参观游览项目要征得客人同意,然后通知参观、游览地作好准备。要有职务相当的主人陪同,边看边介绍。尤其是参观工农业项目,要有本单位懂业务、了解情况的负责人陪同,以解答客人的提问。全天参观,要安排好午饭和午休的场所。

有些重要的参观游览地配有导游,当导游介绍完毕后,陪同人员要有礼貌地鼓掌表示感谢。在参观中,陪同人员即使到参观地点去过多次,也要一直陪同参观全过程,不可中途离开或表现得心不在焉。

作为接待工作中的一项极为重要的内容,进行参观游览时要遵循以下三项原则。

(一) 针对性原则

参观游览的地点要根据来宾的特点和要求作安排。要选择有代表性的参观单位,介绍情况要实事求是。

(二) 突出重点的原则

由于参观时间是有限的,不可能面面俱到,对初访者,往往安排一般性游览。若来访者来自企业界、科技界,则安排现代化企业和实验基地,效果更佳。

(三) 劳逸结合原则

安排参观游览活动要有主次。对高级代表团,一般一天安排一个主要项目,辅以一个游览节目。参观一个单位时间一般控制在一个半小时左右,最长不超过 2 小时。

妙辞不速之客[①]

胡秘书正在办公室忙着,进来了一位西装革履的男士,自称与李总经理约好的。但胡秘书一查李总的日程安排,却并没有发现有约会。但既然说与李总经理有约,也可能是李总亲自约定的,接过名片一看,是某家杂志社广告业务部的钱经理。凭直觉胡秘书觉得对方是个推销员,但仍然很热情地请坐、端茶,然后问道:"您是否和李总约在上午见面?"

对方回答:"如果方便,我希望很快见到李总。"

胡秘书明白了,肯定没有约会。即便是李总亲自约定的,也会有具体准确的约见时间。"您看,很不凑巧,今天上午李总刚好有个临时会谈。我马上设法和他取得联系,告诉他您在这等候。或者另约时间,可以吗?"

---

① 孙荣、杨蓓蕾等:《秘书工作案例》,复旦大学出版社 2005 年版,第 105 页。

钱经理马上表示同意。胡秘书接着说:"您看我怎么向李总汇报您的情况?"

经交谈,胡秘书很快清楚了,来访者是为杂志社编撰本市最新工商名录做广告、拉客户的。这类事不是第一次遇到,胡秘书知道接待不可草率生硬,来访者中不乏"无冕之王",还须"恭敬送神"好。

经与李总联系,从他那里得到的答复是"不见",胡秘书当然不能"直言相告"。

"钱先生,真对不起,李总正在与一家重要客户讨论谈判,我不方便进去打断。您看已近中午,怕要耽误您太多的时间了。您看是否这样,我公司虽在本市,但大多数的业务还是在与外省市和外商之间,全国工商名录上,我公司已在册,本市工商名录上再登当然对本公司也有益,具体事项,我一定请示李总,并尽快电话与您联系,您看,我可以打名片上您的联络电话吧!"

"好,好。"嘴上这么说,钱先生已显不悦。

"另外,刚才看您送来的资料,我想起我的同行马小姐曾和我谈起过她供职的公司正要做公共关系形象广告和业务宣传,您看我是否可以介绍他们公司与您合作……她的联系电话是67559831,这是我的名片,您可以直接与孙小姐联系。"

"好,好!"钱先生的口气变得和缓了。

"钱先生,这资料您是否可以多留几份给我?尽管我公司业务范围不太适合,但周末的同行联谊会上,我可以帮您向其他合适的公司宣传,同行介绍,恐怕更方便些,您看是否可以?"

钱先生告退时的微笑是真诚的谢意,因为他受到的热情接待弥补了没有完成任务的缺憾。胡秘书热情地送他到电梯口。

案例分析

某省茶叶进出口公司罗经理将与英国客商史密斯谈一笔20万英镑的茶叶出口合同。姜秘书负责接待工作兼翻译。史密斯一进门,姜秘书马上引进会客室,罗经理已等在那里了,经过一番简单的介绍,他们发现史密斯粗通中文,能听懂不少中国话。罗经理与史密斯寒暄的时候,姜秘书前去泡茶,她用手从茶叶罐中抓了一撮乌龙茶叶放在茶杯内,然后冲上水,把杯子放在史密斯的面前。

罗经理和史密斯都看到了这一切,史密斯疑惑地问:"听说你们中国在加工碧螺春时,姑娘们要用手沾着唾液把茶叶卷起来,是不是?"罗经理还未答话,姜秘书立即反应:"那种茶叶样子特别好看,特别香呢!"罗经理解释说:"不,不,不,几十年前是这种情况,但现在茶叶的种植、采集、加工都严格按照国家出口标准进行,不会再出现类似的情况。"史密斯说:"刚才那位小姐给我泡茶不是用手抓的吗……"

罗经理转移话题,引导史密斯到茶叶样品桌前,双方就合同事宜谈了起来,在价格问题上双方争执不下。最后,罗经理说:"我按最低价格打九折给你。"史密斯沉思着,姜

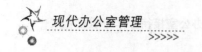

秘书接口:"我们已经给你成本价了,你应该接受了,你连茶都没有喝一口,怎么知道茶叶的质量哪?"

史密斯听了,耸耸肩,说了声抱歉,拔腿就走。

望着史密斯的背影,罗经理冲着姜秘书一顿责备:"好好的一笔大生意,都让你给搅了!"

姜秘书茫然不知所措:"经理,我不是一直在帮你吗?怎么会是我的错?"

案例思考题

1. 合同没谈成,真是姜秘书的错吗?她错在哪里?
2. 在接待过程中,姜秘书如何言谈举止才是合理的?

1. 接待的具体含义是指对因公务活动而来的内外宾客的接洽和招待,是一种有着公共关系职能的活动。

2. 一项接待活动通常包括来访者、来访意图、接待者、接待任务、接待方式等五个要素。

3. 接待的类型,按接待对象划分,可分为:外宾接待、内宾接待和家宾接待;按相互关系划分,可分为:上级来访接待、平级组织来访接待和下级组织来访接待;按接待的内容,可分为:工作接待、生活接待、事务接待;按公开程度,可分为:公开接待、半公开接待、秘密接待;按来访意图可分为:务虚性接待、务实性接待。

4. 接待的原则为:以礼待人,互相尊重;俭省节约,细致周到;遵守制度,按章办事;安全保密,内外有别。

5. 接待的要求有:要掌握来宾情况和用意,要拟定接待方案,要撰写有关材料,要落实接待事项;要处理好后续工作。

6. 接待禁忌主要包括拜访禁忌、言谈禁忌、公共场所举止禁忌及送礼禁忌等。

7. 办公室人员的着装要符合身份,区分场合,遵守常规。

8. 办公室人员的"公务七不谈"。主要有:不泄密;不非议自己的国家、民族和政府;不对交谈对象的内部事务随意干涉,发表意见;不对自己的领导、同事、同行说三道四;不涉及格调不高的话题;不谈论交谈对象本人的弱点、短处或其他不足之处;不触及交谈对象的隐私。

9. 与他人交谈,要正确使用语言;语态亲切,不亢不卑;语气平和礼貌;语音纯正、适度;语速轻快;陈述有度。

10. 办公室人员仪表的基本要求是要做到昂扬健康、和谐自然、清洁卫生。具体可从发型和面容来体现。

11. 使用电话的基本礼仪:语调热情、愉快、适中;规范使用讲究效率;电话用语文明。

12. 接听电话的规范：铃响即拿话筒，主动自报家门；掌握电话内容，做好电话记录；几种电话的处理礼仪。

13. 打出电话的规范：充分准备，正确拨号，通话规范，请人转告。

14. 宴请前的事务工作包括：确定宴会的邀请范围，确定邀请的规格，确定宴请的时间和地点，确定菜单，发出邀请，现场布置。

15. 宴请的程序包括：迎宾，讲话，时间控制（一般在一个半小时左右）和送宾。

16. 参观活动要遵循针对性、突出重点、劳逸结合三原则。

思考题

1. 你认为做好办公室接待工作的核心要点是什么？请举例说明。
2. 在日常工作中，你认为身边的工作人员是否重视接待禁忌？请举例说明。
3. 你平时是如何接打手机、收发 E-MAIL 的？请分析一下是否合乎规范。

第十六章

办公环境管理

本章提要

办公环境管理是办公室管理的重要内容之一,也是长期以来中国办公室管理的薄弱环节。本章首先阐述办公环境管理的内涵、意义和内容,强调办公环境管理有利于提高办公效率和工作人员的身心健康,接着对如何进行办公环境管理进行了具体的介绍,从办公地点的选址、新建和改建办公结构设计及各职能办公室的布局等三方面介绍了外部空间环境管理,从办公室、接待室和会议室的布局与布置、各种办公环境因素的控制和办公物材管理三方面介绍了内部空间环境管理。

办公环境与办公人员的心理-行为和办公效率密切相关。对现代组织来说,办公环境的科学管理就是指要加强对办公室各种环境因素的控制,合理安排办公场所,优化设计办公流程,妥善管理办公物材。这样不仅能使办公环境得到美化,还有利于改善或克服"办公室综合征",使办公室成为所有工作人员身心愉快地高效工作的场所。

第一节 办公环境管理的意义和内容

一、办公环境的含义

办公环境的含义可分为广义和狭义两种。广义的办公环境包括"软"环境和"硬"环境两部分,"软"环境指办公场所的人文环境,包括办公氛围、人际关系和工作作风等;"硬"环境是指办公空间的周围境况,具体指在工作场所中,人员的五官所感知的光线、颜色、声音、温湿度和清洁度等自然环境因素和人工设计、布置的空间环境因素及办公物材管理的综合。狭义的办公环境仅限指"硬"环境。

由于有关人际关系方面的办公"软"环境在后面章节中有具体阐述,故本章从狭义的角度对办公环境进行分析。在现代组织中,办公人员的工作场所主要在办公室。因此,办公环境管理又被称为"办公室环境管理"。

二、办公环境管理的意义

随着现代社会的快速发展,工作节奏的不断加快,以及现代化机械设备的大规模运用,人-机协调问题、人和环境协调问题等一系列现代社会问题开始涌现,从而使办公环境的科学管理显得越来越重要。科学的办公环境管理,不仅能解决这些问题,还能提高工作效率,激发士气,增进健康。具体体现在以下几个方面。

(一) 有利于提高工作效率和工作质量

在现代组织中,办公室是领导人和行政人员及其他各类工作人员进行办公的场所。办公物材设备的更新换代是否跟得上社会经济的快速发展,办公室内外的各种环境因素是否能使工作人员的生理-心理得到护卫,将直接影响到工作的质量和效率。如领导办公室是领导人进行决策、指挥、管理的重要场所,如同人体的大脑。安静、安全、美好的环境以及良好、完善的设备与设施,是提高工作效率的保证。综合办公室和各种其他功能的办公室是行政人员和各类工作人员的工作室。一切信息在这里汇总、整理,一切指令在这里发出,工作业务联系在此进行,日常各种事务在此处理,相当于人体的心脏。简洁、舒适、方便、实用的办公环境和工作流程,有利于工作取得更高效率,服务提供更高质量。因此,办公环境管理的质量直接影响到整个组织工作的质量和效益,也有利于人-机协调。

(二) 有助于确立组织良好的社会形象

办公室尤其是综合办公室是现代组织的一个"窗口",与社会各界的接触面最广,联系工作、洽谈业务、上级视察、下级上访、与社会公众联系、与新闻媒介联系都离不开办公室这个中心场所,办公室的设施、装饰、环境、工作流程和工作人员的态度、作风,都代表着组织的形象,因此科学规划和布置办公环境,合理布局办公流程,有助于确立组织良好的社会形象,有助于组织各项业务的开拓与发展。

(三) 有利于改善或克服"办公室综合征"

随着"文明"大量涌入办公室,不少办公人员出现了"办公室综合征"。具体症状为一进入办公室,他们就萎靡不振、头晕、嗓子难受、皮肤干燥、胸口发闷,有时甚至觉得呼吸困难,昏昏欲睡,浑身乏力。产生这些症状的原因是,办公室内的污染源(如化学地毯、塑料家具、地板蜡、黏合剂、空调设备等)较多。据美国国家室内研究所测定,现代办公室内空气中某些化学毒物的成分,要比室外高出数十倍,这就是说,办公室的小气候环境遭到了破坏。因此,科学管理办公环境,加强对办公室各种环境因素的控制,不仅能使办公室得到美化,还能使办公室的污染源尽可能减少,有利于改善或克服"办公室综合征",使人-环境协调。这样,办公室就会成为所有工作人员身心愉快的工作场所。

三、办公环境管理的内容

从空间角度来分,办公环境管理包括外部空间环境管理和内部空间环境管理两部分。

外部空间环境管理主要包括办公地点的选址、新建和改建办公结构设计及各职能办公室的布局等。内部空间环境管理主要包括:办公室、接待室、会议室环境的布局与布置、各种办公环境因素的控制和办公物材的管理三方面内容。

四、办公环境管理的基本原则

(一)工作流程最优化

工作流程是指工作人员从开始到结束所经的路程,或一项业务从开始到结束所经过的各道工序。以收文办理程序为例,收文办理一般经过传递、签收、登记、分发、拟办、批办、承办、催办、查办、立卷、归档、销毁等程序。从效率上讲,工作流程以连续不断最为经济有效,也就是说呈直线和圆形符合最优化。这就要求在筹划各职能办公室布局时,要根据办公室之间和人员之间的工作关系设计空间安排,所以既要考虑办公室之间的空间设计,也要考虑办公室内部的空间布局。这些设计和布局都应该力求方便,争取时效。如相关的部门应尽可能安排在相邻的地方,以避免不必要的穿插迂回,便于工作协调和同步进行。整个办公流程应体现方便、顺畅、协调、高效。

(二)舒适整洁

光线、色彩、气候、噪声、工作空间的布置等在不同程度上对工作人员的情绪都会有所影响,所以对一个办公场所来说,很重要的一点就是舒适整洁。不论是办公室、办公桌,还是抽屉、文件柜等,不要放置与办公无关的东西。办公文具的摆放要井然有序。

(三)和谐统一

办公环境中"软"环境要和谐,"硬"环境要协调。也就是说,一个有着和谐人际关系、干练的工作作风的办公室,往往能激发工作人员的团队精神和进取精神,当然也就能取得最佳的工作效果。对办公"硬"环境而言,如果办公桌椅、文件柜等办公室用品的大小、格式、颜色、摆放等协调统一,不仅能美化办公室,而且能强化成员之间的平等观念,创造出和谐一致的工作环境。

(四)安全健康

在办公环境的设计和布置中,保证组织人员的健康安全、物材和信息的安全是必不可少的重要环节,也是优化办公环境不可忽略的一个原则。设计各办公室之间的布局和办公室内的布置时,一要注意整体环境的安全,防止火灾、意外摔伤等事故的发生;二要注意办公室存放财物的安全条件,防止盗窃事件的发生;三要注意信息数据、文件、重要资料的安全和保密,防止失密、泄密和窃密事故的发生。总之,要为工作人员营造一个健康、安全的办公环境,使其能身心愉快地进行工作。

第二节　办公环境的布局与布置

一、外部空间环境管理

(一) 办公地点的选址

选择办公地点,应遵循如下原则:

1. 恰当。办公地点的选择应根据组织的业务需要,如运输公司宜设在机场、码头、车站附近;大型超市宜设在人口集中的居民区;设计公司、软件开发公司、出版社等,最好远离噪声污染严重的车间、闹市口、车站等区域,宜选择商务楼或室外绿化较多的大楼,以便提高工作效率。

2. 畅达。办公地点宜选择交通便利之处,以利于员工上下班和组织与外界各方的联系。

3. 宽敞。办公地点要有足够的面积,划分出工作区域、接待区域、休息区域、绿化区域和库存区域等,以便分区管理。

4. 优越。一般成熟的社区办公条件较优越,附近有邮局、餐饮、便利店、医院等,方便工作与生活。

当这些条件不能同时满足时,应首先考虑恰当原则。

(二) 新建和改建办公场所结构设计

办公地点选择好后,就要进行办公空间实体结构设计。办公空间实体结构设计有两种不同的情形,一种是对新造的办公场所或办公大楼进行设计,另一种是在原有的办公空间结构基础上进行改建设计。一般而论,新建办公场所的设计,如同在一张白纸上绘图,可以不受限制地绘制出最理想的图画,相对比较省力和容易。而改建则是要在破旧立新的条件下进行改造式的设计,相比之下,当然更麻烦和费力些。考虑到许多公司并不具备设计和建造一个全新建筑物的实力,绝大部分公司只能租用旧有办公室。这种情况下,建筑物的实体结构是无法改变的,组织在设计工作区域和工作流程时,也就要围绕原有的条件和位置来进行。

无论是新建还是改建办公场所,都可以用甘特图来控制进度。甘特图(Gantt chart)是在20世纪初由亨利·甘特开发的。它基本上是一种线条图,横轴表示时间,纵轴表示要安排的活动,线条表示在整个期间上计划的和实际的活动完成情况。甘特图虽然简单,但却是一种重要的管理工具,它可以帮助办公人员发现实际进度偏离计划的情况。在美国、德国等国还有经专家设计的通用参考模式图表,以反映新建办公场所的进度。

下面,我们以甘特图来体现某公司对办公场所的改建。

从图16-1可见,工作进度一目了然。前三项工作如期完成,而订购家具和办公用

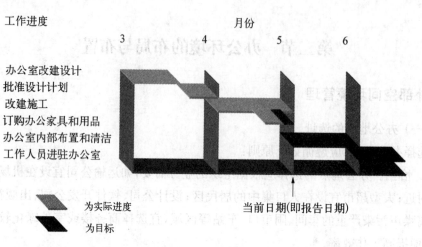

图 16-1 甘特图

品没有按期做好,这将直接影响下一步的工作进度。因此,通过甘特图办公人员可以及时采取措施,以使工作顺利完成。

(三) 各职能办公室的布局

确定各职能办公室的布局应本着便于各项业务沟通协调的原则,根据实际办公需要,一般要考虑如下因素:

1. 考虑办公信息的类型、性质和交流路线。如收发室、传达室等与社会外界接触较多的部门,应设计在人员进出的地方;综合、秘书等部门,应设在办公楼的中心地点;打字、计算机房、财务等办公室,应设在办公楼的一端。

2. 考虑相关部门间的工作关系和业务流程。如会计、审计等关系密切的职能部门应相互接近。

3. 还要考虑专用办公室的需要情况。如总经理是否需要独立的办公空间,根据组织的规模和大小,确定组织需要几个会议室和接待室等。

二、内部空间的布局和布置

各种办公环境因素的控制和办公物材管理的内容将在本章第三、四节中详述,这里先对内部空间的布局和布置进行介绍。

办公室是领导和员工的工作场所,也是各职能部门开展业务的地方;接待室是组织同外界联络的窗口,是展现组织形象的地方;会议室是组织内部集体讨论和决策的场所。因此,从工作需要出发,内部办公空间的布局应该考虑以上这三个相对独立的工作空间,即:领导和员工的办公室、接待室和会议室。

(一) 办公环境的布局

1. 办公室的布局。办公室的布局一般有两种类型,一种是分隔式,也叫分室型。即按部门或职能组织布局,采用分室式办公,是办公空间的传统模式。如领导、行政部门和各职能部门各自有单独的办公空间,且根据彼此的业务流程布局。另一种为开放式,又叫同室型或大办公室型,即领导和各职能部门的员工在同一间大办公室工作。办公空间的这两种布局模式各有所需也各有利弊,布局要求当然也不一样。

分隔式的优势在于:

第一,有利于专业工作效率的提高。按职能办公,由于业务特点、人员、设备和空间的稳定性,使得各项业务活动具有连续性和系统性,对于专项工作效率的提高是有帮助的。尤其有利于领导在自己的办公室静心思考重大问题。

第二,有利于某些机要活动的开展。如,领导和员工都有单独的办公空间,彼此之间可以互不干扰。领导进行个别谈话、听取汇报、召开上层核心会议、保密会议等尤为方便。

第三,不必要的干扰较少。领导、员工和各职能部门都有各自的办公空间,相互之间独立而不受影响,有利于减少嘈杂,保持安静的办公环境。

总之,分隔式办公空间特别适合机要性、专业化强的办公活动。

当然,分隔式不足之处也很明显,那就是这种布局妨碍了业务之间的相互联系,也阻碍了部门间工作运行的进程,工作流程上会有倒退、交叉、徒劳往返,而且不利于办公设备的共享。

针对分隔式的缺点,国外根据办公室建筑实体设计的发展趋势,提出了开放式设计思想,也叫"模数式设计"。1990年,在美国约有60%以上的办公室工作人员在这种开放式美化的办公空间环境中办公。

开放式办公环境有助于组织降低成本和提高工作效率。其优点主要体现在:

第一,有助于降低成本。在开放式的布局里没有私人办公室。工作空间的位置是通过安排可活动的物件来确定的,比如办公桌、椅、活动屏风、书架、档案架、活的植物等,而不改变固定的设施,比如光照装置、暖气管道、隔墙或地面覆盖物等。这样既可以降低能源成本,也可以降低建筑成本。由于减少了办公室之间的墙壁,可使照明设备发挥更大的公用效益。据有关文献介绍,开放式布局只需不到原来的20%的装备就可以向一定的区域提供照明。可节省能源消耗的40%。由于开放式布局中空间利用率大,同面积建筑成本可节省50%左右。办公场地的利用率可高达80%—90%。而且新布局灵活性大,比分隔式办公室的成本也低很多。

第二,开放式布局便于办公业务的交流与人员相互接触。每次进行工作间布局规划时,并不考虑窗户或其他常规结构的限制,而是以信息流和工作流程的自然路线所形成的不统一的形式来进行安排。如果工作流程设计合理,能避免不必要的倒退、交叉和徒劳往返,这样可极大地提高工作效率。

第三,有利于形成民主平等的办公氛围。工作人员的办公位置更多地是由分配给他们的任务,而不是由他们的地位来确定的。比如较高级的办公人员可以有较大的办公场所,有不同颜色、不同形状的办公桌,但除此之外,就几乎没有可以看得见的等级标志了。这样可以排除员工之间交流的心理障碍。管理者也有更多的机会与员工接触，更好地观察员工和监督员工的工作，有利于提高管理工作的成效。

显然，开放式布局是对传统的办公室管理体制的深刻变革。

开放式布局同样也有其弊端，主要体现在：

一是噪声大，干扰多。由于缺乏单独办公的机会，有经理和员工抱怨他们受到太多的干扰，旁边工作人员的谈话声、机器设备声及电话铃声不绝于耳，不容易集中精力。特别不利于处理个人事务和保密工作。这多多少少地影响了工作效率。

二是设计粗糙。最主要的问题是开放式办公室没有个人隐私的空间。如，打个私人电话，告诉银行办理一笔贷款，或者打电话向医生询问医疗检查结果等，这让员工感到相当不方便。

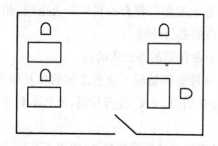

左图为一小公司的开放式办公室，领导、秘书和其他员工在同一室内，秘书在门侧，便于和领导、员工联系，领导在最里面。

图 16-2 设计粗糙的办公室

至于办公室到底是选择分隔式还是开放式，主要取决于组织的实际情况和业务需要。一般大型企事业单位采用的是分隔式布局，而中、小型企事业单位则多采用开放式布局。

2. 接待室的布局。除了办公室外，还应设置接待室。前面我们说过，办公室是组织的"窗口"，经常有许多客人来访，因此，设立专门的接待室是很有必要的。一是出于礼貌的考虑。办公室的条件相对简陋，不能给客人静心等候会见的一个较为舒适的环境，而且办公室里的人忙这忙那也使客人在旁感到尴尬。二是办公室事务较多，电话打进打出，人员进进出出，声音嘈杂干扰较多，在这种环境下主客之间难以从容进行交谈。三是从保密角度看，在办公室接待客人也不妥当。桌子上、桌玻璃板下有关单位内部情况的资料随处可见，电话交谈时客人在旁听得清清楚楚。

因此，一般组织都应设置专门的接待室。大中型的组织最好有两间规模不等的接待室，一间专门接待四、五个客人，房间面积小一点。另一间可接待十来个客人，房间面积大一点。接待室应与综合（行政）办公室分离，但不能距离太远，最好是毗邻。

3. 会议室的布局。会议室主要用于组织开会、决策、讨论。一般大中型组织都有专门的会议室，小型组织多不备单独的会议室，而是将会议室与接待室结合。

会议室的大小直接影响会议的气氛，会议室的布局主要有：教室形（课桌形）、主席台 U 形、主席台方框形或圆形。

教室形的布局类似于学校教室,在椅子前面有桌子,方便与会者作记录。桌与桌之间前后距离要大些,要给与会者留有座位空间。这种布局要求中间留有走道,每一排的长度取决于会议室的大小及出席会议的人数。一般要求每个座位上放有垫子,每个方位都提供一个水杯和一个烟灰缸,或者每个座位放置一个水用托盘提供水杯服务。(见图16-3-1①)

很多小型的会议倾向于面对面的布局,"U"形是较常见的,即将与会者的桌子与主席台桌子垂直相连在两旁。如果只有外侧安排座位,桌子的宽度可以窄些;如果两旁安排座位就应考虑提供更大的空间来呈放材料。(见图16-3-2)

将主席台与与会者桌子连接在一起,形成方形或圆形,中间留有空隙,椅子只安排在桌子外侧。这种布置通常用于规格较高、与会者身份都重要的国际及讨论会等形式。这种会议人数一般不会很多,而且会议不具有谈判性质。(见图16-3-3)

此外,会议室的布局还有讨论会形和自助餐形。即用两张长桌并列成长方形的形式,一般有方形、圆形和椭圆形几种,多用于讨论会,也可用于宴会等。桌上一般要求有台布,椅子与台布接近。圆形、自助餐形的桌子布置多用于有关酒会等与饮食结合在一起的会议。在中间的圆桌上可以放上鲜花或其他展示物。自助餐形还有很多的变化形状,可根据具体场所和时间来安排。(见图16-3-4)

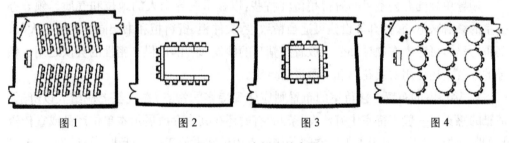

图1　　　　　图2　　　　　图3　　　　　图4

图16-3　会议室的布局

(二) 办公环境的布置

环境心理学的研究成果表明,恰当的环境布置有助于人的心理调节向能产生正效应的方向进行,从而产生积极的效果。因此,办公室、接待室、会议室的布置也相当重要。办公室、接待室、会议室的布置,都要遵守一个最基本的原则,那就是实用、简洁和美化,其环境布置最好能体现组织文化的基调。最忌粗、俗、奢。当然,环境的布置要适合不同用途的不同要求。

1. 办公室的布置。一般来讲,开放式的办公室应体现简洁、明快的本色。其办公室的主要摆设是办公桌、椅,存放书籍、档案的书架或柜子。这些办公设备的选择应以高雅大方、方便实用为原则。办公桌的大小及文件柜、各种设备等多少,应视办公室空

---

① 摘自《海南会展网》。

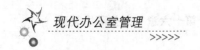

间而定，办公用具所占空间以不超过10％为宜，应尽量利用立体空间，用组合柜等放置必备的物品，书架、柜子的高度应尽可能地一致，且依墙排列，这样可使视觉空间增大。办公椅以半圆形椅、钩形回转椅为宜，以方便前后转动，操纵机器、电脑等。桌椅一般宜取朝门的同一方向排列，这样可给人线条流畅、整齐划一、井然有序的感觉。

在现代办公室中，电话、传真机、计算机、打印机、复印机等自动化办公设备是必不可少的。在开放式办公室中，员工们要共用这些设施，那么这些设施的放置必须注意一个原则，即个别员工在使用这些设施时不干扰其他人员的工作。办公用品的格调应大致统一，并与办公室格局、色调相协调。还要能反映出企业的性质，体现企业文化的精神，以适应高效工作的需要。

在分隔型的员工办公室中，员工们可以尽可能舒适和高效率的方式来布置自己的直接工作空间。直接工作空间可能包括书桌、椅子、档案、书架、所信奉的格言和活动桌子。布置这些物品时，先拟定一个布局计划，尽量考虑自己的工作习惯和同事们的走动方便。同时不要忽视了照明，应该尽量减少对电脑屏幕的眩照。办公桌上最常用的办公用品和设施，如电话、便笺、文具盒、订书机等，要放在你坐着工作时很容易拿到的地方，常用的参考书宜放在离办公桌不远的地方。文件箱也应该置放在离书桌不远的地方。

领导单独的办公室可布置得稍微独特些，以显示领导个人的地位和气质。领导办公室的桌、椅、电脑、传真等设施可适当精致些，文件柜、资料柜和书架同样要显得大气、高雅，另外，可考虑在领导办公室放置些精巧的沙发、茶几，以供私密性的会谈之用。领导的办公室还可用盆栽花草和书画进行点缀。

2. 接待室的布置。接待室的布置则应体现待客的特点，在气氛上应给人以舒适、清雅的感觉。一般接待室中有沙发、茶几，有的还在其中存放展示本单位产品或宣传资料的陈列柜，但不宜占用太大的空间。接待室中供客人使用的电话机、饮具、烟具、记录纸、笔等小物品不要忽略。盆栽花草和书画同样能给接待室增添不少生气和雅趣。不过花草要养护得法，书画切忌粗制滥造。

3. 会议室的布置。由于会议室的功能不同于接待室，所以会议室除了要有会议桌、椅、饮具、烟具、记录纸、笔等小物品外，还要有音响、讲台、幻灯机、录像机、多媒体投影仪、VCD（或DVD、LCD）等必备设备。当然精致的盆栽花草、书画同样必不可少，它们能减少与会者的疲劳，增加会场的气氛。

三、办公环境的美化

办公环境的美化，除了办公环境的布局与布置之外，还有两个不可缺少的因素，那就是色彩和绿化。

（一）办公室的色彩

色彩也是环境布置的一个重要内容。心理学认为颜色是能对人的情绪产生强烈影响的刺激源能,直接影响人的心理状态和情绪。如蓝、绿等冷色能使人情绪平静,红、橙等暖色,易使人兴奋,而灰色则会使人产生消极困倦的心理反应。经验表面,将办公室的门窗、地面、墙壁都用同样的颜色,会使人感到缺乏活力。

在办公色彩布置方面,既要考虑房间的朝向,空间面积大小,也要考虑办公室整体色彩的协调。如朝南的办公室宜用冷色,会给人以凉爽舒适的感觉,而朝北或东的办公室则宜用暖色,能产生明快协调的感觉。空间面积小的办公室用冷色系列,空间面积大的办公室适合用暖色系列会更和谐。就整体而言,除了要考虑四周墙壁的主色调外,还要兼顾到地面、桌面、窗帘屏风等颜色的协调。适合大多数办公环境的主色调一般偏冷、偏浅,辅之以其他物件的暖色、深色,则往往能获得较佳的效果。如表16-1[①]:

表16-1 办公室的色彩

墙壁颜色	地面颜色	桌子颜色	帐帘颜色	其他小物件颜色
白色	灰色	灰色	灰色	红色
浅灰色	棕色	灰色	绿色	黄色
灰褐色	绿色	赤褐色	黄绿色	深黄色
浅蓝色	灰褐色	赤褐色	浅蓝色	深黄色
灰褐色	浅棕色	白或金色	灰褐色	橙色
灰色	黑色	白或金色	黄色	珊瑚色

(二) 办公室的绿化

办公室里有些花花草草,好处可能出乎多数人的预料。德国科学家的一项研究指出,办公室绿化,不仅能提高空气质量、降低污染和噪声,还有助于缓解员工的头疼、紧张等症状。专家们通过研究得到的数据是:适度的办公室绿化能提高室内空气环境质量30%,降低噪声和空气污染15%,通过改善办公环境可以把职员病假缺勤率从15%降低到5%。对员工进行的问卷调查表明,他们认为在"绿色办公室"里紧张感减低,创造力却得到提高。例如,在一间30平方米大小的办公室,需要种植6棵大约1.5米高的植物,每两周对它护理一次,就能使办公室的空气湿度达到最舒适的标准。因此,绿化是办公室不可缺少的重要装饰和空气清新剂。

总之,办公环境的布局和布置不是领导或办公人员的个人所好或心血来潮。办公室美化要与整个组织的性质或企业文化相适应。比如,政府机关的办公室以庄重、简洁为好,不宜多加装饰;商业企业办公室则可以华丽一些,以显示自己的财源丰盛;工业企业则应显示自己的技术先进、产品精良和实力雄厚。但不管何种机关和企事业单位的办公室,都应避免奢侈和俗气。

---

① 王金夫等:《商务秘书》,百家出版社1994年版,第64页。

第三节 各种办公环境因素的控制

如果说办公环境的布局和办公室的布置是相对稳定的话,那么,对各种办公室环境因素的控制则是办公室人员经常性的工作。这些因素包括物体的整齐和清洁、噪声的控制,光线、温度、湿度的调节,突发性灾害事故的预防等。总之,办公室人员要为整个组织营造一个既干净、舒适、高效,又有利于员工情绪安定、精神振奋的工作环境,这也是办公内部空间环境管理的主要内容之一。

各种办公环境因素的控制主要包括以下几项内容。

一、办公环境的整洁

要使办公环境整洁,主要从两方面着手,一是要保持物体表面的清洁,二是要保持物体的有序性。

(一)清洁

从视觉形象来看,清洁是第一位的要求。布置得再豪华美观的办公室,如果布满灰尘,同样会影响组织的形象和员工的工作效率。

办公室清洁的目标是窗明几净。对此,我们不仅要做好除尘工作,如天天打扫地面,揩拭桌椅柜橱,定期擦洗门窗,处理好废纸物品,保持打字机、电脑、复印机等的整洁,长期不用则应加罩盖等;还要做好除菌工作。因为最新调查发现,办公室里桌面的细菌数量比厕所里的细菌数量高出 400 倍。除菌尤其要注意以下五大部位。

1. 电话。打电话时,话筒上满是喷射到电话上的口水,许多人的手依次触摸过拨号键,每个人都把自己的耳朵贴在听筒上,一来二往,电话机成为了一个潜在的细菌炸弹。

清洁方法:一是每天早上上班之前,先用干净的软布擦拭一遍电话机的机身和话筒。二是每隔一个月,用消毒棉清洗整个电话机。

2. 大门。每天许多人的手接触过它,无论是出入大门的同事、客户、上门推销员、快递、送餐员……还有你。在这个使用频率颇高的门把子上,会沾染来自不同地方的细菌,成为传播细菌的媒介。

清洁方法:进出大门以后,请记得洗手,或者用消毒纸巾擦拭自己的双手。

3. 电脑键盘。它是办公人员每天要用双手敲击的办公用具。由于键盘的构造,它的缝隙里有很多地方我们平时根本无法消毒或者擦拭。在那些缝隙里,或者残存着我们吃过的快餐余粒,或者滞留了带菌者喝过的水、喷过的飞沫,它们会随时危害人体的健康。

杀菌方案:尽量不要在电脑桌前吃食物,是避免键盘滋生细菌最直接的办法。此外,定期擦拭你的键盘也是必不可少的。

4. 计算器。对于在财务部门工作的人来说,计算器是一样公用的工具,也是一样必不可缺的东西。而与键盘一样,计算器的干净程度没有人关心,这些计算器上的病菌超乎你想像的多。

清洁方法:请申请一台独自使用的计算器。同键盘一样,不要边吃东西边使用它。每次使用时先用消毒纸巾对它进行擦拭。

5. 地毯。地毯虽有美观、保暖、减少噪声之利,但也是藏污纳垢的好地方。地毯的纤维之间有无数空隙,可以供各种各样的细菌容身。地毯的温度和湿度更能令细菌尽快繁殖生长,从而更大地危害到办公室人群的健康。有许多人患有所谓地毯过敏或者鼻炎,其实都是因为长期受到地毯中细菌的骚扰。[1]

清洁方法:应当至少 1 个月请专门的地毯清洁人员对地毯进行一次整体清洗,3 个月进行一次深层清洗。如果平时有打翻食物或者饮料泼在地毯上等情况,也应该立即对此处进行全部清洗。一些可以吸螨虫的强力吸尘器能对地毯进行有效的日常清洁。

注意办公桌上不应放置烟灰缸,因为办公室内禁止吸烟。

(二) 整齐

整齐就是办公物品存放的有序性。办公环境的整齐有序能给人秩序感和舒适感,使人的情绪愉悦安定,而且在工作中取用方便,有助于提高工作效率。杂乱是办公环境管理的大忌。

那么如何做到办公环境的整齐有序呢?

1. 把废弃不用的办公用品彻底清除出办公室。如破旧不堪的沙发、桌椅、淘汰下来的打字机、油印机等均应清除出办公室,办公室的特产——废纸,考虑到保密因素,应统一由碎纸机处理。

2. 报纸、文件、资料、书籍、杂志要有序排放。柜橱书架要经常清理,文件、资料、书籍、杂志要放得井然有序。报纸应用报架固定,文件、资料要立卷归档,书籍、杂志要分类放入书架。这些物品都要阅读后即放回原处,不可乱放乱塞,否则会泛滥成灾,既杂乱无章又不便寻找。

3. 各种小件办公用品应按功能分类,同类物品相对集中,固定在某一位置上。如各种笔和裁纸小刀应放在笔筒或文具盒内,墨水、胶水、修正液、胶纸、回形针、订书机等小型文具都应归在一个盒内,既不易碰翻,又不会摊得满桌都是零星东西。办公桌上除必要的文件、电脑、电话机、文具等办公用品之外,其他物品都应该放在抽斗或小橱内。

4. 办公桌上不宜放置相片架和其他小玩意,要尽量显得简洁。

二、办公环境的安静

办公室是工作人员思考问题,进行日常办公的场所,所以需要安静。要做到办公环

---

[1] 《健康生活报》,2005 年 1 月 20 日,第 15 版。

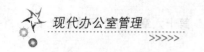

境的安静,就是要控制噪声。所谓噪声就是不和谐、不悦耳的,对人的生活和工作产生妨碍和干扰的声音。有研究显示,在有噪声的环境下工作和无噪声的环境下工作,工作效率相差25%。人若常时间在噪声高达70分贝的环境下办公,会产生烦躁情绪,不能集中精神,既影响人的身心健康,也减低工作效率。所以,如何有效控制噪声是办公环境管理的一个重要内容。

当然,安静并非绝对没有声音,在"声音真空"环境下同样会使人产生恐惧和不舒服的感觉,更不能使人正常工作。办公室的理想声强值为20—30分贝。在这个声强值范围内工作,会使人感到轻松愉快,不易疲劳。

办公室噪声的来源主要有两个,一个是室外噪声,一个是室内噪声。保持办公环境的安静就要从这两方面进行。

防止和减少室外噪声的主要措施是:

1. 选址恰当。办公室要避免设在噪声污染严重的区域。如噪声量大、持续时间长的车间、闹市口、车站等。一般应选在商务楼集中的办公区域,或室外绿化较多的大楼。

2. 办公室的外装饰材料要有隔音功能。如,墙壁、天花板最好用吸音、隔音的建筑材料,窗户应用双层玻璃,可有效地降低噪声。

减少室外噪声,在进行办公环境布局时就应考虑周全。而对室内噪声的有效控制则是组织中每个工作人员的职责。

控制室内噪声的主要措施有:

1. 自觉减少人为噪声。办公室人员都应养成轻步走路、轻声说话的习惯,尤其是在开放型的办公室。切忌高声谈话,嬉笑喧闹。如需与同事讨论,则应到走廊或休息室、接待室去。

2. 减低机械设备的噪声。办公室中的打字机、打印机、文字处理机及电话系统、空调设备等,都会产生噪声。较大组织往往设有专职打字员,则应设专门的打字室,以免嘀嘀嗒嗒的打字、打印的声音影响其他人员工作。小型办公室,可在打印机上罩上隔音罩或四周用隔音屏风围起来。空调等设施可选择噪声小的,办公室铺上地毯也能减小脚步声和桌椅移动的声音。

三、办公光线的适宜

办公室要求光亮适度。光线不足或光线过分强烈都会使人的视力受损,并影响工作效率。据资料介绍,普通办公室的照明标准为100烛光,较费眼力的如会计、计算机操作等为150烛光,设计、拟稿等工作为200烛光。具体见表16-2[①]。

光照有自然光源和人工光源两种,自然光源优于人工光源;所以办公室要尽量选用前无遮挡阳光的朝南房间,以保证充足的自然光源。人工光源一般作为辅助光源使用。

---

① 王金夫等:《商务秘书》,百家出版社1994年版,第67页。

办公室中人工光源中使用最普遍的是荧光灯(即日光灯),因为它的光线均匀柔和、散热少、不眩目、寿命长、发光效率高、耗电少,接近自然光。

白天办公最好是自然采光,但以太阳光不直接照射办公桌面为宜,以免影响视力。这要求办公桌不要靠窗摆放,或以白色或淡颜色活页窗帘调整光照。自然光不足时,必须以灯光补充或代替。可在办公桌上安放台灯,台灯应有灯罩,不直接照射人眼,也不可太亮,以 20 W 至 25 W 为宜。也可采用整体灯光,以光线柔和的日光灯为宜,最好安置在室顶或天花板四周,采用室顶反射光,柔和、均匀,利于保护视力。如用集中光源,则应加磨砂或乳白玻璃灯面。办公室不宜采用五颜六色的光线。

表 16 - 2　办公室照明英尺烛光度表①

办公室区及工作类型	最低英尺烛光
设　计　室:起草设计、制图	200
会计办公室:审计、制表、簿记、电脑操作	150
一般办公室:阅读粗劣的复制件,营业操作机、电脑操作	150
读清楚的复制件,流动归档,邮件分类	100
个人办公室:阅读粗劣复制品,营业机操作	150
阅读手稿、清楚的复制品	100
阅读墨水书写或以中等硬度铅笔书写的手写稿	70
阅读对比度清晰、印刷良好的材料	80
交换意见与面谈	80
会　议　室:关键时使用视力工作	100
交换意见	80
在放映过程中作记录	80
洗漱室	80
电梯、自动楼梯、楼梯	20
走廊	20

此表仅供参考。

四、空气环境的清新、舒适

空气环境的好坏,对人的行为和心理都有影响。因此办公环境的通风与空气调节对工作人员提高工作效率十分重要。空气环境是以空气温度、湿度、清洁度和流动速度四个参数来衡量的,称之为空气的"四度"。

据专家研究,温度、湿度均对人的情绪有影响。气温在 20℃—22℃ 的情况下,人心情舒畅;在 18℃—20℃ 时人的工作效率最高。当环境温度超过 34℃ 时,人不仅大汗淋漓,而且心情烦躁,易产生过激行为。气温过低时,人会萎靡不振。当室温降到 10℃ 以下时感到沉闷、情绪低落。气温低于 4℃ 则严重影响思维效率。因此,最适宜的办公室温度应是摄氏 18℃—25℃。

---

① 房质文:《办公室管理》,辽宁大学出版社 2000 年版,第 134 页。

除了温度外,湿度对人的情绪也有影响。空气太干燥,会使人感到精神困倦,情绪低落,并易产生咽疼、流鼻血等症状。空气过于潮湿,也会使人产生抑郁、心情不佳等感觉,而且办公用品、文件资料也会受潮霉变。因此,适宜的室内湿度应保持在40%—60%之间。我们可通过各种机器设备来控制温湿度,保持办公室内空气的清新。

空气的清洁度是表示空气的新鲜程度和洁净程度的物理指标。空气的新鲜程度就是指空气中氧的比例是否正常。办公室空气新鲜与否,与工作人员的身体健康也有着密切的关系。因为办公室人员每天要在办公室内呆七八个小时,不比在户外或是在家走动少,清洁新鲜的空气能使人精神焕发,工作效率高,而污浊的空气则使人身体不适,影响情绪,降低效率。

要使办公室的空气清洁,就应经常开窗,保持空气流通。夏冬季节如用空调器,则应注意每天上班前、中午用餐时、下午下班时,至少三次打开门窗换取新鲜空气。办公室内放置绿色植物或盆景,固然既赏心悦目又利于空气调节,但不要忘记植物在没有光照时照样是吸入氧气,吐出二氧化碳的。所以,最好晚上下班时将盆景搬出办公室,早上再搬进来,或者一早就通风5至10分钟,让隔夜植物呼吸的浑浊空气排除出去。办公室切记要禁烟。

空气的流动速度同样也不能忽视。更换室内的空气是通过空气流动来实现的。一般来说,在室温为22℃左右的情况下,空气的流速在0.25米/秒时,人体能保持正常的散热,并有一种微风拂面之感,感到舒适。常开窗门能起到换气、使空气对流的作用。

五、办公环境的安全

办公环境的安全包括三方面的内容。

(一) 人员的安全

随着办公室自动化程度的提高,不少国家已开始制定工程安全方面的标准,以维护办公室工作人员的健康和安全。尽管在办公室工作,不会招致各种严重的工业危险,但仍然有各种安全问题潜伏于办公室的桌子、档案柜、传送带与办公室的机器之间。办公室的通道、走廊等光照差或损坏未及时修理等,均易造成人员伤害事故。办公室经常发生的事故包括:滑跤、绊倒、跌倒,这类事故占办公室事故总数的50%以上。因此,办公楼里要提供照明良好的、干燥的、无碎片的工作地面,楼梯应有梯面,地面上应该用防滑漆,地毯应保持良好的状况。办公桌和柜子应排列好,档案柜应该被拴在一起,以防翻倒,电线和电话线应尽量弄短或用带子捆扎在桌上,沉重的资料不要堆放在柜顶上等。办公人员要善于及时发现影响人员安全的隐患,避免此类事故的发生。

(二) 财产的安全

财务办公室是盗窃事故最容易发生的地点。其目标主要是现金,其次是办公室重点贵重仪器和高档耐用消费品,如电脑、摄像机、录像机以及贵重艺术品、文物等。因此,办公室内要有防盗设施,如铁窗栅栏、铁门、铁柜,还要有相应的安全制度(如值班制度)。

(三) 防火的安全

办公室的火灾容易发生在设备操作区域。办公室的设备如果使用不恰当,会造成损毁,甚至造成灾害事故。如设备操作中不注意安全规则,没有移开可燃物品,没有很好地防范静电,以及办公室电气设备安装使用不当,环境通风不良等,均可引起大火。当然办公室的图书、档案设置等地更要重点做好防火工作。办公室人员要了解办公室消防火栓或水源的分布情况,会使用灭火器,还要善于发现异常情况,防患于未然。

第四节 办公物材的管理

办公物材是办公室人员工作的好帮手。合理规范地使用办公物材,会使办公室人员工作更加简单、顺利和流畅。随着科学技术的日益发展,现代化的办公物材不断涌入办公室,如电脑、数码摄录机、微型胶印机、电子光盘等。这就需要办公室人员了解办公物材的种类,合理采购和配置办公物材,科学管理办公物材,以节约资源,提高工作效率。办公物材的管理也是办公内部空间环境管理的主要内容之一。

一、办公物材的种类

任何组织都有自己的物材,以满足办公的需要。办公物材主要包括办公用具、办公设备和办公图籍三类。

1. 办公用具。既包括办公用品,如有信头的文稿纸、信封、铅笔、圆珠笔、墨水、卡片、标签、卷宗等。也包括办公家具,如办公桌,椅、沙发、档案柜、书架、杂志架、衣架、台灯、屏风和旋转式卡片架等。

2. 办公设备。属于文书方面的有打字机、印刷机、速写机、复印机、照相机、收录机和扩音机等,属于计算方面的有计算尺、加数机、计算机和统计机等,属于通讯方面的有电报机、电话机、传真机、电视广播机和指挥通话机等,属于邮务方面的有信封启口机、信封封口机、信件折叠机等;另外还有办公室的挂钟、装订机等。

3. 办公图籍,即办公必备的图书资料,如地图、字典、图表、法规、工作日历和工作手册等。既有纸质资料,也有电子资料。

二、办公物材的采购

为了配合组织工作的需要,物材采购时要根据标准,合理、经济地选择。为此,采购物材一定要遵循以下原则:

1. 事先摸底,即了解各类办公物材的基本形态、样式和功能,比较各厂商的价格、质量及信誉。

2. 适合需要,即分析各类物材在组织中的用途,决定哪些物材为真正所需。

3. 合乎规格，即物材样式应和组织环境相协调，物材性能合乎标准，坚固耐用并有多种用途；物材质料符合需要，厂商能提供培训和维护的服务。

4. 及时供应，即一经采购，厂商能在满足时间、数量、地点的要求下及时供应。

5. 方式适当，即尽可能地设置集中的购置部门，实行公开定价，以免发生回扣、掺假等弊端，影响组织的支出和威信。

6. 俭省方便，即价格适当，包括大量采购可以优惠，或者因设备更新快而且一次投资太大，或者不愿负责维护保养时，可以考虑以租代购，尤其是非长期使用的设备。同时，购置办公物材要考虑设备与人比较，是否效率更高和更精确，是不是人力所不能处理的，工作人员是否能操作或容易学会操作。

三、办公物材的管理

所谓办公物材的管理，就是要对办公物材进行合理使用、维护和保养。这既能消除各种人为事故，减少办公物材的磨损程度，延长其使用寿命，又能使办公物材始终保持良好的性能状态，提高各种办公物材的利用率，扩展它们的应用范围和功能。

（一）办公物材管理的主要原则

办公物材的管理，应遵循经济化、有效化、标准化和制度化的原则。

1. 经济化原则，也可称为节约原则，它要求工作人员消耗物材的数量，必须和其工作成就的价值等值，如果不等值，消耗量大于价值量，则造成物材和经费的浪费，违反了节约的原则。

2. 有效化原则，也可称为当用原则，即行政上直接消耗的物材，虽然不能任意浪费，也不适合一概简缩，只要使用得当，即使多也不能吝惜，以使物材发挥出最大作用，否则会妨碍行政效率。

3. 标准化原则，这是指为了把有效原则和经济化原则统一起来，应力求物材的使用合乎办公的特殊需要，并和办公地点、建筑等相适应。

4. 制度化原则，是指要从本组织的实际情况出发，公开制定物材的使用原则和方法，严格执行，绝对遵守，形成稳定的制度。

（二）办公物材管理的具体方法

办公物材管理主要包括如下几个方面的内容：

1. 建立和完善管理制度。包括物材档案登录制、管理责任制等。建立办公物材的档案登录制度，保证有关资料的完备。有关设备的重要资料，如使用说明书、维修单、发票等都要妥善保管，以备后用。办公设备的维护保养工作应实行明确的责任制，即专人负责、专人使用、专人保管制度。不能机器好时，谁都能用，甚至滥用；机器发生了问题，谁都不管。要按照"谁使用，谁负责保养"的原则使用物材。不能实行定人定机的办公物材，应配备专职保养人员负责定期维护保养。

2. 严格规范使用程序和操作方法。机器、设备的操作必须严格遵循规定的程序和方法,建立起安全操作规程。新操作人员必须在熟练操作员的现场指导下学习使用。

3. 加强办公物材的日常保养和维护。平时注意物材的保养和保养的环境,发现故障及时检修。要根据办公物材使用和维护的要求,安装必要的防锈、防潮、防尘、防震等防护装置;在日常维护的过程中,要进行必要的润滑、紧固、调整、清洁和防护等维护措施,同时注意物材保养所需的环境条件(如防火、防盗、防尘、防潮等)的控制。

4. 积极开发办公物材的各种潜能。办公室人员要配合有关专业技术人员,共同开发现代化办公物材尤其是机器设备的各种潜能,提高各种办公设施的利用率,扩展它们的应用范围和功能。对此,办公室人员要多参观现代办公用品、设备展览会、陈列室以及注意浏览各种各样的贸易刊物,多渠道了解国内外的最新办公物材的发展状况,同时也要努力学习掌握新机器的操作使用技术,从而提高自己的工作效率。

微软的人性化办公环境①

微软公司是世界上聪明人云集的地方,比尔·盖茨靠什么对这些员工进行有效的管理呢?答案是:微软公司的人性化管理。特别是其无等级的人性化办公环境的营造让许多其他公司的员工欣赏。

优雅宁静的外部办公环境

大学校园般优雅宁静的工作环境。微软公司的研究设计与办公楼群,绿树环抱;中央有闻名的比尔湖;通往大门停车场的宽阔道路被命名为"微软路";整个楼群布置成似一所美丽的大学校园。公司期望就像大学那样永不停息地探索科学知识,期望员工就像大学里的科学家那样追求自发地从事科学技术的研究与开发,又像大学里的学生一样孜孜不倦地自发地学习科学知识。因此,公司营造了类似大学校园那样的优雅宁静的工作环境。

没有时钟的办公大楼。没有时钟的办公大楼是微软公司与众不同的一个特点。微软西雅图市总部办公大楼是用简易的方法建造的,主要材料是玻璃和钢材。办公大楼的地面上铺着地毯,房顶上散发着柔和的灯光,但让人奇怪的是整座办公大楼内看不到一个钟表,大家凭良心上下班,加班多少也是自愿的。

办公楼内到处可见高脚凳。微软公司除为职工免费提供各种饮料之外,在公司内部,可用于办公的高脚凳也到处可见,其目的在于方便公司职工不拘形式地在任何地点办公。当然,这种考虑也离不开软件产品开发行业的生产特点。公司期望所有员工把自己的办公室看成是自己家一样,就好像他们自己在大学的宿舍里那样。所有的办公

---

① 综合改编自《三峡宽频网》、《国研网》、《新浪网》等。

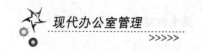

室都不锁,软饮料是免费供应的;没有公司的统一着装,没有人会穿得西装革履,而是宽松的衣着,如牛仔服和T恤等。公司期望自发追求卓越的员工们感觉就像是在自己家里一样轻松自在。

无等级的内部办公环境

等级隔阂是人与人之间关系难以融洽的一大原因,这种在不同等级间形成的思想隔阂是很难消除的。它的存在妨碍了人们间的相互沟通,不利于企业职工凝聚力的增强,为共同的事业齐心努力。因此,在管理工作中,应尽可能地消除由此产生的影响。微软公司在内部人员关系的处理上正是这样做的。

平等的办公室。只要是微软公司的职工,都有自己的办公室或房间。每个办公室都是相对隔开的,有自己的门和可以眺望外面的窗户;每个办公室的面积大小都差不多,即使董事长比尔·盖茨的办公室也比别人大不了多少。对自己的办公室,每个人享有绝对的自主权,可以自己装饰和布置,任何人都无权干涉。至于办公室的位置也不是上面硬性安排的,而是由职工自己挑选的,如果某一办公室有几个人选择,可通过抽签决定。另外,如果谁对第一次选择不满意,可以下次再选,直到满意为止。公司为充分尊重每个人的隐私权,每个办公室都安装了可随手关闭的门。微软公司的这种做法与其他公司不同,它使职工们感到很有意思,而且工作起来心情舒畅。

无等级划分的停车场。在微软公司,各办公楼前都有停车场,这些停车场是没什么等级划分的,不管是比尔·盖茨还是一般职工,谁先来谁就先选择地方停车,没有职位高低之分。但是,即使如此,比尔·盖茨也从未因找不到停车的地方而苦恼过,因为每天他比任何人来得都早。

在微软总部员工办公室,这里的所有员工不分级别,办公区大小统一,靠窗的办公室分给先来的员工,即便是VIP也可能被分到没有窗户的位置。办公室内自己随意布置,一般都有家庭的照片摆放在窗台上,门上写着员工的名字。

微软的软环境

适应西雅图市气候的工作方式。微软公司总部位于西雅图市,该市的气候经常是阴多晴少。只要一出太阳,且风和日丽,员工们可自由自在地在外面散散心。

快乐的周末。每周五晚上举行狂欢舞会是微软公司的传统。比尔一直想把这个舞会办得更正式一点,以缓解经过繁重拼搏形成的压力和紧张,增强企业职工的凝聚力和向心力,达到相互沟通、增进理解和友谊的目的。

微软公司就是靠别出心裁的人性化管理,吸引了一大批富有创造力的人才到微软公司工作,并通过营造独特的文化氛围,使这些人才心甘情愿地留在微软。

案例分析

刚搬入新办公大楼不久,公司总经理彼德就收到一些员工的投诉信,他将这些信件

转给了办公室主任安琪,请她全权处理。安琪拿到信读了起来:

威廉反映,新的大办公室走动不方便,打印和复印区域距离远,要打印并复印文件的话要来回绕。

卡罗抱怨,文件柜太高,拿取文件非常不方便,有几次她险些被上面的文件砸到。

露西说,新办公室太冷,现在是夏天,室外气温高达37度,室内只有18度,搬进来没几天,她就感冒了。

还有反映办公室气味难闻、电脑桌椅使用不舒服的……

案例思考题

1. 员工的投诉集中反映了什么问题?
2. 如果你是安琪,你会怎么改进?

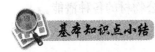
基本知识点小结

1. 办公环境的含义可分为广义和狭义两种。广义的办公环境包括"软"环境和"硬"环境两部分,"软"环境指办公场所的人文环境,包括办公氛围、人际关系和工作作风等;"硬"环境是指办公空间的周围况,具体指在工作场所中,人员的五官所感知的光线、颜色、声音、温湿度和清洁度等自然环境因素和人工设计、布置的空间环境因素及办公物材管理的综合。狭义的办公环境仅指"硬"环境。

2. 办公环境管理的意义:办公环境管理得好,有利于提高工作效率和工作质量,有助于确立组织良好的社会形象,有利于改善或克服"办公室综合征"。

3. 办公环境管理的内容:包括外部空间环境管理和内部空间环境管理两部分。外部空间环境管理主要包括办公地点的选址、新建和改建办公结构设计及各职能办公室的布局等。内部空间环境管理主要包括:办公室、接待室、会议室环境的布局与布置,各种办公环境因素的控制和办公物材的管理。

4. 办公环境管理的基本原则:工作流程最优化、舒适整洁、和谐统一、安全健康。

5. 办公室的布局有两种类型:一种是分隔式,也叫分室型,即按部门或职能组织布局,采用分室式办公,是办公空间的传统模式。另一种为开放式,又叫同室型或大办公室型,即领导和各职能部门的员工在同一间大办公室工作。

6. 分隔式的优势:第一,有利于专业工作效率的提高。第二,有利于某些机要活动的开展。第三,不必要的干扰较少。当然,分隔式的不足在于妨碍了业务之间的相互联系,阻碍了部门间工作运行的进程,工作流程上会有倒退、交叉、徒劳往返,而且不利于办公设备的共享。

7. 开放式办公环境的优点:第一,有助于降低成本。第二,开放式布局便于办公业务的交流与人员的相互接触。第三,有利于形成民主平等的办公氛围。开放式布局也有其弊端,主要是:第一,噪声太大,干扰太多。第二,设计粗糙。

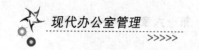

8. 办公室、接待室、会议室的布置要遵守的最基本原则,就是实用、简洁和美化,其环境布置最好能体现组织文化(尤其是企业文化)的基调,最忌粗、俗、奢。

9. 办公环境的美化,除了办公环境的布局与布置之外,还包括色彩和绿化。

10. 各种办公环境因素的控制主要包括:办公环境的整洁,办公环境的安静,办公光线的适宜,空气环境的清新、舒适,办公环境的安全。

11. 办公物材主要包括办公用具、办公设备和办公图籍三类。

12. 采购物材一定要遵循事先摸底、适合需要、合乎规格、及时供应、经济合理、方式适当、方便俭省的原则。

13. 办公物材的管理,应遵循经济化、有效化、标准化和制度化的原则。

14. 办公物材管理包括:一是建立和完善管理制度,二是严格规范使用程序和操作方法,三是加强办公物材的日常保养和维护,四是积极开发办公物材的各种潜能。

1. 假如你是一家10人的小型公司的办公室工作人员,老板要你负责设计办公室布局并布置办公室,你会怎么做?

2. 作为大型企业的一名办公室工作人员,你会如何管理办公室物材?

3. 作为一名办公室的管理人员,对各种影响办公环境的因素,你会如何控制?

第十七章

办公室外事

> **本章提要**
>
> 办公室人员常常会在一定的工作范围内从事外事工作。办公室人员要遵循外事工作和外事礼仪的原则,在外事邀请中做好邀请和接待的准备,准备充分才能收到好的效果。外事接待工作中要区别不同国家、不同对象,结合具体时间、地点、条件,在礼宾礼仪、参观游览和生活保卫三方面有针对性地做好外事接待工作。办公室人员在外事洽谈过程中,要明确洽谈目的,做好充分准备,从而使洽谈顺利进行。

外事工作主要是指根据本国的对外方针政策,组织安排对外交往的有关活动。中国实行改革开放以来,来华进行经贸洽谈、文化交流、观光游览的外国来宾及各地华侨、港澳台同胞不断增多。一般而言,外事工作由专职外事部门如外事办公室、外事处(科)等负责,其工作人员统称为外事人员。但实际工作中,办公系统中的各类工作人员都有可能接触外事工作,或在一定的工作范围内从事外事工作。因此,有必要对外事工作进行一定的了解,掌握外事工作的方针政策、工作要求、方式方法,以便更好地适应办公室工作需要。

第一节　外事工作和外事礼仪的原则

一、办公室外事工作的基本原则

(一) 国家之间一律平等的原则

外事工作是中国对外政策的具体推行与实践体现,中国的外交政策强调国家不分大小、强弱、穷富等,相互之间是一律平等的交往关系。因而,任何单位、任何部门、任何个人在外事交往活动中必须贯彻平等原则,要热情友好,落落大方,彼此尊重,不卑不亢,坚决反对大国主义。

（二）尊重国格、尊重人格的原则

在涉外交往中既要维护本国的利益、尊严，又要尊重他国的利益和尊严，国家不分贫富大小，人不分种族信仰，不分民族、宗教、风俗习惯，一律平等以礼相待，不能厚此薄彼，不能做任何有损国体、有辱国格的事。而且，在与外宾交往中，既要坦诚、谦恭、热情、周到，又不能低声下气、卑躬屈膝、失去自我，要自尊自爱。

（三）遵守外事纪律的原则

在外事接待工作中要坚持维护国家主权和民族尊严，自觉遵守外事纪律，不得失密泄密；不利用工作之便营私牟利、索要礼品；不背着组织与外国机构及个人私自交往；不私自主张或答应外国客人提出的不合理要求；参加外事活动，要严格按规章制度办事。

（四）注重礼仪与礼节要求的原则

交际礼仪要与中国对外政策相适应，做到礼仪周到而不烦琐，热情接待而不铺张，活动内容丰富而不累赘。接待外宾的人员应仪容整洁，仪表大方，表情亲切、自然，熟悉各国各民族的风俗习惯，陪同外宾时要注意自己的身份和所站的位置，言行举止要符合礼仪要求，坐立姿势应端庄，对外宾的穿着不评头品足，以使来宾真有"宾至如归"之感。

二、办公室外事礼仪的原则

所谓外事工作礼仪，就是指在对外交往中所涉及的礼仪活动，各种礼节、仪式的规范化做法。

（一）友好相处，互惠互利

对外交往要有宽阔的胸怀，双方在互利互惠的原则下进行相互合作与交流，即使由于条件所限而难以达成互利协议之时，也不应采取欺诈、强制手段来谋取自身的利益。

（二）遵守时间，不得失约

这是国际交往中非常重要的礼貌。参加各种外事活动，都要按时抵达。过早抵达，会使主人因准备未毕而难堪；过迟到达，会使主人与客人空等过久而失礼。如确因故迟到时，应诚恳地向主人和客人致歉并说明原因。万一因故不能应邀赴约，要礼貌地告知主人，并表示歉意。

（三）尊重老人与妇女

尊重老人与妇女，既是中国的传统美德，也是涉外交往中的必备品质。在上下楼梯，进出电梯、车辆时，都应礼让老人与妇女，让其先行，必要时给予适当的帮助；对同行的老人、妇女，男子应帮助提较重物品；进出大门，要主动帮助他们开门、关门；进出屋时也可帮助他们穿、脱大衣外套；同桌用餐时，男子也应主动帮助他们入座、离席。

（四）尊重各国的风俗习惯

不同的国家、民族，由于不同的历史、文化、宗教等因素，各有其特殊的风俗习惯和礼节，在外事交往中均应予以重视。如新到一个国家或初次参加活动，应多了解，多留意，多观察，不懂或不会做的事，可仿效别人。

（五）注意个人卫生与举止言谈

国际交往中要注意个人卫生，衣着要整齐美观；举止要落落大方，端庄稳重，和蔼可亲；言谈的态度要诚恳、自然、大方。另外，参加活动前不能吃葱、蒜等带有刺激味的食物，注意吸烟的场所及烟量。

第二节 外事邀请

一、邀请前的准备

外事邀请是外事接待的前奏，邀请前的准备工作十分重要，准备越充分，越能达到邀请目的，收到好的效果。外事邀请不同于一般的国内宾客的邀请，要根据工作的需要，依必要性和可行性原则，量力而行。不论是初次邀请，还是礼节性回请，都要本着实事求是、讲求效益的宗旨，不可为邀请而邀请，也不可无视自己的财力、物力随意邀请，更不可超越权限越级邀请。否则，轻则达不到邀请目的，重则造成极不好的影响。因此必须严肃对待，充分认识这项工作的复杂性、繁琐性，并有思想准备。

邀请外宾往往同某项具体工作联系在一起，无论是礼节性回请，还是有目的的科技文化交流，开学术讨论会，参观、考察、游览等，往往先由本单位领导人员或具体业务部门、专门部门的负责人以书面形式向上级领导提出请求，将邀请的目的、意图、必要性、可行性等作出详细说明，以取得上级领导的同意。其次，待领导同意作出批复后，方可向对方发出具体邀请。邀请外宾不可只凭自己的主观意志，而无视对方的意愿，可通过各种途径或在合适的场合向对方表达邀请愿望。一般而言，国际的交往邀请不是随意行为，亦非仅仅是出于礼貌客套。因此，发邀请者必须慎重，受邀请者也会认真考虑。邀请不论是口头或是书面，都应郑重其事，才有可能发展今后的交往。正式的邀请必须是书面的，以邮寄、电传、电子信件的方式均可。邀请发出后需耐心等待，不可催促。当然，可在邀请信中表达较明确的邀请时间、邀请人数、交流内容、大致安排，有必要的话可强调来访的意义，以促使对方接受邀请。然而也有可能对方有要事缠身，或因其他原因不能应邀前来，如果不能等待则可作罢；如果必须邀请，双方要经过反复磋商后，定出来访时间。总之，邀请必须抱诚恳态度，以礼貌的口吻，最好使用对方的文字语言，以表达邀请者的诚挚。

邀请之前还要注意两个问题：一是邀请时间不可过于仓促，即使是临时性的邀请，也要给对方一段考虑和办理来访手续的时间，时间太紧往往使事情功亏一篑。二是对邀请来访必需的经费开支作全盘计划。最后，当对方明确表达了来访之意后，便可具体安排准备工作。

二、来宾分类

在具体确定礼宾规格时,外事人员往往需要对自己所接待的外方人士加以区分,并予以不同对待,这一点是非常关键的。一般而论,办公室人员在对外交往中所接待的外方人士,大体上可以被区分为 VVIP、VIP、IP、SP、CP 5 类,在确定 5 类不同的外方人士的礼宾规格时,有着不同的具体要求与注意事项。

(一) VVIP

这是英文"Very Very Important People"的缩写,含义为"非常非常重要的客人"或"异常重要人士"。在外事接待中 VVIP 一般指正式来访的各国现职的党和国家主要领导人,即各国现任的国家元首、政府首脑,以及社会主义国家的执政党领袖。有时,它还应包括由主权国家所组成的国际组织的主要负责人。此类客人通常称为国宾。在正常情况下,各国都会以最高档次的礼宾规格接待此类客人,同时还会特别重视其荣誉性与安全性问题。

(二) VIP

这是英文"Very Important People"的缩写,含义为"非常重要的客人",在外事接待中往往称其为"要人"。在外事接待中,VIP 一般包括正式来访的下列人士:各国政府的重要负责人,如中央政府副部长及以上官员,地方政府副省长及以上官员;各国合法政党主要负责人;各国王室成员;各国议会主要负责人;各国军方重要负责人,如军队统帅、三军总司令、副总司令、总参谋长、副总参谋长、将军以上军衔拥有者;各国少数民族领袖;各国宗教界领袖;各国合法的群众团体的主要负责人;各种被中国正式承认的国际组织的负责人;各国驻华使节及各国际组织驻华代表;各国商界领袖;各国知名的企事业单位的负责人;与我方存在正常合作关系的单位、部门的主要负责人等等。曾拥有此类身份的非现职人员,亦应被视同现职看待。接待时,通常应采用较高档次的礼宾规格,同时还需考虑我方与对方的礼尚往来问题。

(三) IP

这是英文"Important People"的缩写,含义为"重要客人"。在外事接待中,此类"重要客人"通常是指正式来访的各国各界知名人士、新闻界人士、同行业人士、具有潜在的合作可能的单位与部门的负责人士,以及存在合作关系的单位与部门的一般工作人员。在接待时,具体所执行的礼宾规格应突出体现接待方对对方的重视,同时还应注意主动联络对方,以加强联系,促进沟通。

(四) SP

这是英文"Special People"的缩写,含义为"特殊的客人"。在外事接待中,SP 具体指的是:身体状况特殊者,如老、幼、病、残、孕;风格习惯特殊者,如少数民族人士、宗教界人士;作用发挥特殊者,如上述 3 类客人的助手、秘书以及其身边的工作人员,上述 3 类客人的配偶、长辈、子女以及其他亲友;关系特殊者,如以前与我方产生过重大矛盾、冲突者或对我方持敌视态度者。在确定礼宾规格时,一方面要坚持遵守规定,另一方面也要在力所能及、不卑不亢的前提下,给对方以适当的照顾。

(五) CP

这是英文"Common People"的缩写,含义为"普通客人"。在外事接待中,此类"普通客人"一般是前来我方进行正式访问或非正式访问的、除以上介绍的礼宾规格之外的其他所有的外方人士。具体按 CP 的礼宾规格接待时,要对对方尊重、重视,不能因其"普通"而对对方接待不周。[①]

三、接待准备

接待准备工作的具体实施,应以接待部门为主,外事部门给予必要的协助,接待准备工作包括以下几个方面。

(一) 拟订接待计划

接待计划是外事接待工作的主要文字依据,在接待工作中起规划、指导、沟通、协商的作用。一般而言,接待外宾包括上级部门委托接待的客人和自行邀请的客人两种。如属前者,应按上级制订的接待方针和礼宾规格以及对本单位的具体要求为依据,结合本单位的具体情况拟订计划;如属后者,则应根据邀请目的、外宾情况,结合实际需要,制订接待计划。

接待计划广义上应包括如下内容:代表国家、代表团名称、人数、团长姓名、职务、抵离时间、所乘交通工具、来访目的、要求、接待方针、迎送、陪同人员姓名、职务、会见、宴请及主持人的姓名与职务、业务活动(包括会谈、贸易洽谈、技术交流、签订合同、参观考察等)、游览、购物、文娱活动、食宿、交通安排、费用开支、新闻报道、礼品、安全保卫以及安全免检、行李免检或从宽检放等。

以上内容可按不同的接待对象而有所增减。接待计划应尽可能具体、详细、全面、周到,拟订后应报送上级领导或本单位领导批准后再执行。

(二) 具体准备工作

1. 提前预订住房、用车、行李车,机、船、车票,宴会、拜会地点等。对一般代表团,除身份较高的团长外,均可用面包车或大客车;重要代表团,可请公安部门配备开道车;有高级官员来访,则应由公安部门派员随团活动;有重要领导出面会见的,需事先与外办联络;预订宴会应向承办饭店讲清团名、中外宾客人数、菜数、宴请主持人、宴会费用标准以及是否清真或饮食习惯等。重要外宾和人数较多代表团的宴会要发请柬,东道主要讲话,因此外事秘书应事先准备请柬并拟好相应的祝酒词。

2. 准备专业活动。要了解外宾的意向、要求并及早向有关单位介绍,事先准备好资料,安排好场所。

---

① 周国宝、张慎霞:《外事管理实务》,华南理工大学出版社 2006 年版,第 207—208 页。

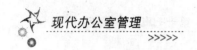

3. 落实参观单位。除向参观单位介绍外宾的意向、要求外,要交代接待方针和注意事项,事先安排好介绍人员。

4. 通知迎接、陪同人员。接待计划得到批准后,应用书面形式,将接待计划、外宾情况、各项活动时间和地点一一通知清楚。

5. 准备礼品。应按接待计划准备好有纪念意义或有特色的礼品,这对接待初次来访尤为重要。礼品要突出纪念性,讲究"礼轻情义重",不宜赠送过于贵重的礼物,还要体现民族和地方特色,要有针对性,因人、因事而异,尽量使礼品得到来宾的欢迎。礼品要避免品种、色彩、图案、形状、数目、包装方面的禁忌,禁送易于引起异性误会的物品、涉及国家机密和商业秘密的物品及不道德的物品。

(三)准备工作注意事项

1. 认真仔细,充分准备。外事接待要为来访客人提供各种方便,让他们有机会接触实际,了解我们的工作成效。要抓住"眼见为实"这一最好的宣传机会,激发起外宾与我们开展各方面交流合作的愿望。这就要求在外宾来访前认真、充分、过细地做好各项准备工作,如确定活动日程,组织专业交流,选择合适的参观点,合理安排食宿、车辆,妥善安排迎送、陪同和会见的领导人员,翻译并打印好各种所需文件资料等等。做好这些繁杂而具体的工作,使接待工作做得有条不紊,一环紧扣一环,需要花大量的时间和精力。

2. 精心设计,巧妙安排。即根据来访者的身份、地位、特点、思想状况、爱好习惯和访问时间的长短,将访问日程安排、参观游览点的选择、接待礼宾规格等诸方面内容作为一个有机整体,综合研究,通盘考虑,使整个接待活动既体现特色,又达到预期目的。

3. 依靠各方,密切配合。外事接待工作不仅仅是外事部门的事,也不只是接待部门的工作,它往往涉及多个部门,需多方面配合。如准备过程中有时要召开协调会,还要事先走访有关单位或基层部门,将来访者的背景资料,我方的接待方针、要求事先向各单位通气,提出具体要求,共商接待事宜。特别是对很少有外事接待任务,又缺乏接待经验的单位、部门,外事部门有责任亲自安排做好协调布置工作。

第三节 办公室外事接待

外事接待是对外交往的重要组成部分,是促进对外交流与合作的重要环节。接待工作中要区别不同国家、不同对象,结合具体时间、地点、条件,有针对性地做好外事接待工作。外事接待工作总体上由礼宾礼仪、参观游览、生活保卫三个部分组成,在接待工作中又化为各具体事项。

一、礼宾礼仪

（一）迎送

外宾抵达前的工作。

1. 掌握飞机（车、船）确切抵达时间，如有变化及时通知迎送、陪同人员和其他有关人员。到达机场（车站、码头）时间一般在外宾抵达前 15—20 分钟，遇特殊天气或交通情况要注意适当提前。

2. 检查房间，核对房间数目，确定楼层安排是否妥当、合适，同时将宣传资料、日程安排等一并放入房内。

外宾抵达后的工作。

1. 迎宾。外宾下飞机或出机场（车站、码头）后，迎接人员应将其姓名、职务一一介绍给外宾，迎接人员同时与外宾握手表示欢迎。这里必须提醒的是，接待工作中凡安排领导人迎宾（包括陪同）时，一般为身份、地位、职务与对方大致相当的领导人员，也可为副职或稍低一级，由负责接待工作的对应部门领导、外办领导出面迎接也可。

2. 乘车。如安排主人陪车，则先请客人从右侧上车，主人从左侧（司机后面）上车。如客人先坐在了主人座位上，则不必强求客人挪动位置。译员坐在前排，若为三排座轿车则就座于主人前面的加座上。如需挂车旗，中国旗挂左侧，外国旗挂右侧。

3. 提取行李。迎接人员代外宾去行李房提取行李并及时将行李送至外宾下榻的宾馆，由宾馆服务人员送至客人房间。

4. 进住宾馆。客人抵达宾馆后，先请外宾在总服务台办理留宿登记并领取住房钥匙。重要外宾可根据外宾名单预先办理入住手续，然后由接待人员陪同客人进房间。第一次用餐，接待人员也应陪送至餐厅。

5. 商议活动日程。客人不多，来访时间不长，可在从机场去宾馆的路上即将日程计划表交给外宾；人数较多，且较重要的客人，应在其安顿完毕后即与代表团团长商谈日程安排。商议的目的是看主人的安排是否符合客人的要求，有无需增减的内容和项目。若有，须及时通知有关单位和部门。对外宾提出的合理要求，应尽量给予满足；安排有困难的，应作必要解释；不能当场作决定的，应及时请示后马上答复。活动日程确定后，给所有来访者及接待者各送一份抄件。

外宾离开时的工作。

1. 票务。及早领取外宾的车船机票，认真查点票数、航次、时间。外宾出境前应通过其国际机票、护照向航空公司售票处及早确认。

2. 行李。提前通知外宾出发时间和交托行李的时间、地点，认真清点。对人数多、行李多的代表团，必要时请外宾中负责行李人员一起清点，务必交接清楚。

3. 结账。通知宾馆总服务台和车队准备好自费外宾的账单，以便及时结算。最后检查房间，看有无遗忘物品。

4. 送行。离开宾馆前,有必要向机场了解起飞时间有无变化,及时通报送行人员。抵达机场后,应即为外宾办理各项有关手续,并将机(车、船)票、登机卡、行李等交给外宾。享受免检则应事先办妥有关证明。

(二) 会见

会见或会谈,既有礼节性的,也有政治性、事务性的,不仅涉及对外礼遇,而且涉及双方交流、合作的实际内容,应予重视。从会见方式上说,我方主动安排会见客人的叫会见,客人要求会见我方的称拜会。会谈的内容则可以是广泛的,涉及实际的问题,其仪式和程序比会见正规,政治性、专业性较强。因而会谈前往往要作充分准备,按预备方案进行。举行会见或会谈时要注意以下几点:

1. 除列入接待计划的人外,外宾提出要求拜会上级领导或有关部门时,应按审批程序报批,经批准后,再正式答复外宾并通知会见时间和地点。而接待单位在报批前应尽量弄清外宾拜会的意图、可能提出的问题,并将已提出的问题及时向主见人汇报。

2. 会见前车辆要落实,充分估计交通状况。会见前一般不安排分散活动,以确保外宾准时到达。陪同人员在会见前半小时抵达,以便向主见人汇报外宾情况。

3. 外宾抵达时,主见人在贵宾室门口迎接,接待人员则在大楼或大厅门口迎候,并引导外宾进入贵宾室。对重要外宾在进门后即由代表团团长向主见人一一介绍来团成员;对一般外宾可以在入座后分别介绍宾主双方。

4. 会见时,座位安排通常为半圆形。按国际惯例,主宾坐于主见人的右侧,其他外宾依级别、身份均坐于右侧,我方陪同人员依次坐于左侧。译员和记录员一般坐于主见人和主宾的后排左右两侧。会谈时一般用长方桌子,宾主相对而从,以进门为准,右为客,左为主,或对门为客,背门为主。

5. 会见或会谈时,均要做好专门记录,填写情况汇报表,会后对客人提出领导许诺的问题,应负责落实,做好后续工作。

6. 会见结束,主见人及陪同人员与宾客合影留念,然后在贵宾室门口与外宾握手告别,重要外宾可送至大厅或大楼门口握手告别。接待单位的陪同同志视情况送至大厅或大楼门口握手告别。

(三) 宴请

宴会是一种重要礼仪。通常有国宴、正式宴会、便宴、工作进餐、冷餐招待会、酒会、茶会等形式。正式宴会上宾主要发表讲话(祝酒词),时间可视情况而定,以即席讲话的形式为最好。一般宴会不作正式讲话,只在席间表示几句,或随话频频举杯,气氛活跃,亲切自然。举行宴请时应从以下几个方面考虑:

1. 宴会的程序。

(1) 外宾到达宴会所在地时,出面宴请的东道主和参加宴会的主要人员可在宴会厅门口欢迎,我方如参加宴会人员较多,可由宴会主持人和少数人员在门口欢迎,其他人员可在自己的席位上站立迎接。重要宾客宴会前可先在休息室稍坐。

(2) 宴会时间一般可掌握在一个半小时左右,宴会结束后如宾主还要继续交谈,可以在休息室进行。

(3) 宴会结束后,让外宾先退席,我方人员则在门口送别或送至电梯口告别。

2. 宴会的席位。

(1) 外宾的席位要安排在正副主人席位的两旁,先右后左。外宾中有夫妇者,应安排在同一桌并注意座位靠近。

(2) 两桌以上的宴会,对我方人员的席位安排要通盘考虑,每一桌的我方主人的选择和安排,既要注意与宾客的身份相当,业务接近,又要善于做接待工作。

(3) 每桌至少安排1名译员,主桌若超过12人时,可根据需要每桌至少安排2名译员,分别担任正、副主人翻译,以利工作,如有祝酒讲话,事先可将讲稿交译员准备。

(4) 桌次的安排,要根据宴会的实际情况。只有一桌,可安排在房间中央突出的位置,注意宾主双方身份地位较高者安排在离门较远的位置,然后按先右后左次序依次排位。两桌以上的,主桌应排在较显著位置,其他桌的正主人席位的方向与主桌相同。

3. 出席的人员。

(1) 安排参加宴会、招待会的人员,应从工作出发,切勿为照顾关系而派无关人员。陪同出席宴会的主方人员不宜过多,人数应大致与外宾相同或稍多。

(2) 邀请外宾参加的宴会、招待会,应将我方出席的主要人员以及时间、地点和其他有关事项告诉外宾和我方参加宴会的人员。重要的或大型宴请活动可发请柬。请柬上写桌次,并在宴会桌上放席卡。

(3) 接待单位有关人员要提前到达宴会地点作准备,检查工作并具体安排照料赴宴人员,同时对不参加宴会的陪同人员给予必要的关照(如另行安排就餐)。

4. 宴请的规格。安排宴会和招待会要按批准的计划执行。我方人员应严格遵守饮酒不得超过个人酒量的1/3的规定。可向外宾敬酒,但不向外宾劝酒。若即席点菜,不以主人的爱好为准,要考虑外宾的喜好与禁忌。招待宜用有地方特色的食品。无论哪种宴请,事先应开列菜单,并征求领导同意。

二、参观游览

参观游览是外事接待工作中一项极为重要的内容,也是对外宣传的一个组成部分。选择参观单位,组织座谈会、演讲会等非常重要。为此,要注意以下三点。

(一) 有针对性

要根据来宾特点和要求作安排,如选择两国有合资、合作、合营的单位参观,或选择有代表性的参观单位,参观项目的选择要符合外宾的要求或他们的国情,不要只介绍高、精、尖的项目,更不要大谈特谈对方司空见惯的事情。介绍情况要实事求是,既讲成绩,也谈问题。

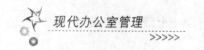

（二）突出重点

参观时间是有限的，不可能面面俱到，对初访者，往往安排一般性游览。如果来访者出自教育界、科技界、企业界，安排其参观与行业相关的学校、实验基地、现代化企业，则必然收到事半功倍之效。

（三）劳逸结合

安排参观游览节目要有主次。对高级代表团，一般一天安排一个主要项目，辅以一个游览节目为宜。参观一个单位的时间不宜过长，一般一个半小时左右，最长不超过2个小时，而专业性参观则可例外。

三、生活保卫

生活保卫要求热情周到，万无一失。工作安排包括下面几项内容。

（一）住所

根据来访者身份安排，高级、重要来访者宜安排在高级（五星级或至少四星级）宾馆或知名饭店，一般来访者宜安排中等（三星级）宾馆；身份地位较高者可安排套间，一般者安排单间。房中应准备好有关材料，如访问日程安排，迎送人员名单，住房、车辆安排，参观单位介绍，以及相关的请柬、宣传材料、图片等。

（二）坐车

根据来访者身份、礼宾次序安排，高级成员安排坐小轿车，其他成员人数较多时安排面包车。

（三）其他

如外宾有特殊饮食要求、禁忌食物，应及早告知宾馆饮食部门或相关接待单位；如来访者有身体不适应及时就医；对人数较多的来访者，应配备随团医护人员；协助外宾订购或确认机票，仔细核对启程时间；协助办理出境手续；协助兑换外币；及时了解天气状况，遇雨天应准备必要的雨具或临时变更活动内容等。

第四节 外事洽谈

洽谈，又称谈判，指中外双方就政治经济、文化、军事等各领域中的具体问题作商洽性谈判。随着外事工作越来越多地为经济建设服务，中外之间的经贸洽谈已成为外事活动中的常见内容，不论是引进外资、合资合作、贸易交往，还是其他科技文化之间的交流，都首先要经过谈判和签约才能达到中外双方各自的目的。因此，洽谈成功与否，不仅关系到洽谈双方各自的利益，还关系到国家的利益和声誉，为此，既要确定好洽谈内容，又要讲究方式方法，使之达到预期的目的。

一、意向性洽谈

（一）洽谈目的

意向性洽谈是外事洽谈的第一阶段。首先是因为洽谈的一方有与对方合作的意愿，要通过谈判的形式商洽合作的可能性。如果经过谈判，双方能够合作，则进入签约洽谈阶段；如果谈判破裂，则洽谈终结。当然大多数情况下，洽谈双方都会在一定的基础上尽量使事情成功，虽然谈判可能是一个极为艰难的过程，但只要抱有诚意，且符合实际情况和条件，绝大多数合约、协议在双方各自权衡利弊之后都能成功。有时，洽谈也并非"从一而终"。如果先前的谈判对手不愿作更多的让步，或是双方合作的可能性过于渺茫，那么，一方也可能放弃这一对手，转而另外寻找合作伙伴。可见意向性洽谈是合作开始的前奏，有了意向，也就有了合作的前提。洽谈的目的就是为了实现这一目标。

（二）洽谈准备

1. 拟订计划。洽谈前要拟定一个计划，使得谈判人员在谈判中不偏离方向，循序渐进，最终达到目的。洽谈计划包括谈判主题、谈判日期、人员、地点、过程安排等内容。谈判主题是关键，主题应简明、具体，如为引进外资，可以明确这样的主题：以优惠条件取得外方的贷款。谈判时就要围绕这一主题来进行，谈判的目的与主题相符；其次，要将谈判日期、谈判人员、洽谈地点等一一纳入计划之中，以便洽谈开始，相关人员就可按部就班实施计划。

2. 洽谈调查。正式谈判前，往往有必要了解谈判对方的法人身份、资本、信用、经营能力、经营方式等基本情况。对方的资信条件往往反映在它与银行的信贷关系上。中国通常委托中国银行或其他国际国内的咨询机构进行调查。此外，也可以自己直接查阅资料，或与对手直接接触了解资信情况。作资信调查，可防止金融诈骗活动，减少不必要的损失。

3. 预备方案。正式谈判前，往往备有两个方案，一个是对我方最为有利的方案；另一个是能够接受的利益最低的方案，参加洽谈的人员都应熟悉两套方案，在谈判中，争取最佳方案。

4. 物质准备。谈判是一项艰苦的工作。物质上准备充分，往往促使谈判朝成功的方向发展。比如谈判所需的文件资料，包括技术资料、法律文件、财务账目等都可能为谈判提供必要的信息；又如，为对方提供有特色的食宿、旅游购物，尽量使对方满意，表达出东道主的诚意。

以上准备工作就绪，即可按预定计划实施。

（三）洽谈组织

1. 地点选择。如洽谈地点安排在国内，邀请对方前来。可以选择本单位一处合适的洽谈之处，也可以在对方下榻的宾馆会议室进行。总之，以选择能满足对方

要求,又能方便自己,且不会受外界干扰的地方为宜。洽谈地点的环境应整洁、安静、生活设施齐全,通常以长方桌或圆桌相对而坐,也可以沙发围坐成一圈,以融洽气氛。

2. 人员安排。谈判人员的组成包括:领导或项目负责人、专业人员、翻译或记录人员。人数最多不超过 6 人,其中一人为主谈,其他人辅佐。谈判人员以懂行、有专业知识、富有谈判经验并能言善辩者为佳。若能直接用外语与对方交谈则更好。谈判小组还应有所分工,领导、负责人协调指挥组内成员发挥各自的最佳作用,以避免自相矛盾,一致对外。较大项目的谈判还要配备法律、会计等专业人员,谈判小组成员的组成有时还可以随着谈判进程的深入和谈判对象的变化而有相应的不同。

3. 谈判进度。谈判进度要掌握松紧有度、紧中有松的原则。谈判时有横向谈判和纵向谈判两种方式。横向谈判是双方先确定谈哪些条款,然后再回头来谈;纵向谈判是逐个把条款谈定,谈判进度就要根据谈判的方式来明确。

4. 结束工作。谈判结束,着手准备合同签约事宜。此外,应总结谈判中的经验教训,包括检查我方谈判目标的实现情况,作出评分;检查我方谈判方案中有哪些不妥之处;总结谈判小组的工作情况,如职权使用、气氛维持、后勤合作等;归纳谈判对手的情况,如谈判风格、工作效率、关心的问题等。

二、签约性洽谈

签约性洽谈是外事洽谈的第二阶段,它指经过前期的谈判过程,双方最终达成一致意向,并将此化为书面文件,以各自的法人代表签署姓名和盖印的方式确立双方的权利与义务关系。由于签约时通常举行签字仪式,以此昭示天下,立字为据,众人为证,眼见为实,因此也是一种特殊而常见的洽谈方式。

(一) 洽谈目的

签约性洽谈最主要的是认可双方的合同文本。文本的拟制往往不同于谈判的过程。当然它是在双方谈判记录的基础上成文。但这一文本必须分别以双方国家的语言文字表述,而且要做到准确、无误、没有歧义,用两国的语言文字解释,含义相同。这项工作必须审慎、严谨、一丝不苟,以防后患。因此,这对谈判双方来说既是素质的显示,又是耐性的考验。由于文字措词上的争执不下导致双方最终未能达成协议的情况不是没有先例。但大多数情况下,谈判双方仍然会尽可能在不失原则的前提下作必要的让步。然而这种妥协不会很多,否则就会破坏原先谈判的基调。对此,谈判中的翻译人员要特别加强业务能力,尽可能全面了解谈判中的各种问题,而事先的准备工作则尤为重要。应事先了解谈判内容,我方的准备方案和可能出现的问题,常用哪些专业名称术语,如何准确表达。谈判中应全神贯注,做到正确、忠实,不擅自增减或者改变谈话内容甚至掺杂个人意见;对谈话要点须做笔录,不主动与外宾谈话、询问和答复问题,未听清时要声明,翻译有困难时要说明,切忌不懂装懂,主观臆断。对主谈人员的谈话内容有意见可以提出,请其考虑,但须以主谈的意见为最后意见,忠实翻译,绝不允许向对方表达自己的意见。外宾有不正确的言论,应如实全部译告主谈人员考虑。

洽谈成功后,所有资料文本都需做中文译成外文、外文译成中文的笔译工作。笔译人员首先应忠实于原文、原意,不要随便转义,用字要严谨。一般译成对方的语言,经双方同意也可译成国际通用的语言。遇到一下子难以理解、难以把握的字、词、句义时,要虚心求教,不耻下问。翻译时要耐心细致,求稳妥,讲实效。

当中外文字的文本拟制工作全部结束后,便可以进入签约过程。

(二) 准备签约

正式签约前,要做好以下几个方面的准备:

1. 确定日期。由洽谈双方商定,一般选择有意义的日期,如对方国家领导人来访,或本国领导人出访,这通常针对国家间的合作项目。一般情况下则挑选一个对参加签字仪式的双方领导人都合适的日子。

2. 确定地点。地点的选择往往根据合作项目本身决定,如系大型工程项目,往往在现场举行签约仪式。而大多数情况下则在室内,如礼堂、宴会厅、会议室等。

3. 必备物品。需准备好签字文本,中外文字的文本至少一式两份(如谈判为多方,则根据实际需要而定);签字用的文具(水笔、印章、吸水板);代表双方国家的小国旗和插旗的旗架;签字桌、椅、桌布(一般用绿呢布料);签字后祝酒用的酒(通常为香槟)和酒具;摄影器材等。

4. 确定人员。参加签字仪式的基本上为双方参加谈判的全体人员,双方人数大致相等。出席签字仪式的,往往还有双方更高或更多的领导人,以彰示签字仪式的隆重、正规。

5. 会场布置。签字会场设置一长方桌,覆上桌布为签字桌。长桌上摆放各自将签字的文本,上端放置文具,中间旗架上悬挂双方小国旗。届时,签字人员旁分别有一位助签人,出席签字仪式的领导人和有关人员将站立在签字桌的后排。中外宾客的排位和国旗的悬挂均以国际惯例为原则,即右为上,左为下。以旗面为准,右为客方,左为主方。

(三) 签约程序

1. 双方按规定时间进入签字会场,签字人员入座,助签人员侍立两旁,其他人员按主客位置并依身份顺序由中向两边站列。

2. 助签人员协助翻揭签字文本并加以指点,第一文本签完后,由助签人将文本互相交换,签字人再在对方的文本上签字,然后由双方签字人交换文本,相互握手。众人鼓掌表示祝贺。

3. 由服务人员送上香槟,宾主举杯共贺,摄影留念。

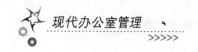

礼品的禁忌

不同的礼品在不同国家、民族经常会被赋予不同的寓意。所以,在外事交往中,在为对方挑选礼品的时候,应当十分注意,不应冒犯对方的禁忌。根据外事交际送礼的经验,下面列出了8种物品,这些物品是不能当做外事送礼的礼物的。

1. 现金、有价证券、贵金属饰物及其他制成品。外事交往中馈赠礼品时,一般不接受现金、有价证券或实际价值超过一定金额的物品,这不仅是一项常规的职业禁忌,而且被视为反腐倡廉的应有之举。

2. 冒犯受赠对象的物品。若礼品本身的品种、形状、色彩、图案、数目或其寓意,冒犯了受赠者的个人、职业、民族或宗教禁忌,会使馈赠行为功亏一篑。

3. 广告性、宣传性物品。若将带有明显广告性、宣传性或本单位标志的物品送与对方,会被误解为有意利用对方,或借机进行政治性、商业性宣传。

4. 保健等用品。在国外,个人的健康状况属于"绝对隐私",将与健康状况直接挂钩的药品、补品、保健品送给外方人士,往往不会受欢迎。

5. 引起异性误会的物品。向异性赠礼时,务必要三思而后行,切勿弄巧成拙,误向对方赠送示爱之物或含有色情的礼品。

6. 涉及国家机密、行业秘密的物品。在外事活动中,我方人员要有高度的国家安全意识与保密意识。对于外方人士,既要讲究待人以诚,又要注意防范。不可将内部文件、统计数据、情况汇总、技术图纸、生产专利等有关国家、行业的核心秘密随意送出。

7. 违背现行社会规范的礼品。现行社会规范不仅指中国现行的社会规范,还包括交往对象所在国家现行的社会规范,以免跨越法律、道德的界限。

8. 以稀有动物或宠物为原材料制作的物品,如动物的毛皮制品。出于维护生态环境、保护珍稀动物的考虑,在国际交往中不要赠送此类物品。

周恩来外事谈判显素质

在1972年2月访华期间,美国总统尼克松与周恩来先后进行了六次单独谈判,此外,双方多次共进午餐、参加晚宴、进行参观。两国领导人频繁地近距离接触使得尼克松对周恩来有了更深入的了解。他将周恩来卓越的专业谈判素质概括为四点:精力充沛、准备充分、谈判技巧娴熟和重压之下的从容。

第十七章 办公室外事

作为对美谈判的"神经中枢",周恩来组织并参与了自1971年7月基辛格秘密访华到1972年2月尼克松访华期间所有场次的谈判。在每场谈判结束之后,他均向毛泽东汇报,并请示下一步的工作方案,每天的工作时间近20个小时,体力严重透支,但呈现在美方谈判代表面前的却是专注的神态和饱满的工作热情。尼克松回忆说:随着谈判时间的推移,双方参加谈判的年轻人和翻译都显得有些疲惫,唯有73岁高龄的周恩来反应机敏、立场坚定,时刻保持着高度的警惕。他从不偏离主题,从不干扰对方阐明观点,也从不主动要求休息片刻。当中美双方在《上海联合公报》的措辞上出现分歧时,他从不将问题交给助手,而是亲自和基辛格探讨问题到深夜,直至最终解决。

在美方看来,周恩来谈判前的准备工作是非常充分的,这不仅体现在他在谈判时仅凭借用铅笔写着只言片语的小纸片,便可以洞察天下大事,纵横古今,驰骋东西;也不仅体现在他只有遇到非常专业的问题时,才会询问助手;仅从周恩来与美方代表团见面时的寒暄就可以看出他细致入微的准备。他知道尼克松喜欢的电影是《巴顿将军》,读过尼克松写的《六次危机》;知道基辛格的助手霍尔德里奇不仅可以说很好的中文,还会说广东话;知道洛德的太太是中国人;对美国国务院新闻发言人齐格勒、著名新闻记者詹姆斯·赖斯顿、沃尔特·李普曼的名字耳熟能详。正是周恩来严谨、认真的工作态度令美方代表感到中国对中美关系解冻谈判的高度重视。

尼克松认为"周恩来是学者型的革命者,但在谈判中,他从未失去学者所特有的敏锐思维和深邃的洞察力"。周恩来谈判时总是喜欢将双手交织着放在桌面上,身体微微前倾,专注地听取美方的言论。青少年留学海外的经历和长期从事外交工作的经验使得周恩来懂英、法、德、俄、日等多种语言。在尼克松看来,"周恩来似乎总是在翻译讲出译文之前就明白了尼克松的意思。他偶尔甚至会纠正翻译的表述,从而使得他的话能够得到更确切的表达"。优秀的外语能力和娴熟的外交谈判技巧相得益彰,使得周恩来作为职业外交家的卓越才干发挥得淋漓尽致。在谈判开场,周恩来善于采用以守为攻、以退为进的方法,请美方首先表达立场和观点。在知己知彼之后,再采用历史分析的方法,追溯历史事件的原委,探求其正义性与合法性。正是基于对国际行为正义性与合法性的认知,中国要求美国无条件从中国台湾、印度支那、朝鲜半岛和日本全部撤军,并且坚决支持第三世界国家为争取民族独立而进行的斗争。针对美方在谈判中惯用的诱压手段——大棒与胡萝卜并用的谈判手法,周恩来采取了以子之矛、攻子之盾的方法,借美国的两党政治、美国新闻媒体的炒作向美方施压,且收到了良好的效果。在尼克松看来,周恩来在谈判中从不失镇定与从容。周恩来的谈判风格与赫鲁晓夫的夸张和勃列日涅夫的戏剧化表演形成了鲜明的对比。周恩来从不会提高嗓门大吼,从不会拍桌子,更不会以终止谈判来要挟对方让步。即使是在谈判中占据了主动,他也会心平气和、坚定且彬彬有礼地表明自己的观点。[①]

[①] 郑华:《从中美关系解冻系列谈判看周恩来谈判艺术》,载《当代中国史研究》,2008年第2期。

案例思考题

我们可以从周恩来身上学到哪些外事谈判的专业素质?

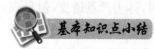

1. 外事工作主要是指根据本国的对外方针政策,组织安排对外交往的有关活动。

2. 办公室外事工作的基本原则:国家之间一律平等的原则,尊重国格、尊重人格的原则,遵守外事纪律的原则,注重礼仪与礼节要求的原则。

3. 办公室外事礼仪的原则:友好相处,互惠互利;遵守时间,不得失约;尊重老人与妇女;尊重各国的风俗习惯;注意个人卫生与举止言谈。

4. 办公室人员在对外交往中所接待的外方人士,大体上可以被区分为VVIP、VIP、IP、SP、CP 5类,在确定5类不同的外方人士的礼宾规格时,有着不同的具体要求与注意事项。

5. 办公室外事接待具体准备工作主要有:提前预定住房、用车、行李车、机票,宴会、拜会地点等;准备专业活动;落实参观单位;通知迎接、陪同人员;准备礼品。

6. 办公室外事接待准备工作注意事项:认真仔细,充分准备;精心设计,巧妙安排;依靠各方,密切配合。

7. 外事接待中的参观游览应遵循以下三点:有针对性,突出重点,劳逸结合。

8. 外事洽谈,又称外事谈判,指中外双方就政治经济、文化、军事等各领域中的具体问题作商洽性谈判。

9. 外事洽谈准备:拟订计划,洽谈调查,预备方案,物质准备。

10. 外事正式签约应做好以下几个方面的准备:确定日期,确定地点,准备物品,确定人员,会场布置。

1. 外事接待的原则有哪些?
2. 外事谈判中需要作哪些准备?

第十八章

办公室文献检索与文档管理

> **本章提要**
>
> 随着办公环境的变化,作为日常工作的重要组成部分的办公室文献检索与文档管理越来越受到重视,对其的研究也越来越深入。社会的发展和科技的进步,使得各种文献资料与文档数量与日俱增,数目繁杂,为建设良好的办公环境和开展有效的工作,有必要对各类文献档案进行规范管理和使用。因此本章从文献检索的重要性入手,主要阐述了文献检索的相关知识,如其基本含义、作用与意义、收集方法、储存与使用等。而作为与文献检索相辅相成的文档管理,其重要性更是不言而喻,因此,本章也着重介绍了文档管理的有关知识,具体研究和阐述了文档管理的含义、内容和要求、保管方法和程序等,以便更好地开展办公室工作。

现代社会分工精细,结构复杂,各种各样的资料文献浩如烟海,文献检索与文档管理就显得尤其重要。办公室工作人员必须掌握一套科学的方法,才能对文献档案进行有效地、科学地管理。

第一节 文献检索与文档管理的重要性

一、文献检索的含义

文献是用文字、图形、符号、声频、视频等技术手段记录人类知识的一种载体,也可理解为固化在一定物质载体上的知识。现在人们通常将其理解为图书、期刊等各种出版物的总和。文献是记录、积累、传播和继承知识的最有效手段,是人类社会活动中获取情报的最基本、最主要的来源,也是交流传播情报的最基本手段。

广义上的文献检索是指将文献信息按一定的方式组织和存储起来,并根据用户的需要找到相关文献信息的过程,所以它的全称又叫"文献的存储与检索"。狭义的文献

检索则仅指该过程的后半部分,即从文献信息集合中找出所需要的信息的过程,相当于人们通常所说的文献查寻。

二、文档管理的含义

文档包括文书和档案两部分,文书是指人们在日常生活、组织公务活动中广泛使用的书面材料,档案是国家机构、社会组织以及个人从事政治、军事、经济、科技、技术、文化、宗教等活动直接形成的具有保存价值的各种文字、图表、音像等不同形式的历史记录。档案由档案信息和记录档案信息的载体组成。有时也称为档案实体。文档管理就是对文书档案进行的数量、质量、时效、保密等方面的综合管理,以及文书档案的立卷与归档管理等,使得既方便查找、调阅各种文书档案,又对其妥善归类,不遗失,不泄密。

三、文献检索的重要性

在日常的办公活动中,必然需要经常性的文献检索以保证正常办公活动的进行,正确的文献检索对于开展正常的办公活动具有无可比拟的重要性。文献检索的重要性主要体现在以下两点。

1. 通过文献检索可以查询相关领域的研究成果。办公室人员通过查阅有关文献,搜集现有的与该领域有关的信息,对所要研究的问题作出系统的评判性的分析,可以了解该课题所涉及的领域内前人或他人的主要的研究成果,达到的研究水平,研究的重点,研究的方法、经验和问题。据此知道自己所查找领域的基本研究情况,以方便下一步的工作进展。

2. 通过文献检索可以获取必要的研究思路和方法。办公室人员在研究某个项目课题时,难免需要借鉴他人的研究成果。通过对他人研究成果的查阅,可以了解国内外最新的理论、手段和研究方法,从过去和现在的有关研究成果中受到启发,借此可以学习吸收先进的研究思路和方法,提升办公的效率和效果。

四、文档管理的重要性

文书档案是记录人们日常各种活动、经历、事件、资料等的载体,具有历史凭证、记载、参考借鉴、宣传等重要作用,其重要性是不言而喻的,对其的管理则显得更为重要。有序合理的管理,可以保证文档资料有序存管,方便查找调用,可以保证日常办公活动的快速有序进行。如果文档管理混乱无章,则会给日常办公带来无尽的麻烦,特别是对于重要文档,其保密管理显得更为重要,如果管理不当发生资料外流或遗失,将会造成难以想象的后果。因此,办公室的文档管理必须按照一定标准规范地加以落实进行。

第二节　文献收集与分类

一、文献收集的方法

按照信息交流渠道的不同,文献信息的收集方法分为非正式渠道和正式渠道两种。

（一）通过非正式渠道收集信息

通过非正式渠道收集信息,就是指通过实地调研取得信息的方法。这些方法主要包括调查同行单位、参加会议和"解剖"实物三种。

（二）通过正式渠道收集信息

通过正式渠道收集信息,就是指运用文献检索的方法。一般根据选题的内容、性质及要求,采取不同的收集方法,通过手工检索刊物和计算机检索系统查获相关文献,获取能解决疑难问题的核心相关文献。同时结合查找各种类型的原始文献,诸如专业核心期刊、图书、报纸等收集信息,进一步补充最新信息。

二、文献的分类

文献分类是指以特定的分类法为工具,根据文献内容的学科属性和其他特征,将各种类型的文献分门别类地、系统地组织和编排的一种手段。文献分类包括两方面的含义：

1. 对图书馆藏书的整体来说,根据每种文献内容的学科属性,把不同的文献加以区分,将相同的放在一起,相近的联系在一起,整理得有条有理,使之成系统,亦即类集。对藏书的区分和类集是文献分类的本质。

2. 对某一种具体的文献来说,根据其内容将它归入到所采用的既定的分类体系的类目中去,亦即归类。我们这里所说的文献分类是指后一种含义。

在正式对文献进行分类之前,需要对所收集的文献进行整理和筛选,以便最大限度地节约资源,也为日后的调用查阅奠定良好基础。文献整理的方法主要包括文献资料的阅读和消化、文献信息可靠性的甄别、文献信息的摘录和组织编排。

第三节　文献储存与使用

一、文献的储存

文献收集与分类之后,需要用一定的方法将其保存起来,保证其不丢失、不缺少、不损坏以及不外泄。对于纸质文献材料,一般是将其分类装订后装入档案袋,再统一保存在特定地方。一般文件只要保存在文件柜或文件夹内,机密文件或重要文件则需要保存在档案室或保险箱等安全系数较高的地方,并配专人看管负责。这类文献的进出调阅都需要经过相关程序或一定的批准。对于电子文献材料,一般需要仔细分类,然后根据实际情况保存在专人的电脑上,同时必须备份以防突发情况。对于一般电子文献材料,只要设置一定等级的查询访问密码即可,对于机密或重要文献材料则需设置保密等级较高的进入密码,同时也要防止来自外部的网络入侵,要建立相应的防范计算机黑客的防护措施。对于纸质文献材料,有条件的最好都做好电子版的备份,以防发生突发情况,如因火灾、地震、洪灾等而受到无法复原的损失。所有的文献资料储存都要建立相应的负责机制,即相应的文献资料需有专人保管并对其负责。同时应把定时检查作为文献储存中的一项日常工作,特别是对电子文献,更应及时检查以防止由计算机异常而造成的遗失损毁。

二、文献的使用

文献分类储存后,就可以被使用。办公室文献的使用需遵照一定的规定,以保证其正常使用。对于普通级别的文献材料,可以征得保管人或相关负责人的同意进行调阅使用,对于机密或重要文献资料,须经过相关领导的审核批准,说明使用目的方可使用,并由专人监督,做好调阅记录。记录包括使用人姓名、职务、使用目的、使用起讫时间、监督人、使用人和监督人签名、记录日期等项目。对于有损毁的,须由相关人员等负责赔偿,对于不可复原的损毁,应及时做好记录并重新补充。所有文献资料使用后必须检查无误后方可放回原处。

第四节 档案管理实务

一、文书管理的内容和要求

文书管理的内容包括对文书的数量管理、质量管理、时效管理、保密管理,以及文书的立卷与归档管理等,以使各种文书既方便查找、调阅,又妥善归类,不遗失,不泄密。

(一)文书的数量、质量、时效管理

文书的数量管理其目标是精简文件,克服文牍主义。不应发或可发可不发的文件坚决不发;可用电话、面谈或现场办公等方法解决的问题,可做好书面记录,不必另外专门行文;能够综合处理的问题,不零星行文;凡带有普遍性而又不涉及秘密的文件,可在报刊上公布,不必层层下发;在内部刊物上刊登的文件,不再另外行文;只要求少数单位执行的文件,不普遍下发;外组织送来的抄送件,不再转抄。

文书的质量管理要求保证文书在内容上正确、可靠,符合政策和事实;在文字上、格式上准确、规范,不出差错;未经严格校对,不得付印;审核、修改、校对、签批公文,不得在左侧装订线外书写,以免影响立卷。

文书的时效管理要求尽可能缩短文书处理每一道环节的周期,不延误,不推诿,及时反馈和办理。紧急公文的拟办和批办应当提出明确的办理时限,承办部门应抓紧办理,不得延误、推诿;对不属于本部门职权范围或者不适宜由本单位办理的公文,应当迅速退回发文的单位,并说明理由;在确保秘密的前提下,尽可能运用自动化办公设备拟写、修改、传递公文。

(二) 文书的保密管理

文书保密管理的内容包括:确定密级和保密期限。对文件的保密处理,应该区分国家秘密、商业秘密、组织内部秘密等,列入保密范围的公文,应在产生的同时,由制文单位确定密级和保密范围。由于客观形势变化,或从全局衡量公开后更有利于工作的,应及时变更密级、保密期限和解密。文件保密管理还包括密级和保密期限的标注,密件的缮印和校对,密件的传递,密件的签收、登记和传阅,密件的保管和复制,密件的清退,密件的销毁等环节。

(三) 文书立卷归档

办公室人员对已经办理完毕的文书,挑选具有保存价值的,按照某种规律组成案卷即为文书立卷。立卷有利于文书的完整与安全,是进行档案管理的基础,也便于日后对文书的查考和利用。

1. 文书立卷标准。办公室人员把文书按照某些共同特征组合成案卷,称为"立卷特征",通常可以按照以下几种特征立卷:

第一,按问题特征立卷。将反映同一问题的文件组合成一个案卷,这种方法能反映文件关于某一方面或某一具体问题的相互联系和处理情况。

第二,按作者特征立卷。将同一作者的某些文件立成一个案卷。由于作者的地位和职能不同,可以让人很快看出文件来源、行文关系和重要程度。

第三,按文种特征立卷。按照同一文种名称为标准将文书组合成卷。不同的文种具有不同的适用范围和作用,立卷可反映组织的不同活动方式。

第四,按时间特征立卷。就是把同属于某个时期的文件组成一个案卷。可以反映出组织在不同时期的工作特点和不同发展阶段的工作面貌。

第五,按地区特征立卷。将涉及同一地区的文件组成案卷,可以反映该地区的工作情况和有关地区问题的处理情况。

第六,按通讯者特征立卷。以本组织与外组织就某些问题的往来文书为标准立卷。如问函与复函、请示与批复等用通讯者特征立卷。按通讯者特征组卷与按作者组卷不同,只有当两个作者就某共同问题进行工作联系、磋商所形成的往来文件才可以列入,而不包括两个作者各自的其他发文。

立卷的六个特征的运用,是文件之间联系的具体体现,文件之间的联系是多方面的,不可能只采用一种固定的模式组卷。立卷时,应该根据立卷原则的要求,从组织文件的实际情况出发,结合运用文件的特征立卷。可以先找出文件的主要特征,然后根据文件的具体情况,结合运用其他特征立卷。

2. 立卷类目的编制。立卷类目也叫案卷类目,是指在一年的实际文书尚未形成以前,根据组织各项活动和文件形成的规律,对一年内可能产生的文书按照立卷要求和方法事先编制成的一个立卷规划,事先拟制出来的归卷条目。

立卷类目主要由类名和条款两部分组成:

第一,类名,即类别,是综合概括归卷文件材料的类属名称,如财贸类、销售类、城建类、生产类、技术类、广告类等等。

第二,条款,即条目,是类名之下按照立卷要求和方法概括出来的一组文件的总标题。

条款顺序排定以后,依次编上顺序号。如第一类第一条为"1-1"、第二类第二条为"2-2"等等。

立卷类目的类别和条款的排列呈表格式,是平时文件归卷的"索引表",指导文件"对号入座"、"定点归宿"。

3. 案卷归档。

第一,案卷目录的编制。案卷目录的项目有"案卷号、立卷类目号、案卷题名、卷内文件起止日期、卷内文件份数、页数、保管期限、备注"等等。

编制案卷目录一般有两种方法:一种由各部门的公文立卷人员编制移交目录,然后由档案室汇总编排卷号,编制正式的案卷目录。二是由组织档案室通盘组织,指导各部门的文书立卷人员统一分类,编排卷号,直接编制案卷目录。

第二,文件检索工具的编制。文件检索工具指用来查找、利用文件材料的目录、卡片等等。其编制内容主要有:

首先,文号索引,又叫文件作者目录。目录设置的项目一般有:文件作者(加标题)、文号、文件日期、所在卷页号。

其次,文件分类目录,又叫文件综合分类目录。设置的项目一般有:类别、顺序号、文件作者(加标题)、文号、文件日期、卷页号,并加封面和底页。一年编制一本,编制好后付印装订成册。

第三,案卷的归档。文书部门立好的案卷,必须逐年移交给档案室集中保管,称为:"归档"。应归档的文件材料必须齐全、完整;归档的文件材料,要保持它们之间的历史联系,区分保存价值,分类整理、立卷,案卷标题应简明确切。组织档案室在接收案卷时,应按照以上要求对案卷检查验收。移交目录一式二至三份,一份经签字后留公文处理部门使用,另外一至二份交组织档案室保存。

(四)档案的保管和利用

为了完好、长久保存档案,需要采取一些保护措施,进行妥善管理。要对档案保管期限进行确定,文书档案的保管期限分为永久、长期(16至50年)、短期(15年以下)三种。文书管理人员为了掌握档案的基本情况,还必须对档案进行数量的登记、统计和分析研究,以期更好地提供利用。

档案的利用是档案工作诸多环节中最具活力的环节,是档案工作服务于各级政府部门和广大群众的最直接的方式,也是档案工作与社会公众之间的纽带和桥梁。

第五节 文档一体化

一、文档一体化的含义

文档一体化是信息化时代的产物。文档一体化是指从公文处理和档案管理的连续性和整体性的规律出发,通过计算机技术应用将其有机地联系起来,按照统一的规范和标准,组成一个综合的管理大系统,对公文处理和档案管理信息进行存储、控制、加工、传输,以实现对公文和档案管理的整体优化,消除和减少重复劳动,为组织工作提供高效率、高质量的管理。文件与档案管理的一体化是管理方式的改变,这种改变会使文件与档案的管理与具体做法发生相应的变化,但并不会改变文件——档案的原有关系和属性。

二、文档一体化的特点

(一) 整体性

文档一体化将文件的处理(如:文件的登录-传阅-分类-鉴定-组卷-归档等)和档案管理(如:编制案卷目录-查询-统计-编研等)的全过程作为一个整体运用计算机进行管理,缩短了文件归档的时间,提高了案卷的质量。

(二) 效率性

文档一体化实现了文件、档案管理的全方位自动化,打破了传统的手工操作的旧模式,使办公室人员从繁忙的手工劳动中解放出来,提高了工作效率。

(三) 经济性

文档一体化从办公室开始就采用计算机进行管理,可以做到一次输入多次输出。如:可以打印出阅办单、总收(发)文目录、卷内目录、催办单、各种统计报表等。通过综合处理可以避免重复劳动,节约了大量的人力、物力、财力。

(四) 前控性

文件是档案的基础,文件处理工作的好坏直接影响到档案的质量。文档一体化管理,可以做到对文件处理的有效控制,实现从文件到档案的有效转换,为档案工作奠定基础。

(五) 规范性

文档一体化要求文件与档案要有统一的规范、标准、格式和要求。利用计算机对文件、档案进行管理,就实现了文件处理、文件立卷和档案管理工作的科学化、标准化、规

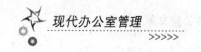

范化,从而提高了文件、档案的科学管理水平。

(六) 开发性

办公室可以利用归档的机读目录进行编研,根据利用者的需要和查找的方便,编制出各种查找方式。如:文号索引目录、专题目录等,变被动服务为主动服务。同时也促进编研工作的开展。

(七) 准确性

只要前期处理工作做得好,输入的信息准确无误,计算机就能准确地、无遗漏地提供所需要的信息和进行统计、编研等工作。查全率、查准率都可达到100%。

(八) 时效性

由于系统可以提供多种途径检索,如:单项检索、组合检索、模糊检索等各种检索方式,所以能够快速、准确地满足利用者的需要,大大超过了手工查找的速度,提高了时效。

三、实行文档一体化的现实意义

(一) 实行文档一体化是档案实体数字化的需要

传统档案工作主要以纸质档案为工作基础和客观对象,采取手工操作方式。知识信息时代,计算机、网络技术的广泛应用,要求将馆藏纸质档案转化成数字的形式,即电子档案,这样才能使档案资源进入信息网络并实现资源共享。将现有纸质档案转移成电子档案是实现数字化的核心内容。

(二) 实行文档一体化是档案传递网络化的需要

网络技术作为信息时代的主要特征,具有开放性、高速、快捷的特点,它在办公自动化中的应用,极大地提高了工作效率。档案信息的交换必然通过网络进行交换,而且随着电子文件的普及,档案信息的收集、鉴定、整理、保管、利用、销毁等一系列工作也同时在网络上进行。

(三) 实行文档一体化是档案资源利用社会化的需要

档案信息化的根本目的在于更好地为社会提供服务,使档案信息资源实现共享。中国加入WTO之后,开放程度日益扩大,许多方面都必须与国际接轨。档案信息资源除了涉及国家安全和商业秘密的内容外,向全社会开放,实现资源共享,获取更大的社会效益和经济效益,这是国际惯例,我们应当顺应潮流。

四、进行文档一体化建设应该遵循的原则

文档一体化建设是一项涉及组织全局、复杂的综合性工程。实施的必然性和目前阶段存在的不确定性,决定了在组织进行文档一体化工作时,必须以实事求是、科学的态度,从组织实际需要和可能出发,严谨地制定工作方案,坚持正确的工作原则,采取必要的措施,提高成功的几率。组织进行文档一体化建设,应遵循的工作原则有如下几项。

(一) 将档案信息化纳入组织办公自动化之中的原则

实践证明,组织的档案工作信息化,必须把档案工作信息化纳入组织办公自动化的总格局之中,依靠办公自动化系统的开发部门、文件形成部门的协作,将档案信息化与办公自动化融为一体,同步进行,协调发展。文档一体化是组织办公自动化对组织档案管理提出的必然要求。组织在规划和实施办公自动化时,要将档案管理信息化纳入其中,统筹考虑,统一安排,使两者同步发展。

(二) 电子文件和纸质文件并存保管的原则

根据国家档案局的要求,在目前法律和技术不完善的情况下,重要的文件要实行归档双轨制。尽管电子文件通过网络发下去,但具有重要保存价值的电子文件,一定要对相应内容的纸质文件(有的是红头文件)及时归档保存。同时,电子文件也要按照其记录信息的存在价值进行物理存档,转化为电子档案,并按照规定安全保管。随着技术、法规的逐步完善和整个社会的进步,归档双轨制将经过国家最高档案行政管理部门批准,才可取消。

(三) 确保档案信息安全的原则

档案信息资源不同于其他信息资源,开放利用必须经过严格审查。办公自动化系统,包括组织档案信息化系统,涉及大量的国家机密和商业秘密,必须与互联网等公共信息网实行物理隔离。组织涉密档案信息不得存储在与公共信息网相连的信息设备上。要采取彻底的防范措施,确保组织办公局域网和组织档案信息的安全。一是选用性能可靠的杀毒软件,防止病毒侵害。二是对上网的信息进行加密,内部网上要建防火墙,限制外部网的非法访问。三是对上网的信息要严格按照档案保密和信息上网的有关规定执行。

五、文档一体化的程序

(一) 电子文件的归档

电子文件以其新颖性及与传统管理方法和手段的不一致性,给档案工作带来了管理方法上的根本性改变。电子文件与纸质文件有着本质不同的归档方式和特殊归档现象。

1. 归档模式。由于电子文件的特殊性及现有科技条件和档案管理水平的限制,目前组织一般实施纸、电共存方式,即归档的双轨制。实行双轨制并非是使纸质管理系统和电子管理系统独立地、没有任何联系地分别运作,而应把电子档案与纸质档案看作是有机的对应,相互建立准确可靠的标识关系,即:在纸质档案的卷内目录、备考表等内注明相应的电子文件的存放地址、编号等信息,在电子档案后标上相应纸质档案的编号、目录号等信息。当档案的编号或内容等更改时,应注意保证电子档案与相应纸质档案的一致性。当然,这种双轨制只是一种过渡方式,相信随着科技的发展、无纸化办公的实现、档案管理水平的进一步提高,电子文件可以作为唯一的归档方式并得到更好的保存。

2. 归档范围。由于电子文件产生与利用的环境的特殊性,其归档范围与其他介质档案相比必然有不同的特点。

电子文件归档范围不仅包括文件本身,而且对产生电子文件的支持文件、数据文件及其他有关文件一并归档,大体上可包括以下几类:一是支持性文件,指能够生成、运行文本文件、数据文件、图形文件等文件和各种命令及设备运行所需要的操作系统。二是数据文件,指各种数据材料。由于数据在不断变化、更新,应对原始数据每隔一段时间定期拷贝,并将拷贝文件归档。三是与电子文件有关的各种纸质文件,主要有:产生电子文件所使用的设备的安装与使用说明、操作手册等;电子文件形成过程中产生的一些纸质文件,如设计任务书、程序框图、技术鉴定材料等;还有重要的保管期限长的电子文件的纸质载体打印件以及文件的不同稿本。

以上归档范围只是一个大致范围标准,不同组织在具体实践中还应结合本组织实际,具体划定适合于本组织的保管与利用的归档范围。

3. 归档办法。电子文件的传递有介质传递和网络传递两种,从而使电子文件的归档从技术上分为介质归档和网络归档两种方式。所谓介质归档方式,是指各组织将自身形成的电子文件存储在磁带或光盘上保存。所谓网络归档方式,是指在组织内部已经实现网络化,组织的各个部门都成为网上一个节点的条件下,各部门将自身形成的电子文件通过网络传输到档案室,或按照档案室的要求加工后进入网络规定的地址,供组织各部门查阅。档案馆的接收技术和归档一样,也有介质接收和网络接收两种系统。

为了确保电子文件的可靠性,在目前的技术条件和管理水平下,最好采用介质归档方式。

介质移交是指在纸质档案移交的同时,向档案室移交电子文件软盘,并移交电子文件移交目录及有关说明,主要内容有盘号、电子文件名、电子文件机读名、发文号、计算机型号、操作系统名称及版本号、应用软件名称版本号等。

4. 归档要求。归档电子文件的质量关系到以后电子文件的保管与利用,因此办公室人员应采取措施,保证电子文件归档的质量要求,具体如下:

第一,归档电子文件必须真实有效。要运用各种技术手段保障电子文件的真实性与**凭证性**,严格审定归档电子文件的版本。文本文件应以最后定稿归档。图形文件如经更改,须将与当时技术状态一致的版本归档。

第二,归档电子文件必须完整、准确、系统、安全、视听正常、无病毒、无机械损伤。

第三,归档电子文件必须按照统一要求转换为标准的文本文件格式,保证日后能够顺利读出。外来文件还要具有系统兼容性。

第四,归档电子文件必须经过演示和检测及一定的整理和编辑,划分保管期限,保证其内容与文件正本相一致和利用的方便。

第五,禁止重复归档,杜绝信息垃圾,保障系统自动管理的实现,而且对归档的电子文件做出备份,一份封存,一份供利用。

第六,办公室人员应对归档的电子文件编制归档说明,需简要说明磁带、光盘中存储文件的内容,运行的软硬件环境、版本号、文件的完整性和准确性等。

(二) 电子档案的保管

电子档案有许多不同于传统纸质档案的特性,决定了其在保管与维护方面的特殊性。电子档案保管其实就是如何保护所存信息能被长久或永远地安全利用,这是一项经常性、系统性的工作,也是一项技术性工作,必须采取综合措施。由于电子文件的特殊性,载体损害、设备故障、操作失误、病毒入侵、黑客攻击、网上篡改、技术淘汰都可能对电子档案的完整安全造成威胁。

1. 电子档案载体的物理保护。电子文件载体多为磁盘和光盘,这类介质对外界环境要求很高,极易受到各种内外因破坏,使其寿命缩短或使信息破坏,因此必须首先对载持信息的载体进行科学管理与保护,以确保承载信息的安全。

第一,严格控制温湿度。保存电子档案的库房温度为15℃—27℃,相对湿度控制在40%—60%,最佳环境温度为18℃,相对湿度为40%。选择一组温湿度值后,要保持相对稳定,否则就有可能使载体变形、变质或产生静电,使信息读错率增加。

第二,净化外部环境,防止空气污染。工业区空气中的氟化氢、氯化氢气体、氨气等都可能对光盘等带来影响。所以应该千方百计减少空气中的灰尘含量及有害气体,并保持良好的通风性;防止强光照射,特别是紫外线的直接照射;适时清除所用设备上的积尘。

第三,防磁防震。电子文件在保存和使用时,一定要远离磁场,磁性载体与磁场源之间距离不得少于76 mm。最好库房建有抗磁性的围护结构,否则会使磁性载体上的信息丢失。设备应放置平稳固定。硬盘驱动器执行读写时,不要移动或碰撞工作台,以免磁头划伤盘片。

第四,防止机械损伤。载体应直立排放,避免挤压、折叠或弯曲;严禁随意擦拭或清洗盘片,如必要可用干净药棉蘸高纯度酒精擦洗裸露部分,然后放于清洁环境中,待干后再使用;不可用笔在软盘保护套上直接标记,如需标记可使用标签贴在封套上;不能用手直接触摸光盘信息部位、读写窗口等;使用时使用场所的温湿度与库房温湿度相差范围应分别在±3℃、±5%;使用过程中严格按正规程序操作,避免因操作失误造成载持信息破坏。

第五,定期进行检测与拷贝。由于电子档案材料载体和信息易损伤及寿命的有限性,定期进行检测与拷贝是十分必要的。检测时先检测外观有无损坏或变形、是否清洁;然后进行逻辑检测,利用检测软件对信息进行读写校验,发现问题及时补救。定期拷贝是保证磁性载体可靠性的一种行之有效的方法,具体周期由各单位视具体保管条件而定。

2. 电子档案信息的安全维护。电子文件自身的特性决定了其信息安全问题的复杂性与重要性。在网络环境中,信息安全问题更加突出。确保电子档案信息安全,除采

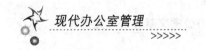

取上述措施保护载体不受损伤外,还应采取一系列技术手段:

第一,采取备份和镜像技术,防止文件信息的丢失。制作备份是保障电子文件安全最根本的措施之一。它是指为电子文件制作一份或几份拷贝,将拷贝保留在一个安全的地方,以防原件因载体损坏或设备故障等原因而丢失信息。现行文件生成后必须及时备份。

镜像技术是对实时要求极为严格的动态数据库文件所采取的安全备份措施。它实际上是为某一动态系统建立完全对等的孪生系统,两个系统同时执行完全相同的工作,若其中一个系统出现故障,另一系统仍可继续工作,以防止文件信息的丢失。

第二,加密技术。加密技术旨在防止文件信息的泄密。加密的基本过程是:将称为明文的可读文件编码转换成不可读形式的密码,利用时,再通过解密运算将密文还原为明文。由于加密方法对非授权者是保密的,因此可防止非法用户截获并破解文件内容。目前多使用"公开/私有密钥"法加密。下面介绍一下密钥法:公开密钥法是指任一发文者都使用相互关联的一对密钥(加密、解密运算的方法),一个公开给所有人,另一个发文者秘密拥有。用秘密钥匙加密的文件只有公共密钥才能解开,且公开密钥与秘密密钥是不对称的,即不可能用公开密钥推导出秘密密钥。发文者发文时,用秘密密钥对文件作加密运算,形成密文;收文者则用发文者的公开密钥对密文作解密运算,恢复明文。一旦明文得以恢复,至少说明两点:该文件是发文者发出的;该文件未有任何改动。否则,只能产生乱码,不可能恢复明文。这样第三者很难从截获的密文中解出原文来。这对于传输中的电子文件有很好的保护效果。

第三,访问控制。访问控制旨在杜绝电子文件信息的非法利用和蓄意破坏,包括身份验证、防火墙等。

身份验证是指为防止未授权者进入系统对文件或数据进行访问,在用户登录或实施某项操作之前,系统将对其身份进行验证,并根据事先的设定来决定是否许可。最常用的方法是给每个合法用户一个由数字、字母或特定符号组成的通行证,代表用户身份,一般有口令、磁卡等。当用户要求进入系统访问时,首先输入自己的通行证,计算机自动将这个通行证与存储在机器中有关该用户的其他资料进行比较验证,如果验明身份合法,可接受他进入系统对相关的业务进行访问,否则就被拒之门外。

防火墙是建立在组织的内部网络和外界网络之间的保护墙,阻止对组织信息资源的非法访问,也可以阻止机要信息、专利信息从该机构的网络上非法输出,起到监测并过滤来往信息流的作用。

第四,防治病毒。病毒入侵是威胁电子文件信息安全的因素之一。防治病毒,一是预防,二是杀毒。防毒是根本,可在系统中安装专门的防毒软件或使用防病毒卡硬件。杀毒主要用杀毒软件。防治病毒是一项技术性工作,应组织专业人员建立起完善有效的防治体系。

第五,安装补丁程序,用以弥补程序缺陷。程序缺陷可能引起信息泄密或遭破坏。

发现程序缺陷后,应及时安装各种安全补丁程序,以免被非法者利用。系统程序的安全漏洞,因发现后传播极快,更应及时修正,否则后果难料。

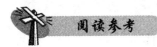
阅读参考

鄂尔多斯集团公司是一家以鄂尔多斯羊绒衫厂为龙头的大型集团公司,下有羊绒制品、建材、热电、电子元件等30多个企业,在美国、德国、中国香港等10多个国家和地区设有办事处。"鄂尔多斯"牌羊绒衫是驰名商标。鄂尔多斯集团公司的快速发展得益于1995年该公司发行了B股,融集资金10亿元人民币。

1995年,鄂尔多斯集团公司为发行B股,进行了一系列前期准备工作。第一项工作是进行清产核资、资产评估。鄂尔多斯羊绒衫厂占地面积7.6万平方米,主要设备2 000多台(套)。1991年鄂尔多斯集团公司成立后,羊绒衫厂的土地使用权、房地产权划归了集团公司,一些固定资产却没有严格的区分,此次资产评估必须重新明确产权划分,进行资产剥离。负责评估的中华会计师事务所为此查阅了大量的土地使用证、房产证、房地产协议、合同书等档案资料。第二项工作是对集团公司进行财务审计。境内外的审计师查阅了1992年至1994年集团所有的会计报表、会计账簿、会计凭证,共1 200多卷册。他们还查阅了几个关联企业的档案资料,审查了一些企业借贷担保合同等。第三项工作是对B股上市进行法律认证。境内外的律师事务所查阅了鄂尔多斯羊绒衫厂在国内46个城市开设的56个专卖店的营业执照、营销合同、"鄂尔多斯"商标注册等档案材料200多页。

1995年10月,鄂绒B股顺利上市,大大提高了鄂尔多斯集团公司的竞争实力。

此次B股上市过程中,鄂尔多斯集团公司档案室提供各类企业档案共计3 300多卷册,录像档案20多盒,照片档案100多张,各种获奖证书30多件。完整齐全的档案资料提高了公司B股上市前期准备工作的效率,缩短了B股上市的周期,为公司节省了大笔费用。集团公司领导说:"如果没有这么齐备的档案,我们的前期准备工作的难度真难想象!"

文件是组织管理事务、联系和处理工作、交流情况的一种工具。文件在完成了文书处理程序后,现行作用逐渐消失。这个时候就要将其中的对日后实际工作和科学研究活动有一定查考价值的文件,按照一定的规律集中保存起来,文件也就转化为档案,从而具有了凭证价值和情报价值。从上述鄂尔多斯集团公司的事例中可以看出,鄂尔多斯集团正是因为意识到了档案的特殊价值,所以在前期准备工作阶段,就非常重视档案管理和利用工作。事实证明,档案为其快速发展和壮大、占据市场起到了至关重要的作用。①

---

① 胡鸿杰主编:《办公室事务管理》,中国人民大学出版社2004年版。

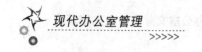

绍兴市档案局(馆)的现代化管理工作①

绍兴市档案局(馆)的现代化管理工作起步于1995年。1999年2月省档案局确定在绍兴市档案馆开展现代化管理试点以后,绍兴市加快了档案管理现代化建设的步伐。针对党政机关办公自动化程度日益提高的实际,绍兴市档案局(馆)较早地关注了机关电子文件和电子档案产生的基本情况,及早介入,掌握主动。

2001年绍兴市档案局(馆)组织起草了《绍兴市机关电子文件归档管理暂行规定》,由市委、市政府"两办"印发全市贯彻执行,为绍兴市机关电子文件归档管理工作的规范化、制度化奠定了一个良好的基础。与此同时,该市又对《绍兴市机关、团体、事业单位档案工作目标管理认定办法》中的档案管理现代化部分作了较大的修正,增加了有关电子文件归档、计算机管理、库房的现代化等新的内容。

2003年,绍兴市档案局(馆)根据全市信息化工作"十五"规划,加快档案管理的信息化、现代化进程,提出建设绍兴市公共档案信息中心,实现档案信息共享,全面提升档案馆为政府和社会公众服务的水平和质量。该中心以数据库为管理手段,以扫描的纸质档案图像、采编的声像资料、电子档案和机读档案目录为管理对象,利用计算机网络技术、信息处理技术、图像处理技术、数字加密和先进的光盘刻录、压缩存储等技术,实现全市档案业务从处理到档案组卷、档案整理、编目、打印、编研、鉴定、查询利用、进馆以及库房管理全过程的计算机管理,以达到对绍兴市档案数据进行统一集中管理,绍兴市档案局(馆)应用网络技术开展了档案信息的网上服务,依法实行开放档案目录的公布,为政府工作需要提供了法律规范、档案馆编研成果等,还为党委、政府的中心工作提供档案服务专题栏目,使档案馆的开发利用由被动转为主动。现在,绍兴市领导及市级机关上网单位都能看到市档案馆提供的服务信息,市政府的《政务信息》上专门登载了档案信息上网服务的消息。2002年绍兴市档案馆建立全省首家"文件中心"。该馆将市直机关各部门和部分事业单位的现行文件集中起来实行开放服务,到2003年2月"文件中心"共收有83个部门的14 960份文件、600多册资料;还建立了新中国成立以来全国人大、国务院颁布的法律、法规文件和地方性法规、政府规章的数据库。在档案馆、市便民中心和"绍兴市档案信息网"三个窗口运用现代化管理技术为群众提供服务,截至2002年12月底,文件中心共接待1 778人次,调阅文件3 958件次,复制6 265件次,出具证明468张。此举受到了媒体的密切关注。

---

① 绍兴市档案局:《加强档案管理现代化　提供优质高效服务》,http://www.sxda.gov.cn/documents/docdetail.asp?documentID=406。

第十八章 办公室文献检索与文档管理

绍兴市以库房温湿度控制为重点的档案保护工作上了一个新水平,确保了馆藏档案的完整与安全。在抓现代化管理中,绍兴市档案馆将库房的安全管理纳入了现代化管理计划,并与绍兴市文理学院联合研制开发成功库房自动化管理系统,较好地解决了手工和机械管理上存在的人为因素多、灵敏度不高及不能及时形象直观地分析变化原因等不足,使档案馆库房温湿度得到有效控制,较好地解决了江南水乡高温高湿天气库房温湿度控制难的问题。自库房自动化管理系统投入使用以来,即使室外连续高温长达1—2个月,库内温湿度仍能达到设定的国家标准。另外,绍兴市档案馆还采用红外线杀菌方法,严把进馆档案杀菌关,开展了照片档案的扫描和病档修复等现代化保护工作,确保了馆藏档案的完整与安全。

2003年春节后,绍兴市档案局机关办公自动化系统正式投入运行,全局同志在一个新的工作环境中开展工作,联网后,档案局(馆)每个终端每天都能获得来自内部各职能处室的信息,来自外部党委、政府、人大、政协及有关部门的信息,使局(馆)工作人员能及时掌握各方面的信息,真正做到开阔眼界、把握全局,增强了为中心工作服务的针对性、时效性。通过资源共享,为局(馆)内部处室之间、岗位之间相互利用积累的数据资料,了解工作进度情况等创造了便捷的条件。现在局(馆)领导要了解工作情况,即使处室负责人外出也没有关系,通过该系统便能了解所需情况,还可以方便地复制和打印。若需要了解外部情况,譬如重点工程项目情况,只要通过市计委主页,就能及时进行重点工程项目档案情况的监管等。

案例思考题

1. 结合此案例,谈谈档案管理现代化的意义。
2. 结合此案例,谈谈在档案管理现代化进程中应该注意什么?

基本知识点小结

1. 广义上的文献检索是指"文献的存储与检索",狭义上的文献检索是指"文献查寻"。

2. 按照信息交流渠道的不同,文献信息的收集方法分为非正式渠道和正式渠道两种。

3. 文献整理的方法主要包括文献资料的阅读和消化、文献信息可靠性的甄别、文献信息的摘录和组织编排。

4. 文献的储存和使用必须遵循一定的规章制度,要分门别类有针对性,以保证其安全有效。

5. 文书管理的内容包括对文书的数量管理、质量管理、时效管理、保密管理,以及文书的立卷与归档管理等。

6. 文书立卷的基本原则:(1)遵循文书材料形成的客观规律;(2)反映组织活动

的真实面貌；(3)便于文件的保管和检索利用。

行政人员把文书按照某些共同特征组合成案卷，称为"立卷特征"，通常可以按照以下几种特征立卷：(1)按问题特征立卷。(2)按作者特征立卷。(3)按文种特征立卷。(4)按时间特征立卷。(5)按地区特征立卷。(6)按通讯者特征立卷。

7. 文档一体化是指从公文处理和档案管理的连续性和整体性的规律出发，通过计算机技术应用将其有机地联系起来，按照统一的规范和标准，组成一个综合的管理大系统，对公文处理和档案管理信息进行存储、控制、加工、传输，以实现对公文和档案管理的整体优化，消除和减少重复劳动，为组织工作提供高效率、高质量的管理。

8. 文档一体化管理具有以下特点：整体性，效率性，经济性，前控性，规范性，开发性，准确性，时效性。

9. 实行文档一体化的现实意义：(1)档案实体数字化的需要；(2)档案传递网络化的需要；(3)档案资源利用社会化的需要。

10. 文档一体化建设应遵循的工作原则：(1)将档案信息化纳入组织办公自动化之中的原则；(2)电子文件和纸质文件并存保管的原则；(3)确保档案信息安全的原则。

思考题

1. 文献检索是否等同于文献收集？
2. 文献检索具有哪些现实意义？
3. 文档一体化是否就是将纸质文档输入计算机进行存储管理？
4. 如何确保文档存储的安全性？

第十九章

办公室公共关系

> **本章提要**
>
> 办公室人员在日常工作中,常常要承担公共关系方面的许多具体工作。本章首先介绍了办公室人员从事公共关系工作的一些基本社交技巧与艺术,这些技巧与艺术不仅能给交往者留下美好的个人印象,更重要的是能给交往者留下良好的社会组织形象。本章还对演讲与谈判的艺术进行了详细阐述,办公室人员通过演讲来为自己的部门和组织进行宣传和介绍,通过谈判来协调和改善组织与内外部的关系,这不仅是办公室人员的重要职责,同时也是办公室人员个人能力的体现。本章最后介绍了组织面临公共关系危机时,办公室人员处理危机的公关艺术。

公共关系,英文为"public relations",缩写符号为 PR。公共关系是指社会组织以现代传播沟通为手段,以建立互利合作的公众关系为重点,以塑造良好的组织形象为目标的管理科学与艺术。公共关系活动的根本目的是塑造社会组织自身的良好形象。

办公室人员在日常工作的过程中,常常要承担着公共关系方面的许多具体工作。如,信息的传播、接待来访、参与谈判、发表演讲等等,有时遇到公共关系危机,办公室人员还需要学会如何处理危机。从这个意义上说,公共关系活动是办公室人员活动的主要组成部分。因此,办公室人员要想把工作做得更加出色,必须树立公共关系意识,了解公共关系的技巧与艺术。

第一节 公共关系社交技巧与艺术

出色的社交能力是对办公室人员沟通各方面关系,建立良好社会关系的客观要求。办公室人员熟悉和掌握交际的各种技巧与艺术,不仅能给交往者留下美好的个人印象,更重要的是能给交往者留下良好的社会组织印象。

一、塑造良好的自我形象

办公室人员塑造自身形象要受两方面的因素制约:一方面是表层因素,即办公室人员的相貌、仪表、谈吐、举止等因素,另一方面就是深层因素,即办公室人员在公关活动中所表现的精神面貌、道德情操、气质、修养以及处理问题时的反应和应变能力等因素。办公室人员要善于把两方面因素统一起来,塑造自己的美好形象,展示自己的魅力。

二、掌握交谈艺术

（一）交谈态度:谦恭、亲切、真诚

办公室人员在与他人交谈时态度要诚恳、自然、大方,言语要和气亲切。交谈开始后,应尽力缩短彼此间的心理距离,寻找诸如同姓、同乡、同行或共同兴趣等共同点,和谐地把自己与对方联系在一起,使人如沐春风,为双方进一步交往打下良好基础。交谈过程中,双方宜真诚相待、情感交融。无论何时何地,与人交谈都要避免油腔滑调、傲慢冷淡或虚伪轻浮等。

（二）交谈话题:兴趣与共鸣

办公室人员应大方、主动地与他人交谈,可供人们交谈的话题很多,如近期时事、畅销书、天气和当时的环境等等。一旦人们对话题产生兴趣和共鸣,各种话题则成为交谈开始的钥匙,交谈进行的润滑剂,交谈结束后的优美舞曲。

办公室人员应当注意,有些话题是应当避免的,比如自己一知半解的问题、道听途说的社会传闻、易使对方敏感的话题等。还有一些禁忌的话题:收入与财产、女士年龄和婚姻、他人隐私与伤痛、个人恩怨和牢骚、男女关系等等。触及这些话题,会被认为失礼和缺乏修养。

（三）谈话气氛:轻松愉快、生动活泼

新鲜活泼的交谈则令人心神愉悦,乐而忘返;而陈旧枯燥的谈话使人兴致索然,昏昏欲睡。办公室人员应当创造令人兴奋的交谈氛围,除态度认真和话题选择恰当外,办公室人员还应掌握两种十分有效的艺术:

第一,幽默感。幽默是一门高级艺术,也是办公室人员的文化、修养、机智、气质和语言驾驭能力等多方面素养的综合反映。有人曾说:"没有幽默的语言是一篇公文,没有幽默感的人是一尊雕像,没有幽默感的家庭是一间旅店,而没有幽默感的社会是不可想象的。"办公室人员如果能恰当地幽默,能促使人们的关系和谐亲切;能活跃情绪气氛,使严肃紧张变成轻松活泼;能改变局促、尴尬的场面,能消除误会,化解矛盾。需要注意的是,幽默的运用应适人、适时、适地。

第二,委婉含蓄。委婉含蓄的语言表达艺术,其基本表现有先扬后抑、直言曲说、模糊概念、间接提醒等,其原则就是维护和满足对方的自尊需要,以达到使对方理解接受自己的观点的目的。同样是劝导、批评人,有的办公室人员把被劝者弄得暴跳如雷,结果是不欢而散;而有的办公室人员则使被劝者心悦诚服,从谏如流,结果是皆大欢喜。委婉含蓄的表达方式既不会伤害他人,又能让对方理解自己。

(四) 交谈中听的艺术

办公室人员要掌握好交谈中听的艺术。要从容而耐心地倾听对方谈话,以耐心鼓励的目光让对方把话说完。对方在讲话时不要轻易打断或插话,不管对方的态度和谈话内容如何,中间插话打断、抢过话头都是不礼貌的。如果因未听明白或需要进一步了解情况而必须插话,办公室人员应先征得对方同意,如用这样的方式:"请等等,让我插一句"、"请允许我打断一下"、"请让我提个问题,好吗?"这样可以避免使对方感到你轻视他或不耐烦之类的误解。可以将对方所说的话提要重述,以表示你在注意听,这也是鼓励对方继续说下去。不过语调要尽量保持客观和中立,以免影响或无意中引导对方的讲话。

办公室人员要有正确的心态,克服先验意识。如果办公室人员有强烈的先验判断,对沟通者或信息原本就持否定态度时,就会阻碍有效的倾听。此外,办公室人员要以"有容乃大"的气度去倾听他人的建议,不要担心自己的面子或自身权威、地位受到挑战,故不愿接受与自己的观点相左的想法。

(五) 特殊交谈争辩的技巧

在与他人交谈时,办公室人员可能遇到争辩。争辩,即通过言辞交锋以辨明是非。争辩的最大误区,就是视对方为"敌方",从而采取一切手段将其无情地彻底击败打垮。如此一来,争论的结局往往变得是非分明、感情破裂和关系完结。如何使争论变成一种愉快、平和的思想交换,既维护真理与正义又不伤感情与和气,甚至增进理解与友谊呢?只要采取正确的方式方法,进行积极的争辩,这是可以做到的。

换位思考。办公室人员要做到给对方的想法或做法以理解和同情,即在感情上与对方取得统一。

口下留德。办公室人员不应该对对方进行人身攻击,不恶语伤人,不嘲笑对方的言谈错误,不揭对方隐私。否则,将给对方留下无可补救的创伤,也给自己留下无可挽回的遗憾。

对事不对人。争辩的中心应始终围绕事件或争辩点本身,办公室人员切不可由此事谈及到以往的不快之事,更不可转换成对对方的人身攻击。

得理不得意。在对方理屈时,办公室人员不要"得理不饶人",不可逞口舌之利将对方"赶尽杀绝",应及时刹车,结束争辩,给对方一个台阶下,既维护了对方自尊,又显示了自己的大度。可以轻松自然地转个话题,或与对方握握手,真诚地说句:"虽然我们观点不同,但从你的论辩中可以学到许多东西,这对我们都是有益的促进。"人性都是很脆弱的,易被击垮也易被扶起,往往一两句话便可恢复一个人刚刚失去的心理平衡,让他重返愉快平静,使大家重归和平友好。记住:争辩是一回事,交情又是一

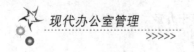

回事。①

第二节 公共关系演讲的技巧与艺术

当今商业社会中,人们日益意识到演讲的重要性,演讲日益成为与多数人进行交际沟通的有效形式。办公室人员在工作中演讲的机会非常多,如庆祝会、信息发布会、座谈会、宴会、讨论会等。办公室人员通过演讲来为自己的组织或产品进行宣传和介绍,可以收到立竿见影的宣传效果。

了解演讲的技巧有利于办公室人员有效控制自己在发言时的情绪、声调、语速等。办公室人员在与听众互动过程中有效运用以下技巧,可以引起听众的共鸣,给他们留下美好、难以磨灭的印象。

一、开场白技能

良好的开端是成功的一半。公共关系演讲中,办公室人员要掌握一些开场白的技能与艺术。比如演讲的开场白在幽默风趣中开始,可以使听众在轻松愉快的气氛中不知不觉地进入角色;或者开场白采用与主体相关的名言警句开头,可以强化演讲的分量,强化演讲的主体效果;演讲的开场白采用提出问题的方式,则可吸引公众的关注,起到增加悬念的效果。

二、情绪控制艺术

随着演讲的进行,办公室人员需要进行并保持与听众的交流,同时对他们的情绪施加影响,使之理解演讲内容和有所反应。面部的表情、目光的交流、脚步的移动、看表的动作,或者位置的频繁交换都能表达某种情绪含义。

有些因素对于任何演讲都是重要的,如办公室人员必须举止得体,给予听众更多的礼貌和尊重,演讲要具有激情,并能适度幽默。作为一名演讲者,如果有自然的幽默感,就会占有优势。讲话机智有趣,逗得大家哄堂大笑,于是会场气氛渐渐缓和,演讲得以顺利进行。

三、仪表控制技巧

(一)穿着得体

办公室人员在演讲时要避免穿着紧身、厚质的服装,最好不要穿崭新的服装。崭新的服装犹如陌生的环境,需要分心去适应,有可能影响演讲水平的发挥,故最好不穿崭

---

① 傅琼、杨秀英、章克昌:《实用公关与礼仪》,中国人民大学出版社 2004 年版,第 132—135 页。

新的服装。

(二) 穿着要适合一定的场合

办公室人员在正式场合中演讲,不宜穿牛仔裤、运动衫;对社会团体作发言,不宜穿着正式宴会服,女士不宜穿着长裙晚礼服。

(三) 要保持衣着整洁

演讲开始之前,办公室人员要注意审视自己的仪表,检查着装整洁与否。

(四) 其他

不要穿着可能分散注意力的服装,剃须后抹的润肤露、香水气味不要太浓烈。[1]

四、有声语言艺术

(一) 语音优美

办公室人员演讲时要发音洪亮、字正腔圆,要能随着内容、气氛的变化而表现出高低抑扬、快慢急缓、强弱轻重、顿挫断连等多种变化,用声音语调来表现出感情波澜。要做到:

第一,注意快慢结合。办公室人员表达急切、震怒、兴奋、激昂的情感时节奏要快,连珠炮式的快速讲话,快而不乱,能使听众产生亢奋的心理和紧迫感。表达沉郁、沮丧、悲哀、思索等情感时则要慢,慢条斯理的节奏,慢而不拖沓,可使听众细细品味,产生深邃感。

第二,注意断连得当。演讲宜用短句,忌用长句。讲话要有停顿,这等于文章中的标点符号。停顿,既是演讲者的需要,也给听讲者留有回味的余地。

第三,注意变换语调。一般地说,当表达庄重语义时要用平直而缓慢的语调,表达肯定语义时要用下抑的语调,表达疑问的语义时要用上扬的语调,表达意外之意或反话时要用弯曲的语调。

第四,注意张弛有度。办公室人员在演讲时要做到有张有弛,始终保持听众注意力集中,演讲时既要有"战马颤鸣",使人提神,也要有"泉水叮咚",使人轻松,方能取得良好的演讲效果。

总的来说,讲话抑扬张弛、错落有致,语言具有强烈的节奏感、音乐美,演讲就富有迷人的魅力。

(二) 简洁规范

办公室人员演讲时应该注意言简意赅,准确规范。所谓简洁,就是要求在演讲中用最精练的语言输出最大的信息量,用最短的时间说明最主要的问题,使演讲尽量短,把问题讲清楚。非说不可的话要说清楚,说明白,可说可不说的话要坚决去掉。所谓规范,是指讲话时要正确使用语言,遵守遣词造句的语法规范,勿咬文嚼字、堆砌词藻,不

---

[1] 傅琼、杨秀英、章克昌:《实用公关与礼仪》,中国人民大学出版社2004年版,第169—177页。

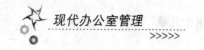

然就只会引起公众的反感或嘲笑。

（三）适当重复

演讲中相同的语言形式反复地使用叫重复。演讲靠语音传递信息，稍纵即逝。在信息传递过程中，一是由于信息通道的内外干扰，往往会造成信息的某些损失。二是从心理学的角度讲，听众不可能对演讲者的每一句话都保持长久的记忆。因此，办公室人员在演讲中必须注重"重复艺术"。

五、体态语言艺术

办公室人员除了运用有声语言艺术演讲外，还应当运用非语言形式进行交流。

（一）善用表情和眼神

面部表情是人的思想感情最复杂、最准确、最微妙的"晴雨表"。办公室人员在演讲中表情贵在自然，切忌拘谨木然、神情慌张或故作姿态。面部表情应随演讲的内容和办公室人员情感的变化而变化，和演讲的内容合拍。"眼睛是心灵的窗户。"演讲表情中最重要的是眼神，所以在演讲中要尽量看着听众说话；多和听众进行目光交流，注意眼神运用的灵活。

（二）巧用姿态和手势

办公室人员切勿低头垂肩地站立，显出一副没精打采的样子，而应该昂首挺胸，让听众感觉到自己的自信。不少演讲家提倡在演讲中使用站姿。站立的姿态，一般提倡两腿略微分开，前后略有交叉，身体的重心放在一只脚上，另一只则起平衡作用。这样，便于站立，也便于移动，身体和双手也可以自由摆动。长时间的演讲可以采取坐姿与站姿相结合的形式。一般说来，运用坐姿可以使演讲显得随和，适于"拉家常"式的演讲。手势是身体姿态中最重要的表达手段。在演讲中，自然而安详的手势，可以帮助办公室人员表现平和的心境；急剧而有力的手势，可以帮助升华情绪；柔和、平静的手势可以帮助抒发内心炽热的情感。在演讲中，手势的运用要有变化，要服从内容的需要，符合听众的习惯，简单明了，适度有节。

六、克服怯场的技能

有的人在大庭广众面前讲话会产生紧张情绪，或是面红耳赤，或说起话来声音颤抖变调。为了克服怯场心理，办公室人员可以采取以下一些技巧。

（一）要有充分自信

之所以让办公室人员演讲，说明上级或其他组织对办公室人员的信任，办公室人员就是在这个问题上最有发言权的"专家"，办公室人员应该有充分的自信作好演讲。

（二）选择熟悉的题目进行演讲

如果演讲题目是办公室人员很熟悉很有兴趣或专门对其从事过研究的，往往会有助于演讲顺利地开始。例如，讲讲企业怎样进行宣传、怎样为相关职能部门做好服务等等。

(三) 熟悉讲稿

要事前做充分的准备,梳理思路,分析并记熟讲稿,这样能减少紧张情绪。

(四) 预演

预演就是戏剧表演前的彩排,也是教师上讲台前的试讲。这是正式演讲前最后的准备工作。通过预演可以帮助演讲者发现紧张的原因,增加自信,减缓紧张的情绪。

(五) 将听众视为朋友

办公室人员在演讲一开始就要寻找那些对自己注视、微笑、点头、仔细倾听的听众。首先面对他们讲话,就能克服慌乱情绪。待紧张情绪消除后,再转向其他听众。[①]

第三节 公 关 谈 判

对于一个组织来说,在与社会广泛而繁杂的交往中,为了协调和改善组织与内外部的关系,争取相互合作、支持与谅解,需要进行各种类型的谈判。换言之,公共关系工作中的谈判是指协调各种人际关系、组织关系,促使参与的各方共同受益的一项工作。它有利于消除和避免组织与上下级部门之间、政府机构之间、合作者以及竞争者与公众之间的误解、纠纷与损害。

一、公关谈判准备

公关谈判的准备工作至关重要。准备工作的第一个任务是明确目标,准备谈判计划。即要制定好谈判方针,准备恰当的策略,并合理分配任务。要详尽地占有材料,知道双方各自的优势和弱点,并对谈判对手的经历、性格、爱好等有所了解。

具体的准备工作是要做好以下三方面工作。

(一) 精心准备,积累己方实力

谈判力量是指使协议按照己方的条件签订的能力。谈判力量在很大程度上决定着谈判的结果。评估双方的力量需要办公室人员尽可能地收集信息,并作出精心的预测和估计,才能作出比较。办公室人员在比较中不断修正谈判计划,清醒地认知双方实力,努力提升己方的力量,从初始目标直至最终结果间要作出多次修正。经由这样的准备,在实际谈判中才能争取主动。不然,只会出现一再让步的局面,或者很快陷入僵局。

(二) 考虑周全,选择合理的公关谈判策略

合理的谈判策略会对谈判局势产生积极有效的影响。如果谈判策略不合理,就很难取得理想的谈判效果。制定策略时,应该考虑以下几个方面的问题:如怎样才能改

[①] 傅琼、杨秀英、章克昌:《实用公关与礼仪》,中国人民大学出版社2004年版,第76—179页。

变对方的预期目标？怎样获取对手的信息？如何才能够最合理地安排议事日程？议事日程的安排是否符合对方的意愿？你是单独看待议事日程上的各个项目还是将其视为一揽子项目？

选择谈判策略，应从以下几个方面着手：如地点选择，谈判在哪里举行比较有利？对方场所，中立场所，还是在自己掌控的范围内？再如时间控制，何时提供信息？何时提出你的要求？最恰当的时机在谈判的哪个阶段？还有如信息准备，可能的结果如何？有哪些可能的让步？有哪些应急措施？

（三）明确分工，落实任务

领导人员向谈判小组简要布置任务，概述谈判策略，简要说明他们在谈判中所充当的角色和应该完成的任务。例如，谁做记录，谁是主谈人，谁负责打岔并驳斥错误引证或假设，谁负责控制谈判节奏。分工明确会使谈判计划更加具体周密。另外，应该向小组成员说明如何应付可能出现的压力或挫折以及非语言交流的重要性。[1]

二、公关谈判策略

（一）避免争论策略

办公室人员在开谈之前，要明确自己的谈判意图，在思想上进行必要的准备，以创造融洽、活跃的谈判气氛。由于谈判双方为了谋求各自的利益，必然会在一些问题上发生分歧。分歧出现以后，要防止感情冲动，保持冷静，最好的办法是采取下列态度，进行协商。

1. 冷静地倾听对方的意见。在谈判中，听往往比讲更重要。它不仅表现了办公室人员的素质和修养，也表现了对对方的尊重。多听少说可以使办公室人员领悟并揭示对方的动机，预测对方的行动意向。谈判的要害就是掌握对方的动机，调整自己的行为。在倾听的过程中，即使对方讲出对你方不利的话，也不应立即打断对方或反驳。反驳时可能偶尔获得优越感，却得不到对方的信息。办公室人员可以承认自己某些方面的疏忽，然后提出对对方的意见进行重新讨论。这样一来，在重新讨论问题时，双方就会心平气和，从而使谈判达成双方都能比较满意的结果。

2. 婉转地提出不同意见。在谈判中，当办公室人员不同意对方的意见时，切忌直接提出自己的否定意见。这样做会使对方在心理上产生抵触情绪，反而促使他千百万计来维护自己的观点。如果要提不同意见，最好的方法是办公室人员先同意对方的意见，然后再作探索性的提议。

3. 分歧产生之后谈判无法进行，应马上休会。在谈判中如果某个问题成了绊脚石，使谈判无法正常进行，此时聪明的办法就是在双方对立起来之前，马上休会。如果继续下去，双方为了捍卫自己的原则和利益，就会各持己见，使谈判陷入僵局。休会的

---

[1] 傅琼、杨秀英、章克昌：《实用公关与礼仪》，中国人民大学出版社2004年版，第200—201页。

策略为固执型谈判者提供了请示上级的机会,同时,也为自己创造了养精蓄锐的机会。

谈判实践证明,休会策略不仅可以避免出现僵持局面,而且可以使双方保持冷静,调整思绪,平心静气地考虑双方的意见,达到顺利解决问题的目的。"休会"是国内外谈判人员经常采用的基本策略。

(二) 忍耐策略

在谈判中,如果对方展现出咄咄逼人的气势,办公室人员可以采取忍耐的策略,以我之静待对方之动,以我方的忍耐磨对方的棱角,挫其锐气,待其筋疲力尽之后,我方再作出反应,以柔克刚,反弱为强。如果办公室人员忍耐下来,对方得到默认和满足后,反而可能会通情达理、公平合理地与你谈判。同时,办公室人员对自己的目标和要求也要忍耐,如果急于求成,反而会更加暴露自己的心理,进一步被对方所利用。忍耐的作用是复杂的,有时会使对方最终无法应付,也可能赢得同情和支持。总之,只要忍耐,奇迹就有可能发生。

(三) 攻心策略

如果与对方直接谈判的希望不大,办公室人员可以采取攻心的策略。所谓攻心策略,就是先通过其他途径接近对方,彼此了解,联络感情,沟通了感情之后,再进行谈判。灵活运用该策略的方法很多,可以有意识地利用空闲时间,主动与谈判对手聊天、娱乐,可以谈论对方感兴趣的问题,如宗教与艺术,从而增进了解,联系感情,建立友谊,促进谈判的顺利进行。

(四) 沉默是金策略

办公室人员可以采取谈判开始就保持沉默的方法,迫使对方先发言。沉默主要是给对方造成心理压力,使之失去冷静,不知所措,甚至乱了方寸,发言时就有可能言不由衷,泄露出己方急于获得的信息,同时还会干扰对方的谈判计划,从而达到削弱对方力量的目的。从涉外经济谈判的实践看,大部分美国人较难忍受沉默,在死一般寂静中他们会感到不安心乱,最后唠叨起来。

运用沉默是金策略要注意审时度势,运用不当,谈判效果会适得其反。例如,在还价中沉默,对方会认为你方是默认的。又如,沉默的时间较短,对方会认为你是慑服于他的恐吓,反而增添了对手的谈判力量。所以,运用这一策略的前提是,头脑要清醒,忍耐力要强,情绪要平稳。

(五) 多听少讲策略

一个处于被动地位的谈判者,除了忍耐外,还要多听少讲。让对方尽可能多地发言,充分表明他的观点,说明他的问题,这样做既表示出对对方的尊重,也使自己可以根据对方的要求,确定自己对付他的具体策略。

(六) 黑脸白脸策略

谈判过程往往极为微妙,办公室人员可以预先安排谁扮黑脸,谁扮白脸,而运用之妙则存乎于心了。在谈判开始打头阵者,往往被视为扮黑脸人士。因其日后不再担任

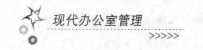

双方沟通的任务,故可直来直往,不怕得罪对方。而扮演白脸者,则以好好先生角色自居,如果发现因讨论问题太深入或态度太过强硬,无回旋余地时,可适时出现打圆场。在双方争得面红耳赤之际,和事佬的出现,常会有意想不到的效果。

(七)出奇制胜策略

公关谈判时双方都想赢,当对方不肯同时让步或同幅让步时,可以走出对方想不到的棋路,如同时与第二方甚至是第四方也进行公关谈判,给对方制造竞争者,使对方有压力感,以争取最大的利益。

(八)避实就虚策略

为了达到某种目的和需要,办公室人员有意识地将谈判的议题引导到无关紧要的问题上,转移对方的注意力,以求实现自己的谈判目标。具体做法是在无关紧要的事情上纠缠不休,或在对自己不成问题的问题上大做文章,以分散对方对自己真正要解决的问题的注意力,从而在对方无警觉的情况下,顺利实现自己的谈判意图。比如,对方最关心的是价格问题,而我方最关心的是交货时间。这时候,谈判的焦点不要直接放在价格和交货时间上,而是放在价格和运输方式上。在讨价还价时,我方可以要求对方在交货时间上作出较大的让步。这样一来,对方感到满意,我方的目的也就达到了。

(九)留有余地策略

为了使双方利益都不受到损失,办公室人员在报价时必须留有让步的余地。在实际谈判中,对方总是认为你会留一手的,你的报价即使是分文不赚,他也会认为你会赚一大笔钱,总要与你讨价还价,你不作出让步,他不会满意。因此,对方提出任何要求,即使你能百分之百地满足对方,也不要一口承诺,要让对方觉得你是在作出让步后满足他的要求的。这样可以增加自己要求对方在其他方面作出让步的筹码。这一策略在表面上看与开诚布公相抵触,但两者的目标是一致的,都是为了达成协议,使双方都满意,只是实现的途径不同而已。

(十)最后期限策略

当谈判双方各持己见、争执不下时,处于主动地位的一方可以利用这一心理,提出解决问题的最后期限。期限是一种时间性通牒,它可以使对方感到不迅速作出决定,就会失去这个机会。因为从心理学角度讲,人们对得到的东西并不十分珍惜,而对要失去的其实并不重要的某种东西,却一下子觉得很有价值,在谈判中采用最后期限的策略就是借助人的这种心理定势发挥作用。

最后期限既给对方造成压力,又给对方一定的时间考虑,随着最后期限的到来,对方的焦虑会与日俱增。因而,最后期限的压力,会迫使对方迅速作出决策。一旦他们接受了这个最后期限,谈判就会很快顺利结束。

(十一)双赢策略

双赢才是真赢。如果在公关谈判中,办公室人员能很好地处理与公关谈判对手之间的分歧,通过各种可能的方式,把彼此的利益需求引导到一个共同的目标层面上去,那么就是很好地运用了双赢策略。要实现这一策略,首先就得遵守三大原则:识别对方需要什么;不要企图从公关谈判桌上拿到所有的钱;兑现公关谈判之外的一些承诺,让对方有一种获胜的感觉。[①]

第四节　公共关系危机管理

在千变万化、错综复杂的社会环境中,组织常常会遇到许多突发性的、对组织发展不利的意外事件,如产品质量或服务被投诉、社会舆论的负面报道、环境污染等等。正所谓天有不测风云,这类事件一旦发生,公关危机对组织的生存和发展就是一次严峻的考验,办公室人员在处理危机的过程中若处理不当,对组织的打击可能是致命的;但是策划得当,也能利用危机事件充分展示组织形象。因此,对危机的防范和管理是组织不可忽视的议题。

一、公共关系危机的含义和种类

(一)公共关系危机的含义和特征

公共关系危机是指危及组织利益、形象和生存的突发性或灾难性的事故与事件,如公众的指责批评、恶性事故等,简称公关危机。危机使组织面临严重的困难,使组织陷入舆论压力之中,影响组织的生存和发展。公关危机无论发生在何时何地,往往具有以下共同特点:(1)突发性。无论是人为因素还是自然因素导致的危机,都在很短的时间内发生,猝不及防,措手不及。(2)叵测性。危机事件是由许多未知因素相互作用构成的突发性事件,它往往使人意想不到,难以预测和防范。(3)危害性。危机事件会破坏组织形象,影响组织经营,给组织带来严重的形象危机及巨大的经济损失,处理不好就会导致组织的灭顶之灾。(4)普遍性。由于客观环境的复杂性,任何组织都有可能发生或遭遇危机。

(二)公共关系危机的种类

1. 组织行为不当引起的危机。组织行为不当引起的危机,是指在社会组织发展过程中,由于组织指导思想、工作方式、运行机制等组织本身原因引起的公关危机。这类公关危机完全是组织自身的责任,一般是由于社会组织的决策失误、管理经营不善引起的,如产品质量问题引起的信誉下降;公众投诉处理不当造成的纠纷;宾馆酒楼发生的严重食物中毒;过度追求经济利益而不顾公众利益和社会利益造成的毒气、废水污染。组织的不当行为损害了公众利益,影响和谐的社会环境,也给组织自身带来灾难。此种危机比其他类型的危机化解起来难度要大些。

---

① 傅琼、杨秀英、章克昌:《实用公关与礼仪》,中国人民大学出版社 2004 年版,第 200—211 页。

2. 突发事件引起的危机。突发事件引起的危机，是指由于非预见性、外在因素引起的突然发生的事件，导致组织形象受损的危机。由于突发事件的特性决定了它常常置组织于困难境地，或引起公众的逃避情绪或干脆失去公众，或引起媒体的广泛关注，使其负面效应影响组织形象。如由不可抗拒力量导致的重大伤亡事故，像地震、洪水、飞机失事等；或者外来的故意行为，如竞争对手或个别敌对公众的故意破坏而引起的危机。

3. 新闻舆论的负面报道引起的危机。新闻媒体极易制造舆论轰动，由于新闻媒体的报道失实，导致公众对组织误解，从而使得组织形象严重受损。新闻舆论的负面报道原因主要有以下几种：(1) 失实和不全面的报道。新闻界不了解事实的全貌和真相，导致报道以偏概全，引起公众误解。(2) 曲解事实。由于新科技、新思想、新方法未被广泛知晓，新闻人士按旧观念、旧态度进行分析和报道，曲解事实，引起组织危机。(3) 报道失误。由于其他组织或人为的诬陷编造，使新闻界被蒙蔽，引起误发报道，使组织产生危机。

二、处理公关危机的原则

对待公关危机的直接态度是进行公关危机管理。公关危机管理是指组织为应付各种危机情景运用公共关系手段所进行的规划决策、动态调整、化解处理及员工训练等活动过程，其目的在于预防、消除或降低危机所带来的威胁和损失。对不同的危机态势采取的策略有所不同，但处理危机时坚持的原则是大体相同的。

（一）预防原则

组织领导和办公室人员平时应在掌握各方面信息的基础上做好危机及后果的分析和预测。办公室人员要有忧患意识，在常规工作中注意调查研究，查漏补缺，及时发现和捕捉某些可能引起纠纷的苗头和事故隐患，制定多种可供选择的应急方案。

（二）公众第一原则

真正将公众的利益放在首位，组织就能更好地预防公共关系危机。否则，把组织的利益置于首位，而置公众利益于不顾或损害公众利益，组织必定危机四起。不仅如此，当危机事件发生时，只有组织真诚地将公众利益置于至高无上的位置，才能使危机事件得到更有效的处理。

（三）诚实原则

当危机已经发生，组织无论是对内部员工还是对当事的另一方、上级部门、新闻媒介，都要实事求是，说明真实原委，主动承担应负的责任，争取以诚恳的态度和负责的精神获得公众的谅解和信任，为解决问题创造有利条件；千万不能隐瞒和歪曲真相，也不能推卸自身的责任，否则会激化矛盾，加深对立，甚至造成新的危机。

（四）时效原则

时间就是效率，时间就是形象，时间就是生命。重大危机事件一旦发生，就会立即成为公众舆论关注的焦点，极易出现人心涣散、流言纷飞的局面。对此，办公室人员必须果断采取措施，及时控制事态，紧密与新闻界联系，注意引导舆论，稳定人心，为妥善解决问题、渡过危机奠定基础。

（五）强控原则

即对发生的危机实行强力控制。一方面遏止事态发展；另一方面对其危害性进行控制，减少损失。对此，组织有必要组成临时专案小组，实行专人专管，严密监控环境变化，及时采取有力措施。

（六）一抓到底的原则

组织对事故后果应予负责，敢于承担责任，积极进行赔偿，对受害公众进行安抚，认真做好一切善后工作，主动策划一系列进攻性的公共关系活动，弥补与公众在感情上的裂痕，重新赢得信任，再塑组织形象。

三、危机处理的策略

（一）积极预防危机

危机的发生虽然具有突发性，但其内在孕育还是有一个过程的，往往可分为潜伏期、发展期、崩溃期和灾难期，愈早采取措施，愈有机会转危为安。为此，组织应做的工作有以下几个方面：

1. 组建灵敏的预警预测系统。为预防危机的发生，防患于未然，组织应设立自己的情报信息网络，建立完整的预警预测系统，对公众、竞争对手、政府、有关部门以及自然环境中有可能威胁组织发展的各类信息进行归纳整理，并作出科学预测，为决策提供参谋意见。

2. 完善企业的危机管理系统。企业要避免危机，仅靠预警和反应系统还不够，还要健全组织的危机管理系统，以便根据预警系统的信息制定应急措施，采取必要行动，将危机消灭于萌芽状态，或将影响范围减少到最小。为此，公共关系部门要对有可能发生的各类情况进行周密分析，与组织的其他部门紧密合作，共同制定出应付方法、措施，并做好统一安排。

3. 进行危机处理的模拟训练。组织要把对公关危机的预测、分析情况、应急措施用通俗易懂的方式向员工进行宣传，以提高预警效果。还可进行危机处理的模拟训练，模拟危机训练对提高组织实地处理危机的应变能力和工作水平具有积极的作用。这种"模拟训练"可以采用案例学习和案例分析的形式，即组织收集有关危机处理的案例资料，进行归纳整理，定期组织有关人员讨论学习。另外，企业还可聘请专家传授危机处理的方法与技巧，或在专家指导下进行模拟危机训练，为此，组织要做好全员动员，做好危机处理的精神准备、物质准备、行动准备，与可能救援的各单位如医院、消防队、公安局等建立联系，便于事后及时提供援助。

（二）果断处理危机

危机事件发生后，办公室人员应迅速会同有关部门，及时调查分析，迅速了解事情全貌，判明危机事件的来源，认真听取公众意见，用恰当的方式方法解决问题。

1. 果断采取措施,制止事态发展。突发危机会在很短的时间内发生,且产生爆炸式影响,因此,应立即采取措施,及时控制,缩小影响范围。在开展调查的同时,积极组织救援工作,迅速弄清原因,利用传媒公布处理措施,与有关部门联系,将危机影响降到最小限度。

2. 开展调查,搜集信息。危机发生后,及时组织人员,运用有效调查手段,找到目击者和当事人,查明真相及危机的状态与影响程度,快速形成调查报告,为处理危机、制定对策、应急补救提供依据。

3. 成立危机处理小组,制定处理危机的基本方针和对策。处理危机的专门机构由组织的主要领导人负责,公共关系部会同其他职能部门、权威人士组成工作班子。在事件处理过程中,不随意调换工作人员。工作小组在掌握事件全貌的基础上,制定对策并通告全体职工,统一口径,协同行动,一致抵御危机的影响。

4. 联络媒体,确定新闻发言人。危机事件发生后,各种传闻、猜测都会发生,媒体也会纷纷报道。这时组织应该成立临时记者接待机构,商定统一的对外宣传口径,由新闻发言人对外公布事情真相及本组织的工作,努力掌握舆论主导权。要表示出与新闻界合作的态度,不断提供公众所关心的问题,向公众说明事实真相并向有关公众表示道歉及承担责任。新闻发言人认真回答记者提问,对保密的问题妥善解决,争取谅解。组织要给记者提供权威资料和详细真实的数字,重要事项以书面形式体现,不使用晦涩和难解的术语。

5. 开展工作,真诚对待受害者。危机发生后,组织要在调研的基础上,认真扎实地开展工作,多方沟通,实事求是地承担责任,诚恳地向受害者道歉,制定赔偿办法,尽可能地提供其所需的服务,最大努力做好善后工作。危机如属内部事件,应立即通知受害者家属,安抚各方面人员;如属外部事件,立即组织队伍参与抢救,维持秩序,控制局面。不要在现场与受害者争辩,即使受害者有一定责任也不在现场追究。

6. 反思总结,切实改进工作。危机事态得到控制后,应针对事件的全过程进行实事求是的反思和总结,写出汇报材料,同时利用媒介刊发致歉启示,提供公众欲知的信息,消除危机的影响。

值得注意的是,由于危机事件出现的情形、背景、原因以及面对的公众不同,组织要具体问题具体分析,选择适当的工作策略、方式、方法,才能取得良好的效果,消除危机事件带来的影响。①

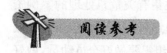

公关有五大忌,最忌临时抱佛脚

一家化工企业在创业初期,由于媒体有力的舆论支持而快速发展,这家企业的老板

---

① 赵晓兰等:《最新公共关系学教程》,经济管理出版社2001年版,第290—295页。

在看到媒体的力量之后,有意识地与多家有影响的媒体记者建立了友好的关系。随着企业在当地影响力的日益增强,这位企业家被冠以各种头衔,还当上了当地的人大代表,这时候他开始热衷于在官场周旋,与各方领导打交道,并开始慢待和冷落记者。后来市场发生转变,人们的环保意识也开始增强,这种污染严重的化工企业日见衰落,这时候企业家又想起了昔日的朋友——媒体记者,于是打电话、亲自上门,但"老记们"仿佛是约好似的,都对他的热情邀请给予了冷漠回应,有的"老记"还对这家企业"落井下石",于是这家曾辉煌一时的企业便加速灭亡。

因此,为了企业的良好持续发展,人们应该记住公关有五大忌:

1. 忌临时抱佛脚。平时不与他人接触联系,一旦遇到问题或为了得到利益,立马去公关。临时抱佛脚是对他人的不尊重。

2. 忌只看到眼前利益。只是由于眼前遇到问题、为了眼前的利益才去公关,这是一种目光短浅的公关。

3. 忌用过即摔、过河拆桥。用到某人的时候,想方设法套近乎、拉关系,一旦达到了目的,就忘记了对方。这种不道德的做法被人唾弃和谴责。

4. 忌实用主义。他人有用的时候就拉关系,他人没用的时候就不理不睬了。公关的动机是实用的,目的也是实用的,但不能采取实用主义的态度,手段应避免实用。实用主义不符合中国人的道德标准,中国人崇尚滴水之恩当涌泉相报。

5. 忌招之即来,挥之即去。一些单位和个人倚仗自己有权有钱,对媒体采取招之即来,挥之即去的做法。这种做法是不成熟的、不理性的、不长久的、不牢靠的公关手段。

中美史克PPA公关危机

中美史克天津制药有限公司是一家现代化合资制药企业。自1987年10月投资建厂以来,年生产能力23亿片(粒、支)。其代表产品康泰克、芬必得、康得、百多邦等在中国已家喻户晓,其中康泰克为支柱性产品,年销售额在6亿元人民币左右。

美国一项研究表明,PPA即苯丙醇胺,会增加患出血性中风的危险。2000年11月6日,美国食品与药物监督管理局(FDA)发出公共健康公告,要求美国生产厂商主动停止销售含PPA的产品。

2000年11月,国家下发通知:禁止PPA!康泰克被醒目地绑上媒体的第一审判台,在很多媒体上都可以看到PPA等于康泰克或者两者相提并论的现象。11月16日,中美史克公司接到天津市卫生局暂停销售的通知后,立即组织危机管理小组:危机管理领导小组,制定应对危机的立场基调,统一口径,并协调各小组工作;确定新闻发言

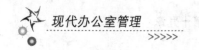

人;成立沟通小组,负责信息发布和内、外部的信息沟通,是所有信息的发布者;成立市场小组,负责加快新产品开发;成立生产小组,负责组织调整生产并处理正在生产线上的中间产品。由10位公司经理等主要部门主管组成危机管理小组,10余名工作人员负责协调、跟进。

16日上午,危机管理小组发布了危机公关纲领:执行政府暂停令,向政府部门表态,坚决执行政府法令,暂停生产和销售;通知经销商和客户立即停止康泰克和康得的销售,取消相关合同;停止广告宣传和市场推广活动。17日中午,全体员工大会召开,总经理向员工通报了事情的来龙去脉,表示了公司不会裁员的决心,赢得了员工空前一致的团结精神。同日,全国各地的50多位销售经理被迅速召回天津总部,危机管理小组深入其中做思想工作,以保障企业危机应对措施的有效执行。18日,他们带着中美史克《给医院的信》、《给客户的信》回归本部,应急行动纲领在全国各地按部就班地展开。公司专门培训了数十名专职接线员,负责接听来自客户、消费者的问讯电话,做出准确专业回答以打消其疑虑。21日,15条消费者热线全面开通。

20日,中美史克公司在北京召开了新闻媒介恳谈会,做出不停投资和"无论怎样,维护广大群众的健康是中美史克公司自始至终坚持的原则,将在国家药品监督部门得出关于PPA的研究论证结果后为广大消费者提供一个满意的解决办法"的立场态度和决心。面对新闻媒体的不公正宣传,中美史克并没有做过多追究,只是尽力争取媒体的正面宣传以维系企业形象,其总经理频频接受国内知名媒体的专访,争取为中美史克公司说话的机会。对待暂停令后同行的大肆炒作和攻击行为,中美史克公司保持了应有的冷静,既未反驳也没有说一句竞争对手的坏话,表现了一个成熟企业对待竞争对手的最起码的态度与风度。一番努力,终于取得了不凡的效果,用《天津日报》记者的话说"面对危机,管理正常,生产正常,销售正常,一切都正常"。

有危机也会有机会,危机中蕴藏着机会。康泰克因PPA事件而遭受重大挫折,但从市场调查了解到,由于前一阶段的有效处理,消费者对康泰克品牌仍怀有情结。中美史克充分利用PPA事件危机处理期间赢得的良好媒体关系,在中国媒体间进一步表明中美史克公司为消费者利益和为中国人民健康着想的态度。2001年9月3日中美史克召开了"新康泰克上市北京新闻发布会"。会议共邀请了包括CCTV、CETV、BTV等媒体在内的69家媒介,共计73名记者,其中三分之二的记者均参与过PPA危机事件的报道。

康泰克有以往的辉煌,而新康泰克既是康泰克重返市场,又是一个新品牌进入市场。有效的危机公关帮助史克公司走出"PPA"阴影,更帮助新康泰克重新赢得昔日"老大"地位奠定了坚实的基础。

案例思考题

我们可以从中美史克这次PPA的危机公关中学到哪些经验?

1. 公共关系是社会组织以现代传播沟通为手段,以建立互利合作的公众关系为重点,以塑造良好的组织形象为目标的管理科学与艺术。

2. 办公室人员演讲的有声艺术:语音优美;简洁规范;适当重复。办公室人员演讲的体态语言艺术:善用表情和眼神,巧用姿态和手势。办公室人员克服演讲怯场的技能:要有充分自信;选择熟悉的题目进行演讲;熟悉讲稿;预演;将听众视为朋友。

3. 办公室人员在进行公关谈判准备工作时要注意:精心准备,积累己方实力;考虑周全,选择合理的公关谈判策略;明确分工,落实任务。办公室人员应掌握的公关谈判的主要策略:避免争论策略;忍耐策略;攻心策略;沉默是金策略;多听少讲策略;黑脸白脸策略;出奇制胜策略;避实就虚策略;留有余地策略;最后期限策略;双赢策略。

4. 公关危机是指危及组织利益、形象和生存的突发性或灾难性的事故与事件。公关危机的种类:组织行为不当引起的危机;突发事件引起的危机;舆论的负面报道引起的危机。办公室人员处理公关危机时应遵循的原则:预防原则;公众第一原则;诚实原则;时效原则;强控原则;一抓到底的原则。预防公关危机的方法:组建灵敏的预警预测系统;完善企业的危机管理系统;进行危机处理的模拟训练。办公室人员处理公关危机的步骤:果断采取措施,制止事态发展;开展情况调查,搜集信息;成立危机处理小组,制定处理危机的基本方针和对策;联络媒体,确定新闻发言人;开展工作,真诚对待受害者;反思总结,切实改进工作。

1. 办公室人员处理公关危机的步骤有哪些?
2. 处理公关危机的原则有哪些?

第二十章

旅 行 安 排

> **本 章 提 要**
>
> 在许多单位或组织中,公(商)务旅行和集体旅游的安排工作一般是由办公室来承担的。因此,旅行安排也就成了办公室管理的内容之一。本章讲述的正是安排单位或组织的旅行活动时应具备的一些有关旅行(旅游)的知识以及注意事项。本章分为两部分,第一部分讲公(商)务旅行的安排,第二部分是关于员工集体旅游的安排。

在现代社会,无论是公共机关,还是企事业单位,其跨地区跨国界的业务活动日益增多。一个单位,不论大小,每年都或多或少地有人因公出差,即公务(或商务)旅行。有的单位还会定期或不定期地安排员工集体旅游。

在许多单位或组织中,公(商)务旅行和集体旅游的安排工作一般是由办公室来承担的。这就需要办公室人员具备一些有关旅行(旅游)的知识和技能,以备所用。

公(商)务旅行与集体旅游虽然都是属于本单位或组织人员离开单位所在地外出旅行活动,但两者从形式到内容都有较大的不同,因而在活动的安排上也有较大的区别。有鉴于此,本章将分两部分,就办公室人员安排公(商)务旅行与安排集体旅游时的相关知识和注意事项分别加以叙述。

第一节 公(商)务旅行的安排

一、事前准备——掌握必要而精确的信息

(一)掌握必要而精确的信息是旅行安排工作成功的关键

办公室人员在为本单位或组织的领导以及其他人员安排公(商)务旅行之前,作为

事前的准备工作,首先必须掌握必要而精确的信息,这是我们能否正确而有效地安排好公(商)务旅行工作的关键。

(二) 仔细把握旅行安排的必要信息

这里所谓必要的信息,是指与公(商)务旅行安排活动直接相关或必不可少的信息。例如,每次公(商)务旅行的人数及其姓名、旅行的日期和目的地、所需交通工具以及宾馆等级等等的信息。此外,公(商)务旅行人员应享受的出差待遇也是不可忽略的,因为绝大多数单位针对公(商)务出差人员的待遇都制定有相应的规定,一般而言,在此类规定中,出差人员的待遇因职务级别的高低而有所区别。比如说,飞机的头等舱不是一般员工乃至中层管理人员能乘坐的;火车的软卧与硬卧、特快与普快乃至动车的选择也是要视出差人员的职务级别而加以区别对待的。出差内容的轻重缓急往往也是选择交通工具的重要依据。故办公室人员在着手安排旅行活动(预订火车票或机票及宾馆)之前,一定要分清出差人员所能享受的级别待遇。

(三) 时刻注意信息的精确性

所谓精确的信息,是指所掌握的所有信息必须准确无误。尤其是旅行人数、旅行人员的姓名、旅行日期等关键信息。如果是乘坐飞机旅行,则关于旅行人员的身份证号码乃至出生年月日的信息都必须做到一字不差。

为了做到准确无误,办公室人员在获取信息的过程中,必须时刻留意信息的精确性。要做到这一点,必须仔细核对所掌握的必要信息。可以利用办公室既有的员工信息,但考虑到员工自身信息的变化等因素,办公室人员应该在每次安排工作时与旅行人员进行核定。此外,考虑到公(商)务旅行的内容会随时发生变化,故在着手安排活动之前,有必要对所掌握的必要信息进行确认。

(四) 旅行安排时所需的常规信息

具体而言,下列信息是负责旅行安排的办公室人员需要事先掌握的:

1. 本次公(商)务旅行的目的地;
2. 本次公(商)务旅行者希望的启程和回程的时间;
3. 中途是否有中转停留地、到达中转地及离开的时间;
4. 选择何种交通工具(飞机、火车、汽车或轮船等);
5. 旅行者按规定能享受的座位等级;
6. 需订购机票的,还需了解旅行者的身份证号码等个人信息;
7. 在目的地是否需要租车等交通服务;
8. 是否需要往返机场或火车站的交通服务;
9. 在旅行地希望住什么等级的宾馆和客房;
10. 是否要在当地安排宴请,需要订什么规格的饭店。

在掌握了这些信息后,办公室人员就可着手安排落实工作了。

二、落实交通票据

所谓落实交通票据,也就是通常所说的订票。这一工作因所选交通工具的不同而不同,下面分类加以叙述。

(一)关于机票的订购

1. 订购机票的渠道。一般而言,订购机票的渠道主要有如下三条。

渠道一:直接到航空公司办事处或机场购买机票。但从这一渠道购买的机票往往没有折扣或优惠。

渠道二:委托旅游服务公司或机票代理商订购。有实力的旅游服务公司或机票代理商出票时通常会有一定的折扣价。

渠道三:网上订购。它也能获得较高的折扣价,有时还会遇上意想不到的折扣率,最极端的例子是可以订购到一折的机票。

在上述三条渠道或订购机票的方式中,比较起来,在一般情况下,通过第一渠道购票出行者并不多,其理由是显而易见的。但是,对于公(商)务旅行而言,它也不失为一条渠道。因为,当遇上紧急情况时,去机场直接购票出行则是唯一的途径。第二条渠道长期以来一直占据着主流地位。不过,近年来日益流行的第三条渠道即网上订购机票的方式因其具有便捷省钱的优势而大有取而代之的势头。有鉴于此,这里重点介绍机票的网上订购。

2. 机票的网上订购。

(1)网上订购机票的优势。互联网的特点至少构成了网上订购机票的如下优势。首先,便于查询和比较。网上有关机票的信息量非常庞大,诸如航空公司、航班、机型、是否转机以及价格等等,可以说应有尽有。键盘敲几下、鼠标点一点,即可查询与比较所需信息。其次,不受时间和空间的限制。就是说,无需受到所谓营业时间的约束,随时都可轻松上网订票;也不必亲临航空公司、旅游服务公司或机票代理商的营业部。再次,可以享受折扣或优惠价,为本单位节约开支。网上的机票价格一般都是明码标价,而且,一般都标有货真价实的折扣价或优惠价。最后,支付方便。通过互联网订购机票,其票款的支付方式有多种选择,可以选择以现金支付,也可以用信用卡进行本地或异地支付。

(2)网上订购机票的操作程序。首先,要选择合适的网站。

提供机票预订的网站大致有三类。一类是航空公司自身的官方网站。现在,国内外大部分的航空公司的网站都提供这种服务。由于是航空公司的官方网站,其优点是信用度高、专业性强。缺点是只能提供该航空公司的航班,而没有其他公司的信息,在选择性方面比较差。这其中,春秋航空这样的后起之秀不容忽视,在某些航线上,它常常有超廉价的机票提供,但缺点是数量有限,需要及早预定,另外机上服务也比正规的航空公司的档次要低。另一类是旅行社提供的预订网站。酒店、机票的预订虽不是旅行社的主营业务,但越来越受其重视。不少旅行社的网站提供有关酒店和机票的价廉物美的产品。还有一类是类似携程网的专业网站,它们以酒店预订、机票预订为主营业务,其机票预订网通常覆盖全国大部分大中城市。最大的优点是方便比较,选择性强。

其次,要掌握网上订票的操作程序。在进入旅游网站机票预订界面后,首先填写航班信息,包括送票城市、起飞城市、到达城市、乘客人数、航班类型、舱位等级等基本信息。然后,按提示进入"选择机票价格类型",可选择"全价机票",也可选择"明折明扣"的机票(注意:若选择后者,则在退票、改签时会受到一些条件限制)。随后,当屏幕跳出符合条件的候选航班,可再进行选择确认。最后,就是填写相关信息,如姓名、联系电话等以及希望得到机票的时间、地点、方法并选择何种支付方法。这样网上预订就基本完成了。

3. 特殊情况的处理。办公室人员在顺利订购了机票后,往往还会碰到一些意想不到的情况,如原计划旅行的人员因临时有重要会议而不得不取消旅行活动,办公室人员需要掌握相应的知识和技能才能迅速而又妥帖地处理诸如此类的意外情况。

(1) 办理退票手续。如果旅行人员因有重要事务取消旅行而不得不退机票时,除凭有效客票外,还应提供当事者本人的有效身份证件办理:A. 在航班规定起飞时间 24 小时以内、两小时以前要求退票,需支付客票价 10% 的退票费;在航班规定起飞时间前两小时以内要求退票,需支付客票价 20% 的退票费;在航班规定起飞时间后要求退票,按误机处理。B. 如持联程票、往返票要求退票,也按上述规定办理。C. 持不定期客票的,应在客票的有效期内到原购票地点办理退票手续。定期客票的退票只限在出票地、航班始发地、终止旅行地的承运人或其销售代理人售票处办理。

(2) 进行机票变更。如果公(商)务旅行人员在购票后,因故要求改变航班、日期,那么最迟要在航班起飞时间之前提出。航班规定起飞时间 72 小时(含)以前提出,予以免费办理。航班规定起飞时间 72 小时以内 2 小时(含)前提出,予以免费变更一次,再次更改,每次应付客票价 5% 的手续费。

(二) 关于火车票的订购

1. 订购火车票的渠道。与坐飞机旅行相比,坐火车旅行也是具有一定的优势的。尤其是中国的铁道密布全国各地,四通八达,可以到达许多没有机场的小地方,加上大部分情况下,火车旅行经济实惠,因此,火车也是公(商)务旅行的主要交通工具。办公室人员也应掌握一些订购火车票的知识。

火车票的订购方法有如下几种:

(1) 打本地铁路局的订票电话,这一方法比较省力,缺点是有时电话很难打进。

(2) 找熟悉的旅行社或代理店预订,这要加少许手续费。

(3) 去火车站售票处或火车站设的售票点购买。这一方法虽然比较费时费力,但不失为最安全的方法。

采用第 3 种方式购票时,办公室人员一定要提前掌握前往地区的火车站名称、车次和价格。为了能有所选择,最好多查一些车次并做好记录,排列顺序为特快、直快、慢车,软卧、硬卧、硬座、无号。如果不熟悉情况,在售票窗口就会耽误很多时间,也会很难选择比较快捷的车次,有时甚至买了慢车还不知道。另外,要讲清目的地。中国地名相同或类似的情况是不少的,售票员如果没有听清楚,就会打出错误地点的火车票,而一旦票打印出来了,在售票窗口是不能退票和换票的,加之售票员一般不会承认其听错,所以你只能去专门的退票窗口去退票,还要收取退票费。所以,买票的时候一定要说清楚,甚至,为避免不必要的麻烦,可将车次、日期、座位要求等写在纸上递给售票员。

同时,还要带好足够的火车票款。有时想买硬卧票,但排队排到了窗口,被告知只有软卧票,如果你钱没带够就会误事。为了节省时间,最好准备好各种面值的钱。

还要学会识别正规的火车票代售处。正规代售处的特征是:悬挂有代售处名称的统一标牌;订票服务费明码标价;张贴监督电话;最重要的一点是:电脑联网售票,可以当场出票。

以上海为例,除了上海火车站售票处以外,在上海各区也有铁路上海站的售票网点,订票服务费统一为一张票收5元。具体网点地址可以通过电话或上海铁路局的官方网站来查询。

另外,办公室人员在预订火车票的时候,一定要查用最新的时刻表。现在有许多季节性的或临时性的车次,稍不留心,就会订错票或订不上票。预订火车票时,最好选择直达。因为出差途中,最麻烦的就是换车,稍不注意,就会误车误点。如果是不得已非要换车,在时间上一定要安排得宽裕些。如果遇票务紧张之时,办公室人员往往会采取多种渠道订票,如果确认已预订到车票后,一定要记得取消其他预订。

(4)网上预订。现在铁路互联网售票方式已经正式得到应用,旅客可以通过中国铁路客户服务中心网络(www.12306.cn)订购火车票,具体购票方法可以查询《旅客列车互联网售票暂行办法》。

2. 意外情况的处理。

(1)遗失火车票。按目前的规定,如果旅客在乘车前遗失了车票,一般来说只能另行买票。遗失车票重补车票后又找到自己原来的车票,要立即向列车长声明。在获确证后,由列车长开具证明交给旅客,旅客下车后将原票交车站售票窗口,办理补车票票价手续,收取退票费。为了防止丢失车票,办公室人员最好提醒当事人妥善保管车票,把车票和钱款分放,以免票钱同时丢失。

(2)退火车票。如果公(商)务旅行人员因有重要原因不得不退票,可以参照以下几条规定。

◆ 在开车前,特殊情况也可在开车后2小时内,去办理退票手续,支付退票费。团体旅客必须在开车48小时以前办理。

◆ 在购票地退还联程票或往返票时,必须于折返地或换乘地的列车开车前5天办理。旅客开始旅行后不能退票。但因伤、病不能继续旅行时,在客票有效期间内,经站、车证实,可退还已收票价与已乘区间票价差额。

三、预订宾馆

(一) 宾馆的预订渠道

目前预订宾馆的渠道主要有两条:一是通过电话或传真直接向宾馆预订;二是通过网上预订,其中既可直接在宾馆的网站上预订,也可通过一些旅游网站或订房中心预订。比较方便的方式是通过正规的订房中心预订,其优势是一可通过比较找到适合的宾馆及房型,二是比较有保障,因为预订电话有录音,如果到时候酒店没有给留房间,可投诉订房中心。注意尽量不要用路边发的小名片去打电话,以免受骗。另外,办公室人员需要注意的是,一旦预订因故取消,要及时通知对方,以保持良好的信誉,对今后的工作会很有帮助。

(二) 订房的具体操作要领

用电话或传真向宾馆直接订房比较简单:打电话或发传真去宾馆,告知宾馆必要的信息,如几位客人,何时入住,何时离店,要什么价位、何种房型,然后告知客人或联络人的姓名及联系方式等信息,最后得到宾馆确认即可。

如果向订房中心预订,注意要选择比较著名的或信誉良好的订房中心。

电话预订房间是不需要任何押金的。如果宾馆在电话里要求交押金的,需要引起警惕,应认真核实情况,以免受骗。除非是订房中心有时候需要你用信用卡担保,但也只是作为一种担保,只是冻结了房费,等你去住了以后,会自动解冻。

网上预订酒店的大致步骤为:① 查询酒店;② 选择酒店;③ 填写预订单;④ 提交订单。当然,各网站的具体操作步骤都不尽相同,这是在具体操作时要留意的。

此外,网络世界日新月异,新生事物层出不穷,与旅行活动相关的网站也是如此。作为办公室负责旅行安排的人员就应该不断地注意网络信息的更新以及新生事物的出现。

第二节　员工集体旅游的安排

一、员工集体旅游的主要目的

这里所谓的员工集体旅游,是指以单位或组织的名义和经费或部分经费组织的集体旅游活动。既然是以单位或组织的名义组织的集体旅游活动,那么,这一活动的组织任务往往就会由单位的办公室来承担。因此,办公室人员需要具备一些组织集体旅游的知识。

众所周知,现在大部分的单位或组织都会定期或不定期地组织员工进行集体旅游活动,随着时代的发展,有条件的单位或组织还组织员工出国旅游。

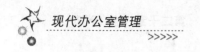

单位或组织之所以要组织集体旅游,其目的有如下几项。

1. 给员工创造放松身心的机会,从而体现组织对员工的关怀、慰问,提高员工的积极性。

2. 增强员工的归属感,从而提高组织的凝聚力、向心力。

3. 促进全体员工之间、干群之间的沟通交流,营造团结、活跃、和谐、奋进的整体氛围。

办公室负责集体旅游活动的人员应该以上述这些目的为动机和动力,积极地去精心策划,周密安排好每一次集体旅游。反过来讲,办公室人员能否成功地组织好本单位或组织的集体旅游,是单位或组织能否实现上述目的的关键所在。

二、员工集体旅游的准备

(一) 旅游目的地的选择

1. 依据组织对于本次集体旅游的整体思路和初步预算来选择。集体旅游不千篇一律。有的集体旅游是一年一度的大型旅游,有的是一两天的休闲游,还有的是带有招待性质的"联谊游",等等。目的不同,规模不一,预算不等,则旅行目的地或线路的选择就有所不同。这一点是办公室人员在选择旅游目的地时首先要加以注意的。

2. 集思广益选择旅游目的地。为了让员工在旅游中获得较高的满意度,可把各部门主管、骨干以及具有丰富的旅游经验的员工或集体娱乐活动的积极分子召集到一起,针对旅行路线选择、具体活动安排等要项进行初步探讨,从而确定候选的旅行目的地。

3. 充分考虑气候、自然灾害、社会环境等因素。比如,尽量选择适合当季旅游的目的地,7、8月份要避免前往容易发生洪涝灾害的地区;又如,广交会期间广州旅游成本大涨,应避开这个时间段,等等。

4. 向有关旅行社作进一步咨询。

5. 初步确定了两个以上方案后,向单位或组织的高层汇报,在征得高层的意见后,最后确定旅行目的地。

(二) 选择全面安排出游事宜的旅行社

员工集体旅游因人数众多、金额较大,组织与管理工作比较复杂。员工集体旅游大多选择旅行社来安排实施,所以选择可信赖的旅行社非常重要。它不但能提供专业周到的服务,一旦有客观或主观因素影响旅行计划的实施,也可提供适当的、合理的赔偿,而不至于投诉无门,浪费钱、财物及精神受损。

1. 选择旅行社的基本方法。

(1) 实地确认旅行社是否正规合法。正规旅行社的旅游费用公开报价,行程安排合理,服务质量较好,游客人身安全有保障。而一些"黑社"或以免费组织旅游为幌子推销产品的公司大多不具备旅游经营资质,属于非法经营,它们往往不具备专业的交通工具、责任保险、行程安排和导游等方面的服务,一旦发生旅游纠纷和安全事故,员工的利益就得不到保障。

那么,怎样识别旅行社是否正规合法呢?2009年国家旅游局颁布自2009年5月3日起施行的《旅行社条例实施细则》(国家旅游局30号令),该细则明确规定:旅行社及其分社、服务网点,应当将《旅行社业务经营许可证》、《旅行社分社备案登记证明》或者《旅行社服务网点备案登记证明》,与营业执照一起,悬挂在经营场所的显要位置。如果旅行社以互联网形式经营旅行社业务的,除符合法律、法规规定外,其网站首页应当载明旅行社的名称、法定代表人、许可证编号和业务经营范围,以及旅游行政管理部门的投诉电话。

办公室人员在初次联系旅行社时,应该根据以上规定进行实地核查。可以说,这一核查是关键的第一步。核查时要注意,对出国游旅行社的收客点,一定要有旅游部门批准的证书。凡是遇到报名点与旅行社总部不在一起,特别是报名点提供不出任何依据证明营业场所合法时,一定要引起警惕,应到该营业场所提供的旅行社去核实真伪。

办公室人员还可以从该旅行社是否已交纳了旅游质量保证金,留意其公章发票、线路行程、报价、商标、保险、导游等一系列环节的管理是否符合行业规范等细节来确认该旅行社是否符合候选要求。

(2) 向当地有关旅游行政管理部门咨询核实有关旅行社的情况。某家旅行社正规合法并不代表它的服务管理就是优质上乘的。那么,怎样才能找到优质的旅行社呢?新颁布的《旅行社条例实施细则》规定:旅游者对旅行社的投诉信息,由处理投诉的旅游行政管理部门每季度向社会公告。这就提醒办公室人员,在挑选旅行社时,还可以向当地旅游行政管理部门或旅游质量监督管理局询问。有的地区设立了旅游咨询中心,也可以向它们详细咨询。

(3) 尽量挑选知名的大型旅行社。在具体操作时,为了节约时间和降低风险,办公室人员可以将信誉好的知名大型旅行社列为组织员工团体旅游的首选。这些旅行社因为团体业务多,所以大多有专人负责,有专门的团体旅游线路设计,服务质量也好于一般旅行社。

(4) 货比三家,从候选旅行社里作最后筛选。可以把几家符合基本要求的旅行社作为候选单位,然后再以报价、线路设计、不同的经营特色和游客反馈信息为依据作最后的筛选。比如,某旅行社的黄山游是其经营特色,性价比高,如选择去黄山旅行,就可选择这家,这就好比对照招牌菜和自己的口味来选饭店一样。

2. 与旅行社商定线路行程安排,签署旅游合同。在日常旅游中,费用模糊、旅行社擅自更改游览景点、穿插在旅游中的强迫购物行为,常让游客们感到头痛,而员工集体旅游因为是组织行为,就更要预防可能发生的旅游纠纷。

那么,如何防范或避免旅游纠纷呢?签署一个严密的旅游合同是可能的防范措施中最为必要和有效的手段。在签订合同时,一般需要留意以下几点。

(1) 要使用正规的合同文本。负责签订合同的办公室人员在与旅行社签订合同

时,不应只看旅行社提供的合同文本,而必须认真参考《中国公民出境旅游合同》规范文本以及各省市制定的《国内旅游合同》规范文本。

(2) 合同宜细不宜粗,语言要尽量精确。签订合同时,办公室人员一定要搞清楚合同中的各项细节,合同中使用的语言也应准确清晰,不宜产生歧义和误解。如交通工具及标准,因火车票有硬卧、软卧、普通、特快、空调车等价格差异;飞机票有正班机票、加班机票,甚至特价机票;旅行社因自身业务量的大小,所获机票的折扣也有所不同;船票价格因舱次不同而不同;旅游目的地的旅游用车也有豪华、普通、空调车之分。这些都要尽可能地在合同中作出明确规定。在住宿标准方面,一定要搞清楚是住几星级酒店,报价多少。同样星级的酒店因所处地理位置(或在市中心,或在市郊)的不同或建成年代的早晚,其价格也会相差很大。如果在合同或其附件中有明确的规定及报价,那么,当出现不一致的情况时,就索赔有据了。对口头承诺的事项也要明确载入合同或作为合同附件。总之,为了明确双方的权利与义务关系,所订合同越精细、越明晰越好。

(3) 对需要重点防范的事项,更需在合同中明文约定。如对于强迫购物的防范,可以在合同中,就购物次数、购物时间以及购物场所名称等具体事项,双方作出明确的约定。在对购物作出明确约定的情况下,旅行过程中就可有理有据地拒绝导游等旅行社方面的工作人员违反合同约定的购物安排。

又如,针对自费项目,如果在合同中确定了自主选择自费项目的权利,则有权拒绝导游单方面推荐的合同以外的各种形式的自费项目。

(4) 旅游合同的基本内容。正规的旅游合同一般应包括如下内容:

旅行社名称及电话地址,旅游总价格,旅游行程的出发地、途经地、目的地,旅游行程中交通工具的类别及等级、航班或车次时间,旅游行程中的住宿及其标准,旅游行程中餐饮服务的安排及其标准,旅游景点名称、门票导游服务,娱乐种类及次数,旅游途中自费项目及收费,旅行社安排的购物次数、购物时间以及购物场所的名称,合同终止条件,违约责任,签约地点和日期。

2009年实施的《旅行社条例实施细则》还规定应当将旅游服务监督、投诉电话作为旅游合同的必备事项。这样,万一出现纠纷,可以便于办公室人员咨询投诉。

如果是出境旅行,还应增加有关出境签证的手续、费用等内容。

还需说明的是,旅行社对团体旅游的服务一般都比较优惠,所以还可以向旅行社提一些具体的特殊要求,协商成功后可写进合同之内。比如:本公司有4位回族员工,须单独提供清真饮食等等。这种个性化的服务可大大提升员工的满意度。

(三) 购买旅游人身意外伤害保险

办公室人员在负责组织员工集体旅行时一定要具备很强的安全防范意识,切忌为省预算或麻痹大意而忘记为员工们购买人身意外伤害险。不然一旦因发生员工个人原因造成的事故,经济损失就难以得到补偿。因旅游行程天数的不等,人身意外伤害险的保额也从几元到百元不等,虽然也可以到保险公司办理,但比较简单的办法是可委托选定的旅行社代办。

(四)准备好旅行中的集体活动

本节开头已经提及,员工集体旅游不是一般意义上的旅游,它体现了组织对员工的关怀、慰问,除为了让员工放松身心外,还有增强员工的归属感、增强组织的凝聚力、促进员工沟通交流、增进员工感情等重要的目的。为了更好地实现这个目的,就需要办公室人员准备一些适合员工共同参与的集体活动。举例而言,在旅途中,就可安排诸如击鼓传花、大家唱等娱乐活动,主持人可以由办公室人员亲自担当,也可以由擅长主持的员工担当。在行程安排中,除了一般的参观游览以外,还可以在晚餐时或晚餐后安排诸如员工表彰会、头脑风暴创意会、员工才艺大赛等活动,也可以与当地相关企业举办联谊晚会等有特色的活动项目。

(五)携带相关或必备物品

除了准备集体活动外,办公室人员还应准备好相关的必备物品。以下一些物品可作为参考。

食品饮料:事先准备好一些水果零食和瓶装饮料水,不但可以减少旅途中的开支,方便员工,还可以增加集体旅行的乐趣和欢乐气氛。

医药卫生用品:准备一个医药箱,带好常用内外科药,如治疗肠胃系统疾病和心血管系统疾病的药物,以及创可贴、棉花、酒精、风油精、驱蚊水、晕车药等。

活动游戏用品:可以准备一些纸牌、棋类等携带方便的集体游戏用具或运动用具,也要同时准备在表彰会、晚会等集体活动时所需的专门用品。

摄影器材:安排一两位摄影技术较好的员工专门负责带好摄影器材,以便在集体旅游中留下美好的倩影,回来后可以采用画册、墙报或制成光盘等形式供大家分享。

除上述物品外,最好再准备几份地图,如天气状况不稳定的话,还可准备若干雨具,以供一些准备不充分的员工在急需时使用。

所有这些物品办公室人员可以事先列好清单,统一购买。

(六)召开行前准备会

为保障集体旅游活动的顺利进行,办公室人员可以安排组织中的员工代表一起开一个行前准备会,以确定本次活动的集合时间、地点、纪律和注意事项,并整理成文字材料发放给每位参加活动的员工。比如提醒员工活动时一定要注意企业形象,发扬团队精神;在旅途中,不要私自改变旅程或掉队,外出时要向负责人请假,随时注意自身安全;要求员工准备及保管好身份证、护照等等。

三、集体旅游中的旅游纠纷处理

虽然经过办公室人员的周密计划与安排,全体参加集体旅游的员工也顺利地踏上了旅途,但谁也不能保证此次旅游能够事事如意,就是说,有时或许会遇到不尽如人意

的事情,这种不尽如人意的事情常常还会引起纠纷。作为办公室人员,不但对此要有心理准备,而且还应该具备一些处理纠纷的知识或能力。以下就通过几个案例,对旅游纠纷的处理技巧作些说明。

(一) 常见旅游纠纷及其处理原则

案例一:甲公司因为某地发生了台风灾害,员工集体旅游的行程在中途不得不取消;乙公司因某员工在游湖过程中,违禁下湖游泳发生了事故,以上这两种情况造成的损失旅行社是否应该赔偿?

处理方法(参考):根据有关规定,由于不可抗力因素或旅游者本身原因造成的旅游者的经济损失,旅行社是不承担赔偿责任的。但办公室人员可以要求旅行社退还游客尚未发生的旅游费用。针对这一点,办公室人员要适时地对员工做好安全防范的宣传,避免因个人原因造成损失。

案例二:某旅行社已经收取甲公司 10 万元的预付款,但在出发前二天来电说,预订的酒店突然通知无法提供足够的床位,要求公司延期旅行,但公司因业务关系短期无法安排出时间,旅行不得不取消。这种情况旅行社是否应该赔偿损失?

处理方法(参考):根据有关规定,旅行社收取旅游者预付款后,因旅行社的原因不能成行,应提前三天(出境旅游应提前七天)通知,否则应承担违约责任。办公室人员可以要求旅行社赔偿已交预付款 10% 的违约金,也就是 1 万元。

案例三:某分公司组织员工去广州总公司参观兼旅游。在回程途中,因导游没有把时间控制好,结果延误了一班火车,导致回程比预定时间晚了三小时,还使两位接着要去北方出差的高管误了飞机,直接经济损失 3 千元。这种情况旅行社是否应该赔偿损失?

处理方法(参考):根据有关规定,因旅行社过错造成旅游者误车误机,旅行社应赔偿旅游者的直接经济损失,并赔偿经济损失 10% 的违约金。也就是说可以索赔 3 300 元。

案例四:某大学为奖励一批有贡献的老教授,组织去北京游览,与旅行社订好的合同是来回程都是每人 498 元的软卧,但由于旅行社的疏忽回程出的票却是 375 元的硬卧,结果不少教授们没睡好,很有意见,这种情况旅行社是否应该赔偿损失?

处理方法(参考):根据有关规定,旅行社安排的旅游活动及服务档次与协议合同不符,造成旅游者经济损失,应退还旅游者合同金额与实际花费的差额,并赔偿同额违约金。也就是说旅行社应退还该学校每人 123 元的差额及其同额违约金。

案例五:某公司员工一起去北京开公司年会兼年终旅游,但在天坛公园游览时,导游只是在大门口作了简短草率的介绍,就让大家自由参观,没有对园内的传统建筑进行详细讲解,员工们不得不跟着别的旅游团"蹭听"。这种情况旅行社是否应该赔偿损失?

处理方法(参考):根据有关规定,导游未按照国家或旅游行业对客人服务标准的要求提供导游服务的,旅行社应赔偿旅游者所付导游服务费用的 2 倍。在这个案例中,天坛景点含在导游服务中,对此导游就该按合同执行,不然,旅行社就须按规定赔偿损失。

案例六:某公司组织女员工去南京欢度"妇女节",在第二天游览秦淮河后,导游擅自安排员工体验精油按摩服务,并随后向负责此项活动的办公室人员索要了高额费用。搞得大家都很尴尬。这种情况应该如何处理?

处理方法(参考):根据有关规定,导游擅自增加用餐、娱乐、医疗保健等项目,旅行社必须承担旅游者的全部费用。所以旅行社应承担该公司员工参加这次精油按摩服务的全部费用。

案例七:某公司员工从上海去浙江山区搞培训活动,在途中路过一个山货店,当地导游就说司机开车很辛苦,山民也很穷,希望城里来的白领能下车买些山货,为发展这里的经济作点贡献。虽然在行程表中并没有这个活动,结果大家碍于面子,只好各自买了些东西。几天后,有些员工发现买的笋干很老,质量差,价钱也比超市同类产品贵,都愤愤不平地来找办公司负责人小肖,这种情况旅行社是否应该赔偿损失?

处理方法(参考):根据有关规定,导游违反合同或旅程计划,擅自增加购物次数,每次应该退还旅游者购物价款的20%。导游擅自安排旅游者到非旅游部门指定商店购物,所购商品系假冒伪劣商品,旅行社应赔偿旅游者的全部损失。浙江的这个导游增加了一次购物,首先应退还公司员工购物价款的20%。其次,此山货店是非旅游部门指定商店,部分员工购买的还是伪劣笋干,这部分钱也应由旅行社全额退还。

案例八:某公司奖励先进员工去威海游览,与旅行社签订的合同是安排住298元一间能看到海景的海景标准房,正餐标准每人60元。但到了威海后,酒店却说海景房没有了,只能住198元的山景房,搞得大家都很扫兴。另外,员工发现这家酒店正餐质量很差,不值60元,这种情况旅行社是否应该赔偿损失?

处理方法(参考):根据有关规定,旅行社安排的餐厅,因餐厅原因发生质价不符的,旅行社应赔偿旅游者所付餐费的20%。旅行社安排的饭店,因饭店原因客房低于合同约定的等级档次,旅行社应退还旅游者所付房费与实际房费的差额,并赔偿差额20%的违约金。所以,在这一纠纷中,旅行社在房费上应向每位员工赔偿100元差额和20元违约金;在餐费上每顿正餐应赔偿每位员工12元。

案例九:某公司坐海船去大连搞夏季联谊活动,但到了船上却被通知说:因临时要接待一批外宾,只能把原来提供给员工的二等舱让出来,员工们只能睡三等舱了。办公室人员找导游要违约金,但导游说这不是旅行社的过错,只能退差价,不能给违约金,这一说法合理吗?

处理方法(参考):根据有关规定,旅行社安排的交通工具,因交通部门原因低于合同约定的等级档次,旅行社应退还旅游者所付交通费与实际费用的差额,并赔偿差额20%的违约金。因此,导游不同意赔付违约金的说法是错误的。

案例十:某公司安排员工去北京秋游,但接连出现意外。一是原来安排好的北海公园因举办活动不对外开放,这个景点只好取消。二是最后一天因导游游览时间把控不当,原定的雍和宫游览也只能取消,员工对此很有意见。这种情况旅行社是否应该赔偿损失?

处理方法(参考):根据有关规定,旅行社安排的观光景点,因景点原因不能游览,旅行社应退还景点门票、导游费并赔偿退还费用20%的违约金。北海景点就属于这种情况。而雍和宫景点则适用另一条规定,即导游擅自改变活动日程,减少或变更参观项目,旅行社应退还景点门票、导游服务费并赔偿同额违约金。

(二)处理旅游纠纷的途径和方法

如果在员工集体旅游途中发生旅游纠纷,办公室人员可以通过几种途径去解决纠纷以挽回损失。

1. 行程中的纠纷处理。一旦在旅游途中发生了纠纷,负责组织此次旅游的办公室人员就应立即加以处理,以免事态扩大或权益继续受到损害。

一般说来,当遇到纠纷或我方权益受到损害时,办公室人员应首先要求旅行社方面马上采取补救措施,以便顺利完成旅程。具体做法是:可先与组团社(签订合同的旅行社)的全陪、领队或地接社导游多沟通,及时向他们反映员工的意见、要求或建议。如果这样问题不能得到解决,再直接与组团社联系,说明情况并要求立即妥善处理。

如果旅行社方面不能在纠纷发生时立即加以解决,作为集体旅游的组织者,办公室人员应该一方面安抚好员工情绪以完成剩下的行程,另一方面应该注意收集与纠纷相关的证据,待行程结束后再作处理。

2. 旅行结束后的纠纷处理。

(1)处理纠纷的依据。整个旅游行程结束后,办公室人员可以根据《消费者权益保护法》、国家旅游局颁布的《旅游投诉暂行规定》、《旅行社质量保证金赔偿试行标准》去处理旅行中发生的纠纷。

(2)解决旅游纠纷的途径。一般有如下五条途径:

◆ 与旅游经营者协商和解;

◆ 请求消费者协会调解;

◆ 向有关行政管理部门投诉,包括旅游、工商行政管理、价格等相关监管部门;

◆ 根据与经营者达成的仲裁协议提请仲裁机构仲裁;

◆ 向人民法院提起诉讼。

(3)投诉时的注意事项。

在以上五种途径中,除了与旅游经营者协商和解外,最常用的解决纠纷的途径就是直接向旅游行政管理部门投诉。在投诉之前,办公室人员需先了解以下几点。

A. 接受旅游投诉的管理机关。在中国此类机关有两类,分别是国家旅游行政管理部门的旅游投诉管理机关和县级(含县级)以上旅游行政管理部门设立的旅游投诉管理机关。

如果遇到跨行政区的旅游纠纷时,办公室人员可以掌握以下原则,可以由被投诉者所在地、损害行为发生地或损害结果发生地的旅游投诉受理机关协商确定管理机关；或者由上一级旅游投诉受理机关指定管理机关。

　　B. 旅游投诉的范围：

　　◆ 认为旅游经营者不履行合同或协议的；

　　◆ 认为旅游经营者没有提供价质相符的旅游服务的；

　　◆ 认为旅游经营者故意或过失造成投诉者行李物品破损或丢失的；

　　◆ 认为旅游经营者故意或过失造成投诉者人身伤害的；

　　◆ 认为旅游经营者欺诈投诉者，损害投诉者利益的；

　　◆ 旅游经营单位职工私自收受回扣和索要小费的；

　　◆ 其他损害投诉者利益的。

　　C. 投诉时效。向旅游投诉管理机关请求保护合法权益的投诉时效期为 60 天。投诉时效期间从投诉者知道或者应当知道权利被侵害时起算。办公室人员应该及时投诉，以免超过时效，有特殊情况的，可以向旅游投诉管理机关申请延长投诉时效期间。

　　D. 投诉状的写法和提出。办公室人员向旅游投诉管理机关递交投诉状时，要按被投诉者数做出副本。

　　投诉状必须记明下列事项：

　　◆ 投诉者的姓名、性别、国籍、职业、年龄、单位（团队）名称及地址；

　　◆ 被投诉者的单位名称或姓名、所在地；

　　◆ 投诉请求和根据的事实与理由。

　　要客观真实地陈述需投诉的事件内容。表述的事件经过应尽量具体、详细。办公室人员在提出赔偿金额时，要以双方合同约定的违约责任和旅游管理部门的有关规定为主要依据。目前旅游管理部门主要依据国家旅游局发布的《旅行社质量保证金赔偿暂行标准》来认定旅行社的赔偿责任和金额，办公室人员写投诉状时应以此为主要参考。

　　◆ 关于证据。投诉书上提供的证据要真实有效。证据一般包括，与旅行社签订的有关协议及约定，主要包括旅游合同、旅游行程表、旅游发票以及与旅行社签订的各种有效凭证或材料；旅游中权益受到侵害的事实凭证，即游客提供的能够证明旅行社提供的服务与合同规定或原承诺不相符的最有力证据，如车船票据、门票、购物发货票、接待单位的证明，也可以提供有关物证、声像资料以及其他有效的文字资料。比如某公司和旅行社签订的旅游合同上说到上海住的是三星级宾馆。但员工进房间一看，墙角水迹斑斑，床褥发霉还透出难闻的异味。气愤之余，办公室负责此项活动的人员便用数码相机拍下糟糕的房间实景，返程后将照片冲晒出来，成了向旅游质监部门投诉的有力证据。

　　E. 如何知道受理与否。旅游投诉管理机关接到投诉后，凡认为符合受理条件的，会及时调查处理；认为不符合受理条件的，也会在七日内通知投诉者不予受理，并说明理由。

　　F. 对处理决定不满时怎么办。旅游投诉管理机关在接受投诉后一般会先进行调解，调解不成将根据不同情况作出处理决定。旅游投诉处理决定书将在十五日内通知

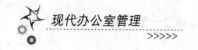

投诉者和被投诉者。

如果对旅游投诉管理机关作出的处理决定或行政处罚决定不服的,旅游者(单位)可以直接向人民法院起诉,也可以在接到处理决定通知书之日起十五日内,向处理机关的上一级旅游投诉管理机关申请复议;对复议决定不服的,可以在接到复议决定之日起十五日内,向人民法院起诉。一般来说,当纠纷复杂、重大和极难调解时,尤其是涉及旅游人身财物意外事故等不适用旅行社保证金赔偿范围的经济纠纷案件,办公室人员应尽快选择解决纠纷的最高程序,即寻求法律途径解决。

四、集体旅游结束后的反馈和总结

办公室人员在组织完一次集体旅游后,应及时收集来自员工及领导的反馈信息,并总结成功经验和不足之处。这不仅便于今后更好地开展工作,还为办公室人员在年终述职时准备了一份很好的材料。

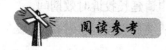

购买廉价机票的技巧和方法

如何为所在的单位或组织节省经费、降低成本?这对于办公室人员来说是责无旁贷的。对那些公(商)务旅行活动较多的单位或组织而言,尤其如此。熟练掌握购买廉价机票的技巧和方法并用于实践,日积月累,也能为本单位或组织节省可观的经费。以下介绍几个常用技巧供参考。

第一,利用往返机票的差价。

出国旅行时,在返程日期确定的情况下,购买往返机票要比两个单程的价格之和便宜许多。但国内旅行有所不同。一般而言,从某地飞往某地的机票(往程票)价格比较高,而返回的机票(返程票)价格则相对便宜。这可以说是航空公司惯用的营销手段。但这给我们提供了一个节约旅行开支的机会——对比两家以上航空公司的不同的往返价格,从而利用差价。例如,甲航空公司从某地飞往上海的机票价格可以打4折,而其返程票价就可能只打7折;与此同时,乙公司飞往上海的机票价格可能打5折,而返程票则相应打到6折。当我们了解并确认了这一情况时,则不妨分别购买甲公司的往程票和乙公司的返程票,这样可节省大约一折的机票费用。具体操作办法是多打几个电话到不同的旅游服务公司或机票代理点询问,尽量不要从一个售票点同时购买往返的机票。网上订购也是如此。

第二,充分利用团体订票的优惠。

一般来说,4折的散票价格已经是相当便宜了。而如果10人左右集体订购团体票时,平均下来的票价则会更便宜,可能达到3折。当你的单位或组织出现多人同时去某地公(商)务旅行时,就可以采取团体购票的方式买到相对便宜的机票。

第三,选择时机订购机票。

就一般情况而言,机票是越早预订越便宜。所以,当公(商)务旅行的日程确定后,如果想节省旅行开支,则应尽早订票。尤其是在一些特定的节假日飞往著名景点城市出差时,应趁早订购机票。等到临近节假日再订购时,这类热门线路的机票就可能不打折了。当然,也有例外的情况。比如,在季节交替之际,或自然灾害、流行病等突发事件发生期间,或许会出现越晚预订越便宜的情况。例如,北京、广州航线的机票价格受市场影响较大,特价票的期限往往比较短。北京的特价票一般只维持到3月初。当你过早地订购3月中旬或此后的机票时,旅游服务公司或机票代理商可能会告诉你说"现在订有些早了"。因为临近3月中旬时,或许会有最新的优惠政策。到临近3月中旬时订购说不定可以享受更大的折扣。

第四,订购特价机票时的注意事项。

订特价机票固然节省了不少旅费,但是,这种机票经常有一些特殊的限制条件,这是订购时需要注意的。一般情况有:

◆ 机票有效期较短。一般是三十天、四十五天或六十天的有效期。

◆ 出票时限的限制。必须提前订位和出票,一般在出发日前三天至七天即要订位和出票。

◆ 日期不可更改。一旦决定出票后,不可更改出发日期和航程,否则视同退票处理;往返机票的返程日期若要更改,一般要收取一定数额的改期费(各航空公司规定略有不同)。

◆ 退票规定严格。退票手续费较高,由几百元至票面价的15%至50%不等(不同航空公司因票价种类不同而规定不同)。

◆ 价格经常变化。各航空公司的特价机票是一种促销手段。每一种票价都是对应相应的舱位等级的。所以可能有这种情况:询价时被告知上海到厦门往返票价为1000元,但在订位时却被告知这一价格的座位没有了,只有更高一些的价格。这种情况在旺季时经常发生。这是因为特殊票价的座位数量是有限的,而电脑系统又是对所有客人24小时开放的。只有先订到相应的座位,才能保障得到相应的机票价格。另外,还必须指出的是:航空公司也保留有随时改变机票价格而不另行通知的权利。

2009年2月底,某公司组织40名员工去宁波一风景区进行为期两天的联谊活动,办公室负责此项目的小王与旅行社签订了旅游合同。当公司一行人到达宁波后,发现入住的酒店供暖不足,夜晚12点以后索性就没有暖气了。因为山间气温较低,不少员工半夜被冻醒。有人想洗个热水澡暖和一下,脱了衣服打开淋浴器开关,结果喷出来的

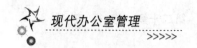

只有凉水。投诉到酒店服务台,服务台却解释说,为了节省能源,深夜暖气和热水是要中断几个小时的。结果第二天早上大家意见很大,纷纷质询小王是怎么和旅行社签合同的。结果小王很委屈地说,旅行合同上是明确写明入住准三星级的好酒店的。当小王提出疑问时,导游还一再解释说,这个风景区建造时间不长,所以酒店还来不及评星级,但设施绝对是按三星级标准建的。听了小王的解释,众人又纷纷去和陪同的导游论理,导游却辩解说,准三星级的标准就是这样的,我们是按合同来执行的。结果好好的一次联谊活动搞得大家都很扫兴。

案例思考题

1. 小王在组织活动中有什么失误吗?
2. 这个纠纷应该怎样处理?

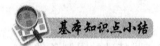

1. 在现代社会,无论是公共机关还是企事业单位,其跨地区跨国界的业务活动日益增多。一个单位,不论大小,每年都或多或少地有人因公出差,即公务(或商务)旅行。有的单位,还会定期或不定期地安排员工集体旅游。在许多单位或组织中,公(商)务旅行和集体旅游的安排工作一般是由办公室来承担的。

2. 公(商)务旅行的安排步骤有:(1)事前准备,掌握必要而精准的信息;(2)落实交通票据;(3)预订宾馆。

3. 员工集体旅游,是指以单位或组织的名义和经费或部分经费组织的集体旅游活动。既然是以单位或组织的名义组织的集体旅游活动,那么,这一活动的组织任务往往就会由办公室来承担。因此,办公室人员还需要具备一些组织集体旅游的知识。

4. 单位或组织之所以要组织集体旅游,其目的是为了给员工创造放松身心的机会,从而体现组织对员工的关怀、慰问,提高员工的积极性;增强员工的归属感,从而提高组织的凝聚力、向心力;促进全体员工之间、干群之间的沟通交流,营造团结、活跃、和谐、奋进的整体氛围。

5. 员工集体旅游的准备步骤有:(1)旅游目的地的选择;(2)选择全面安排出游事宜的旅行社;(3)购买旅游人身意外伤害保险;(4)准备好旅行中的集体活动;(5)携带相关或必备物品。

6. 集体旅游中的旅游纠纷处理原则、途径和方法。

1. 为什么说掌握必要而精准的信息是旅行安排工作成功的关键?
2. 旅游投诉的范围有哪些?

第二十一章

办公室安全工作

> **本章提要**
>
> 办公室安全工作是办公室的一项重要工作内容,它主要涉及办公室的环境设施安全(如防火、防盗)、人员安全、资料和信息的安全(如防失密、泄密)等多方面的内容。其中防止失密、泄密和被窃密事件的发生是办公室安全工作的重点。办公室工作人员经常要接触、掌握和处理各种具有秘密性质的事项,有些工作人员几乎每时每刻都要与秘密打交道,这就使得办公室的保密工作显得尤为重要。保守党和国家的秘密,是关系国家安全的大事,也是办公室工作的一条重要原则。因此办公室工作人员要充分认识安全工作的重要性,加强对本部门安全工作的研究,切实做好办公室的安全防范工作。

办公室是机关工作人员办公的基本场所,办公室的环境是否安全(如是否有火灾隐患、是否会发生盗窃事件等),办公室的设施及文件资料是否放置合理(如是否会发生失密、泄密、被窃密事件等),乃至办公室人员的健康与安全都直接影响到工作人员的工作积极性与主动性。所以,做好办公室安全工作意义重大。但是,我们也要注意到,新时期随着科学技术的突飞猛进,窃密偷盗手段不断发展,给办公室安全工作带来了新的难度。办公室安全工作面临的任务更加艰巨。我们唯有正确认知并采取有效的防范措施,才能真正做好办公室安全工作。

第一节 办公室安全工作的意义

一、办公室安全工作的含义和特点

(一)办公室安全工作的含义

所谓办公室安全工作就是为达到防止办公室发生泄密、火灾、盗窃等现象,保护办公室工作人员人身健康和安全而采取的一系列有效的措施和手段。

办公室安全工作对每一位工作人员都至关重要。因此,为营造良好的工作环境,办公室安全工作应该常抓不懈,任何时候都不可掉以轻心。

(二)办公室安全工作的特点

为了更好地做好安全工作,我们要掌握其特点。

1. 鲜明的政治性。办公室安全工作从局部来看,它关系到办公室的人力、物力、财力不被非法侵害或灾害事故侵袭,使办公室能有良好的内部秩序,以确保各项工作、活动能正常进行,不受干扰,不影响工作人员的思想安定及工作热情。从全局来看,它可能关系国家政治局面的安定团结,关系到国家的政策、法令的贯彻执行,甚至各方面关系的协调、政治气氛的良好,因而办公室的安全工作具有鲜明的政治性。

2. 明显的时间性。虽然做好办公室的安全工作应有严格的制度和规范,不可有一日的松懈,但是各种非安全事故的发生都有一定的时间性。如火灾事故发生的季节性相当明显,冬春一般被列为重点防火季节。盗窃案件往往好发于周末、节假日,尤以冬秋季节为盛。而泄密事件发生的时间性更明显。党和国家的各种各样、大大小小的机密,在公开之前,都属于秘密范围,不可外泄。但许多机密随着时间的推移,已失去意义,便可公开。可见只有了解其时间性的特点,才能使我们的工作有针对性,才能真正做好办公室的安全工作。

3. 一定的区域性。这主要是针对安全工作的内容而言的。虽然安全工作在任何一个部门、场所都要重视,但有些安全事故的发生还是有一定的区域性的。就办公室而言,火灾易发生在设备操作区域,如设备操作中不注意安全规则,没有移开可燃物品,没有很好地防范静电,以及办公室电气设备安装使用不当,环境通风不良等,均可引起大火。而盗窃事件最易发生于办公室中的财务部门,其目标主要是现金,其次是办公室中的贵重仪器和高档耐用消费品,如电脑、摄像机、录像机,以及贵重艺术品、文物等。保密则更有一定的区域范围,有些机关内可以知道的事情,可以传阅的文件,机关外便不许谈论、传阅,国内、国外、党内、党外都应有所区别,该保密的都应保密。

二、做好办公室安全工作的现实意义

说起安全工作,不少人认为那主要是政治、军事上的事情,它们与我们的日常学习、工作毫无关系。因而才会有一些中国涉及政治、军事、科技、体育、金融等各个方面的泄密、被窃密事件及办公室偷盗、火灾等各种安全事故的发生。这说明在中国有相当一部分的办公室工作人员安全这根弦绷得不紧,这是相当危险的。

做好办公室的安全保密、防盗防火工作是中国各行各业办公室工作人员的基本职责,其根本意义在于维护每一个工作人员的身心健康和公私财产的安全,保障改革开放和社会主义建设事业的顺利进行。具体而言,体现在以下三个方面:

1. 做好办公室安全工作是我们每一位工作人员的义务。它既是一项重要的纪律,又是一项重要的工作原则和职责。不少行业和部门对此都有相关的行业规定,我们一定要严格遵守。

2. 做好办公室安全工作也是关系到保护国家和民族利益的大事。以保密为例,冷战结束后,全球"商战"烽烟骤起。自中国实行改革开放以来,海内外一些势力在对中国政治、军事情报收集毫不放松的同时,对中国经济、科技情报的收集更为猖獗,每时每刻都在处心积虑地收集、窥视中国的各种情报。如果我们不严加防范,失去警惕,就会有可能使我们党和国家在政治上、经济上或军事上遭到不可弥补的重大损失。

3. 做好办公室安全工作能保障改革开放和社会主义建设顺利进行。办公室安全工作对于维护社会、经济稳定有着积极的作用。如一项尚在酝酿中的新政策,若被泄露出去就会引起社会波动。政府或单位领导层的敏感的人事变动,在讨论阶段就被外传,往往会引起日后工作的被动,一项花费巨大人力、物力、财力的新研制的技术或工艺,其核心配方被盗或被泄露,就会造成巨额的经济损失。这一切都会影响中国社会主义建设事业的顺利进行。

因此,做好办公室安全工作意义重大。

三、办公室安全工作的重点和密级

(一) 保密工作是办公室安全工作的重点

办公室安全工作虽涉及多方面的内容,但其中最主要的还是要做好保密工作。保密,就是保守党和国家的秘密,防止失密、泄密、窃密。这是国家工作人员的义务和职责。

其中,丢失秘密文件资料、产品、图纸、实物,无论其找到与否,是否造成危害,均称失密。凡是把秘密泄露给不应知道的人员称为泄密。凡是采取非法手段窃取、搜集、刺探、收买党和国家秘密的叫窃密。

党和国家向来重视保密工作。1951年,政务院就公布了《保守国家机密暂行条例》。1980年4月重新公布了这一条例,党的十二大通过的新党章规定:党员必须严格保守党和国家的机密,坚决保卫党和国家的利益。宪法也规定:保守国家机密,是每个公民应尽的义务。

保守党和国家的机密,既是办公室工作的重要原则之一,又是办公室工作的重要职责之一。因为各级领导机关、企业、科研单位的许多文件都载有机密内容,许多事务属于内部性质,有些是需要绝对保密的。文件、会议和其他事务有机密内容,处理这些工作的办公室工作人员自然要比其他部门有更多的机会接触某一方面的机密,特别是高级机关的办公室人员,机要保密的程度更高。对这些机密,办公室负有保密的责任。

(二) 办公室保密工作的难度

目前,随着中国的改革开放和科学技术的不断发展,办公室保密工作又面临着许多新情况。主要是:

1. 对外开放给保密工作带来了新的难度。随着中国对外科技、经济和文化交流的日益扩大,国内外互相往来的人员也大量增加,这在客观上给海外情报机关的窃密活动带来了可乘之机。现在,境外情报人员可利用合法身份,通过合法渠道(如参观、采访、学术交流等),窃取中国机密情报。同时,不可否认,我们内部也有一些人,见利忘义,出卖国家机密,虽人数不多,但对国家秘密的安全却是一个很大的威胁。

2. 办公设备保密的难度日益加大。随着现代科学技术的发展,电脑、传真机和其他先进的设备在办公室大量使用。这些先进设施传输的内容涉及的秘密很多,而它的辐射信号却易被现代化手段所截取。因此,办公室人员要根据现代科技、经济、通信方面的新情况,研究解决各种现代化办公设备的保密问题。

3. 窃密手段的不断发展。随着科技的发展,过去利用人力无法获得的东西,现在利用先进的窃密手段可轻而易举地得到。如一些国家的窃听技术已发展到了相当高的水平,而中国在反窃听方面的设施却难以跟上,造成通信泄密的情况相当严重,给国家造成了严重的损失,因此,我们必须采取有效的措施加以遏制。

可见,新时期给办公室的保密工作带来了新的要求和难度。我们唯有采取有效的防范措施,才能做好新时期的保密工作。

(三) 密级

要做好保密工作,必须先搞清楚密级和国家秘密的范围,才能使我们的工作有的放矢,突出重点,加强防范。

国家秘密,根据对国家安全和利益的密切程度,分为绝密、机密、秘密3级。

根据1988年通过、1989年5月1日实施的《中华人民共和国保守国家秘密法》的规定,绝密是最重要的国家秘密,泄漏会使国家的安全和利益遭受特别严重的损害;机密是重要的国家秘密,泄漏会使国家的安全和利益遭受严重的损害;秘密是一般的国家秘密,泄漏会使国家的安全和利益遭受损害。

要做好保密工作,不是把保密的范围定得越宽越好,也不是把密级定得越高越好。国家秘密总是伴随着一定时代的政治、经济需要而产生、确定和消失的。任何秘密都有一定的时间性。所以密级是可以变更的,秘密是可以解除的。保密范围越宽越好是种错误的认识。保密范围必须严格按照《保密法》规定的国家秘密的范围来确定,如果人为地扩大保密范围,势必会把不属于国家秘密的事项也按国家秘密来保守,这既造成人力、物力和财力的浪费,也妨碍信息的交流,给工作带来诸多不便。把密级定得越高越好,这种说法也不对。国家秘密事项的密级应当按照法定程序来确定,如果人为地提高国家秘密事项的密级,不但在管理上造成混乱,而且随着密级程度的提高,相应增加了一些不必要的浪费,又给保密工作加重了负担,也给业务工作造成了诸多不便。

保密是有期限的,秘密都有时间性。一项秘密,一旦失去对国家安全和利益的影响,也就失去了保密的意义。根据《保密法》规定:国家秘密事项的保密期限届满的自行解密;国家秘密事项在保密期限内不需要继续保密的,原确定密级和保密期限的机关、单位或者上级机关应当及时解密。及时做好解密工作,才能确保国家秘密,才能有利于工作。当然,若不遵循有关规定和程序,任何单位和个人不得擅自变更密级和解密。

四、办公室保密纪律、保密环节和保密范围

(一) 办公室保密纪律

办公室工作人员由于工作的特殊性,要接触大量的文件、接触领导,掌握一些机密情况,所以对他们要有严格的纪律要求。办公室保密主要纪律是:不该说的话,绝对不说;不该问的机密,绝对不问,不打听;不该看的机密文件,绝对不看;不该记录的机密,绝对不记录;不在非保密本上记录机密;不在私人通信中涉及机密;不在公用电话、明码电报和普通邮信中办理机要事项;不在公共场所谈论机密;不在不利于保密的地方存放机密文件和机密资料;不携带机密材料游览、参观、探亲访友和出入公共场所。

此外,还应做到,不应在著述中涉及机密事项或资料,不应在新闻报道中涉及机密事项或资料,不应在有非涉密人员在场的条件下翻阅机密文件或资料,不应随意录收涉及机密的讲话及其有关事项。

这些纪律可印在保密手册上,以便时时提醒办公室人员遵照执行。机关领导要经常对工作人员进行督促检查,办公室工作人员也应以此互相监督。

(二) 办公室保密环节

要更好地履行办公室的保密纪律,一定要抓好保密的环节。保密工作一般包括两个主要环节,一是积极防范,千方百计预防失密事件发生,保住国家秘密。二是对窃密活动以及内部各种失密和泄密行为进行坚决的斗争。为此,必须制定严格的机要保密措施,主要是:

1. 加强保密教育。各级机关的办公室必须加强对办公室人员的保密教育,增强保密观念,使他们了解保密工作对国家安危的重要性,了解新时期保密工作的特点,各级机关领导人和办公室人员都必须遵守党和国家的保密规定,学习保密知识,养成良好的保密习惯。

2. 建立保密制度。任何思想教育都不能保证不失密,没有制度就没有标准,就没有措施,因此各级机关一定要建立一套完整的保密制度。制度的具体内容应根据各机关的具体情况来确定,一般应当包括文件保密、会议保密、档案保密、资料保密、通讯保密等等。有了制度还要经常检查执行情况,使制度不断完善,不流于形式,使保密工作经常化、持久化。

3. 严格挑选机要人员。保密工作的好坏,保密制度能否执行,与工作人员的责任心和业务水平有重要关系。因此,各机关对机要保密人员一定要坚持"先审后用"的原则,严格挑选。同时对他们要加强管理,严格要求。

(三) 办公室保密范围

保密的范围主要有两大类内容:一是国家秘密,二是工作秘密。

1. 国家秘密。所谓国家秘密就是关系国家的安全利益,依照法定程序确定,在一

定时间内只限一定范围的人员知悉的事项。任何不经法定程序产生的秘密事项，都不是国家秘密。国家秘密，一旦泄露，会给党和国家的利益造成极大的损失。

国家秘密的基本范围有哪些？

《保密法》规定，国家秘密包括下列秘密事项：(1)国家事务的重大决策中的秘密事项；(2)国防建设和武装力量活动中的秘密事项；(3)外交和外事活动中的秘密事项以及对外承担保密义务的事项；(4)国民经济和社会发展中的秘密事项；(5)科学技术中的秘密事项；(6)维护国家安全活动和追查刑事犯罪中的秘密事项；(7)其他经国家保密工作部门确定应当保守的国家秘密事项。政党的秘密事项中，符合国家秘密诸要素的，属于国家秘密。

2. 工作秘密。所谓工作秘密，就是在公务活动中产生的，不属于国家秘密而又不宜于对外公开的秘密事项。工作秘密分为两类：

一是商业技术秘密，根据《中华人民共和国反不正当竞争法》第十条规定，本条所称的商业秘密，是指不为公众所知悉的，能为权利人带来经济利益，具有实用性并经权利人采取保密措施的技术信息和经营信息。它主要包括：商业工作规划、计划，重要商品的储备计划、库存数量、购销平衡数字，票据的防伪措施，财务会计报表；军用商品的库存量、供应量、调拨数量、流向；商品进出口意向、计划、报价方案，标底资料，外汇额度，疫病检验数据；特殊商品的生产配方、工艺技术诀窍、科技攻关项目和秘密获取的技术及其来源，通信保密保障等。这类秘密一旦泄露，会给企业和当事人造成一定的经济损失。

二是属于领导层内部不宜公开或暂时不宜公开的事项，如正在酝酿而尚未确定的干部人事任免、领导人之间的意见分歧等，这类秘密一旦泄露，往往会给领导工作造成极大的被动。

办公室所涉及的保密工作的范围主要有以下几个方面：

1. 文件保密。文件保密包括秘密文件、资料、图表等的保密和密码、密码电报及传真的保密。这是办公室保密工作的重要内容。

2. 会议保密。召开内部重要会议，会前就要布置保密工作，进行必要的保密安排。会议期间和会后，对会议是否公开，何时公开，都应由领导机关和领导人作出决定，在未正式公开之前，不得泄漏。对会议上高级领导人的重要讲话和重要内容都不得随意扩散。会后，办公室工作人员应在会场和与会者住地进行检查，看有无会议重要文件遗失。会议上发放的文件，需要清退的，应办好退还手续，规定让与会者带回的文件，也要求回去后交机关机要部门保管，私人不应留存。

3. 新闻报道和出版保密。中国报纸、刊物和其他出版物的数量很大，注意新闻报道和出版物的保密十分重要。党政机关的办公室经常与新闻单位有往来，在新闻报道有可能涉及本机关、本单位的某些机密时，应对报道内容进行适当处理，或请示机关领导人确定报道范围。

4. 科技和涉外保密。对中国科学技术的发明创造,对中国特有的工艺技术等,我们应有很强的保密观念。机关的办公室大都承担一定的对外接待任务,更要加强这方面的保密观念,遇到问题时,要主动及时向主管领导请示,要防止各种以参观访问为名,窃取科技情报的事件发生。

5. 电讯设备及通讯保密。各机关办公室越来越广泛地使用现代化的有线电和无线电通讯设备及复印誊印、录像设备,使用这些通讯设备,要按照有关保密规定进行,防止监听、窃听。尤其要做好电子计算机保密工作。电子计算机的信息存储量大,往往可以成为机密集中的地方。办公室工作人员应注意掌握关于电子计算机保密的技术。

6. 经济情报保密。办公室工作人员对于重要的经济动态、经济法规的制定和执行情况,都要有保密观念。

此外,在文件印刷、印制管理等各个环节,都要注意符合保密的规定要求。

第二节 泄密的防范和查处

一、泄密的渠道

从上述办公室所涉及的保密工作的范围来看,办公室出现泄密的渠道有如下四种。

(一) 办公室人员泄密

主要有这么几种情况:

1. 办公室人员在私人交往和通信中泄露秘密。办公室工作人员所涉及的秘密事项,往往关系到企事业机关乃至国家的安全和利益,在一定时间内只限于一定范围的人员知晓。在私人交往和通信中泄露秘密,就扩大了知密范围,就不能达到在一定时间一定人员中控制知悉事项的目的,很容易被别有用心的人所利用,给机关和国家造成损失。

2. 办公室工作人员在公共场所泄密。公共场所人员成分复杂,也是国内外敌对分子经常出没的地方,外国情报人员曾坦率地承认,在中国的公共汽车上,在饭馆里,在私人聚会上,即使不开口说话,也能顺便听到许多有用的情报。所以办公室人员尤其是机要保密人员在公共场所不能谈论秘密,更要严防间谍套取情报。

3. 办公室工作人员违规操作泄密。这主要体现在文件泄密和会议泄密上。

文件保密是办公室工作人员保密工作的重点。因为文件涉及军事、政治、经济、外交等各方面的秘密,是传达国家方针、政策的重要工具。要做好文件的保密工作,不能违反相关的操作程序,否则,必然导致文件泄密。如,在文件准备阶段,没有合理地划分密级,没有确定适宜的拟稿人选和环境,没有确认发放范围和份数,没有制定印刷上的保密事项;在文件运转阶段,没有严格的收发登记,违反有关规定,擅自投递;在文件使用阶段,没有按照规定传阅,没有专人传达,知密人员保密性不强等。其中任何一项失误,均可导致文件泄密。

组织会议是办公室工作人员的一项重要的日常工作。尤其是一些重要会议,有高级领导人出席的,必然会涉及重要机密问题。因此办公室人员严格按照程序,做好会议的保密工作相当重要。如,在会前必须考虑如下保密因素:一是与会人选问题;二是通知方式和内容问题;三是与会文件保密问题;四是会址保密问题以及相应的安全保卫问题等。在会议中的保密问题应注意:一是到会人员不得随意变换;二是未经批准不得随意记录、录音、录像;三是未经批准,不得报道;四是会议的文件、资料的发放要登记;五是会终时妥善处理文件资料。在会议结束后,也应做到:一是不随意公布会议的情况;二是传达会议内容应注意保密要求;三是会后不得追记、翻印会议内容和文件。其中,任何一项操作违规,均可导致会议泄密。

(二)办公设备泄密

1. 通信泄密。现代化的办公室如今已普遍使用无线通信、有线通信和办公自动化设备。这些设备虽然先进,但也易泄密。

无线通信是借助于无线电波在空间传播而达到传送信息目的的通信方式。它具有建立迅速、机动灵活,移动方便等优点,因此是中国各部门的主要通信手段。但是它的保密性能差,易受到侦察和干扰,任何人只要有相应的设备,就可收到无线电设备发射的电磁波,因而容易泄密。其泄密的途径主要有:

第一,明语泄密。明语通信涉及秘密内容,用无线电设备召开内部电话会议、传达秘密文件。

第二,通信密码被人破译泄密。由于通信密码被人破译,从密码电报中可获取大量秘密情报。

第三,报务人员违反通信规定、通信纪律,造成失密。

利用导线传输信息的通信方式叫有线电通信,有线电通信按其传输线路的种类可分为明线通信、电缆通信、波导通信等。有线电通信的优点是:保密性能好,通信质量稳定,不受干扰等。但它也有明显的不足,就是造价高,维修工作量大,易受自然损害及炮火袭击。有线电通信泄密的途径主要有:

第一,电话泄密。在不加密的普通电话或手机中涉及秘密,由于串音或被人窃听而泄密。

第二,架空明线电磁辐射泄密。这种方式可以传输电报、传真、图像、数据等信息,其电磁波虽不及无线电磁波发射得远,但是利用普通的长波接收机在附近空间就可收到。

因此,办公室工作人员在运用通信工具时,应注意:在处理电报时必须坚持"密电密复"、"明电明复"的原则,严禁明密混用;不要在无保密装置的电话中,尤其是无线电话上涉及国家秘密。打长途电话时要提醒长途台不要接在微波上,必要时可在通话中使用移动的暗语或代号;不在无保密装置的传真机、电传机上传递国家秘密;使用国内保密机或进口保密机,必须按有关规定严格履行报批手续。

2. 计算机泄密。办公室的办公自动化技术是以计算机的应用为先决条件的,而堵塞计算机系统中的泄密漏洞,则是做好办公自动化保密工作的关键。

计算机的存储信息量大,往往可以成为机密集中的地方,国外十分重视它的保密。中国现阶段,计算机已普遍进入了各类组织的办公室,作为基本的办公机器使用,其中必然要输入大量的政治、经济、科技、文化教育等方面的大量数据,计算机也就成了保密数据库。因此,要注重计算机的保密工作。在已经研制的用于办公室工作的计算机网络系统和计算机程序中,都已注意到它在工作中的保密要求,并采取相应的措施。由于计算机技术的发展异常迅速,办公室工作人员要不断更新知识结构,在利用计算机进行操作和管理的同时,掌握计算机的保密技术,以适应现代化办公室的要求。

加强计算机的保密,必须做到以下几点:

第一,加强对操作计算机的工作人员的培训和教育。确保他们纯洁可靠,这是计算机信息秘密安全的首要前提。

第二,对计算机的放置有一定的要求。计算机是采用高脉冲电路工作的,有较强的电磁波辐射。电磁波向外辐射时,会将计算机的信息带出去而产生泄密。因此,对放置条件和环境较差而涉密较多的计算机,应采取以下三种防范方法:一是采取机房屏蔽,把电磁波控制起来;二是电磁干扰,用干扰信号覆盖;三是信息加密。

第三,计算机使用过程中的保密。主要注意如下几个方面:一是计算机,特别是进口计算机,在启用前,必须请有关部门进行安全保密检查。二是计算机信息最好划分密级。秘密的信息不能在公开的计算机系统里加工、储存、传递。三是由于计算机的数据文件的主要载体是磁盘,容量大,易拷贝,因此,要建立严格的登记和保管制度,秘密的内容要加密拷贝。

(三) 传媒泄密

大众传媒是一种公开化的信息载体,信息在现代社会就是一种重要的战略资源。由于大众传媒包含的信息量大,传播迅速,内容涉及一个国家政治、经济、军事、文化、科技等各个领域,而且发行公开,从中收集情报既合法,又简便,能够以最少的支出得到最大的收获。因此,几乎所有的情报机构都把从大众传媒上收集秘密视为一条途径。它也是中国办公室泄密的渠道之一。据有关资料表明,目前情报机构有80％以上的情报是从报刊等公开刊物中获得的。

中国的《保密法》明文规定,报刊等信息载体必须遵守有关保密规定,不得泄露国家秘密。许多新闻单位据此开展了各种保密教育和培训。然而,由于新闻从业者队伍在不断扩大,新闻传媒越办越多,泄密的可能性也就增大了。而向外界进行宣传教育或发布各种信息同样也是中国党政办公室工作人员的职责,因此办公室工作人员在从事这项工作时,一定要遵循有关新闻保密的规定,凡是在报道中可能涉及本机关、本单位的某些机密时,应当对报道内容进行适当处理,严防从传媒中泄密。

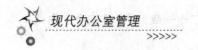

(四) 科技泄密

先进的科学技术，一旦和工农业生产或国防建设相结合，就会使生产力产生飞跃，没有现代化的科学技术就不可能有工农业和国防现代化。而一项新的科技成果往往要花费大量的人力、物力、财力和相当长的时间才能研制成功。有些科技成果还会大大提高劳动生产率，产生很高的社会经济效益，如，中国先进的电子、机械、工艺美术品等进入国际市场，就能为国家换取大量外汇。因此，科学技术也有很强的保密性。一旦失密，不仅损害国家的经济利益，而且还会威胁到国家安全。作为科研机关办公室工作人员，尤其是基层工作者，经常有涉外任务，如：对外接待、合作开展技术考察、对外援助、参加国际学术交流、出国进修、讲学等，在这些场合下稍不留神就易泄密，因此，办公室工作人员一定要了解科技保密的重要性和失密的危害性，要了解科技保密的具体方法和范围，切实做好科技保密工作。

二、泄密的性质种类和追查步骤

(一) 泄密的性质种类

根据中国的《保密法》和《保密法实施办法》的规定，泄露国家秘密是指违反保密法律、法规和规章的下列行为之一：使国家秘密被不应知悉者知悉的；使国家秘密超出了限定的接触范围，而不能证明未被不应知悉者知悉的。

根据《保密法》的规定，泄密的性质主要有两种：一种是故意或过失泄露国家秘密，不够刑事处罚的，可以酌情给予行政处分。另一种是故意或过失泄露国家秘密，情节严重的，要依法追究刑事责任。

凡泄露国家秘密尚不够刑事处罚的，有关机关、单位应当依照规定并根据被泄露事项的密级和行为的具体情节，给予行政处分。具体可分为这么几种：

1. 对泄露国家秘密尚不够刑事处罚，有下列情节之一的应当从重给予行政处分：

(1) 泄露国家秘密已造成损害后果的；(2) 以谋取私利为目的泄露国家秘密的；(3) 泄露国家秘密危害不大但次数较多或者数量较大的；(4) 利用职权强制他人违反保密规定的。

2. 泄露国家秘密已经人民法院判处刑罚的以及被依法免予起诉或者免予刑事处罚的，应当从重给予行政处分。

3. 泄露秘密级国家秘密，情节轻微的，可以酌情免予或者从轻给予行政处分；泄露机密级国家秘密，情节轻微，可以酌情从轻给予行政处分，也可以免予行政处分；泄露绝密级国家秘密，情节特别轻微的，可以酌情从轻给予行政处分。

因泄露国家秘密所获取的非法收入，应当予以没收并上交国库。

为境外的机构、组织、人员窃取、刺探、收买、非法提供国家秘密的，依法追究刑事责任。具体有这么几种情况。

1. 为境外的机构、组织、人员窃取、刺探、收买、非法提供国家秘密的，处五年以上十年以下有期徒刑；

2. 情节较轻的,处五年以下有期徒刑、拘役或者剥夺政治权利；

3. 情节特别严重的,处十年以上有期徒刑、无期徒刑或者死刑,并处剥夺政治权利。

(二) 泄密的追查步骤

如果办公室工作人员发现失密、泄密、被窃密的情况应该怎么办呢？具体的追查步骤应该是：

1. 办公室工作人员应当立即报告直接领导,以便及时采取补救或应急措施,并及时报告有关机关和单位。

2. 发生泄密事件的机关、单位,应当迅速查明被泄露事项是否属于国家秘密,查清其所涉及的国家秘密的内容和密级、造成或者可能造成危害的范围和严重程度,搞清事件的主要情节和有关责任者,并及时采取补救措施,同时报告有关保密工作部门和上级机关。以便尽可能地减少泄密所造成的损失。

第三节 保卫工作

一、保卫工作的含义和性质

(一) 办公室保卫工作的含义

办公室安全工作除了要防止失密、泄密、被窃密事件的发生外,还要做好保卫工作,尤其是节假日的值班保卫工作更是不能忽视。因此,我们把为保护办公室环境设施的安全,预防和打击盗窃、防止火灾及其他自然灾害的发生,保护办公室工作人员的身心健康和安全而采取的措施和手段,称之为办公室的保卫工作。

(二) 办公室保卫工作的性质

办公室保卫工作具有其特有的性质,主要表现在：

1. 预防性。办公室的非安全因素是客观存在的事物,是可以被人们认识的。在发生危害之前往往有预兆和迹象,人们可以预测、预防。危害的发生会在现场留下痕迹,可以调查破案。自然灾害有些可以预防,有些目前暂时不能预测。但随着科技的发展,也将会被人们逐渐认识。因此保卫工作具有预防性。

2. 针对性。对办公室而言,其非安全因素主要是盗窃、火灾、泄密及危害办公室人员的健康和安全的各种事故。因此,对保卫工作来说,必须要了解各种危害因素发生的可能性,有的放矢地落实办公室安全保卫措施,这样才能有效地做好保卫工作。

二、保卫工作的原则和任务

(一) 保卫工作的原则

保卫工作贯彻党委领导下的群众路线,其工作方针是：预防为主,确保重点,打击

敌人,保障安全。我们在运用保卫手段和措施时,一般应遵循以下原则:

1. 合法性。即应遵守国家法律、法令,符合社会主义法制的要求,严格按法律程序办事,履行必要的审批手续。

2. 针对性。就是要针对需要解决的问题,切合实际需要,灵活运用,以便更好地预防和制止非安全因素的发生。

3. 有效性。就是讲究实效,着眼于真正解决问题,并尽可能做到高效率。

4. 可行性。就是保卫工作需要根据当时当地主客观情况,做到切实可行,不能超越主客观条件,盲目行事。

(二)保卫工作的任务

保卫工作的基本任务是保卫国家各项事业的安全。在当前和今后相当长的一个时期里,党和国家最大的中心工作是进行现代化建设。因此,保卫社会主义现代化建设的顺利进行,是当前和今后一个时期保卫工作的主要任务。为完成这一主要任务,应做好以下几方面工作。

1. 维护好办公室内部的环境秩序,防止盗窃、火灾、泄密和危害办公室人员健康和安全的事故发生。

2. 预防和打击刑事犯罪分子的破坏活动和危害国家安全的行为,尤其要防止内部人员违法犯罪。

3. 同自然灾害事故作斗争。

4. 确保重点单位和办公室要害部门的安全。

三、保卫工作的特点和内容

(一)办公室保卫工作的特点

办公室保卫工作主要有如下特点:

1. 复杂性。办公室保卫工作的复杂性主要体现在:违法犯罪分子涉猎的目标较多,犯罪分子侵害的渠道多,发生事故的空隙、漏洞多。因此,要做好保卫工作有一定难度。

2. 以预防为主。办公室保卫工作无论是防火、防盗还是维护办公室人员的安全健康,其着眼点均是以预防为主,应做到防患于未然,尽可能将事故消灭在萌芽状态。

3. 走党领导下的群众路线。办公室保卫工作仅靠个别领导人的重视或个别工作人员的警惕是远远不够的,还必须依靠广大的办公室工作人员群策群力,提高警惕,积极主动配合有关人员,消除各种隐患和不安全因素,这样才能真正做好办公室保卫工作。

(二)办公室保卫工作的内容

办公室虽然不是具有危险性的工作地点,但还是存在诸多不安全因素。对此必须采取各种保卫措施,以确保办公室安全。因此,办公室保卫工作的主要内容有:

1. 保护各类组织办公室的财产,特别是办公室的物质设备。不恰当或错误地使用设备,会造成设备损坏,甚至引起火灾等事故。由于缺乏有效的保卫制度或保卫制度实施不力,如节假日值班工作无人负责,办公室门窗忘了关紧等,均易造成办公设备、物资被盗。

2. 保证所有有关安全的法令得以有效实施。对此,必须制定严格的保卫制度,且要有专人负责,制度一经确定必须严格执行。

3. 维护办公室工作人员的健康和安全。尽管办公室工作人员不会招致各种严重的工作危险,但仍然有各种安全问题潜伏于办公室的桌子、档案柜、传送带与办公室的机器之间。办公室的通道、走廊等光照差或损坏未及时修理等,均易造成人员伤害事故。

四、保卫工作的措施和要求

(一) 保卫工作的措施

办公室安全保卫工作至关重要,为此,一般要采取如下措施。

1. 建立健全安全保卫和保密制度。所有制度应该符合上级要求,同时又符合本地本机关的实际情况,有较强的可行性。

2. 要有必备的设施。办公室内要有防盗设施、防火工具等。文件保管要实现"三铁"(铁窗栅栏、铁门、铁柜)。各电源、电线安置要合乎要求。钱柜、绝密文件保管处要有警报设置等。

3. 保卫人员要始终保持高度的警惕性。要严格、自觉地遵守各项制度,一丝不苟地按规章制度办事,而且要有高度的责任心,坚守岗位,工作要细致、周到,要经常检查要害部位,注意发现隐患并及时解决。

(二) 保卫工作的要求

1. 对办公室防盗工作的具体要求是:各科、室要落实安全责任制。每个人都要了解自己的安全责任;贵重物品的保管责任要落实到人,要有严格的使用登记制度;要严格门卫值班制度,对外来人员要严格登记,建立会客制度;对出入办公室的贵重物品要有出入手续,建立持出物登记制度;下班要关好窗、锁好门,保卫人员要逐房间检查一遍;下班后进入办公室的内部人员,门卫值班人员应有登记制度。有些重点防盗单位还要实行清楼、清场等下班检查制度。

2. 对办公室保卫人员的防火要求是:值班保卫人员要认真交接班,坚守岗位;接班后对自己的职责范围内的各种目标,认真进行检查,发现不安全因素要及时报告,并采取果断措施,对初起火情要及时使用现有灭火器材扑救,对不符合要求的电源、火源要立即关闭和熄灭;对突发火灾要立即报火警;要了解自己工作职责范围中的防火重点部位,并了解本办公室消防火栓或水源的分布情况,会使用灭火器。对办公室来说,要具体做好常用灯具、电气装置、照明供电及办公室的图书、档案室的防火工作。

3. 保护办公室工作人员人身安全的具体要求是:提供照明良好的、干燥的、无碎片

的工作地面,楼梯应有梯面,地面上应该用防滑漆,地毯应保持良好的状况。办公桌和柜子应排列好,档案柜应该被拴在一起,以防翻倒,电线和电话线应尽量弄短或用带子捆扎在桌上,沉重的资料不要堆放在柜顶上等。

只有严格地按上述要求做,才能真正做好办公室的安全保卫工作。

手机——"泄密机"[①]

随着手机的日益普及,我们的生活越来越离不开它了。但是,必须看到,手机在给人们的生活带来便利的同时,也给我们的信息安全带来了隐患。尤其在关系国家秘密的特殊部门,手机已成为不容忽视的一大泄密工具。随着手机使用量的增大,各国已开始注意和警惕手机的失密泄密问题。

打手机暴露自己行踪

从手机的通信原理可以知道,手机的通信过程就是使用手机把语言信号传输到移动通信网络中,再由移动通信网络将语言信号变成电磁频谱,通过通信卫星辐射漫游传送到受话人的电信网络中,受话人的通信设备接收到无线电磁波,转换成语言信号接通通信网络。因此,手机通信是一个开放的电子通信系统,只要有相应的接收设备,就能够截获任何时间、任何地点、任何人的通话信息。

因手机通信导致泄密的例子很多。例如,在俄罗斯的车臣战争期间,俄罗斯空军就是利用电子侦察手段发现了当时车臣分裂主义头子杜达耶夫的踪迹,并轻而易举地将其消灭。那是1996年4月22日清晨4时,俄罗斯空军运用A-50预警机,截获了杜达耶夫与居住在莫斯科的俄罗斯国家杜马前议长哈兹布拉托夫之间的手机通信,然后在全球定位系统的帮助下准确地测出了杜达耶夫所在位置的坐标。几分钟之后,俄罗斯空军"苏-25"飞机在距目标40公里的地方发射了两枚"DAB-1200"反辐射导弹,导弹循着电磁波方向击中了杜达耶夫正在通话的小楼。结果杜达耶夫和四个贴身保镖被炸得血肉横飞,命丧黄泉。

无独有偶,恐怖主义头子本·拉登的得力助手、"基地"组织二号人物阿布·祖巴耶达赫也是因为使用手机暴露了藏身之地而落网。"基地"组织的另一个重要人物,本·拉登的代理人拉姆齐,在对"半岛"电视台发表讲话72小时后,中央情报局通过他打出的卫星电话在巴基斯坦的卡拉奇将其逮捕。

待机、关机密也难保

专家指出,即使手机在待机状态也不安全。因为在不使用的待机状态,手机也要与

[①] 改编自孙荣等著:《秘书工作案例》,复旦大学出版社2005年版,第50页。

通信网络保持不间断的信号交换。在这些过程中产生电磁频谱，人们很容易利用侦察监视技术发现、识别、监视和跟踪目标，并且能对目标进行定位，从中获得有价值的情报。

目前，中国市面上的移动电话芯片基本上都是进口产品。据有关专家介绍，一些手机具有隐蔽通话功能，可以在不响铃、也没有任何显示的情况下由待机状态转变为通话状态，将周围的声音发射出去。一些情报专家说过，即使使用者不使用手机，但如果保持待机状态，有心人即可通过简单的电信暗码，遥控打开手机的话筒，窃听话筒有效范围内的任何谈话。

据有关专家介绍，手机在关机状态下也可能造成泄密，一种是即使使用者关闭手机，持有特殊仪器的专家仍可遥控打开手机的话筒，换言之，使用者只要将手机放在身边，就毫无保密可言。另一种是在手机制造过程中就在芯片中植入接收和发送功能。因此，这种手机即使没有开机或处于待机状态，但只要有电池，手机上的接收装置就能将其有效范围内的话音信息接收到，并可随时发送出去，通过地球同步卫星上的中继站或周边附近盟国的中继站，将信息传递到本国或盟国的地面处理系统。因此专家指出，唯一保密的办法就是在必要时将手机的电池取出，彻底切断手机的电源，或者将手机放在远离谈话场所的地方，避免遭到窃听。

小手机关系国家安全

手机造成的保密隐患已经引起了许多国家的重视。实际上，许多发达国家的情报部门、军方和重要政府部门，都禁止在办公场所使用移动电话，即使是关闭的手机也不允许带入。一个国家的军事秘密关系着国家安全，如果随意带手机、传呼机出入部队的作战指挥室、办公自动化机房、传真室及其他信息防护部门，这无疑给了敌对势力以可乘之机。商业情报同军事情报也同等重要，一些政府重要部门的领导干部如果使用未经检测的赠机，也是很危险的。所以，为保证信息安全，不光军事部门要严格执行有关保密规定，一些政府重要部门甚至一些企业也要绷紧这根弦，因为小手机关系着大安全。

一天上午，某日资企业在开董事会，讨论派驻南非分公司的人选。总裁办公室吴丽小姐正给大家沏茶。只听董事长说，"本来派王刚去南非分公司待一年的，现在他突然病得很厉害，我们得讨论一下，看换谁去合适，注意这期间不可以回家探亲"。"派陈昊吧，他技术精湛，组织能力强，而且是单身。"技术部负责人说。"好，就这么定了。本月底发调令。"董事长拍板道。在旁倒水的吴丽听到这个消息不禁愣住了，因为陈昊是她男朋友，他们准备年底在公司公开关系并举行婚礼。陈昊这一去，年底的结婚计划肯定要泡汤，而且要忍受一年的相思苦。

晚上,吴丽和陈昊在餐厅共进晚餐。陈昊正在憧憬着年底浪漫的婚礼,此时此刻,吴丽要不要把董事会上听到的消息告诉他呢?

案例思考题

如果你是吴丽,你会怎么做?为什么?

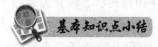

办公室安全工作的含义:就是为达到防止办公室发生泄密、火灾、盗窃等现象,保护办公室工作人员人身健康和安全而采取的一系列有效的措施和手段。

办公室安全工作的特点:鲜明的政治性、明显的时间性、一定的区域性。

做好办公室安全工作的现实意义:是每一位工作人员的义务,是关系到保护国家和民族利益的大事,保障改革开放和社会主义建设顺利进行。

保密工作是办公室安全工作的重点。

办公室保密工作的难度:对外开放给保密工作带来了新的难度,办公设备保密的难度日益加大,窃密手段不断发展。

国家秘密,根据对国家安全和利益的密切相关程度,分为绝密、机密、秘密3级。

办公室保密纪律:不该说的话,绝对不说;不该问的机密,绝对不问,不打听;不该看的机密文件,绝对不看;不该记录的机密,绝对不记录;不在非保密本上记录机密;不在私人通信中涉及机密;不在公用电话、明码电报和普通邮信中办理机要事项;不在公共场所谈论机密;不在不利于保密的地方存放机密文件和机密资料;不携带机密材料游览、参观、探亲访友和出入公共场所。

办公室抓好保密的环节:一是积极防范;二是对窃密活动以及内部各种失密和泄密现象进行坚决的斗争。其具体措施主要有:加强保密教育、建立保密制度、严格挑选机要人员。

办公室保密范围主要有国家秘密和工作秘密两大类。办公室所涉及的保密工作的范围主要有文件保密、会议保密、新闻报道和出版保密、科技和涉外保密、电讯设备及通讯保密、经济情报保密等。

办公室泄密的渠道有办公室人员泄密、办公设备泄密、传媒泄密、科技泄密等。

泄密的追查步骤是:办公室工作人员应当立即报告直接领导,并及时报告有关机关和单位。发生泄密事件的机关、单位应迅速查明被泄露事项是否属于国家秘密,查清其所涉及的国家秘密的内容和密级、造成或者可能造成危害的范围和严重程度,搞清事件的主要情节和有关责任者,并及时采取补救措施,同时报告有关保密工作部门和上级机关。

办公室安全工作的含义:为保护办公室环境设施的安全,预防和打击盗窃,防止火灾及其他自然灾害事故的发生,保护办公室工作人员的身心健康和安全而采取的措施和手段。

办公室安全工作的性质主要是预防性和针对性。

保卫工作应遵循合法性、针对性、有效性、可行性等原则。

保卫工作的任务是:维护好办公室内部的环境秩序,防止盗窃、火灾、泄密和危害办公室人员健康和安全的事故发生;预防和打击刑事犯罪分子的破坏活动和危害国家安全的行为,尤其要防止内部人员违法犯罪;同自然灾害事故作斗争;确保重点单位和办公室的要害部门的安全。

办公室保卫工作具有复杂性、以预防为主、走党领导下的群众路线的特点。

1. 在你的工作中,哪些方面的事项需要你保守秘密?
2. 在工作中如果遇到别人向你打探工作秘密,你会如何处理?请举例说明。
3. 联系实际,请你谈谈该如何做好办公室保卫工作?

第二十二章

办公室常用公文写作

本 章 提 要

办公室常用公文除指国务院办公厅颁布的《国家行政机关公文处理办法》中规定的13种行政公文外,还包括日常工作的一般行政公文,如计划、总结、调查报告、规章制度等。在本章中我们对其中常用的几种公文的写作作些介绍。行政公文同公共管理工作同步产生,是国家行政机关行使管理职能的重要工具。公文的写作、传递和办理,都要求迅速及时。国家对公文的制作编制了统一的规范体式,不仅可以保证公文的严肃性、权威性、准确性和时效性,而且为秘书人员处理公文工作提供了便利条件。行政公文涉及的事实以及所引用的材料和数据,必须真实可靠,不得有任何虚假和错漏。

随着时代发展以及办公制度的逐步规范和完善,国家行政机关,任何企事业单位、社会团体都需要严格规范的公文写作标准和方法,以适应新时代办公的需要。公文写作也由此产生,拥有属于自己的写作领域和范畴。

当前,在机关、团体、企事业单位的日常工作中,各级各类秘书每天都要应对大量文字工作。比如,企业之间的交流往来、宣传礼仪等以及企业内部的公文送递、文档撰写和管理,几乎涵盖了机关、团体、企事业单位工作的方方面面。由此可见,了解并能熟悉运用各类办公室常用的应用文体,在今天无疑变得日益迫切和必需。

第一节 公文的特点和作用

公文,全称公务文书,是机关团体、企事业单位等依法成立的社会组织全体成员用来从事业务性、日常性的工作,有一定格式的应用文。

广义的公文,外延十分广阔,除常用公文外,还包括法律、财经、文教、外交、军事、税务、工商等各种行业自己的专用文书。目前,还没有人能够统计出广义的公文到底有多少具体的文种,因为它不仅多到了数不胜数的地步,而且随着社会的发展,总是不断地有新的文体产生。

狭义的公文,是指国务院办公厅《国家行政机关公文处理办法》中规定的13种行政公文。我们在这里介绍13种公文中常用的几种以及日常工作中常用的一般行政公文,如计划、总结、调查报告、规章制度等。

一、公文的特点

(一) 较强的时限性

公文涉及的内容十分明确地体现了某一时期、某一阶段公文颁布单位对某一问题的政策或措施。随着时间的推移,任务的完成,为此而撰写的公文的作用也随之消失。所以,公文有较强的时限性。

(二) 行文的规范性

行政公文具有统一规定的文体,这种体式是在公文制作和使用的长期实践中形成的,目的是保证公文准确、完整、统一、有效。使公文正常运转并发挥其应有的效用。《公文处理办法》和《国家机关公文格式》是规定公文体式的规范化文件。国家对公文制定统一的规范体式,不仅可以保证公文的严肃性、权威性、准确性和时效性,而且为秘书人员处理公文工作提供了便利条件。

(三) 语言的简明性

行政公文的文字表达一定要简明、准确、明白,切忌模棱两可。一般的文学作品要设置悬念引起读者兴趣,或者寓其意于其中,留给读者自己想象的空间,所以讲究含蓄。而行政公文,语言要求简洁、准确,所以必须直陈其词。用最简单准确的语言阐述清楚即可。

(四) 信息的可靠性

行政公文涉及的事实以及所引用的材料和数据,必须真实可靠,不得有任何虚假和错漏。内容真实、准确,这是行政公文写作最基本的原则。一般文章写作中的虚构手法,在公文中不能使用;合理想象、添枝加叶、移花接木的方法,也同样不能使用。因此,公文写作一定要核准事实和数据,确保材料的可靠性。

二、行政公文的作用

(一) 工作指导作用

行政公文是传达政令的工具。在党政公文中,命令、决定、决议、指示、批复等文种,就属于指挥、管理性的下行公文。这些公文一经下发,下级机关必须执行。大到国家机器的运转,小到一个企事业单位内部工作有秩序的开展,都跟公文的指挥管理作用密切相关。

日常应用文中的计划、规章制度等,也具有指导性和规范性,是机关、单位开展工作的依据,必须严格遵循、执行。

(二) 宣传教育作用

公报、公告、通报、会议纪要等文体,还有着很明显的宣传教育作用。针对现实生活中普遍存在的某一问题或认识的偏差,摆事实,讲道理,进行启发诱导。

(三) 情况交流作用

行政公文是沟通上下左右联系的重要工具。在一系列公务活动中,下行文中的公告、通告、公报、通知、通报,上行文中的报告、请示,还有作为平行文的函,都有交流信息的基本功能。交流信息,一方面是上情下达,一方面是下情上达,另一方面是友邻单位互通情报。在纵向、横向交流沟通中,正常有序地展开工作。

(四) 凭证依据作用

行政公文有时间性的特点,很多行政公文失去现实作用后被归档保存,所以公文还有明显的凭证和依据作用。上级发布的下行文,是下级机关开展工作的依据;下级上报的公文,是上级决策的依据;一个机关自己制作的公文,是自己履行职能、开展工作的真实记录和凭证。许多重要的公文,都需要归档保存很长时间,以便需要时查找。

第二节 公文的行文规则

一、行文关系

确定行文关系主要是指根据制文的意图来确定行文的方向和方式。要使公文能够正常运行,就必须遵循行文的规则。

比如某市文化局给某市财政局发了一份公文:《关于拨款举办艺术节的请示》,请求拨款 110 万元用于举办城市文化节,该系列活动得到了市委、市政府的同意。很显然,市文化局和市财政局并不属于上下级关系,而是平级关系。但请示属于上行文,专用于下级机关对上级机关的请求,所以这里选用的文体是错误的,不应用请示,而应用函。在正式撰写公文之前必须厘清各个单位之间的行政关系和级别,不能发生错误。

(一) 上下级关系

国家行政机关的上下级关系涵盖国务院、省政府、市政府、县政府、乡(镇)政府之间;国务院及各部委之间;省政府及各厅、处、科之间;市政府及各局之间。而企业公司内部比如总经理和部门经理之间,学校内部比如校教务处和各个院系教务科之间也属上下级关系。

(二) 平级关系

教育部和水利部之间,江苏省政府和四川省政府之间,还有各个县政府之间,省政府下属的各个厅之间,厅下属的各个处之间等;企业公司内部比如研发部和市场部,财会部和人力资源部等;学校内部比如教务处和学生处、财务处等这些都属于平级关系。

(三) 隶属关系

它指同一垂直组织关系中存在直接职能往来的上下级之间的关系。比如省政府和它管辖范围内的市政府、县政府、乡(镇)政府之间；省政府某厅和厅以下的处、科之间。这一类机关单位因为有隶属关系，所以在行文的时候必须遵循逐级原则、直接原则，不可越级言事。

(四) 非隶属关系

其指不是同一垂直组织关系中不发生直接职能往来的机关之间的关系。既有平级机关，比如市劳动局和市财政局；也有不同级别的机关，比如同济大学人事处和该大学理学院教务科。这些没有隶属关系的机关如果因工作需要而联系、沟通、协调或共同办理事务，一般可使用知照性行文，比如通知等。

二、行文方向

行文方向，就是以发文机关为基准，公文向不同层次的机关单位运行的方向。一般可分为：上行文、下行文、平行文。

上行文，即下级机关单位向上级机关单位的行文。比如请示、报告等。

下行文，即上级机关单位向下级机关单位的行文。比如命令、决定、批复等。

平行文，即平级机关单位或不相隶属的机关单位之间的相互行文。比如函。

这三类划分并不是一成不变的，也有灵活运用和变通的时候，这种灵活、变通的行文我们可以称其为泛行文，该文书行文方向不定，针对广泛。比如，一般而言，我们通常把"通知"作为下行公文，但有时不相隶属的机关单位之间，或者平级之间在不表示指示和指导的情况下也采用这一文体互通有无，此时又成了平行文。可见，秘书写作不能死奉教条，在把握大原则的前提下也可作些小的变通，真正体现文书的现实功能。

三、行文方式

行文方式，是指根据工作需要和机关单位的组织关系决定行文的形式和方法。根据不同的角度可以进行不同的分类概括，常见的有如下几种。

(一) 以行文对象来划分

逐级行文：指行文机关向自己的直接上级上行公文或向直接下级下行公文。这是公文最常见的行文方式，大多数行政公文都遵循这一原则。比如请示，必须逐级请示，且主送一个机关，不得擅自越级。

越级行文：指行文机关越过自己的直接上级或直接下级，向非直接上级或非直接下级行文。如遇特殊情况、紧急情况、突发事件，需要直接向再上一级机关或再下一级机关汇报情况、布置工作、请求事项，如果采用这种行文方式必须要抄报被越过的机关。

多级行文：指行文机关同时向直接上级(下级)和非直接上级(下级)呈文的行文方式。

普发行文：指行文机关向所属的所有机关一次性发文的方式。

通行行文：行文机关向隶属机关和非隶属机关、群众等的一次性泛向行文。这类

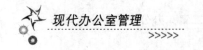

行文往往没有明确的收文对象,比如公告类。

(二) 以发文机关的数量来划分

单独行文:指以一个机关的名义发出的公文,大多数公文都属于这种类型。

联合行文:指以两个或两个以上的平行机关的名义共同发出的公文,这种行文方式必须符合行文内容同时涉及两个或两个以上的平行机关的情况,双方协商一致后共同发文。

(三) 以行文对象的主次来划分

主送:指行文机关直接对与行文内容关系密切、需要回复或贯彻执行的机关单位行文。比如《关于突击排查××街道社区安全隐患的情况报告》,主送上级机关为该街道所属的区政府。

抄送:指在行文主送的同时,向需要了解行文内容的一般机关单位行文。比如还是刚才那则报告,主送上级机关为该街道所属的区政府,同时可以抄送兄弟街道或消防部门。

第三节　公文的种类与格式

一、公文的种类

2000年8月24日,国务院发布《国家行政机关公文处理办法》,该《办法》从2001年1月1日起施行。规定公文主要文种有:命令(令)、决定、公告、通告、通知、通报、议案、报告、请示、批复、意见、函、会议纪要13种。

此外,还有日常工作中常见的一般行政公文,如计划、总结、调查报告、规章制度等。

二、公文的格式

公文写作比其他任何一种文体都更强调严格的写作程式,公文的程式包括书面格式、排版、用纸和装订等。

(一) 版头(公文版头又称文件头)

文件头一般包括发文机关标识、发文字号、份号、秘密等级、紧急程度等项,位于公文第一页顶端三分之一处,用红线与主题隔离。如果是党政机关文件,则要在红线中间印上一颗红色五角星以示区别。标题的拟订视不同的公文而定。

发文字号也称文号,是指发文机关或单位在一年之内所发公文依次排列的顺序号,由发文机关代字、发文年份和发文顺序三部分组成。如"国发〔2006〕18",表示国务院2006年度所发的第18号文件。机关代字不能自创,应遵循领导部门统一编定的代号。

(二) 公文主体

公文主体包括标题、主送机关、正文、日期和署名(盖章)、附件等部分,每一部分都有严格的格式要求。

(三) 版记

版记一般位于公文最后一页,包括主题词、抄送机关、印发机关、日期等。

主题词,也称关键词,对此,国务院有明确的规定,制定了《国务院公文主题词表》,它能概括公文的内容特征,主要是供制作公文索引和电子计算机检索之用。一般标注于公文最后一页末端,"抄送"上方。

抄送机关应当使用全称或规范化简称、统称,写在主题词之下。

印发机关一般指具体承办公文制发的部门或下属的秘书部门。

日期要以公文付印的精确日期为准,通常写作"某年某月某日印发"。

(四) 公文印装规格

纸张规定:采用国际标准 A4 型。公告、通告等需要张贴的公文可根据实际需要决定。《国家行政机关公文格式》规定,公文上白边(天头)为 37 mm+1 mm,左白边(订口)为 28 mm+1 mm。国际标准 A4 纸版心尺寸为 156 mm×225 mm,正文文字的每行长度与版心宽度相等,每行排 28 个字,每页 22 行。

排印从左至右、横排。民族自治区域,可以同时使用汉字和少数民族文字。公文一律左侧装订。

第四节 常用公文的写作

一、通知、通报

通知适用于批转下级机关公文,转发上级机关和不相隶属机关的公文,传达要求下级机关办理和需要有关单位周知或者执行的事项,如任免人员等。

通报适用于表彰先进、批评错误、传达重要精神或情况。

(一) 通知的格式和写法

通知种类很多,可分为发布指示的通知,颁发规章的通知,批转、转发文件的通知,晓谕性通知,任免通知,会议通知等。

由于通知的种类较多,因此不同类型的通知使用不同的写作方法。这里只概括介绍通知的一般写法。

1. 标题和主送机关。通知的标题一般采用公文标题的常规写法,由发文机关+主要内容+文种组成,如《中共中央办公厅、国务院办公厅关于严禁用公费变相出国(境)旅游的通知》。

也可以省略发文机关,由主要内容+文种组成标题,如《关于印发〈规范国有土地租赁若干意见〉的通知》。

发布规章的通知,所发布的规章名称要出现在标题的主要内容部分,并使用书名号。

批转和转发文件的公文,所转发的文件内容要出现在标题中,但不一定使用书名

号,如《国务院办公厅转发教育部等部门关于进一步加快高等学校后勤社会化改革意见的通知》。

通知的发文对象比较广泛,因此,主送机关较多,要注意主送机关排列的规范性。如人事部《关于解除国家公务员行政处分有关问题的通知》的主送机关:

各省、自治区、直辖市人事(人事劳动)厅(局)、监察厅(局);国务院各部委、各直属机构人事(干部)部门、监察局(室):

由于级别、名称不同,主送机关的称法和排列非常复杂,这个序列显然是经过深思熟虑后确定下来的。

2. 正文。主要用来表述有关背景、根据、目的、意义,这是通知的主体部分,所发布的指示,安排的工作,提出的方法、措施和步骤等,都在这一部分中有条理地组织表达。内容复杂的需要分条列款。

3. 落款。结尾一般署上发布通知的单位的名称和发布日期即可,有些重大通知需要加盖公章。

(二) 通报的格式和写法

通报可以分为表彰性通报、批评性通报和情况通报三种,一般由标题、正文和落款三部分组成。

1. 标题。通常有两种构成形式:一种是由发文机关名称、事由和文种组成,如《国务院办公厅关于对少数地方和单位违反国家规定集资问题的通报》;另外一种是由事由和文种构成,如《关于给不顾个人安危勇于救人的王××同志记功表彰的通报》。此外,有少数通报的标题是在文种前冠以机关单位名称,如《中共××市纪律检查委员会通报》;也有的通报标题只有文种名称。

除普发性通报外,其他通报应该在标题下标明主送机关。

2. 正文。通报正文的结构通常由开头、主体和结尾等部分组成。开头说明通报缘由,主体说明通报决定,结尾提出通报的希望和要求。

3. 落款。落款处写明发文单位和日期。如果发文单位在标题前已经加上去,此处可只写日期。盖上发文机关的印章。

(三) 通知和通报的区别

1. 告知的内容不同。通报为用以表彰先进、批评错误、传达重要精神或交流重要情况的公文,通知不具备这个功能。通知可以用来转发、批转公文,任免或聘用干部,通报不具备这个功能。

2. 告知的时间不同。通知一般是在事前或事出时的告知。通报告知的是情况,只有在事后才知道。

二、公告、通告

公告适用于向国内外宣布重要事项或者法定事项。

通告适用于公布社会各有关方面应当遵守或者周知的事项。

(一) 公告格式和写法

根据内容、性质、作用和发布机关的不同,公告可以分为国家重要事项公告和法定事项公告。国家重要事项公告是宣布有关国家的政治、军事、经济等方面重要事项的公告。法定事项公告是国家公布有关法律、法令和行政法规和由司法机关依照法律有关规定发布重要事项的公告,它可以分为法定专门事项公告和法院公告。

公告由标题、正文和落款三部分组成。

1. 标题。公告的标题有三种形式:第一种由发文机关名称、事项、文种组成;第二种由发文机关名称和文种组成;第三种只写出文种"公告"即可。

2. 正文。公告的正文一般包括因由、事项和结语三个内容。

因由要求用简要的语言写出公告的依据、原因、目的。事项是公告的主体,要求明确写出公告的决定和要求。结语一般用"现予公告"、"特此公告"等习惯用语,体现公告的庄重性、严肃性。

3. 落款。公告的落款要求写出发布机关的名称和年、月、日。如果机关名称已在标题中出现,在落款处也可不写,只写年、月、日,或将发文时间年、月、日写在标题下方、正文上方。

(二) 通告的格式和写法

可分为制约性通告和周知性通告两种。制约性通告具有政策性和法律性,要求有关人员必须遵照执行。周知性通告让有关人员知道就行了,不具备法律性。

通告由标题、正文和落款三部分组成。

1. 标题。通告的标题有四种构成形式:一是由发文机关名称、事由和文种构成;二是由发文机关和文种构成;三是事由加文种构成;四是只用文种"通告"作标题。

2. 正文。通告的正文包括开头、主体和结束语三部分内容。开头主要交代通告的缘由、根据和目的。主体要求明确、具体地写出通告的内容、通告事项的要求和实施措施。结束语一般单独设段,用"特此通告"、"此布"等习惯用语作结。

3. 落款。通告的落款应写明发文机关名称和发文时间。在标题中有发文机关名称的,落款处可以省略,只写年、月、日,或将发文时间年、月、日写在标题下方、正文上方。

(三) 公告和通告的区别

1. 从所宣布告知事项的性质看,"公告"重于"通告",它是用来宣布党和国家重要事项和法定事项的,这里的"重要"、"法定",显然是"通告"的内容所不能相提并论的,因为"通告"主要是用于发布应当遵守和周知事项的。

2. 从所公布的范围看,"公告"是面向国内外的,范围最广;"通告"则是针对社会的某一方面,用于局部范围。

3. 从所发布的机关看,"公告"的发布机关级别高,党和国家的高级机关才用;至于

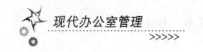

"通告",上至中央机关,下至基层部门均可使用。

三、报告、请示和批复

报告适用于向上级机关汇报工作,反映情况,答复上级机关的询问。

请示适用于向上级机关请求指示、批准。

批复适用于答复下级机关的请示事项。

(一)报告的格式和写法

报告由标题、主送机关、正文、落款及成文时间组成。

1. 标题。标题的写法具体说来有两种。第一种:由两部分组成,只写发文事由和文种。例如,"关于交通执法检查情况的报告"。第二种:写清发文机关、报告事由、公文文种,即完全式的公文标题。例如,《山西省人民政府关于工业生产情况的报告》。

2. 主送机关。主送机关,一般来说只写一个。如果一份报告面对两个以上的上级机关,则把报告报送给主要的上级机关,而其他,则以抄报的形式呈送。如果一份报告是上级某一位领导索要的,可直接报送领导。主送机关名称写在标题和正文之间,顶格。

3. 正文。报告的正文一般分为四个部分:情况概述、具体工作、经验教训、存在问题和今后的打算。

一般的报告多无特殊的结尾,报告完毕,即告结束。结尾习惯用语是"以上报告,如无不妥请批准××××××贯彻执行"。如果属于报送物品的报告,则用"请查收"作结尾用语。

4. 落款。签署机关和成文日期。一般正文后,写撰写报告的机关名称,在名称之后,书写报告撰成的年、月、日。

(二)请示的格式和写法

请示由标题、主送机关、正文、落款及成文时间组成。

1. 标题。请示的标题可以由发文机关、事由、文种构成,如《××省人民政府关于增拨防汛抢险救灾用油的请示》;也可以由事由和文种构成,如《关于成立老干部办公室的请示》。

2. 主送机关。请示的主送机关就是负责受理和答复请示的机关。请示在确定主送机关时,要注意以下三点:主送机关只能有一个;只能主送上级机关,不能送领导者个人;不得越级。

3. 正文。请示的正文由开头、主体、结语三部分构成。

开头主要表述请示的缘由,是上级机关批复的主要依据。主体是表明请示事项的部分,也是最核心、最重要的部分。如果请示内容十分复杂,可以在条款之上分列若干小标题,每一小标题下再分条列款。结语比较简单,在主体之后,另起一段,按程式化语言写明期复请求即可。期复请求用语常见的有"当否,请批示","妥否,请批复","以上请示,请予审批","以上请示如无不妥,请批转有关部门执行"等等。

4. 落款。发文机关和日期。有时候因为标题中已经标明发文机关,日期移至标题下标明。

(三) 批复的格式和写法

批复由标题、主送机关、正文、落款四部分组成。

1. 标题。批复的标题有多种构成形式:一是由发文机关名称、批复事项、行文对象和文种构成;二是由发文机关名称、事由和文种构成;三是由事由和文种构成;四是由发文机关名称加原件标题和文种构成。

2. 主送机关。批复的主送机关是指与批复相对应的请示发文机关。授权性的批复,主送机关应当是被授权发布施行行政法规和规章的下级机关。

3. 正文。正文是批复的主体,其内容比较具体单一,层次构成相对固定。其中除授权性批复与一般批复的写法有所不同外,其他批复的结构一般由开头、主体和结语三部分组成。

主要说明批复事项。应当根据国家的方针、政策、法令、法规和实际情况,针对"请示"的内容给予明确肯定(或否定)的答复或具体的指示,一般不进行议论。也有的批复,在批复事项后面概括提出希望和要求,进一步强调批复的主旨。

结语一般用"此复"、"特此批复"等习惯用语。

4. 落款。署名写上批复机关单位名称,并加盖公章;成文时间写明年、月、日。

(四) 报告、请示和批复的区别

1. 行文时间不同。"事先请示,事后报告",报告可在事前、事后、事中行文,请示必须在事前行文。

2. 行文内容不同。请示"一事一文",报告可以是专题性的,也可是综合性的。

3. 处理方式不同。报告一般作"阅件",请示必须批复,请示和批复是对应文体,有一请示必有一批复。

四、函

函适用于不相隶属机关之间商洽工作、询问和答复问题,请求批准和答复审批事项。

函是公文中唯一的一种平行文种,其适用的范围相当广泛。在行文方向上,不仅可以在平行机关之间行文,而且可以在不相隶属的机关之间行文,其中包括上级机关或者下级机关行文。在适用的内容方面,它除了主要用于不相隶属机关相互商洽工作、询问和答复问题外,也可以向有关主管部门请求批准事项,向上级机关询问具体事项,还可以用于上级机关答复下级机关的询问或请求批准事项,以及上级机关催办下级机关有关事宜,如要求下级机关函报报表、材料、统计数字等。

1. 标题。函的标题有多种写法。一种是发文机关+事由+回复函对象+文种,如

"国务院办公厅关于悬挂国徽等问题给湖北省人民政府办公厅的复函",这是较重要的复函常用的标题。另一种只写事由＋文种,省略发文机关,如"关于请求拨款举办'民间艺术节'的函"、"关于拨款举办'民间艺术节'的复函",前例为去函标题,后例为复函标题。

公函要有正规的发文字号,写法与一般公文相同,由机关代字、年号、顺序号组成。大机关的函,可以在发文字号中显示"函"字。如《国务院公报》2000年第10号同时发表了国务院办公厅以"国办函〔2000〕××号"为发文字号的七篇复函。

2. 正文。去函的正文开头,一般先写商洽、请求、询问或告知事项的依据、背景、缘由。如果事项很简单,可同事项写在一段,一气呵成;如果事项较复杂,或要求较多,往往要单列一段甚至分条列项写。不论是哪一种内容,对哪一级,要求的语气都应是谦和的,既不巴结,也不生硬。如果要对方回复,则还要明确提出"请函复"、"请复"之类的结语。

复函的正文写法同批复正文写法基本一样,由引语和答复意见两部分组成。引语就是引述来函标题及来函文号。答复意见即针对来函所提出的商洽、询问或请求等问题予以答复,即表示同意或不同意,不同意是什么原因,或应该怎么办,不应该怎么办,或对询问问题作出说明等。常用的结语有"特此函复"、"此复"等等。

五、会议纪要

会议纪要适用于记载、传达会议情况和议定事项。

会议纪要由标题和正文组成。在结构格式上与其他公文不同的是,会议纪要不写主送单位和落款,成文时间多写在标题下方。会议纪要不盖公章。

1. 标题。会议纪要的标题通常由会议名称和文种构成,例如:"全国农村爱国卫生运动现场经验交流会纪要"。有的会议纪要的标题还可写上召开会议的单位名称,有的标题由正标题和副标题构成,正标题反映会议的主要精神和内容,副标题写会议名称和文种,例如:"探讨新时期文学的发展——中国当代文学研究会第二次学术讨论会纪要"。

2. 正文。会议纪要的正文由导言、主体和结尾三部分组成。

(1) 导言。主要用来记述会议的基本情况。包括:召开会议的时间、地点、会议名称、主持人、主要出席人、会议主要议程、讨论的主要问题等。

(2) 主体。主体是会议纪要的核心部分,会议的主要精神、会议议定的事项、会议上达成的共识、会议对与会单位布置的工作和提出的要求、会议上各种主要观点及争鸣情况等等,都在这一部分予以表达。

(3) 结尾。结尾一般写对与会者的希望和要求,也有的会议纪要不写专门的结尾用语。

六、计划和总结

计划是党政机关、企事业单位、人民团体和个人对一定时期的工作预先作出安排时使用的一种事务性公文。在实践中,计划有许多名称,如:"安排"、"要点"、"设想"、"方案"、"规划"、"打算"、"纲要"、"预测"等。这些虽然都属于计划性质,但它们在范围、时间、粗细等方面有差别。一般来说,规划、纲要的时间跨度大、范围广,具有全面性和长期性,一般用于长期工作;方案、预测的时间跨度小,多指专项工作,一般可用于中期工作,思考得较细;设想、打算属于初步的、非正式的,时间跨度小,思考不是很周密;安排、要点也是针对近期来讲的,思考也不是很到位,它们可用于近期工作。

总结是对前段社会实践活动进行全面回顾、检查、分析、评判,从理论认识的高度概括经验教训,以明确努力方向,指导今后工作的一种机关事务文体。它是党政机关、企事业单位、社会团体都广泛使用的常用文体。

(一)计划的格式和写法

计划的写作通常由标题、正文、落款三部分构成。

1. 标题。计划的标题应包括单位、时间、事由和文种(计划)四要素,一般四者要齐全,如《××大学2003年上半年党校培训计划》。根据成熟程度可以添加诸如"(征求意见稿)"、"(供讨论)"、"(草案)"等。根据实际情况可以省略某些要素:省略单位名称,如《2000年度绿化厂区计划》;省略时间,如《长安大厦二期工程计划》;省略单位名称和时间,如《人事部调动计划》。省略要素时要注意,越是基层单位的计划,省略要素的情况越普遍,因为涉及范围小,有些要素不说大家也明白。越是大单位的正规的计划,要素越不可省略。

2. 正文。计划的正文一般所指的是文件式计划的正文,它一般包括三部分:前言、主体和结尾。

计划的前言一般有两项内容:(1)说明制定本计划的依据,指出本计划是根据党和国家的路线、方针、政策和上级的什么要求制定的。(2)简要说明前一时期情况,指出成绩、经验和问题,意在表明为什么要制定本计划。

计划主体是计划的主要内容。一般包括要达到的具体目标或指标、工作要求、措施、步骤、方法及完成时间等等,必要时还附说明性的图表。这部分简单点说就是:做什么?怎么做?什么时候做完?

计划结尾可以用来提出希望、发出号召、展望前景、明确执行要求、提出重点或强调有关事项等,也可以在条款之后就结束全文,不写专门的结尾部分。计划标题上如已冠以单位名称,结尾处就不必再写。

3. 落款。正文结束后,一般在文件右下方写上制定者姓名和制定日期,计划如果以文件的形式上报或下发,还要加盖公章。此外,与计划有关的一些材料,可以在计划后附表、附图。

(二）总结的格式和写法

总结一般由标题、正文和结尾三部分组成，每部分又有不同的写作要求。

1. 标题。总结的标题可分为公文式标题和新闻式标题。

公文式标题又分完整式和省略式。完整式：单位名称＋时限＋总结内容＋文种。如《××市财政局2000年工作总结》。省略式有三种省略形式：第一，省略时间，如《××厂技术改造工作总结》。第二，省略单位，如《上半年生产工作总结》。第三，省略单位和时间，如《计生工作总结》。

新闻式标题类似于新闻通讯的标题，一般是直接标明总结的基本观点，常用于专题总结。有单式和双式两种写法。第一，单式。即用一句话或一两个短语对总结的主题加以概括，如《深化城乡改革，建设小康农村》。第二，双式。即采用正副双标题。正标题说明主题，副标题则说明单位、时间、内容、文种等。如《创新科技，掌握核心——××公司2002年科研开发工作总结》。

2. 正文。和其他应用文体一样，总结的正文也分为开头、主体、结束语三部分，各部分均有其特定的内容。

总结的开头主要用来概述基本情况。包括单位名称、工作性质、主要任务、时代背景、指导思想，以及总结目的、主要内容提示等。作为开头部分，要注意简明扼要，文字不可过多。

主体是总结的主要部分，内容包括成绩和做法、经验和教训等方面。这部分篇幅大、内容多，要特别注意层次分明、条理清楚。

结束语是正文的收束，应在总结经验教训的基础上，提出今后的方向、任务和措施，表明决心、展望前景。这段内容要与开头相照应，篇幅不应过长。有些总结在主体部分已将这些内容表达过了，就不必再写结尾。

3. 结尾。包括署名和时间两项内容。在正文右下方署上总结单位的名称和总结日期即可。如果标题中已有署名，这里可不再写。

七、规章制度

（一）规章制度的定义

规章制度是机关、团体、企事业单位为了维护公共秩序和劳动纪律，保证工作、生产和学习正常进行，根据国家法律、法规而制定的一种用来约束人们行为的规则、章程、制度等的总称。规章制度的制定范围比较广泛，中国宪法对制定规章制度的权限有明确规定：全国性的规章制度应由中央主管部门制定；地方性规章制度应由省、市、自治区制定；而一般机关、团体和企事业单位可以制定有利于本单位工作的必要的规章制度，前提是不违背国家法律法规。

规章制度的种类很多，常用的有以下几种：

1. 章程。适用于各政党、社会团体对本组织宗旨、任务、制度、成员的权利和义务的规定。如《中国共产党章程》。

2. 条例。适用于对某一方面的工作的全面、系统、原则的规定,它由党的领导机关、国家最高权力机关或国家最高行政机关批准或颁发,具有强制性和约束力。如国务院颁布的《中华人民共和国失业保险条例》。

3. 规定。适用于各机关、团体、企事业单位对特定范围内的工作和行为制定的规章和禁令,也是一种法规性文件。与章程、条例相比它具有较强的现实针对性和较集中的适用范围。

4. 办法。适用于机关、团体、企事业单位就处理某项工作或解决某种特定问题制定的原则和方法。

5. 细则。适用于机关、团体、企事业单位根据上级机关颁发的条例、规定、办法,结合本地区、本单位、本部门的实际情况而制定的具有一定补充性和辅助性的详细的实施规则。

6. 制度。适用于机关、团体、企事业单位为加强对某一部门工作的管理和严格纪律而制定的办事规程和行动准则,其内容要求有关人员共同遵守。

7. 公约。适用于机关、团体、企事业单位或街道居民在自愿自觉的基础上,经过集体讨论制定的共同遵守的道德规范和行为准则。多用于规范人们的道德、行为,侧重于精神文明方面。

8. 守则。适用于机关、团体、企事业单位根据上级有关精神和实际工作需要制定的,要求有关人员遵守的行为准则。主要用来规范人们在具体工作中的具体操作事项。

(二) 规章制度的格式和写法

规章制度一般由标题、题注、正文三部分组成。

1. 标题。标题一般由制发单位、内容和文件名称三部分组成。规章制度根据不同种类其标题的写法也完全一样,一般有以下两种形式:

完全式,即"单位+内容+文件名",中间也可以加"关于"介词,如《国务院关于加强西部开发的规定》。

两项式,即只包含两部分。分两种情况。一种是"内容+文件名称",如《出租车运营条例》,还有一种是"单位+文件名称",如《中国行政管理学会章程》。

如果规章制度是暂行或试行的,应当在标题中注明,加上"暂行"或"试行"字样。如《上海市高校学生行为准则(试行)》。

2. 题注。规章制度在制定后需要印发施行,但在张贴和翻印时,一般不需要附加发布规章制度的公文,可以在标题之下加题注,注明发布机关和发布时间,有的还注明通过会议的名称和时间,因此在正文之后一律不署名,不写日期,不盖公章。

3. 正文。正文由开头、主体、结尾三部分组成。同时根据内容的长短可分成篇、章、节、目、条、款、项来写。

开头需写明文件的依据、目的、宗旨、背景、基本原则、意义、要求等,以确定和保证文件的法律效力。

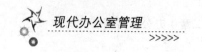

主体部分要具体叙述所制定的法规性文件的基本内容,这是文件最核心最重要的部分,写得要周密准确、层次清楚、条理分明。篇幅可根据文件内容的多少和涉及范围的大小而定。

结尾主要是对所制定的规章制度的补充和说明。要说明文件的制定权、修订权、解释权的归属者。对需要强调指出的有关事项应明确说明。还要声明和其他相关的规章制度的关系,若刚制定的文件与原来的文件相抵触,则应在声明新文件有效期的同时宣布原来文件予以作废。

八、大事记

大事记是党政机关、企事业单位、社会团体记载其重要工作活动或其辖区所发生的重大事件的一种应用文体。

大事记的格式单一、固定,由标题和主体两部分组成。

1. 标题。主要有这样几种形式:
(1)由发文单位、事由和文种构成,如《中国医学大事记》;(2)由制文单位和文种构成,如《××人民政府大事记》;(3)由事由和文种构成,如《解放以后中国科技发展大事记》;(4)由制文单位、时间和文种构成,如《××市人民政府八月份大事记》等。

2. 主体。一般由时间和事件两部分组成。时间按年、月、日的顺序依次排列;事件是指重要工作活动和重大事件。具体内容包括以下几个方面:(1)贯彻执行党和国家方针政策中所产生的重大反响和出现的重大问题;(2)机构设置、体制变动、重要人事调动等机构和组织变动情况;(3)重要会议和重大活动,包括内事和外事活动。

大事记主体的写法一般是以时系事,或一日一事,或一日几事,每事一条,每条一记。

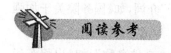

关于报送 2010 年档案统计报表的通知(示例一)

各基层单位:

2009 年档案统计报表工作,在各单位的积极配合下,较好地完成了上报工作,今年为了及时准确完成档案统计报表的上报工作,各单位对一年来的档案组织机构、业务基础建设、设施设备、开发利用及人员配备等方面的情况,结合 2010 年度报表上报工作,现将有关事项通知如下:

一、各单位领导要高度重视档案统计工作,支持专兼职档案统计人员作好日常统计工作,确保年报数据完整、准确。年报若有统计问题的单位及时与省公司档案馆联系。

二、大型企业按照要求上报3份计算机打印的档基3表（成立档案馆的单位同时填报档基2表），其他企业上报2份计算机打印的档基3表。统一为A4幅面，报表须经分管档案工作的领导签字，加盖本单位公章。

三、将本单位当年档案利用典型事例2—3例，及所产生的经济效益或社会效益，以书面形式经单位领导审查后与报表一同报公司档案馆。

四、各单位应按照公司要求详细填写《××水务企业档案机构、人员情况调查表》，随同档案报表一并报来。

五、在报送纸质数据的同时，以电子邮件的形式报送电子数据。

六、请各单位务于2011年1月14日前将统计表和加密数据（情况调查表和典型事例，应确保准确、完整）由专人及时报送省水务公司档案馆，以便按时汇总上报。

联系人：许霓仁

电　话：3177337 或 3177336

电子信箱：xnr@tjsem.com

二〇一一年元月三日

××市人民政府关于坚决清理非法占道经营的通告（示例二）

市政告字〔1997〕6号

近期以来，我市清理非法占道经营，经过几次集中整治，取得了一定效果，但在一些主干道上仍有反复，禁而不止，影响交通和市容环境，群众反映强烈。为推进"讲文明、树新风"活动和精神文明建设八大工程的深入开展，市政府决定，集中一段时间，加大工作力度，实行综合整治，坚决彻底清理非法占道经营，让路于车，还道于民，改善交通秩序和市容环境。现通告如下：

一、未经市容、市政、规划、公安、园林等六个行政主管部门联合批准，擅自占用道路和人行道进行经营活动的，均属非法占道经营。自通告发布之日起，凡有上述行为的单位和个人，必须立即自行清理经营场地，停止占道经营活动。

二、全市143条主干线和地区所有广场，今后不许再有马路市场和占道摊点，不许沿街门店在门前占道经营。无证商贩摊点必须坚决取缔。市区任何部门和单位严禁擅自批准占道经营或对其收取费用，一经发现，严肃查处。

三、各区政府负责组织市容、工商、市政、公安、卫生部门及街道办事处，组成若干联合执法队，按照《××市市容和环境卫生管理条例》、《城乡个体工商户管理暂行条例》、《××市市政工程设施管理条例》、《××市城市道路交通管理办法》、《治安管理处罚条例》等法规，逐街逐巷进行清查，取缔非法占道经营。对屡禁不止者，由上述主管部门分别依法处罚。

四、本市下岗职工、待业人员及个体经营者，可以就近进入市区有关部门在背街小巷批准的市场，服从当地街道办事处的登记管理，遵守出摊收摊时间，退出主干道口30

至50米,遵守环境卫生管理等规定。街头的非法劳务市场求职者必须限期进入指定的室内劳务市场,服从劳动部门的登记管理。

五、市、区有关行政主管部门,要按照各自的职责,认真负责地做好清理非法占道经营工作。要依法严格管理,主动协同作战,加强监督检查,在近期内取得明显成效,并做到坚持经常。

本通告自发布之日起实施。

一九九七年九月三日

国务院关于同意蚌埠市城镇住房制度改革试行方案给安徽省人民政府的批复(示例三)

安徽省人民政府:

你省9月24日政函〔1987〕79号文《关于要求批准蚌埠市城镇住房制度改革试行方案的请示》收悉。

同意蚌埠市城镇住房制度改革试行方案,请于1987年10月试行。

国务院
一九八七年十月四日

案例分析

1. 如下标题格式正确吗?为什么?

《××县人民政府转发××市人民政府转发××省人民政府关于××××(事由)的通知的通知的通知》

解答:为了防止重叠和繁琐,按照惯例,可以省略中间层次(市政府)和自己所使用的两个"通知",只保留文件发源处的一个文种"通知"。这样,即可将标题变成《××县人民政府转发××省人民政府关于××××(事由)的通知》。为了弥补如此变通后可能出现的遗憾,应把被删节的中间层次写进公文的开头,如:"近接市人民政府于×月×日发来省人民政府关于××××(事由)的通知(×政发〔2004〕6号),现转发给你们……"。

2. 材料:××地区发生一起严重的打架斗殴事件。为举一反三,严防此类事件再次发生,提出一系列防范要求。

秘书拟写了《对××地区打架斗殴事件的通知》

解答:因为是刚刚发生的一个典型事例要下级去办。在这种情况下,应该用通报,不可使用通知。应改为《对××地区打架斗殴事件的通报》。

3. 如下公文标题错在哪里?请改正。

关于查禁赌博的公告

解答：此公文标题是错误的。因为公告是党和国家机关向国内外宣布重要事项或法定事项时使用的告知性文种。

公告的发布机关只有党和国家的高级机关，通告上至中央机关，下至基层部门均可使用。地方各级行政主管部门，不可使用公告。发布应遵守或周知事项，仍可使用通告。

公文标题应改为"关于查禁赌博的通告"

4. 材料：1980年6月3日湖北省人民政府就国徽悬挂问题行文给国务院进行询问，秘书拟定的公文标题为《湖北省人民政府就国徽悬挂问题给国务院的请示》。

秘书拟定的公文标题错在哪里？为什么？

解答：标题改为《湖北省人民政府就国徽悬挂问题给国务院的函》。

省政府与国务院是下级与上级的关系，但此公文并未因此就使用"请示"。这里主要取决于行文的内容。因为它不是请求上级批准某个事项，而是向上级打听、了解早已既定的某个事宜，不需上级进行专门研究决定，更不需要上级作出新的决策加以确认，属于工作中的日常常规性行文，所以要用"函"。"函"的本质是平行文，但在这里就出现了一个小小的变通，由于这种询问总归是下级对上级，所以，人们称这种变通为"函代请示"。

案例思考题

从上述公文标题改错实例中，你认为拟定公文标题要注意哪些方面的问题？

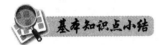
基本知识点小结

1. 公文，全称公务文书，是机关团体、企事业单位等依法成立的社会组织全体成员用来从事业务性、日常性工作的，有一定格式的应用文。

公文的特点：(1) 较强的时限性；(2) 行文的规范性；(3) 语言的简明性；(4) 信息的可靠性。

2. 行政公文的作用：(1) 工作指导作用；(2) 宣传教育作用；(3) 情况交流作用；(4) 凭证依据作用。

3. 公文的行文规则：

(1) 行文关系，主要是根据制文的意图来确定行文的方向和方式。要使公文能够正常运行，就必须遵循行文的规则。

(2) 行文方向，就是以发文机关为基准，公文向不同层次的机关单位运行的方向。一般可分为：上行文、下行文、平行文。

(3) 行文方式，是指根据工作需要和机关单位的组织关系决定的行文的形式和方法。

4. 公文的种类与格式。2000年8月24日，国务院发布《国家行政机关公文处理办

法》,该《办法》从 2001 年 1 月 1 日起施行。主要文种有:命令(令)、决定、公告、通告、通知、通报、议案、报告、请示、批复、意见、函、会议纪要 13 种公文。

5. 熟悉通知、通报、公告、通告、报告、请示、批复、函、会议纪要、计划、总结、规章制度、大事记等公文的格式。

1. 联系秘书工作的实际,谈谈在公文文种的使用上应当注意哪些问题?

2. 因为工作需要,假定你所在的公司今年年底将面向社会登报招聘有关人员,应征人数大大超过了录取名额。你公司本着公平竞争的原则,对应征人员进行统一考核。日前,考核录用工作基本结束,对那些落选者,请你拟写一封让人感到亲切的落选通知函。

3. 请你按下述内容拟写一份通知。

入冬以来,火灾不断发生,为遏制火灾上升的趋势。我们将近一个时期以来发生火灾的情况加以综合,分析原因,提出要求,以确保在节日期间坚决防止重大火灾的发生。

参 考 文 献

1. 陆瑜芳:《办公室实务》,复旦大学出版社,2006年版。
2. 王青、胡巍:《沟通技巧与领导力开发》,上海交通大学出版社,2007年版。
3. 袁蔚、杨加陆、方青云、孙慧:《人力资源管理教程》,复旦大学出版社,2006年版。
4. 赵文琦:《秘书写作》,上海社会科学院出版社,2006年版。
5. 孙荣:《现代行政管理:工艺与实务》,上海社会科学院出版社,2005年版。
6. 孙荣等:《秘书工作案例》,复旦大学出版社,2005年版。
7. 孙荣:《办公室管理》,复旦大学出版社,1999年版。
8. 张灿:《公文写作技巧与标准范例》,蓝天出版社,2005年版。
9. 张保忠:《公文写作评改与答疑》,广东经济出版社,2004年版。
10. 陆瑜芳:《秘书学概论》,复旦大学出版社,2005年版。
11. 杨元华:《秘书写作》,复旦大学出版社,2005年版。
12. 胡鸿杰、马仁杰、魏芬:《办公室管理》,安徽大学出版社,2005年版。
13. 胡占友:《办公室管理行动指南》,机械工业出版社,2005年版。
14. 张浩:《办公室内部管理制度范本大全》,蓝天出版社,2005年版。
15. 杨蓓蕾:《现代秘书工作导引》,同济大学出版社,2005年版。
16. 刘善仕:《人力资源管理》,华南理工大学出版社,2004年版。
17. 陶晓春等:《实用文书与档案管理学》,上海交通大学出版社,2006年版。
18. 柳青:《有效沟通技巧》,社会科学出版社,2003年版。
19. 尤建新、雷星晖、彭正龙:《管理学概论》(第二版),同济大学出版社,2002年版。
20. 王云庆等:《现代档案管理学》,青岛出版社,2002年版。
21. 魏秀娟:《文献信息检索与利用》,河南人民出版社,2002年版。
22. 王向明主编:《档案文献检索》,上海大学出版社,2001年版。
23. 江永海:《新世纪办公室管理规范全书》,吉林大学出版社,2001年版。

图书在版编目(CIP)数据

现代办公室管理/孙荣等著. —上海：复旦大学出版社，2012.2(2022.7 重印)
(复旦卓越·行政管理实务系列)
ISBN 978-7-309-08383-5

Ⅰ. 现… Ⅱ. 孙… Ⅲ. 办公室-管理-高等学校-教材 Ⅳ. C931.4

中国版本图书馆 CIP 数据核字(2011)第 171042 号

现代办公室管理
孙 荣 杨蓓蕾 徐 红 王瑞根 等著
责任编辑/邬红伟

复旦大学出版社有限公司出版发行
上海市国权路 579 号 邮编：200433
网址：fupnet@fudanpress.com http://www.fudanpress.com
门市零售：86-21-65102580 团体订购：86-21-65104505
出版部电话：86-21-65642845
盐城市大丰区科星印刷有限责任公司

开本 787×1092 1/16 印张 27 字数 531 千
2022 年 7 月第 1 版第 6 次印刷
印数 21 501—23 100

ISBN 978-7-309-08383-5/C·212
定价：40.00 元

如有印装质量问题,请向复旦大学出版社有限公司出版部调换。
版权所有 侵权必究